Hermann Meyer
Psychosomatik und Astrologie

Hermann Meyer

Psychosomatik und Astrologie

Ein Weg zu Gesundheit und Harmonie

Thomas Meyer
Psychosomatik und Astrologie

5. Auflage 2016

Unveränderter Nachdruck der 1998 im Heinrich Hugendubel Verlag, München, erschienenen 3. Auflage.

Umschlaggestaltung: Zembsch' Werkstatt, München,
unter Verwendung eines Motivs von Peter Strauss, Traunreut
Satz: Uhl + Masopust, Aalen

Gesamtherstellung: Books on Demand GmbH, Norderstedt
Printed in Germany

ISBN 978-3-89060-520-3

IRIS ist ein Imprint bei Neue Erde.

Neue Erde GmbH
Cecilienstr. 29 · 66111 Saarbrücken · Deutschland · Planet Erde
info@neue-erde.de

Unter Mitarbeit von Wilfried Schütz

Ein Lehrbuch der psychologischen Astrologie

Inhalt

Die Medizin der Zukunft wird eine psychosomatische sein oder sie wird überhaupt nicht sein.

Viktor von Weizsäcker

Vorwort

In meinem ersten Buch habe ich den Versuch unternommen, zwischen der Astrologie und der Psychologie eine Synthese herzustellen. Im vorliegenden Band möchte ich noch einen Schritt darüber hinausgehen und die psychologische Astrologie um eine Dimension erweitern. Durch das Einbeziehen der Ökologie und der Psychosomatik in das bisherige Konzept entstand eine völlig neue Disziplin: die astrologische Ökomedizin.

Da dieser Begriff auf den ersten Blick sehr abstrakt scheint, sind der Verlag und ich überein gekommen, ihn nicht als Titel dieses Buches zu verwenden. Statt dessen haben wir die Formulierung »Psychosomatik und Astrologie« gewählt, die ebenso die erweiterte Sichtweise des psychosomatischen Ansatzes zum Ausdruck bringt. Da es primär um diese Erweiterung geht, habe ich auf die Darstellung der bereits anerkannten klassischen »psychosomatischen Erkrankungen« wie Asthma bronchiale, Colitis ulcerosa, Magengeschwüre, Anorexia nervosa etc. verzichtet. Nach der Astrologie sind ohnehin alle Erkrankungen – ohne Ausnahme – psychosomatisch bedingt. Selbst für einen Beinbruch muß vorher die psychische Disposition gelegt worden sein. Auch geht es nicht darum, den vielen psychosomatischen Krankheitsinterpretationsbüchern ein weiteres hinzuzufügen, ich wollte vielmehr aufzeigen, welche Krankheitsursachen aus astrologischer Sicht vorliegen und welche Heilungsmöglichkeiten bestehen. Dies soll nicht bedeuten, daß man auf Diagnose und Therapie des Arztes verzichten kann – in vielen Fällen sind diese überlebensnotwendig –, sondern daß man fähig wird, an seinem Gesundungsprozeß aktiv mitzuarbeiten. Dadurch verändert sich auch das Verhältnis zum Arzt. Aufgrund der eigenen Wandlung zum mündigen Patienten, der die Verantwortung für seine Gesundheit selbst übernimmt, erhält der Arzt mehr den Status eines Freundes und Beraters sowie eines Wegbegleiters zur Gesundheit. Dies entlastet auch den Therapeuten, da er nicht mehr als Projektionsfläche für sämtliche Hoffnungen auf Heilung fungieren muß.

Da das Wissensgebiet der astrologischen Ökomedizin umfangreich und komplex ist, können im vorliegenden Band nur einzelne Schwerpunkte dargestellt und vieles nur kurz angerissen werden; dennoch habe ich versucht, die Auswahl so zu treffen, daß die folgenden Kapitel nicht nur einen Überblick geben, sondern auch Möglichkeiten zur Selbsterkenntnis und zur Selbsthilfe eröffnen. Ich hoffe, daß es mir gelingt, dem Leser zu vermitteln, wie er Krankheiten vorbeugen und was er im Falle eines Leidens selbst tun kann; welche Veränderungen in seinem Leben notwendig sind und welche Strategien er dafür anwenden kann, um die Weichen wieder in Richtung Gesundheit zu stellen.

Ich wünsche mir, daß immer mehr Therapeuten die Möglichkeiten erkennen, die mit dem Horoskop als der Aufzeichnung des eigenen vernetzten Persönlichkeitssystems verbunden ist.

Abschließend möchte ich mich bei all denjenigen bedanken, die mit dazu beigetragen haben, daß dieses Buch in dieser Fassung entstehen konnte: bei Wilfried Schütz, Christine Kobbe, Gabriele Wendler, Marie-Luise Petersen, Rolf Sellin und bei Christine Pfützner.

München, im März 1992 *Hermann Meyer*

I.
Denkvoraussetzungen

Charakteristika der psychologischen Astrologie

Durch die Synthese zwischen Astrologie, Psychologie und Ökologie ergeben sich völlig neue Gesichtspunkte bei der Deutung eines Horoskops:

1. Ausbildung von Anlagen

Nach der psychologischen Astrologie symbolisieren die Planeten Anlagen und Fähigkeiten, die ausgebildet werden müssen. Dies hat zur Konsequenz, daß niemand ein gutes und niemand ein schlechtes Horoskop haben kann, sondern jeder lediglich eine andersartige psychische Struktur aufweist, die es zu entwickeln gilt.

Die Tatsache, daß es sich hier um menschliche Fähigkeiten und um ihre Entwicklung und Reifung handelt, schließt genauso jegliches Schubladendenken und jegliche Determination aus wie Prognosen, die den einzelnen auf ein zukünftiges Ereignis festlegen und damit stigmatisieren.

Die Ausbildung von Anlagen und Fähigkeiten ist auch wichtigster Bestandteil der Astropsychotherapie. Ohne Ausbildung von Anlagen können unseres Erachtens keine gravierenden Veränderungen im Leben des Klienten geschehen.

2. Hemmung, Kompensation und Erwachsen

Jede Anlage kann durch die Normen, Ideale, Gebote und Verbote der patriarchalen Kultur in der Entwicklung gehemmt sein. Ist es dem Menschen jedoch möglich, diese Normen oder Ideale zu verkörpern, lebt er die Anlage kompensatorisch aus.

Der Erwachsene hingegen hat sich von kultur-, epochen-, milieu- und familienspezifischen Maßstäben und Normen befreit und bildet seine Anlagen entsprechend seiner wahren menschlichen Natur aus.

Aufgrund dieser drei Entwicklungsstadien kann jedes Horoskop in drei Varianten, in der Form der Hemmung, der Kompensation und der Erwachsenenform gedeutet werden. Noch komplexer gestaltet sich das Bild, wenn man bedenkt, daß die Persönlichkeitsanteile des Menschen sich meistens in verschiedenen Entwicklungsstadien befinden: So kann Merkur beispielsweise im Horoskop in der Hemmung erlebt werden, Mond in der Kompensation und Jupiter schon mehr im Erwachsenenstadium.

Wir werden später sehen, welch entscheidende Bedeutung für die psychologische und psychosomatische Therapie der Umstand erlangt, daß über das Horoskop die Möglichkeit besteht, zu erkennen, auf welche Weise dieselbe Anlage, die bisher neurotisch oder krank in Erscheinung trat, erwachsen und gesund ausgelebt werden kann.

Dadurch gelingt es endlich, nicht nur ein Horoskop differenzierter zu deuten, sondern auch Lösungsmöglichkeiten, den Weg vom Krankheits- zum Gesundheitsbild, aufzuzeigen.

3. Abwehr- und Anpassungsmechanismen

Ohne Wissen um die Anpassungs- und Abwehrmechanismen gleicht eine Horoskopdeutung mehr einem Projektions- oder Ratespiel als einer echten Auseinandersetzung mit den Tiefen der eigenen und der fremden Seele; denn die Anlagen, Fähigkeiten und Energien des Menschen müssen sich an die patriarchale Kultur anpassen. Eine Entwicklung und Reifung der Anlagen wird dadurch abgewehrt. Die Energien werden stattdessen umgelenkt und erscheinen nur noch in der verzerrten Form der Anpassungs- und Abwehrmechanismen, wie der Sublimierung, Imitation, Identifikation, Regression, Verdrängung, Projektion, Rationalisierung, Reaktionsbildung, des symbolischen Ausagierens und der Somatisierung.

Wie soll man im Horoskop – ohne die Lebensgeschichte des Klienten zu erfahren – erkennen, ob die Anlage Mars des Betreffenden symbolisch ausagiert, in der Projektion erlebt wird oder sich in einem Krankheitsgeschehen bemerkbar macht?

Hinzu kommt, daß der einzelne bei jeder Anlage wiederum einen anderen Anpassungsmechanismus einsetzen kann, wenngleich manchmal gewisse Vorlieben beobachtet werden.

So gibt es Menschen, die ihre Anlagen vorwiegend in der Projektion oder in der Somatisierung erleben (sogenannter Lieblings-Anpassungsmechanismus).

4. Vernetzung der Anlagen

Die Anlagen in unserem Horoskop sind Bausteine unseres Selbst. Sie sind miteinander vernetzt und stehen in steter Wechselwirkung. Aus diesem Grunde ist die isolierte Betrachtung einer Planetenkonstellation wenig sinnvoll, ja sie würde sogar ein falsches Bild abgeben. Der jeweilige Baustein des eigenen Selbst muß also immer im Zusammenhang mit den anderen Persönlichkeitsanteilen gesehen werden.

Um solche Zusammenhänge und Wechselwirkungen zu erkennen, ist das Deutungsinstrument »Herrschersystem« (siehe Seite 69) von unschätzbarem Wert. Es macht uns klar, daß das Horoskop die symbolische Aufzeichnung eines psycho-ökologischen Systems ist, das unsere Persönlichkeit ausmacht. Ohne Herrschersystem ist es unseres Erachtens nicht möglich, Antwort auf die Frage nach der Vernetzung des eigenen Persönlichkeitssystems zu erhalten.

Um das Herrschersystem jedoch wiederum effizient einsetzen zu können, müssen ökologische Prinzipien und Gesetzmäßigkeiten beachtet werden.

Insofern ist nicht nur die Psychologie, sondern auch die Ökologie fester Bestandteil der Ausbildung zum psychologischen Astrologen.

5. Frequenzen

Eine Anlage kann nicht nur in der Hemmung, in der Kompensation oder erwachsen erlebt werden und nicht nur in Form der Anpassungsmechanismen, sondern auch auf verschiedenen Frequenzen (siehe Seite 113).

6. Entwicklungsgeschichte der Anlagen

Da Leben Wachstum ist, repräsentieren die zwölf kosmischen Prinzipien nicht etwas Statisches, sondern beinhalten Entwicklungsprozesse – wie z. B. den Verselbständigungsprozeß

(Sonne), den Prozeß des Findens des eigenen Geschmacks (Venus) oder den Emanzipationsprozeß (Uranus)...

Daher hat auch jede Anlage und jede Konstellation in unserem Horoskop eine eigene Entwicklungsgeschichte. Hier tauchen Fragen auf wie: Wodurch ist diese Konstellation entstanden? Wie haben die Eltern diese Anlage ausgelebt? Welche Situationen und Ereignisse haben das Kind prä- und postnatal geprägt? Wie zeigte sich die Konstellation beim Kind, beim Jugendlichen und beim Erwachsenen?

7. Gesetze des Schicksals*

Jede Anlage ist als Ausdruck des Lebens »schicksalsfähig« und daher den Gesetzen des Schicksals unterworfen.

Ohne Wissen um die Schicksalsgesetze ist es kaum möglich, Ursache, Sinn und Intention der Schicksalsereignisse zu erfassen. Wie soll man ohne Kenntnis des Gesetzes der Wiederkehr des Verdrängten erkennen, was die Begegnungen mit Aggressoren, Dieben, Schwätzern, Depressiven, Prahlern, Kritikern, Pornolesern, Machthabern, religiösen Missionaren, Rechthabern, Seitenspringern oder Drogensüchtigen zu bedeuten haben?

Erst durch folgende Schicksalsgesetze ist es möglich, Ordnung in das Chaos unserer Schicksalsereignisse zu bekommen und ihre Sinnhaftigkeit zu deuten:

Gesetz von Ursache und Wirkung
Gesetz der Anziehung
Gesetz des Ausgleichs
Gesetz der Affinität
Gesetz der Wiederkehr des Verdrängten
Gesetz des Denkens und Glaubens
Gesetz der Bestätigung
Gesetz der positiven und negativen Verstärkung
Gesetz von Inhalt und Form
Gesetz der Entwicklung

---

* Siehe Hermann Meyer, *Gesetze des Schicksals*, Sphinx-Verlag, Basel, 1987.

8. Ganzheitliches Denken

Die psychologische Astrologie versucht den einzelnen zu einem ganzheitlichen Denken zu führen. Ganzheitlich bedeutet, daß

kausales Denken
bildhaftes Denken
symbolisches, analoges Denken und
vernetztes Denken

zusammengehören und eine Einheit bilden. Dadurch weitet sich der Blickwinkel, das Denken wird wirklichkeitsadäquater.

a) *Kausales Denken* (Ursache-Wirkung-Denken)
Das kausale Denken hat in unserem naturwissenschaftlich geprägten Zeitalter die Oberhand gewonnen. Dabei handelt es sich um ein Ursache-Wirkung-Denken innerhalb von materiellen und technischen Abläufen. Der Grundsatz, nach dem für jedes Geschehen notwendig eine Ursache angenommen werden muß (Kausalgesetz), wird jedoch – wenn es um Seele und Geist geht – oft verleugnet. So werden z. B. in der herkömmlichen Medizinideologie seelische und geistige Ursachen für ein körperliches Krankheitsgeschehen weitgehend ausgeschlossen.

Auch bei dem Phänomen Schicksal werden eigene Ursachen gerne ausgeklammert und nur die Wirkungen bekämpft.

b) *Bildhaftes Denken*
Das bildhafte Denken entspricht dem Waageprinzip des Ausgleichs, nach dem zum Beispiel immer dann Bilder vor dem geistigen Auge auftauchen, wenn entsprechende Defizite in unserem körperlichen und seelischen Organismus bestehen.

Diese Ausgleichsbilder spielen auch in der Werbung eine große Rolle. So läßt sich etwa eine Luxuslimousine besonders dort gut verkaufen, wo ein Defizit an Eigenwert ein solches Ausgleichsbild im Geist entstehen ließ. Auch lassen Leitbilder, Idealbilder und sonstige Komplementärbilder wichtige Rückschlüsse auf unerlöste Persönlichkeitsanteile zu. Leider hat bisher die Erkenntnis, daß jede Unterdrückung als Gegenpol ein Leitbild, jede Hemmung ein Ideal und jede Schwäche ein Traumbild erzeugt, viel zu wenig Eingang in die psychotherapeutische Praxis gefunden.

c) *Symbolisches, analoges Denken*
Unsere nächtlichen Träume zeigen uns auf, daß das Unbewußte sich primär über Symbole ausdrückt. Über die Beschäftigung mit der Astrologie wird evident, daß alles, was uns umgibt und alles, was geschieht, ebenfalls Symbolcharakter hat, daß es auch die Symbole unseres »Lebenstraumes« zu dechiffrieren gilt.

Eine solche Dechiffrierung kann über die kosmischen Prinzipien und ihre Fülle an Symbolen erfolgen. Dadurch sind plötzlich Analogieschlüsse und Assoziationen möglich, die das eigene Leben in einem neuen Licht erscheinen lassen.

d) *Vernetztes Denken* (siehe Punkt 4)
Ohne vernetztes Denken erscheint alles als Sammelsurium getrennter Elemente, so daß Ganzheit und Wirklichkeit nicht erkannt werden können.

Das vernetzte oder ökologische Denken macht uns erst die Wechselwirkungen und Zusammenhänge bewußt, die in unserem individuellen Leben und auf kollektiver Ebene ablaufen. Es wird alle Lebensgebiete befruchten und ein neues Zeitalter einleiten.

Psychosomatik aus psychoanalytischer Sicht

Da somatische Therapien oft versagten, gelangten Sigmund Freud, Georg Groddeck und andere zu der Auffassung, daß die Seele auch bei der Entstehung körperlicher Erkrankungen eine mitverursachende Rolle spielt. Sie erkannten, daß das körperliche Symptom oftmals geradezu ein Symbol für dahinterstehende psychische Ängste und unbewußte Strebungen war, so daß das körperliche Symptom unter Umständen zum Verschwinden gebracht werden konnte, wenn man dem betreffenden Patienten seine unbewußten Absichten über eine Analyse bewußt machte. Das Symptom war der Ersatz im Rahmen der Abwehr des tatsächlich Gewollten. Schon bald stellte sich die Frage, inwieweit Krankheiten psychogene Komponenten aufweisen. Hierbei öffnet sich das Spannungsfeld zwischen der Auffassung der naturwissenschaftlichen Medizin, von der kausal materiellen Krankheitsursache, und der Auffassung, daß der Grund jeder Erkrankung in der Psyche zu finden sei.

Das Hauptproblem lag darin, ein überzeugendes Modell für die Wirkungsweise der Psyche auf den Körper zu finden, befand sich doch die Medizin in einer triumphalen Phase der Entdeckung von Wirkungszusammenhängen in den Organen, Zellen und Molekülen, ausschließlich auf der Ebene der Materie. Zunächst bot sich auf der psychischen Ebene das Erklärungsmodell Freuds zur Hysterie an. Die vom ÜBER-ICH erzwungene Kompromißbildung des ICH hat die Verdrängung unbewußter Triebbedürfnisse des ES zur Folge. Die Erregungssumme des im Unbewußten verbliebenen unerträglichen Konflikts führte zur unbewußten Umsetzung in motorische und sensorische Nervenimpulse, beispielsweise Lähmung oder Krampf. Diese Umsetzung nannte Freud Konversion. Das daraus entstehende Symptom stellte für ihn einen Lösungsversuch des Konflikts auf der körperlichen Ebene dar. Der Weg über die Nervenimpulse wurde als Erklärung deshalb notwendig, weil die Medizin der Jahrhundertwende letztendlich nur materielle Wirkungsabläufe akzeptierte. So packte man die

Psyche kurzerhand ins Gehirn, und ihre Leistung wurde zum Organgeschehen degradiert. Der amerikanische Psychoanalytiker Franz Alexander erweiterte das Freudsche Modell, indem er das vegetative Nervensystem (Sympathikus, Parasympathikus) und das Endokrinum (Hormonsteuerung) als Übertragungsweg mit einbezog. Die Aufrechterhaltung der Homöostase (Gleichgewicht) trotz ständiger emotionaler Spannungen gelingt dem Körper durch eine Verschiebung des vegetativen Gleichgewichts. Dies führt zu zwei möglichen Zuständen, entweder zum Überwiegen des Sympathikus, so daß sich die Person im Zustand ständiger Kampf-Bereitschaft befindet, oder aber der Parasympathikus überwiegt, und das Individuum reagiert mit Rückzug von der Handlungsnotwendigkeit, mit Regression in die Abhängigkeit und Hilflosigkeit. Die Folge des überhöhten Parasympathikus ist unter anderem eine erhöhte Tätigkeit des Verdauungssystems mit Durchfall, erhöhter Salzsäuresekretion im Magen und der Tendenz zur Ulcusbildung. Dies sind einige Symptome der vegetativen Organneurose.

Gehen die obigen Modelle aus von einem Ablauf von Ursache (Psyche, Gehirn) und Wirkung (Körper), so entwirft Alexander Mitscherlich das Konzept der zweiphasigen Verdrängung. Menschliches Leben hat für ihn die Gleichzeitigkeit seelischer und somatischer Prozesse zur Voraussetzung. Er ist der Auffassung, daß ein psychischer Konflikt, wenn keine Möglichkeit mehr zu seiner Lösung mit psychischen Mitteln (1. Phase) besteht, durch ein Ausweichen auf den Körper (2. Phase) mit der entsprechenden Symptombildung zu lösen versucht wird.

Trotz dieser Erklärungsmodelle blieb die Medizin bei der Auffassung, daß in der Regel somatische Ursachen der Erkrankung des Körpers zugrunde liegen. Dies drückt sich deutlich in der Tatsache aus, daß an einem Universitätsklinikum Hunderte von Ärzten arbeiten, aber nur weniger als zehn in der Psychosomatik, oder daß von Tausenden exakt umrissener Krankheitsbilder nur einigen wenigen eine psychische Mitverursachung zugebilligt wird. Aus keinem anderen Grund wird in den heutigen Kliniken in der Regel ein Patient ohne somatischen Befund noch zehn weiteren körperlichen Untersuchungstorturen ausgesetzt, anstatt einmal psychische Konflikte zur Kenntnis zu nehmen.

Psychosomatik aus astrologischer Sicht

Der Mensch kommt zur Welt mit Grundbedürfnissen und einer individuellen Anlagenstruktur, die ihm die Befriedigung der Bedürfnisse ermöglicht. Diese Struktur findet ihren exakten symbolischen Ausdruck im Geburtshoroskop. Seine Lebensaufgabe besteht darin, diese Anlagen zu entwickeln und sich über sie zu individualisieren. Damit einher geht eine Entwicklung vom halbbewußten zum bewußten Sein. Als erwachsenes (= entwickeltes) Individuum ist der Mensch in der Lage, seine Aufgabe im Rahmen des Ganzen zu erfüllen, da sie ihm bewußt geworden ist. Diese Aufgabenerfüllung stimmt mit seinem inneren Wesen überein und führt deshalb zu einer tiefen Befriedigung und dem Gefühl der Sinnhaftigkeit. Sie unterscheidet sich grundsätzlich von dem, was wir heute gemeinhin unter Arbeit verstehen. Auf dem Weg zum erwachsenen Sein muß sich der Mensch mit den Grenzen seines Bewußtseins auseinandersetzen, damit nicht ein Teil seiner Individualität Opfer seiner eingeschränkten Sicht wird.

Diesen Teil glaubt er nämlich aus Gründen der Moral oder der elterlichen und gesellschaftlichen Gebote, die aber letzten Endes wiederum nur Projektionen der eigenen Bewußtseinsgrenzen nach außen sind, nicht zeigen zu dürfen und aus seinem Bewußtsein verdrängen zu müssen. Wegen der *Homöostase,* des ganzheitlichen Gleichgewichts, ist jedoch die Manifestation der Anlage zwingend. Die Ebene der Manifestation jedoch ist nicht vorgeschrieben (Abb. 1). Die wirkliche Lösung liegt natürlich in der bewußten Lebendigkeit der Anlage, allein diese ist nicht neurotisch.

Die Grafik zeigt im Überblick die Möglichkeiten, »gesund«, oder besser gesagt, symptomfrei durchs Leben zu gehen. Gerade wenn unsere Anlage gehemmt ist, wir aber im Gegenüber, im Partner, im Chef oder im unliebsamen Nachbarn jemanden in unserem Umfeld haben, der diese Anlage in

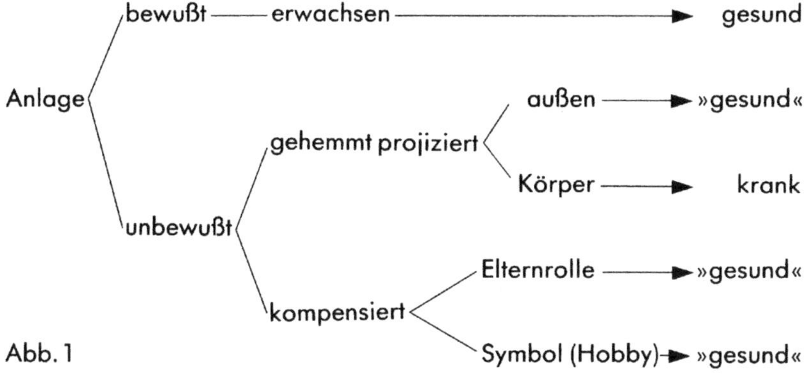

Abb. 1

Kompensation lebt, also zum Beispiel als Elternrollenspieler, so sind wir durch diese ausgeglichen und bleiben »gesund«. Selbst wenn wir uns über den anderen, unseren Schatten, noch so sehr erzürnen. Eine weitere, ebenfalls neurotische Möglichkeit besteht darin, die Anlage auf einer Ebene lebendig werden zu lassen, die gesellschaftlich toleriert wird. Wir stecken dann unsere Energie in ein der Anlage analoges Symbol und agieren die Energie über dieses aus. Wagen wir es zum Beispiel nicht, unsere Unabhängigkeit und Freiheit als Voraussetzung für unsere Individualität zu leben, so greifen wir zu der Zigarettenmarke, deren Reklame auf dem Symbol Freiheit aufgebaut ist, oder wir wählen uns Segelfliegen als Hobby, um darüber symbolisch die irdische Abhängigkeit zu überwinden.

Wir *kompensieren* durch das *symbolische Ausagieren* die in Frage gestellte Homöostase.

Die *Verdrängung ins Unbewußte* führt dazu, daß die Anlage in den Teilen unserer Ganzheit lebendig wird, deren Zugehörigkeit zu unserem Ganzen uns unbewußt ist. Die Anlage begegnet uns in der scheinbaren Außenwelt, gleich der *Projektion* des in uns Vorhandenen auf die Leinwand der Materie. Die Begegnung fordert uns zur Auseinandersetzung mit diesen Anlagen heraus. Im Kampf (Krieg) mit dem zur fremden Person (Gegner) oder fremden Ideologie (fremde Religion, fremde politische Überzeugung) gewordenen Anlage wird die Anlagenenergie gelebt und das Gleichgewicht im Persönlichkeitssystem gewahrt (Kompensation). Vermeiden wir die Auseinandersetzung mit den eigenen Anlagen, wird das Gleichgewicht gestört. Zum Ausgleich muß die Energie auf der Ebene lebendig werden, die noch übrig bleibt, wenn wir das Außen nicht mehr zulassen, und das ist unser Körper *(Somatisierung = Projektion* der Anlage auf den eigenen Körper). Dann sprechen wir von Krankheit. Durch sie werden wir fast unausweichlich zur Auseinandersetzung mit der verdrängten Anlage gezwungen. Die Symptomatik hat dabei einen engen symbolischen Bezug zur Anlage. Unter diesem Gesichtspunkt könnten wir auch hier von symbolischem Ausagieren, in diesem Fall über unseren Körper, sprechen. Gleichzeitig gibt uns aber die Symptomatik ein Symbol, so daß wir entschlüsseln können, welche Anlage bewußt und entwickelt werden will. Die Gesamtheit der Anlagen entfaltet sich nicht gleichzeitig, sondern nach einem vorgegebenen zeitlichen Rhythmus, so daß zu einem bestimmten Zeitpunkt immer nur eine bestimmte Anlage auf Bewußtwerdung drängt. Mit dem entschlüsselten Symbol halten wir aber gleichzeitig den Schlüssel zur Gesundung in der Hand. Aus diesem Verständnis heraus ist jede Krankheit eine Wirkung der Psyche. Es gibt keine nichtpsychosomatische Erkrankung! Die Psyche versucht dabei nur ihrem Auftrag gerecht zu werden, die Anlagenstruktur gemäß dem Urbild (= innere Wirklichkeit) in der materiellen Welt lebendig und damit bewußt werden zu lassen, selbst wenn dies in tiefstes Leid führen sollte. So steht hinter dem Leid ein tieferer Sinn, der oft mißverstanden wurde und wird. Das Leid dient nicht zur Abtragung irgendeiner imaginären Schuld, sondern will uns immer wieder auf die im Unbewußten erwachende Anlage hinweisen.

II.

Krankheit – eine Störung des ökologischen Gefüges

Krankheit – ein Mißerfolg?

Wenn eine Firma rote Zahlen schreibt, spricht man von einem Mißerfolg.

Kaum jemand sieht jedoch die Krankheit eines Menschen als dessen persönlichen Mißerfolg an, obwohl offensichtlich ist, daß auch sein Unternehmen »Menschsein« in ein Minus geraten ist, astrologisch gesehen in die minuspolige Frequenz eines Planeten bzw. einer Anlage, und allgemein betrachtet – in die Schattenseite des Lebens. Gesundheit ist zwar nicht alles, aber ohne Gesundheit ist alles nichts.

Ist es in Anbetracht dieser Tatsache nicht zynisch, Krankheit mit Mißerfolg in Beziehung zu bringen? Soll der Kranke, der ohnehin Schmerzen erleiden, der eine so gravierende Reduzierung seiner Lebensqualität erfahren muß, sich nun auch noch »künstlich« dem seelischen Schmerz aussetzen, auf irgendeinem Lebensgebiet »versagt« zu haben? Soll er dadurch im Zustand seiner Schmerzen, seines Leidens und seiner Frustration jetzt auch noch zu allem Überfluß eine Verletzung seines Selbstwertgefühls oder gar seines Selbst- und Weltbildes schlechthin erfahren?

Bei einer Firma, die in Konkurs zu geraten droht, wagt man eher die Ursachen für dieses Debakel aufzuspüren: Man stellt vielleicht fest, daß einige Mitarbeiter falsch gehandelt haben, daß falsche Entscheidungen getroffen wurden, oder daß äußere Faktoren, wie etwa politische oder wirtschaftliche Veränderungen, den Betrieb ungünstig beeinflußt haben. Eine Analyse des persönlichen Mißerfolgs »Krankheit« ist jedoch für die meisten Menschen tabu.

Wie beim Schicksalsschlag wird auch bei der Krankheit die Ideologie des Zufalls vertreten, nach dem Motto: Ich kann nichts dafür. Die Bereitschaft, eine Krankheit mit dem eigenen Fühlen, Denken und Handeln, mit den Rauch-, Ernährungs- und Trinkgewohnheiten, mit dem Arbeits- und Freizeitverhalten und dem eigenen Lebensstil in Verbindung zu bringen, ist selten.

Doch nur derjenige hat die Chance, aus der dumpfen Unwissenheit und der Ohnmacht gegenüber der Krankheit zu erwachen, der es wagt, sich eine »Blöße« zu geben, der imstande ist, seinen falschen Stolz abzulegen, der genug Eigenwert besitzt, um sein (falsches) Selbstbild der Unfehlbarkeit in Frage zu stellen.

In diesem Zusammenhang muß eines betont werden: Es macht einen Unterschied, ob man Krankheitsursachen aufdecken hilft, um die Gesundheit zu fördern, oder ob man das Kranksein des anderen dazu verwendet, um sich an dessen Leid zu stabilisieren oder sich selbst einzureden, man wäre im Gegensatz zu ihm auf dem richtigen Weg.

Viele, die die psychosomatische Krankheitslehre und die Astrologie nicht richtig verstanden haben, drängen Personen, die an einer bestimmten Krankheit leiden, in die Rolle eines Gezeichneten. Wird jemand z. B. über einen langen Zeitraum hinweg von einem Hüftleiden (♃) geplagt, so deutet dies nach deren Meinung darauf hin, daß der Betreffende weltanschaulich (♃) falsch orientiert ist. Daher benutzen sie die Krankheit des Betroffenen, um kritisieren, maßregeln, manipulieren oder um mit ihrer eigenen Ideologie oder Weltanschauung »wirken« zu können. Nur wenn der Kranke ihre Weltanschauung annimmt, räumen sie ihm eine Chance ein, zu gesunden.

Solchen Thesen ist entgegenzuhalten, daß viele Menschen selbst mit destruktiven Weltanschauungen über sehr gesunde Hüften verfügen! Mit der Krankheit darf keine Wertung verbunden sein! So kann sich z. B. jemand über einen Unfall ein Hüftleiden zuziehen, nicht weil er eine falsche Weltanschauung hat, sondern weil er in seiner Sinnfindung (♃) oder in der Weiterentwicklung und Verbesserung (♃) seiner Partnerschaft Schwierigkeiten hat. Es ist sogar möglich, daß er sich gerade von einer Weltanschauung lösen will, sein Unbewußtes auf »Befreiung durch Unfall« schaltet, weil er keine praktischen Möglichkeiten zur Verwirklichung von Alternativen sieht. Er kann also sogar einen Entwicklungsschritt weiter sein als der »Gesunde«.

Die Schwierigkeit liegt nun aber darin, daß es für denjenigen, der ein Problem über eine chronische Krankheit austrägt, meist kein Zurück in das alte Gleis mehr gibt. Die chronische Krankheit bedeutet ein Steckenbleiben im Entwicklungsprozeß. Da es kein Zurück mehr gibt, muß die Devise des Patienten »Vorwärts zur Gesundheit« lauten. Dies kann z. B. geschehen, wenn der Betreffende seine alte Geisteshaltung in Frage gestellt und durch eine neue Weltanschauung ersetzt hat, die ihm wieder Festigkeit, Sicherheit, Sinn und Freude verleiht. Im Schwebezustand Krankheit zu verharren, bedeutet gerade, diesen letzten entscheidenden Entwicklungsschritt nicht mehr absolvieren zu können bzw. zu wollen.

Ziehen wir hier eine kurze Zwischenbilanz:

Der Kranke hat zwar Fehler gemacht oder es gelang ihm nicht, für seine Inhalte eine adäquate Form zu finden, so daß die Krankheit als Ersatzform fungiert, aber er ist deshalb nicht dümmer oder »schlechter« als der »Gesunde«, der sich einer unbewußten Gesundheit oder einer kompensatorischen Gesundheit erfreut, die nur solange anhält, wie seine Kompensationen sein Persönlichkeitssystem stabil halten.

Der Umstand, daß der Gesunde nicht zwangsläufig weiter in seiner Entwicklung sein muß als der Kranke, sollte aber wiederum den Kranken nicht daran hindern, sich die Mechanismen und Gesetzmäßigkeiten, die zu seiner Krankheit geführt haben, bewußtzumachen. Da er ähnliche Gesetzmäßigkeiten mißachtet hat, wie sie über Erfolg und Mißerfolg eines Unternehmens entscheiden, wollen wir zunächst einige Faktoren, die den Erfolg bestimmen bzw. erwirken, anführen:

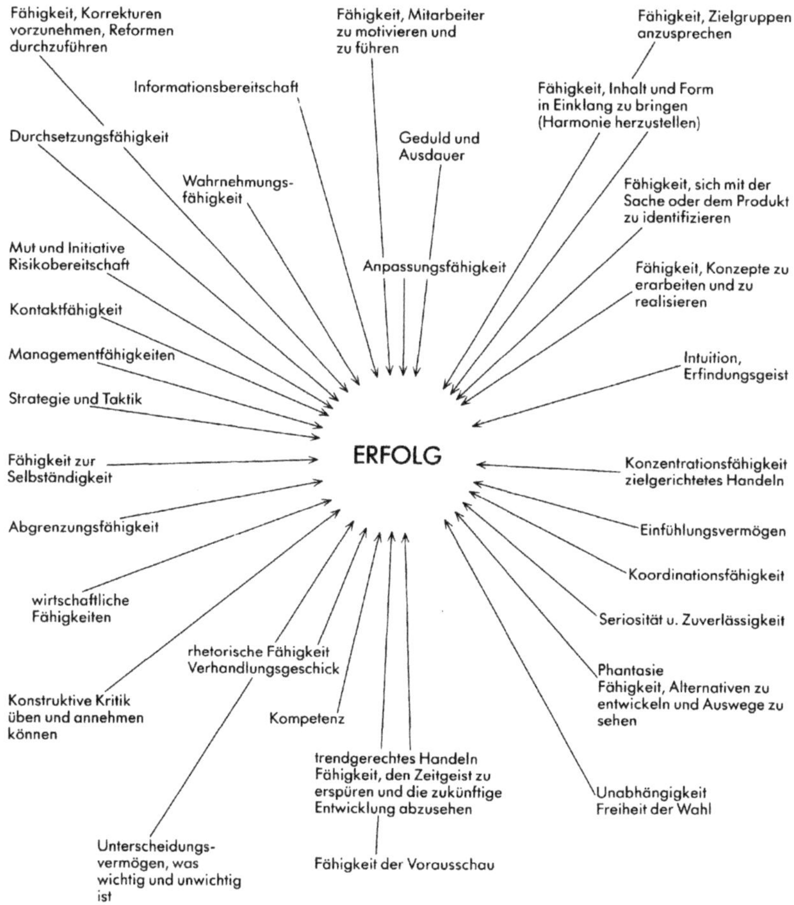

Bei dieser Übersicht fällt auf, daß Erfolg nicht nur materieller, finanzieller Art ist und auch in diesem Sinne nicht nur mit Anerkennung, Ruhm und Ehren in Verbindung gebracht werden kann, sondern hier gleichbedeutend ist mit einem intakten, stabilen Ökosystem, gleichbedeutend mit Gesundheit und Lebensfreude, gleichbedeutend mit einer Resistenz gegenüber Krankheit und Schicksalsschlägen.

Vielleicht wird dies anhand der nächsten Übersicht, die verschiedene Faktoren für den Erfolg einer Partnerschaft aufzählt, noch deutlicher:

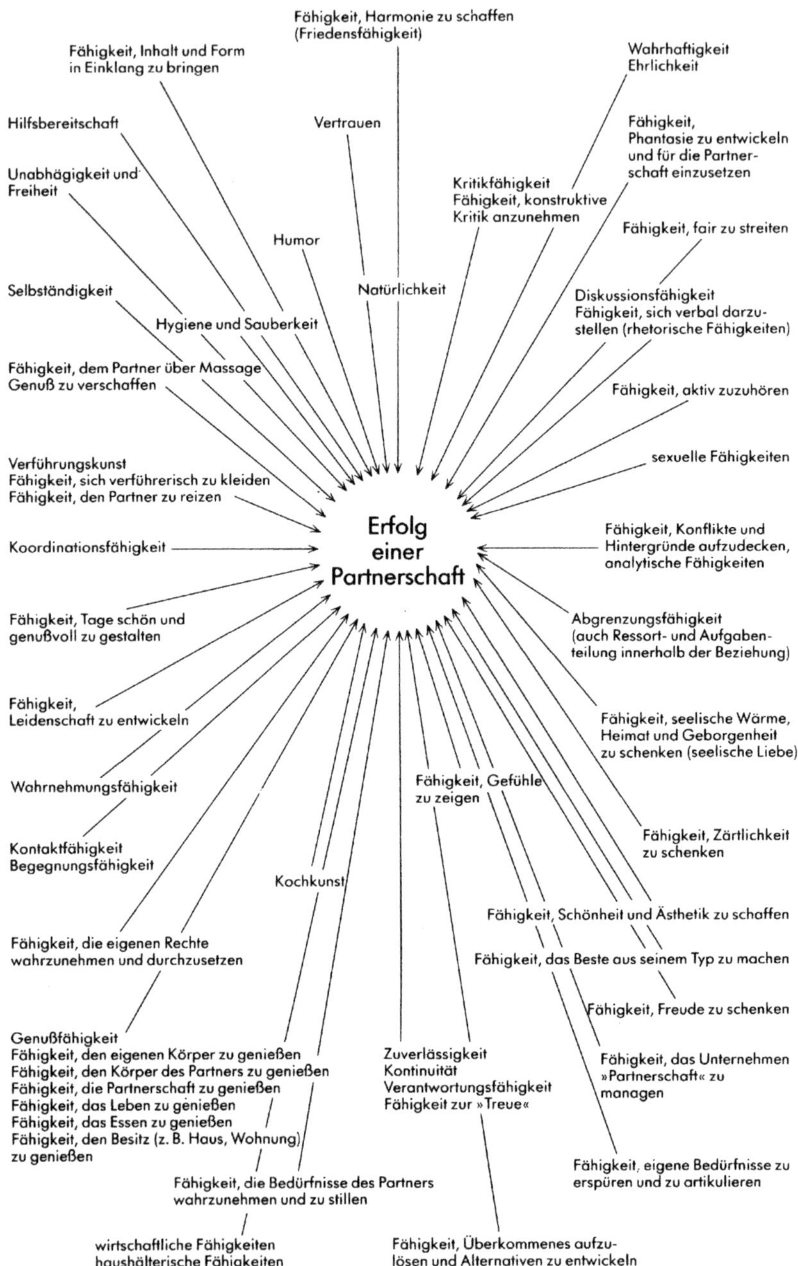
Fähigkeit, Harmonie zu schaffen
(Friedensfähigkeit)
Fähigkeit, Inhalt und Form
in Einklang zu bringen
Wahrhaftigkeit
Ehrlichkeit
Hilfsbereitschaft
Vertrauen
Fähigkeit,
Phantasie zu entwickeln
und für die Partner-
schaft einzusetzen
Unabhägigkeit und
Freiheit
Kritikfähigkeit
Fähigkeit, konstruktive
Kritik anzunehmen
Fähigkeit, fair zu streiten
Humor
Selbständigkeit
Natürlichkeit
Diskussionsfähigkeit
Fähigkeit, sich verbal darzu-
stellen (rhetorische Fähigkeiten)
Hygiene und Sauberkeit
Fähigkeit, dem Partner über Massage
Genuß zu verschaffen
Fähigkeit, aktiv zuzuhören
Verführungskunst
Fähigkeit, sich verführerisch zu kleiden
Fähigkeit, den Partner zu reizen
sexuelle Fähigkeiten
Erfolg
einer
Partnerschaft
Koordinationsfähigkeit
Fähigkeit, Konflikte und
Hintergründe aufzudecken,
analytische Fähigkeiten
Fähigkeit, Tage schön und
genußvoll zu gestalten
Abgrenzungsfähigkeit
(auch Ressort- und Aufgaben-
teilung innerhalb der Beziehung)
Fähigkeit,
Leidenschaft zu entwickeln
Fähigkeit, seelische Wärme,
Heimat und Geborgenheit
zu schenken (seelische Liebe)
Wahrnehmungsfähigkeit
Fähigkeit, Gefühle
zu zeigen
Kontaktfähigkeit
Begegnungsfähigkeit
Fähigkeit, Zärtlichkeit
zu schenken
Kochkunst
Fähigkeit, Schönheit und Ästhetik zu schaffen
Fähigkeit, die eigenen Rechte
wahrzunehmen und durchzusetzen
Fähigkeit, das Beste aus seinem Typ zu machen
Fähigkeit, Freude zu schenken
Genußfähigkeit
Fähigkeit, den eigenen Körper zu genießen
Fähigkeit, den Körper des Partners zu genießen
Fähigkeit, die Partnerschaft zu genießen
Fähigkeit, das Leben zu genießen
Fähigkeit, das Essen zu genießen
Fähigkeit, den Besitz (z. B. Haus, Wohnung)
zu genießen
Zuverlässigkeit
Kontinuität
Verantwortungsfähigkeit
Fähigkeit zur »Treue«
Fähigkeit, das Unternehmen
»Partnerschaft« zu
managen
Fähigkeit, eigene Bedürfnisse zu
erspüren und zu artikulieren
Fähigkeit, die Bedürfnisse des Partners
wahrzunehmen und zu stillen
wirtschaftliche Fähigkeiten
haushälterische Fähigkeiten
Fähigkeit, Überkommenes aufzu-
lösen und Alternativen zu entwickeln

Nach diesen beiden Übersichten wird klar, was den Mißerfolg und die Krankheit ausmacht, nämlich das Fehlen all der Eigenschaften und Fähigkeiten, die Erfolg bewirken.

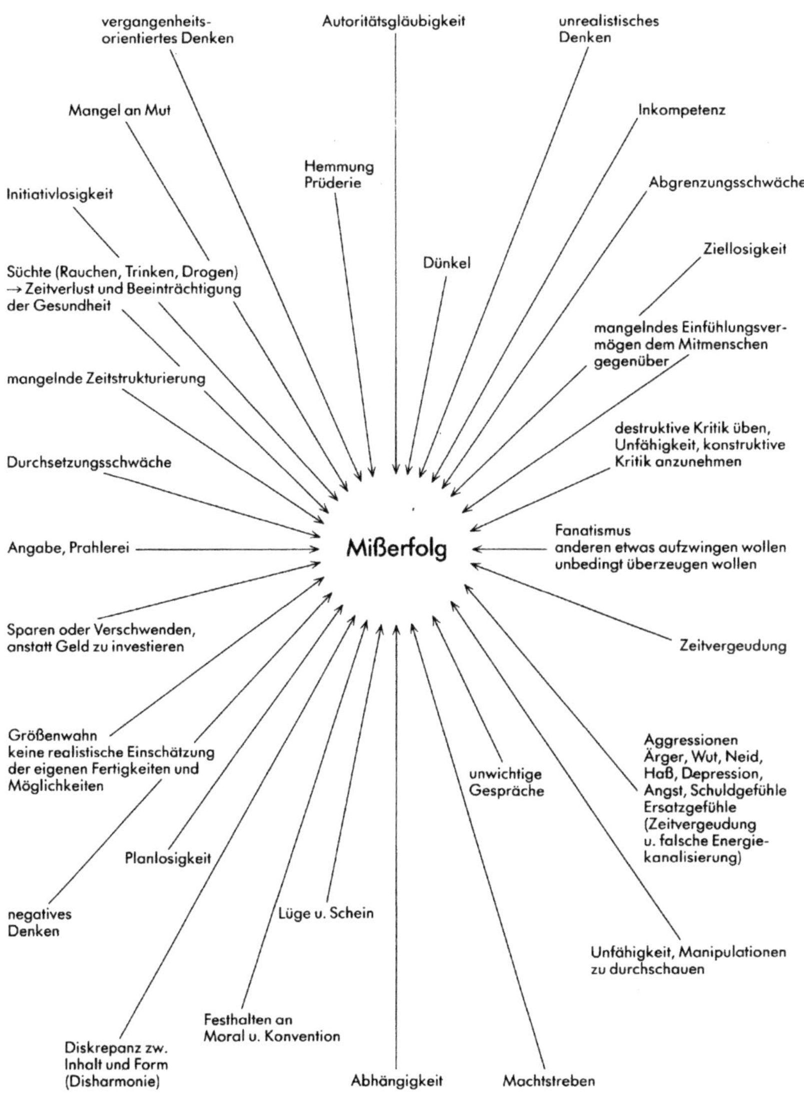

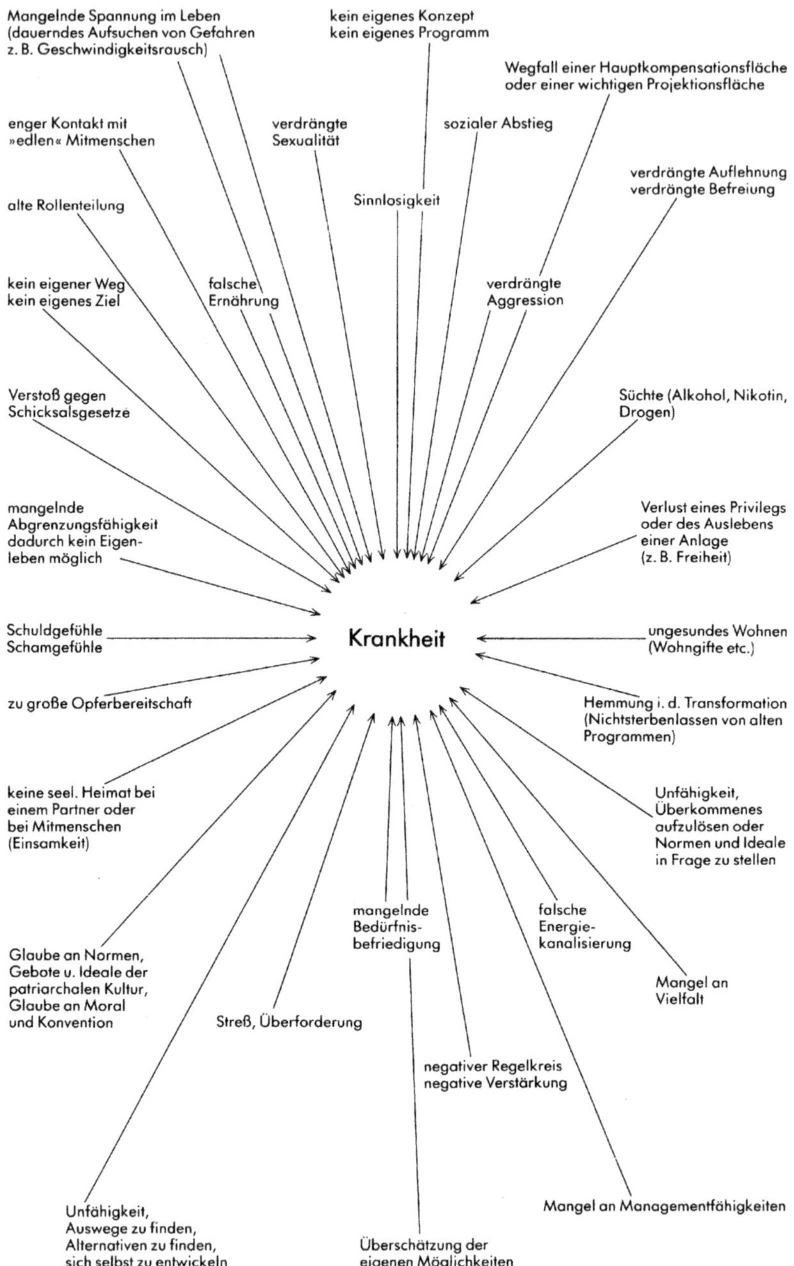
Mangelnde Spannung im Leben
(dauerndes Aufsuchen von Gefahren
z. B. Geschwindigkeitsrausch)
kein eigenes Konzept
kein eigenes Programm
Wegfall einer Hauptkompensationsfläche
oder einer wichtigen Projektionsfläche
enger Kontakt mit
»edlen« Mitmenschen
verdrängte
Sexualität
sozialer Abstieg
verdrängte Auflehnung
verdrängte Befreiung
alte Rollenteilung
Sinnlosigkeit
kein eigener Weg
kein eigenes Ziel
falsche
Ernährung
verdrängte
Aggression
Verstoß gegen
Schicksalsgesetze
Süchte (Alkohol, Nikotin,
Drogen)
mangelnde
Abgrenzungsfähigkeit
dadurch kein Eigen-
leben möglich
Verlust eines Privilegs
oder des Auslebens
einer Anlage
(z. B. Freiheit)
Schuldgefühle
Schamgefühle
Krankheit
ungesundes Wohnen
(Wohngifte etc.)
zu große Opferbereitschaft
Hemmung i. d. Transformation
(Nichtsterbenlassen von alten
Programmen)
keine seel. Heimat bei
einem Partner oder
bei Mitmenschen
(Einsamkeit)
Unfähigkeit,
Überkommenes
aufzulösen oder
Normen und Ideale
in Frage zu stellen
mangelnde
Bedürfnis-
befriedigung
falsche
Energie-
kanalisierung
Glaube an Normen,
Gebote u. Ideale der
patriarchalen Kultur,
Glaube an Moral
und Konvention
Mangel an
Vielfalt
Streß, Überforderung
negativer Regelkreis
negative Verstärkung
Mangel an Managementfähigkeiten
Unfähigkeit,
Auswege zu finden,
Alternativen zu finden,
sich selbst zu entwickeln
Überschätzung der
eigenen Möglichkeiten

Krankheit ist das Ergebnis nicht eines, sondern mehrerer Faktoren, die jeweils in Kombination mit den übrigen in Kraft treten und so die Möglichkeit einer Störung des eigenen Ökosystems erhöhen.

Was ist unter einem Ökosystem zu verstehen?

Der Begriff »Ökologie» stammt in seiner heutigen Bedeutung von dem deutschen Biologen Ernst Haeckel. 1866 beschrieb er die Ökologie als die Wissenschaft »von den Beziehungen des Organismus zur umgebenden Außenwelt, wohin wir im weiteren Sinne alle Existenzbedingungen rechnen können«. Heute bezeichnet man sie auch einfacher als die »Lehre vom Haushalt der Natur«.

In diesem Naturhaushalt stehen viele Glieder miteinander in direkter und indirekter Verbindung. Man unterteilt die einwirkenden »Existenzbedingungen« in belebte und unbelebte Faktoren. Zu den unbelebten gehören Klima, Wasser- und Bodenverhältnisse, zu den belebten alle Organismen, die in einem Lebensraum miteinander existieren. Die Ökologie untersucht und beschreibt den Haushalt derartiger Gemeinschaften, die in ihnen herrschenden Nahrungsbeziehungen, aber auch die speziellen Ansprüche einer Art an ihre Umwelt.

Das Persönlichkeitssystem eines Menschen besteht aus einem körperlichen, einem seelischen und einem geistigen Ökosystem, die nicht nur untereinander, sondern auch mit der Umwelt in Wechselwirkung stehen.

Wenn Krankheit also eine Störung des eigenen Ökosystems darstellt, muß man sich zunächst darüber Gedanken machen, wie dieses Persönlichkeitssystem strukturiert ist, und welche Bezugspunkte in der Außenwelt hierfür vorhanden sind:

Bezüge einer Person

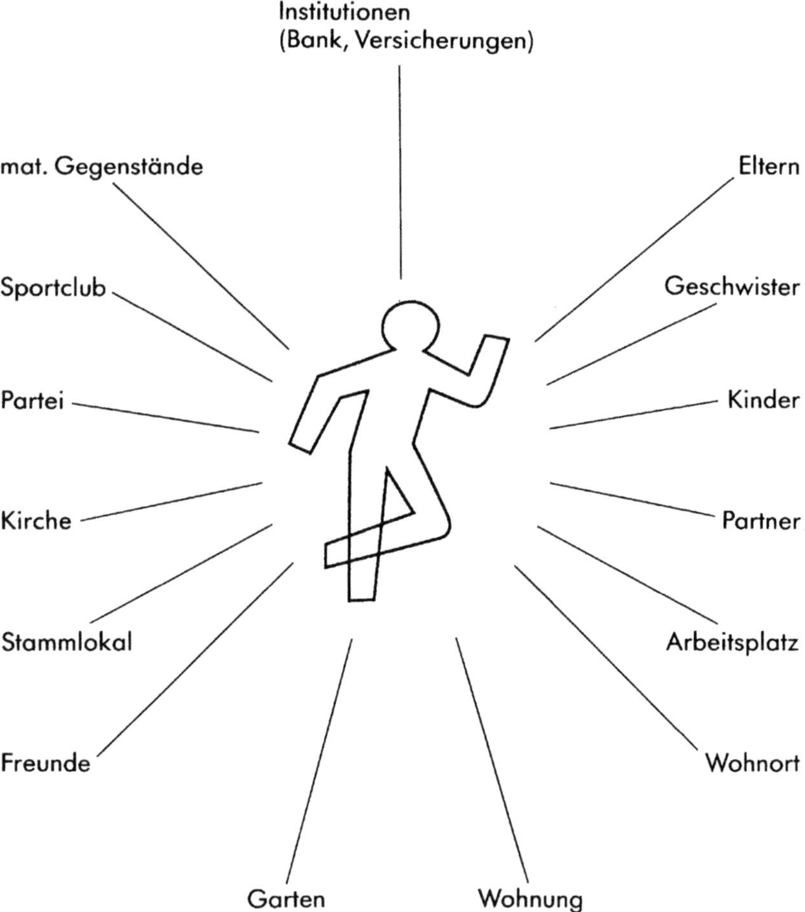

Betrachten wir einmal die Bezugspunkte eines Managers.

Bezugspunkte eines Managers

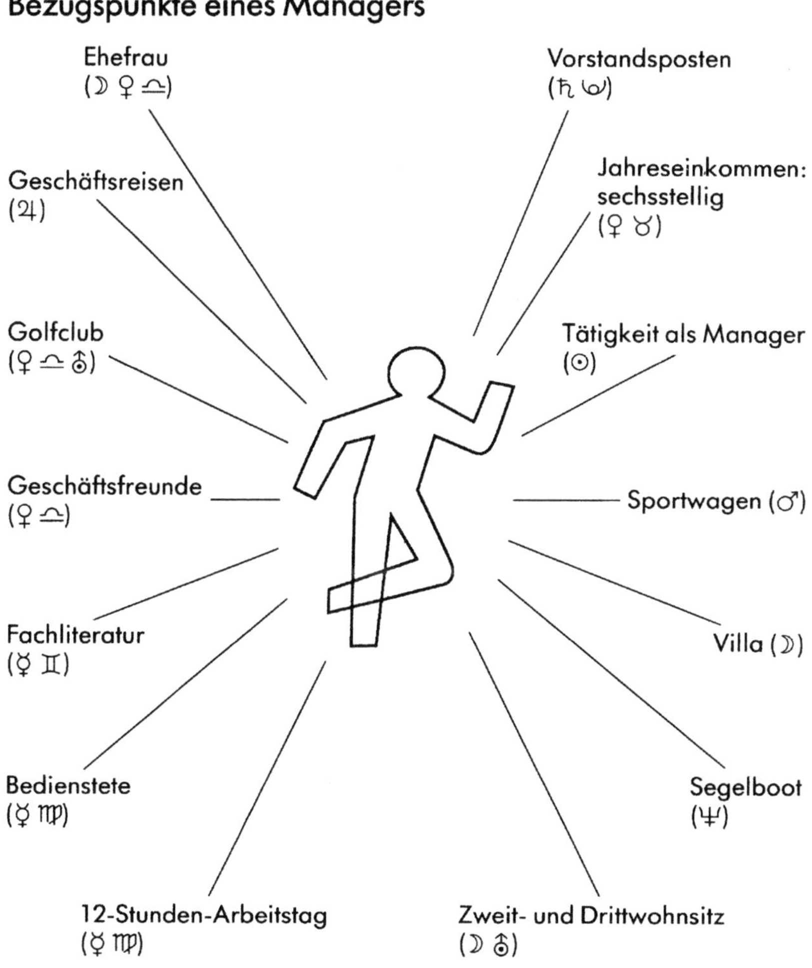

Kennt man einige Größen eines Persönlichkeitssystems, so können daraus Rückschlüsse gezogen werden, wie andere Persönlichkeitsanteile bzw. andere Projektionen dieses Persönlichkeitssystems aussehen könnten. So kann man im obigen Fall von Hugo S. – ohne Hellseher zu sein – aufgrund der bekannten Faktoren in etwa die Frau beschreiben, die in diese Rahmenbedingungen paßt. Hugo braucht eine Frau, die gebildet ist, die Fächer studiert hat, die nicht zu einer Karriere disponieren, wie etwa Kunstgeschichte oder Sprachen, und deshalb nicht mit ihm in Konkurrenz tritt. Ihre Bildung ist zudem gut geeignet, um sich mit seinen Geschäftsfreunden auf Einladungen, Partys und Festen zu unterhalten. Ebenso besitzt sie die Fähigkeit, mit dem Hauspersonal umzugehen und alles so zu arrangieren, daß ihrem Mann jegliche Form von »Alltagskram« erspart bleibt. Ihr gepflegter sprachlicher Ausdruck, ihre Kleidung, ihr Interesse an klassischer Musik entsprechen dem Bild der Gattin eines erfolgreichen Mannes.

Wir können also konstatieren, daß in dieses Persönlichkeitssystem nur eine ganz bestimmte Frau aus einer spezifischen Schicht paßt, mit spezifischen Verhaltensweisen und Interessen. Eine andere Frau wäre hier entweder überfordert oder würde sich nicht wohlfühlen.

Gehen wir noch einen Schritt weiter. Wenn wir nachstehendes Persönlichkeitssystem von Lieselotte, einer 36jährigen Angestellten, näher beleuchten, wird klar, daß es nicht nur möglich ist, von einigen bestehenden Größen auf andere zu schließen, sondern auch Aussagen über beruflichen Erfolg und persönliches Glück in der Zukunft zu treffen, vorausgesetzt, es erfolgt kein Einbruch in Form einer schwerwiegenden Erkrankung oder eines gravierenden Schicksalschlages, der zur Entwicklung treibt.

Lebensstil bzw. Rahmenbedingungen einer Angestellten
(Lieselotte, 36 Jahre)

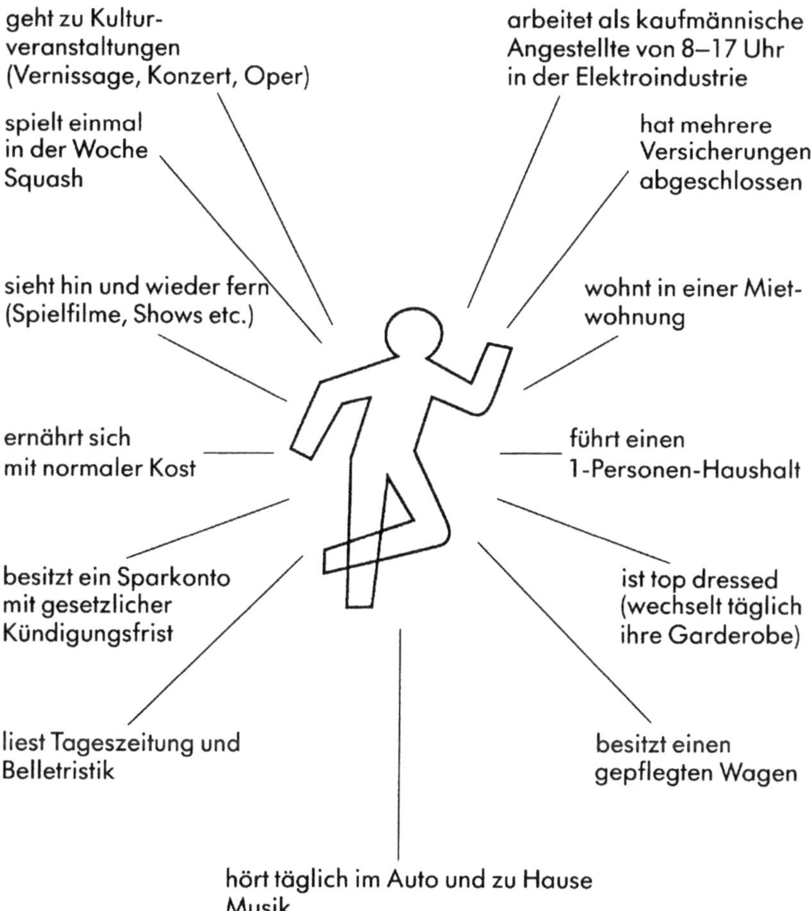

Das Persönlichkeitssystem dieser Angestellten ist zugleich auch ein Abwehrsystem, das heißt, sie hat es sich im Leben so eingerichtet, daß kaum ein seelisch-geistiges Wachstum möglich ist.

Wer von 8–17 Uhr arbeiten muß, seinen Körper pflegen sowie seine Garderobe, seine Wohnung und sein Auto sauber halten will, hat in der restlichen Zeit nur wenig Gelegenheit, sich weiterzubilden. Insbesondere dann nicht, wenn aufgrund von unbewußter Angst und Abwehr, mittels Musik, Spielfilmen im Fernsehen und Lesen von Romanen, Betäubungsmechanismen eingesetzt werden. Im Büro lebt man nicht »echt« und zu Hause auch nicht, also ist es nötig, über Film- und Romanhelden ersatzweise Spannung, Abenteuer und Nervenkitzel zu erfahren. Es ist daher für einen Außenstehenden schwierig, in diese Welt des Scheins mit lebendigen Inhalten einzudringen. Lieselotte wird daran wenig Interesse haben, viel lieber spricht sie über den gestrigen Film, über den Kriminal- oder Liebesroman, den sie gelesen hat, oder über Dinge, die den Alltag betreffen. Möchte man sich mit ihr über Medizin unterhalten, antwortet sie, sie wisse einen hervorragenden Arzt, spricht man über Ernährung, sie kenne ein gutes Lokal, über Religion, sie kenne eine schöne Kirche, über das Schulsystem empfiehlt sie die Schule um die Ecke und über Parapsychologie erzählt sie, was sie darüber im Fernsehen gesehen hat. Es ist also – auf welchen Lebensgebieten auch immer – mit ihr nicht möglich, über Inhalte zu reden. Und weil sie meist keine eigenen Inhalte hat, bleibt sie auch weiterhin Angestellte. Sie wird – dazu braucht man nicht mit der Gabe der Clairvoyance ausgestattet zu sein – immer abhängig bleiben und keinen nennenswerten beruflichen Erfolg ernten. Sie hat sich selbst festgelegt, sich selbst – ohne es zu wissen – dem Abenteuer des Lebens verschlossen.

Die Problematik liegt nun darin, daß sie durch das ständige Zelebrieren ihres Lebensstils darin so sicher geworden ist, daß sie Menschen, die anders leben, aufklärt, indem sie Leute, die Sachbücher lesen, zur Belletristik bekehren will, andere, die ohne ständige Musikberieselung auskommen, als Langweiler abstempelt, oder Autobesitzer, die Automatik fahren, weil sie ihr schöpferisches Unbewußtes frei haben und nicht permanent die Fließbandarbeit und Schufterei des Gängeeinlegens verrichten möchten, als zu wenig sportlich bezeichnet. Es ist paradox: Sie, die ohnehin während ihres streng vorgeschriebenen Aufgabenbereiches keine Zeit zum Nachdenken aufbringen kann, schaltet nachher das Radio ein, um sich berieseln zu lassen, sie, die ohnehin wenig Freizeit hat, legt noch besonderen Wert darauf, daß ihr Outfit stets dem neuesten modischen Stand entspricht und die Dinge des täglichen Lebens perfekt in Ordnung sind.

Dadurch wird ein circulus vitiosus aufrechterhalten: Weil Tageszeitung, Romane und Filme, Musiksucht, übertriebene Sauberkeit und Ordnung, deshalb kein Nachdenken und keine neuen Informationen, und weil kein konstruktives Nachdenken, bleibt ihr eingeschliffener Lebensstil unverändert erhalten. Erschwerend kommt hinzu, daß sie sich primär in ihrem Milieu aufhält und so auch noch von allen Seiten bestätigt und in ihrem Sosein verstärkt wird.

Aber, so könnte man fragen, was ist, wenn sie mit ihrem Lebensstil glücklich ist? Ein Mensch, der von früh bis spät entfremdete Arbeit verrichten und sich als Ausgleich hierfür allabendlich betäuben muß, kann nicht zufrieden sein. Als Beleg hierfür mögen die weit verbreiteten psychischen Konflikte, von Depressionen bis zu Phobien, aber auch die vielen Krankheiten und Schicksalsschläge dienen, die allesamt auf verdrängte Anlagen, auf unverwirklichtes Leben zurückzuführen sind. Lieselotte mag sich vielleicht einreden, glücklich zu sein, weil dies wiederum der Norm entspricht und besser mit dem Idealbild des eigenen Selbst vereinbar ist, aber echtes Glück im Sinne einer Entfaltung der eigenen Lebendigkeit ist nicht möglich. Letzteres wird von denen, die so wie sie leben, meist genauso heftig bestritten wie die Behauptung, psychische Störungen und körperliche Erkrankungen hätten etwas mit dem eigenen Fühlen und Denken, hätten etwas mit der eigenen Lebensgestaltung zu tun. Man setzt nichts miteinander in Beziehung, denkt nicht vernetzt, sondern betrachtet Krankheit und Schicksal isoliert und abstrakt.

Man kann sich vorstellen, welch gewaltige Konflikte sich ergeben, wenn dieses Persönlichkeitssystem mit dem eines Menschen, der eine andere Lebenseinstellung hat, zusammentrifft.

Lieselotte lernte Robert H., einen 43jährigen, sehr erfolgreichen Drehbuchautor kennen, und es war Liebe auf den ersten Blick. Die beiden verbrachten wundervolle Zeiten miteinander, fuhren gemeinsam in Urlaub und erlebten Nächte voller

Liebe und Zärtlichkeit. Sie waren glücklich – bis zu dem Zeitpunkt, als sie sich entschlossen, zusammenzuwohnen.

Nun prallten zwei Welten aufeinander, auf der einen Seite die Welt des Angestelltenmilieus und auf der anderen Seite die Welt der Künstler und der kreativen Menschen, oder anders ausgedrückt: Die Welt von Ordnung, Anstand, Treue und Anpassung an die Normen suchte eine Synthese einzugehen mit der Welt von Chaos, sexueller Freiheit, Nichtanpassung und unorthodoxer Zeiteinteilung.

Robert legte bei sich selbst keinen Wert auf schöne, gepflegte Kleidung, schlief bis mittags, und sein Zimmer glich einem Tohuwabohu. Er pflegte oft tage- oder auch wochenlang nichts zu tun. Dies nannte er schöpferische Pause. Dann wieder arbeitete er die Nächte durch. Ebenso verhielt es sich mit seinem Einkommen. Manchmal verdiente er über ein oder zwei Jahre hinweg keine Mark, doch dann wieder eine sechsstellige Summe. Im Haushalt tat er nichts: Seine Erklärung für die mangelnde Solidarität lautete, daß auch nur die Bemühung, etwa einen Teller abzutrocknen oder den Müll auszuleeren, ihn aus seiner hohen Gedankenwelt herabziehen würde in die Welt des Trivialen. Außerdem verweigerte er Arbeiten, die jedermann ausführen könnte. Ich will nur dort aktiv werden – so Robert –, wo ich meine Berufung fühle, ich will nur das tun, was nicht jeder kann, wo ich einzigartig bin und nicht durch einen anderen Menschen ersetzt werden kann. Lieselotte trieb all dies zur Weißglut. Sie versuchte alles, um aus Robert doch noch einen wenigstens halbwegs gesitteten Bürger zu machen. Sie versuchte ihm ständig Schuldgefühle aufzuzwingen, weil er sich nicht so verhielt, wie sie es haben wollte, ferner erzählte sie in ihrem Bekannten- und Verwandtenkreis, welch unmöglicher Mensch Robert doch sei, und wurde dabei – da es sich vorwiegend um Menschen aus ihrem Milieu handelte – auch noch bestätigt.

Robert hingegen zog sich immer mehr zurück, er liebte Lieselotte trotz all dieser Differenzen, konnte aber aufgrund seiner andersartigen Natur ihren Wertmaßstäben nicht genügen. Manchmal bemühte er sich ihr zuliebe, im Haushalt mitzuhelfen oder den Wagen zu waschen, verletzte sich dabei aber prompt oder er war hinterher über Tage hinweg nervlich am Ende.

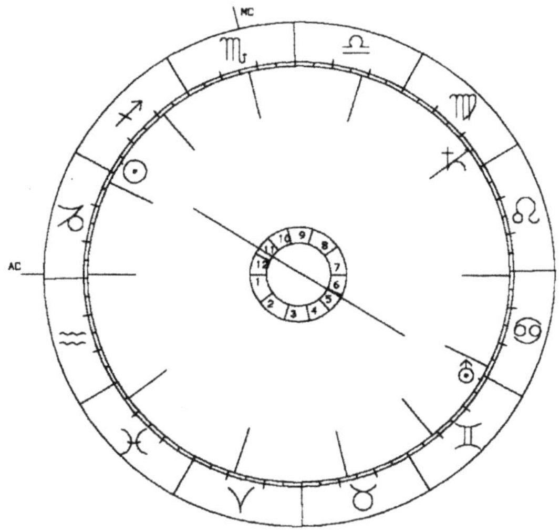

Schließlich somatisierte Robert mit Herzrhythmusstörungen (Extrasystolen).

Roberts Horoskop drückt die Situation sehr deutlich aus. Wir sehen bei ihm Uranus im Zwilling in Haus 5 in Opposition zur Sonne in Haus 11 im Schützen. Uranus in Haus 5 im Zwilling bedeutet, daß man sich von alltäglichen Dingen (Zwilling) durch geniale (♅), kreative und schöpferische Anlagen (Haus 5) befreien (♅) möchte. Um den Drang zur Befreiung entstehen zu lassen, muß man jedoch zuerst ungünstige Verhältnisse aufsuchen – das sei als besonders wesentliche Gesetzmäßigkeit hervorgehoben. Robert tat genau dies, indem er sich mit Lieselotte liierte und mit ihrem formellen und ordentlichen Lebensstil (♄ in Haus 8; Haus 8=2. Haus des anderen, also Lebensstil des anderen) konfrontiert wurde.

Der Zwang, sich immer wieder von trivialen Dingen wie auch von den Wertmaßstäben (♅) des Angestelltenmilieus (♍) befreien (♅) zu müssen, stand im Widerspruch (Opposition) zu Roberts Sonne im Schützen in Haus 11, mit der er geistige (♐) Freiheit (Haus 11) und Überlegenheit (Haus 11) demonstrieren möchte. Diese ständige Irritation (♅) seines geistigen Lebens und Erlebens wurde schließlich gleichnishaft in Form von Störungen (♅) in der Herzschlagfolge (☉ = Herz- und Kreislaufsystem) somatisch ausgedrückt.

Relevant ist ferner festzustellen, daß Lieselotte – obwohl es zunächst so erscheinen mag – nicht Ursache seines Herzleidens ist und ihr daher auch keine Schuld zugesprochen werden kann, denn erstens kann sie nur nach der Welt, in der sie aufgewachsen ist und in der sie lebt, einen anderen Menschen beurteilen. Nicht sie selbst in ihrer wahren Natur urteilt also über Robert, sondern sie urteilt nach den anerzogenen Wertmaßstäben ihres Milieus. Zweitens stellt sich die Frage, warum Robert Lieselotte und ihre für ihn kleinkarierte Welt angezogen hat. Wenn er seinen Saturn in der Jungfrau in Haus 8 als Konfrontation mit den Maßstäben (♄) des Angestelltenmilieus (♍) erlebt, dann hat er selbst diese Anlage noch in einem unerlösten Zustand. Stände ihm die Anlage selbst zur Verfügung, würde er sie nicht in der Projektion bei Lieselotte erfahren. Solange er Saturn in der Jungfrau in Haus 8 nicht erlebt als akkurate, ins Detail gehende (♍) Ordnung (♄) in seinem geistigen Besitz (Haus 8) sowie als Verantwortung (♄) für die Arbeiten (♍), die in einer festen Beziehung (Haus 8) anfallen, wird er dieses Problem nicht anders lösen können, als es körperlich – in Form einer Krankheit – auszutragen.

actio = reactio

Schicksal wird vielfach so verstanden, daß der einzelne mit dem, was ihm geschickt wird, fertig werden muß, daß ihm nichts anderes übrig bleibt, als das Geschickte zu verarbeiten. Die wenigsten haben sich jedoch darüber Gedanken gemacht, wie man die Geschicke selber lenken kann, so daß Schicksal nicht mehr etwas ist, was von oben – etwa von einer höheren Instanz – geschickt wird, sondern was man selbst bewirkt, zum Beispiel durch die Reaktionen, die man in der Umwelt auslöst – durch Körperhaltung, Kleidung, Sprache, Statussymbole, Verhalten, Gefühle, innere Bilder, Normen und Ideale. Die Reaktionen der anderen erscheinen uns dann als von uns unabhängige Aktionen oder, anders ausgedrückt, als Einwirkungen der anderen, die ohne unser Zutun auf uns zukommen, was wir nur allzu oft als ungerechtes Schicksal erfahren und empfinden. Wer Reaktion und Wirkung der Umwelt auf sich selbst nicht versteht, lebt wie ein Blatt im Wind, sein Schicksal liegt für ihn wie im Nebel.

Er hat Angst vor der Zukunft. Er kann kaum etwas in seinem Persönlichkeitssystem und damit an seinem Schicksal verbessern. Vielleicht erleidet er einen »Schicksalsschlag« nach dem anderen, ohne Sinn, Zweck und Ziel des Geschickten zu erkennen, ohne zu wissen, warum ihm dieses oder jenes passiert. Diese »Holzhammermethode«, die den einzelnen nach einem Schlag betäubt im Kreise gehen läßt, um ihm schließlich bei Nachlassen der Wirkung wieder einen neuen Schlag zu versetzen, heißt es, ad acta zu legen. Es ist an der Zeit, aus diesem Delirium zu erwachen und bewußt sein Schicksal selber zu gestalten. Um das realisieren zu können, muß man sich Wissen über die verschiedenen Wirkungen aneignen, die man in der Umwelt auslöst. Danach besteht die Möglichkeit, zukünftig mehr und mehr die Ursachen so zu setzen, daß man mit den Wirkungen einverstanden sein kann.

Auf diese Weise kann man strategisch und taktisch vorgehen, kann auf dem Schachbrett des Schicksals seine Figuren so plazieren, daß man nicht mehr matt gesetzt wird.

Allerdings sind Strategie und Taktik Reizwörter für alle, die – wie es heutzutage Mode geworden ist – nur »ganz spontan im Hier und Jetzt« leben wollen. Doch ein Lebenstrieb, dessen Energie sich nach keinem Programm ausrichten kann, verausgabt sich, ohne Effizienz oder Ziele zu erreichen. Wer ein Haus bauen will, muß vorher einen Plan haben. Jeder körperliche Organismus, jede Zelle funktioniert nach einem ganz bestimmten Rhythmus und Programm. Doch für ihr Lebensgebäude haben die meisten Menschen kein Konzept. Viele empfinden es sogar als Anmaßung oder als Frevel, das eigene Schicksal in die Hand zu nehmen. Sie sagen, man solle das lieber »dem Einen da oben« überlassen und nicht in die Hybris verfallen, selbst am eigenen Schicksal zu basteln, denn sie empfinden solch ein strategisches Vorgehen als Manipulation. Doch wer sein Schicksal nicht selbst gestaltet, wird vom Schicksal manipuliert. Wer selbst nicht frei wählt, was er im Schicksalsladen erwerben will, bekommt vom Schicksal meist nur alte und verdorbene Ware. Es wird ihm eine Art Schicksalszwangsjacke verpaßt, die freie Wahl ausschließt. Ich glaube nicht, daß es edler ist, unbewußt und spontan Ursachen zu setzen und unbewußt darauf die Wirkungen zu erleiden, als sich bewußt in das göttliche Gesetz von actio und reactio zu integrieren und dadurch eine völlig neue Form von »Gottesdienst« zu zelebrieren!

Wenn man bedenkt, wie sehr doch unser Wohlbefinden und unsere Gesundheit abhängen von den Reaktionen der Umwelt auf uns selbst, sollte man schon den Mut aufbringen, sich diese Gesetzmäßigkeiten genauer anzusehen.

Die grundsätzliche Frage, die in diesem Zusammenhang gestellt werden muß, ist: Welche Reaktionen werden ausgelöst durch

1. die körperliche Konstitution bzw. das körperliche Erscheinungsbild?

Dies ist der einzige Aspekt, der nur wenig Strategie und Taktik zuläßt, da sowohl unser Körper als auch unser Aussehen weitgehend durch die Gene vorbestimmt sind. Dennoch ist es wichtig, sich die hauptsächlichen Reaktionen der Umwelt auf den eigenen Typus vor Augen zu führen, um diese abzuschwächen oder ihnen gegenzusteuern.

Ein breitschultriger Mann mit 1,90 m Körpergröße sieht die Welt mit anderen Augen als einer mit 1,60 m. Er löst ganz andere Reaktionen in der Umwelt aus – man begegnet ihm vielleicht mit Respekt, mit Angst, mit Unterwürfigkeit, man redet ihm zum Mund. Andererseits löst eine kleine, zart gebaute Frau mit großen Kulleraugen beim Mitmenschen den Beschützerinstinkt aus und erwirkt vielleicht zunächst mehr Zärtlichkeit beim anderen Geschlecht als eine Frau mit einer kräftigeren Statur. Auch hat jede Frau sicher die Erfahrung gemacht, daß man ihr, wenn sie geschminkt ist, anders begegnet, als wenn sie »farblos« in die Öffentlichkeit geht.

2. Kleidung?

Die Novelle von Gottfried Keller »Kleider machen Leute« beschreibt, wie sehr die Reaktion der Mitmenschen von unserer Kleidung abhängt.

Sie zeigt, wie man bei anderen Menschen den Saturn, nämlich Anerkennung und Ehrerbietung auslöst, nicht aber, was man anziehen kann, um etwa Mars, Venus, Pluto, Jupiter oder Neptun zu aktivieren.

Wie ist das zu verstehen? Wir möchten, wenn wir eine bestimmte Art von Kleidung anziehen, auf andere Menschen anziehend wirken. Dabei beachten wir häufig nicht, daß das Gesetz der Anziehung gekoppelt ist mit dem Gesetz von actio und reactio, d. h. daß die Reaktion der anderen mit ins eigene Kalkül gezogen werden muß. Kurzum, die meisten Menschen gehen nur von ihrem eigenen Geschmack aus, kleiden sich nur nach ihrem eigenen Stil, ohne die Reaktion der anderen zu beachten.

Ferner glauben wir oft, daß das, was uns selber gefällt, auch den anderen gefallen wird, und sind erstaunt, daß die Reaktion der Umwelt anders ausfällt als erwartet. Häufig bekommen wir auch keine ehrlichen Feedbacks. Die Freunde finden unsere neue Garderobe angeblich hinreißend, die Geschäftskollegen sind scheinbar begeistert, nur der neue Partner, mit dem man glücklich eine gemeinsame Zukunft gestalten könnte, will nicht anbeißen. Dabei werden wir in unserem eigenen Geschmack und der damit verbundenen unbewußten Abwehr von potentiellen Partnern bestätigt und verstärkt.

Sicher sind für die Partneranziehung auch andere Faktoren entscheidend, fest steht aber, daß die Kleidung häufig ein Schlüsselreiz für das andere Geschlecht darstellt, also ausschlaggebendes Moment dafür ist, daß der Partner Interesse zeigt, damit das erste Rendezvous überhaupt zustandekommt.

Jede Frau kann sich also fragen:

Was muß ich anziehen, damit ich dem Typ von Mann begegne, der meinem geistigen Auge vorschwebt, oder: Womit kleide ich mich – sofern ich schon einen festen Partner habe – um ganz bestimmte Reaktionen bei ihm auszulösen, um ganz bestimmte Planeten bei ihm zu aktivieren? Welche Anlage ist es, die ich bei ihm ansprechen möchte?

So belebt etwa ein Dirndlkleid oder ein feminines Kleid bei Männern vorwiegend die Mondanlage, das heißt die Gefühle von Zärtlichkeit und seelischer Wärme, während z. B. ein kurzer Lederrock mehr den Pluto anspricht und daher Gefühle der Begierde, der Wollust und Leidenschaft auslöst. Eine Schlapperhose oder ein Hosenrock hingegen kann bei vielen Männern Gefühle der Aggression (Mars) oder der Traurigkeit (Neptun) hervorrufen, aber auch Fluchtreaktionen (Neptun) sind möglich.

Ferner muß differenziert werden:

Welche Gefühle löst die jeweilige Kleidung aus

a) bei mir selbst,

b) bei meinem Geschlechtsgenossen oder -genossinnen. Frauen finden häufig ganz andere Dinge schön oder erotisch als Männer.

c) beim anderen Geschlecht.

Um Mißverständnissen vorzubeugen: Selbstverständlich hat auch die Kleidung des Mannes einen Einfluß auf das emotionale Befinden seiner Partnerin. Sie hat jedoch meist nicht das gleiche Gewicht und spielt nicht eine so entscheidende Rolle, da Frauen im allgemeinen von visuellen Reizen weniger abhängig sind.

In all diesen Fällen besteht die große Schwierigkeit darin, daß sich kaum jemand der subtilen Mechanismen bewußt ist, die hier in Bewegung geraten. Keiner sagt: Ich ärgere mich, weil mein Partner einen giftgrünen Pullover oder eine dunkelblaue ausgebeulte Trainingshose trägt, was mein ästhetisches Auge verletzt. Meist wird der Ärger oder die Aggression umgelenkt auf Anlässe, die im Grunde mit der wahren Ursache nicht das Geringste zu tun haben. Wenn die Entwicklung des eigenen Geschmacks in der Astrologie dem 7. Feld zugeschrieben wird, so bedeutet dies, daß der eigene Geschmack im Rahmen von Begegnung und Partnerschaft gefunden werden soll, das heißt unter Miteinbeziehen der Reaktion des anderen. Das hat mit einer Verleugnung des eigenen Geschmacks nichts zu tun, der andere übt lediglich eine Feedback- und Korrekturfunktion aus.

Das Erstaunliche ist, daß viele Frauen ihren Partner überhaupt nicht bei der Wahl ihrer Garderobe berücksichtigen und allein ihren Geschmack durchsetzen, der häufig nur ihre Depression, ihre Traurigkeit, ihren inneren Frust oder ihr mangelndes Einfühlungsvermögen für die Bedürfnisse des anderen Geschlechts widerspiegelt.

Sie sehen dies als Zeichen ihrer Emanzipation, sie wollen selbst bestimmen, was sie anziehen. Wenn man die Situation aber genauer betrachtet, wird evident, daß sie sich von der Mode völlig fremdbestimmen lassen und nur das tragen, was gerade en vogue ist. Der Partner hingegen, der nur mitbestimmen will, wird dann sofort als Patriarch apostrophiert. Wenn jemand seinen Geschmack dogmatisiert und sich auf seinen Partner partout nicht einstellen will, so steht ihm das frei, aber er muß dann auch dessen Reaktionen ertragen können, die er als Folge auf sein Verhalten in der Umwelt erwirkt. Ja, mehr noch! Er muß sie nicht nur ertragen und aushalten, er muß auch mit diesen Reaktionen umgehen können. Wenn er schon seinem »eigenen« Geschmack Tribut zollt, darf er auf die Aggression, Nörgelei, Entwertungshaltung des anderen auch nicht ungünstig reagieren. Wer etwa mit Gegenaggression oder Schuldzuweisungen antwortet, läßt den Konflikt eskalieren.

Wir können also konstatieren, daß eine bestimmte Kleidung beim anderen spezifische körperliche (erotische) und seelische Wirkungen (z.B. Gefühle der seelischen Liebe) hervorruft. Auch geistige Reaktionen kann sie bewirken, z.B. ein subjektives Vorstellungsbild von der betreffenden Person, ob sie Anstand, Niveau oder Geschmack hat, welcher Gesellschaftsschicht sie zugeordnet werden kann, oder auch Gegenreaktionen, daß man den Träger oder die Trägerin im Geiste einfach anders kleidet. Es wird dann ein anderes Bild eingeblendet – statt der modrigen Kluft ein freundliches Kleid, statt des vergammelten Anoraks ein fescher Anzug.

Da jeder Mensch einen besonderen Stil und bestimmte Farben in der Kleidung bevorzugt, beeinflußt er damit entscheidend die Stimmungslage in der Begegnung. Dies geht sogar so weit, daß durch Stil und Farbe der Kleidung auch das innersekretorische Drüsensystem des Partners zu den verschiedensten Reaktionen veranlaßt wird – sei es um die Hormon-Produktion zu reduzieren oder zu verstärken.

Es ist überzeugend nachgewiesen worden, daß jede emotionale Belastung, wie der Dauerzustand von Furcht, Ekel, Ärger oder Zorn, Veränderungen in den innersekretorischen Drüsen hervorruft; im Laufe der Zeit können diese pathologischen Veränderungen aufgrund der Vernetzung auch in inneren Organen und Organsystemen auftreten.

Wenn die Art und Weise sich zu kleiden, als permanenter visueller Reiz auf den Partner einwirkt, kann dies bestimmte Reaktionen chronifizieren, d.h. chronische Krankheiten sowohl verursachen als auch fördern.

3. Unterlassung?

Viele Menschen, etwa der Alternativszene, sind lethargisch und zu wenig aktiv. Dieses Verhalten ist jedoch keine reale Alternative zur herkömmlichen Lebensform, sondern nur eine Reaktion, die im Grunde ebenso pathologisch ist wie der Leistungsfetischismus unserer Gesellschaft. Mit ihrer Verweigerung erlangen die Betreffenden kein angenehmes Karma – im Gegenteil, die Folge sind Armut, Elend, Chaos, Ausgestoßensein, Einsamkeit, Krankheit und Leid. Dies rührt daher, daß nicht nur falsche Aktionen ungünstige Reaktionen verursachen, sondern auch der Nichteinsatz einer Energie, die Unterlassung einer Aktivität. Die Betreffenden klagen zwar, wenn das Schicksal sie immer wieder hart trifft, und sagen: Ich habe doch gar nichts getan! (Sprich: Ich war doch nicht böse). Doch das eben ist es: Weil sie nichts getan haben, richten sie das Schicksal gegen sich. Sie kommen nicht auf den Gedanken, daß sie beim anderen das maßregelnde, strafende Prinzip aktivieren, daß sie beim anderen Aggression, Wut, ja oft sogar Haß auslösen könnten. Diese Problematik und Symptomatik bleibt jedoch nicht nur auf die Alternativszene beschränkt, sondern erstreckt sich auf das gesamte Arbeitsleben, wo die jeweiligen Unterlassungen zu negativen Reaktionen des anderen führen. Insbesondere das komplementäre Verhältnis zwischen Angestellten und Chef ist dabei betroffen.

So zeichnet sich mancher Angestellter aus durch Unterlassungsakte wie

Untätigkeit sich nicht erinnern nicht mitdenken vergessen mangelnde Initiative mangelnde Souveränität Unordnung keine Reserven (Arbeitsmittel etc.) nicht wirtschaftlich denken Taktlosigkeit Unpünktlichkeit Unzuverlässigkeit	Er erzeugt dadurch beim Vorgesetzten oder Chef Aggressionen, Maßregelungs- und Bestrafungstendenzen.

Die Energie, die der oder die Angestellte für die Aktivität hätte aufbringen müssen, wird verdrängt. Durch den Akt der Verdrängung wird die Energie pervertiert, und es entsteht Aggression. Die im Unbewußten schlummernde Aggression wird projiziert und erscheint nun beim Chef, spiegelt sich in dessen Verhalten (Gesetz der Wiederkehr des Verdrängten). Da in dem einen Pol (Kindrollenspieler, Angestellter), zu wenig Energie eingesetzt wird, entsteht im anderen Pol (Elternrollenspieler, Chef) zuviel Energie (Gesetz des Ausgleichs). Insofern gleicht die Aggressivität des Chefs den passiven und untätigen Angestellten aus.

Man kann also – wie wir gesehen haben – Aggressionen erzeugen, indem man *nichts* tut, nicht aktiv wird, und sich um nichts kümmert.

Auch im partnerschaftlichen Bereich hat diese Verweigerung schwerwiegende Konsequenzen. Das Wesen einer Partnerschaft besteht darin, daß beide Partner ihre Energien von Mars bis Neptun in die Beziehung einbringen, wodurch Energieaustauschprozesse stattfinden können, die beide Teile beglücken und bereichern (das Einbringen einer Energie ist ein Merkmal von Haus 1 – Widder – Mars Prinzip). Bringt ein Partner auf einem Lebensgebiet keine oder nur wenig Energie ein, wird der andere ungünstig darauf reagieren. Eine solche Verwehrung kann nicht nur im Sexuellen, sondern auch auf jedem anderen Lebensgebiet erfolgen. Man kann z. B. dem Partner zu wenig Aufmerksamkeit entgegenbringen, zu wenig Einfühlungsvermögen, Liebe, Genuß, zu wenig Wärme und Geborgenheit, zu wenig Interesse an seiner Person, an seinem Leben, an seinem Schicksal.

Ebenso ungünstig wirkt es sich aus, wenn man zu wenig Durchsetzungsvermögen hat, zu wenig Abgrenzung, zu wenig Information, zu wenig eigene innere Geborgenheit, zu wenig selbständig ist, zu wenig seine Gefühle zeigt, zu wenig erotische Reize einbringt, zu wenig Konzept hat, zu wenig gebildet ist, zu wenig seine Rechte durchsetzt und zu wenig Verantwortung zeigt, zu wenig unabhängig ist, zu wenig Phantasie entwickelt hat oder sie zu wenig einsetzt. Über zu wenig Information zu verfügen, bedeutet z. B., daß eine Unterhaltung unter Umständen schnell langweilig wird. Manche schweigen ständig und verursachen damit Wut oder Unmut. Wenn man zu wenig erotische Phantasie entwickelt, verliert der Partner rasch das Interesse und sucht dann oftmals das Weite. Zu wenig Selbständigkeit bewirkt beim anderen, daß er nicht unabhängig und frei agieren kann. Wer zu wenig seine Gefühle zeigt, verursacht, daß der andere kaum Feedbacks erfährt und so Hintergründe nicht wahrnehmen und nicht aus seiner subjektiven Welt heraustreten kann.

Wenn man sich all dies vor Augen führt, wird klar, daß jegliches Jammern und Lamentieren über ungerechtes Schicksal nicht nur Zeitverschwendung ist, sondern auch noch die eigene Ursache bzw. das eigene Defizit festschreibt. Indem man sich über die Wirkungen beklagt, kann man bequem von den eigenen Ursachen, wie falsche Aktivitäten oder mangelnden Energieeinsatz, ablenken. Besonders deutlich wird dies in den Fällen, in denen man die Schuld auf den Partner projiziert, indem man ihm vorhält, von ihm belogen oder betrogen worden zu sein.

Kaum jemand wirft die Frage auf, ob dem Betrug des Partners nicht eigener Betrug vorausging, etwa dergestalt, daß man den Partner permanent aufgrund mangelnden Energieeinsatzes um schöne Gespräche, um Freude und Spaß, um seine kostbare Zeit, um glückliche Stunden der Zärtlichkeit, um leidenschaftliche Nächte oder um tolle Freizeitgenüsse betrogen hat.

Den oben angeführten drei Punkten Körper, Kleidung und Verhalten könnte man nun noch Beispiele über Lebensstil, Sprache, Gefühle, Denken, Normen und Ideale hinzufügen. Dies wäre jedoch hier zu umfangreich und bleibt teilweise späteren Kapiteln vorbehalten.

Wichtig ist an dieser Stelle, eine Ordnung in den Wirrwarr der Aktionen und Reaktionen zu bringen.

Folgende Unterscheidungen müssen in diesem Zusammenhang getroffen werden:

a) Welche Reaktionen sind innerhalb meines Persönlichkeitssystems zu verzeichnen?

Wie wirkt mein körperliches Befinden auf meine Seele und meinen Geist?

Welche Auswirkungen hat mein Denken auf mein Gefühlsleben, und mein Gefühlsleben auf meinen Geist sowie auf meinen Körper? (Siehe hierzu Kapitel: »Die Vernetzung der vier Quadranten« [Seite 81])

b) Wie reagiere ich auf meine materiellen Symbole und Rahmenbedingungen?

Welche Gefühle und Gedanken verbinde ich mit dem Tragen einer bestimmten Kleidung, mit meinem Auto, meiner Ehe, meinem Beruf...?

c) Wie reagiere ich auf meine Mitmenschen?

Welche Reaktionen lösen meine Mitmenschen mit ihrer körperlichen Konstitution, mit ihren Gefühlen, Gedanken, Bewußtseinshaltungen und vor allem mit ihren Projektionen bei mir aus?

d) Welche Reaktionen werden in meinem körperlichen, seelischen und geistigen Organismus auf die materiellen Symbole und Rahmenbedingungen meiner Mitmenschen ausgelöst?

e) Welche Reaktionen rufe ich in der Außenwelt hervor?

Wie wirke ich mit meinem Körper, meiner Sprache, meinen Gefühlen und meinem Denken auf die Umwelt ein?

Welche Auswirkungen haben meine Erwartungshaltungen und Projektionen?

f) Wie reagiert die Umwelt auf meine materiellen Symbole und auf meine Rahmenbedingungen?

Welche Reaktionen lösen meine Kleidung, meine Wohnung, meine berufliche Stellung, mein Auto und meine sonstigen materiellen Gegenstände bei anderen Menschen aus?

Das Bessere ist des Guten Feind

Wer hat das nicht schon erlebt? Man kauft sich eine neue Hose und kann es sich nach kurzer Zeit nicht mehr vorstellen, was man vorher eigentlich angezogen hat. Oder nach dem Kauf einer Spülmaschine, wie man jahrelang die Mühsal des Abspülens ertragen konnte? Oder nachdem man ins eigene Haus eingezogen ist und später wieder an der früheren Wohnung vorbeifährt, wie man so lange in diesen düsteren, lauten Zimmern hausen konnte?

Wie hat man je ohne Hobbykeller und ohne Vorratsraum auskommen können? Ebenso mag es demjenigen gehen, der sich in seiner neuen Partnerschaft glücklich fühlt und zufällig seinem Ex-Ehepartner wiederbegegnet: Wie war es möglich, sich von diesem Menschen damals so sehr angezogen zu fühlen? Wie konnte er es jahrelang trotz aller Widrigkeiten und Streitereien mit ihm aushalten? Es bleibt ihm ein Rätsel! Dieses Phänomen ist nicht nur auf der materiellen und zwischenmenschlichen Ebene zu beobachten, sondern auch auf der seelischen und geistigen. Wer sich aus Zwängen beruflicher oder partnerschaftlicher Art herausmanövriert, kann auf das neu erworbene Gefühl von Freiheit und Unabhängigkeit nicht mehr verzichten.

Wieder andere fragen sich: Wie konnten wir ohne das Wissen um Datentechnik, Silva-Mind-Control oder Soziologie auskommen? Viele unserer Kursteilnehmer sind der Überzeugung, daß sie sich ein Leben ohne das Wissen um Schicksalskunde, psychologische Astrologie, Erfolgskybernetik und Psychosomatik nicht mehr vorstellen können.

Wir können daher konstatieren: Wer etwas erworben hat, sei es eine Sache, die Liebe und Zuwendung eines Menschen, ein Gefühl oder ein Wissen, hat dieses Neue zu seinem Bestand gemacht, hat es eingeordnet in sein Persönlichkeitssystem und möchte nie mehr zurück in den Zustand, in dem er vorher war. Der Volksmund hat treffend formuliert: »Das Bessere ist des Guten Feind.«

Aus demselben Grund ist auch ein sozialer Abstieg nur für

die wenigsten zu verkraften, ohne dabei psychosomatisch zu erkranken. Eine Degradierung, ein Rückfall oder ein Verlust von etwas bereits Erworbenem ist Gift für die menschliche Seele, insbesondere, wenn sie patriarchal geprägt und strukturiert ist. Wir durchleben also körperlich, seelisch, geistig und materiell innerhalb unserer Biographie verschiedene kleinere Häutungsprozesse – wie etwa eine neue Garderobe oder ein neues Auto – oder größere – wie ein neuer Partner oder ein Berufswechsel.

Besonders deutlich werden solche Häutungen an unseren äußeren Projektionen, denn sie zeigen meist auch innere Veränderungen an. Der frühere Partner oder die bisherige Wohnung waren nicht nur einfach zufällige Umstände in der eigenen Lebensgeschichte, sondern Vorstufen und Wegbereiter für den jetzigen Partner und die jetzige Wohnung. Doch es ist gar nicht so einfach, mit völlig neuen Situtionen zurechtzukommen.

Dabei kann man vier häufige Reaktionsweisen beobachten:

1. Man reagiert mit Neophilie, d. h. man will immer nur das Neue, ohne aber das Alte verarbeitet und daraus Erfahrungen und Schlüsse gezogen zu haben.

2. Man kann das Neue nicht aufnehmen und nicht integrieren, weil man das Alte nicht loslassen kann.

3. Man hat sich zwar neue Inhalte angeeignet, hat aber nicht den Mut, die Kraft und die Zeit, dafür entsprechende neue Formen zu schaffen. Man bleibt aus Bequemlichkeit beim Alten.

4. Man löst sich vom Alten, zieht daraus die wesentlichen Erkenntnisse und Konsequenzen und integriert diese Erfahrung in das Neue.

Wer notwendige Häutungs- oder Transformationsprozesse nicht wirklich vollzieht oder darin steckenbleibt, schafft die Dispositionen für Krankheit und Leid.

Zu ähnlichen Ergebnissen kamen die Wissenschaflter Holmes und Rahe.

Bewertungsskala der sozialen Neuanpassung

Ereignis	**Punkte**
Tod des Ehepartners	100
Scheidung	73
Trennung der Ehegatten	65
Haftstrafe	63
Tod eines nahestehenden Angehörigen	63
Persönliche Verletzung oder Krankheit	53
Eheschließung	50
Entlassung	47
Wiederversöhnung mit dem Ehepartner	45
Pensionierung	45
Erkrankung eines Angehörigen	44
Schwangerschaft	40
Sexuelle Schwierigkeiten	39
Familienzuwachs	39
Berufliche Umstellung	39
Änderung des finanziellen Status	38
Tod eines guten Freundes	37
Aufnahme einer Beschäftigung anderer Art	36
Änderung der Zahl ehelicher Streitigkeiten	35
Hypothek oder Anleihe über 10 000 Dollar	31
Fälligkeit einer Hypothek oder Anleihe	30
Änderung der Aufgaben im Beruf	29
Sohn oder Tochter verläßt das Haus	29
Schwierigkeiten mit angeheirateten Verwandten	29
Hervorragende persönliche Leistung	28
Ehepartner beginnt oder beendet Berufsarbeit	26
Anfang oder Ende der Schulzeit	26
Änderung der Lebensbedingungen	25
Änderung persönlicher Gewohnheiten	24
Schwierigkeiten mit Vorgesetzten	23
Änderung der Arbeitszeit oder -bedingungen	20
Wechsel des Wohnorts	20
Wechsel der Schule	20
Änderung der Freizeitgewohnheiten	19
Änderung der Betätigung i. d. Kirchengemeinde	19
Änderung der gesellschaftlichen Aktivitäten	18
Hypothek oder Anleihe unter 10 000 Dollar	17
Änderung der Schlafgewohnheiten	16
Änderung der Zahl der Familientreffen	15
Änderung der Eßgewohnheiten	15
Urlaub	13
Weihnachtszeit	12
Geringfügige Gesetzesübertretung	11

Aufgrund ihrer retrospektiven Untersuchungen entwarfen sie eine Bewertungsskala für soziale Neuanpassung, in der Ereignisse, die für ein Menschenleben typisch sind, einen Zahlenwert erhielten. Zu solchen Ereignissen gehörten Scheidung, Eheschließung, Todesfälle in der Familie, Wechsel des Arbeitsplatzes, Schwangerschaft, die Aufnahme einer Hypothek und so fort. Viele dieser Ereignisse sind freudig und werden gefeiert, aber sie stellen trotzdem Anforderungen an unsere Anpassungsfähigkeit. Hans Selyes Theorie der nicht spezifischen Reaktion bestätigt diese Beobachtungen. Seiner Theorie zufolge rufen Ereignisse, die als angenehm vermerkt werden, die gleichen neurophysiologischen und biochemischen Reaktionen hervor wie negative Streßreize. Positive Lebensereignisse können ebenso abnorm lange Streßreaktionen zur Folge haben wie negative.

Bei der Verwendung der Tabelle von Holmes und Rahe (Seite 53) kreuzt man Ereignisse an, die im Laufe des letzten Jahres eingetreten sind und zählt dann die entsprechenden Punkte zusammen. Holmes und Rahe stellten fest, daß man bei einer Punktezahl von 150 auf der Basis des vergangenen Jahres mit einer Wahrscheinlichkeit von 50:50 erkrankt oder zumindest eine Änderung des Gesundheitszustandes erlebt. Sollte jemand mehr als 300 Punkte in einem Jahr haben, so steigt die Wahrscheinlichkeit, krank zu werden, auf beinahe 90 Prozent. Mit zunehmender Punktezahl erhöht sich auch die Wahrscheinlichkeit, daß die gesundheitliche Beeinträchtigung die Form einer schweren Krankheit annimmt.

Teilweise könnte man solche Neuanpassungen erleichtern (dann würden sich sicher auch die Zahlenwerte – die ohnehin individuell verschieden sind – der Bewertungsskala von Holmes und Rahe verändern) und beschleunigen, wenn man die Neuanpassung erstens bewußter angeht und zweitens die dazu notwendigen Fähigkeiten erlernt und ausbildet. Bewußter insofern, als daß man nicht nur auf eine neue Situation reagiert oder aus einem inneren Drang heraus und daher unüberlegt oder wie in Trance handelt, sondern sich vornimmt, seine Persönlichkeit so zu formen und Rahmenbedingungen so zu verändern, daß sie zur neuen partnerschaftlichen, beruflichen oder wirtschaftlichen Situation passen. Dazu sind allerdings bestimmte Fähigkeiten erforderlich, wie etwa die Entwicklung eines eigenen Vorstellungsvermögens, strategisches und taktisches Geschick oder Managementfähigkeiten.

Besonders astrologisches Wissen erleichtert eine solche Umstrukturierung. Man kennt das eigene Horoskop und weiß, daß die eigene psychische Struktur trotz Häutung und Transformationsprozeß bestehen bleibt. Es ist immer dasselbe Horoskop – nur wird es jetzt auf einer neuen Entwicklungsstufe und Symbolebene ausgelebt.

Das neurotische und das natürliche Ökosystem

Bei Lieselotte, der Angestellten aus unserem Beispiel, haben wir gesehen, daß sie die Angebote der patriarchalen Kultur (Fernsehen, Zivilisationskost, Versicherungen etc.) annimmt und davon regen Gebrauch macht. Sie hat nichts Eigenes entwickelt und braucht deshalb für ihre in der Entwicklung steckengebliebenen Anlagen entsprechende äußere Bezugspunkte.

Auf die Normen, Maßstäbe und Ideale hat sie ein individuelles Reaktionsmuster entwickelt. Individuell deshalb, weil sie hinsichtlich der Angebote der Gesellschaft bestimmte Vorlieben hat – sie trinkt lieber trockenen Wein als süßen, mag lieber Schweinefleisch als Kalb oder Rind, hört lieber Beethoven als Mozart, bevorzugt beim Fernsehen Shows, bei der Kleidung die Farbe Blau und schwärmt für eine andere Automarke als ihr Nachbar.

Dieses Reaktionsmuster besteht aus den verschiedenen Anpassungs- und Abwehrmechanismen. Man schränkt das eigene lebendige Potential ein, wehrt die Entwicklung von Anlagen und Fähigkeiten ab, um weiter an die patriarchale Kultur angepaßt zu bleiben. Man imitiert Verhaltensweisen, identifiziert sich mit bestimmten Rollen, projiziert Persönlichkeitsanteile auf andere, regrediert, verschiebt die Energie auf andere Ebenen, agiert symbolisch aus, sublimiert, verdrängt, rationalisiert, somatisiert. Diese Abwehr- und Anpassungsmechanismen halten die Homöostase aufrecht, sie bilden gemeinsam ein künstliches oder neurotisches Ökosystem. Auf diese Art und Weise sichern sie unsere Existenz im patriarchalen System. Man gilt als normaler Mensch und fällt nicht unangenehm auf, sei es durch Lebendigkeit, Wissen, besonders viel Freizeit und Freiheit, Phantasie, Kreativität und Selbständigkeit.

Krankheiten sind Bestandteile dieses neurotischen Ökosystems und ermöglichen dem einzelnen, sich an die Welt seines Milieus und seiner Familie wieder anzupassen, sobald diese Anpassung in Frage gestellt zu werden droht.

Die Umwelt kann einen Menschen besser verstehen, wenn er krank ist, als wenn er sein menschliches Potential an Möglichkeiten auslotet und seine Anlagen ausbildet. Tut er dies, so gehört er wirklich nicht mehr zu ihnen, zu der Gemeinschaft der lebend Toten, sondern zu denen, die – wie er – auch lebendig geworden sind. Sie aber sind Teil eines gänzlich anderen Milieus, eines Milieus jenseits der herkömmlichen Gesellschaftsschichten. Er ist seiner Umwelt verloren gegangen, doch eigentlich nicht er selbst – nur bleibt die Rolle, die sie ihm zugewiesen hatte, einige Zeit unbesetzt.

Das neurotische Ökosystem der Anpassungs- und Abwehrmechanismen hält also eine Scheingesundheit aufrecht, sofern es nicht eine Krankheit inszeniert, um wenigstens eine Scheinhomöostase herzustellen.

Eine echte Homoöstase würde anders aussehen. Sie besteht aus entwickelten Anlagen und Fähigkeiten, die zusammen ein echtes Gleichgewicht erzeugen. In diesem Fall besteht auch für das Unbewußte keine Notwendigkeit mehr, zu somatisieren, weil ja die Anlagen nicht mehr unterdrückt und blockiert werden. Wir müssen also, wenn wir von unserem Persönlichkeitssystem sprechen, unterscheiden zwischen einem künstlichen, neurotischen und einem natürlichen, realen Ökosystem.

Wir können diese zwei Naturen auch in der Außenwelt beobachten. Frederik Vester schreibt in »Unsere Welt – ein vernetztes System«, vernetztes Denken solle mithelfen, die Dinge in ihren wirklichen Zusammenhängen zu sehen.

»Die Wirklichkeit besteht also gewiß nicht aus voneinander unabhängigen Einzelelementen, deren Ursachen und Wirkungen in sich und für sich selbst ablaufen, sondern sie besteht aus Systemen, die alle Teile des Gesamtsystems unserer lebendigen Biosphäre sind, in die wir eine wachsende Zahl künstlicher Systeme eingefügt haben.

Die Problematik liegt darin, daß wir das in der Annahme taten, das Zusammenspiel würde sich wohl schon von alleine regeln. Wir haben uns nicht klargemacht, daß künstliche Systeme – die ja nicht organisch gewachsen, sondern als fest geschlossene Maschinen konstruiert sind – sich in ihrem inneren mechanisierten Aufbau und in ihrer einseitig und unflexibel programmierten Kommunikation mit der Umwelt von regenerierenden biologischen Systemen grundsätzlich unterscheiden. Diesen Unterschied haben wir nicht beachtet und haben uns daher weder darum gekümmert, ob diese künstlichen Systeme selbst den Gesetzmäßigkeiten des Überlebens gehorchen, noch ob sie mit den übrigen in einer funktionierenden Selbstregulation verbunden werden können.«

Kaum jemand, der in diese patriarchale Kultur geboren wurde, wird von sich behaupten können, sein natürliches Ökosystem bereits vollständig verwirklicht zu haben.

Wichtig ist dabei zu wissen, daß auch dann, wenn die bisherigen Abwehr- und Anpassungsmechanismen nicht mehr wirksam sind, wenn das alte patriarchale System in uns zusammengebrochen ist, nicht alles vorbei und zerstört ist und keine Hoffnung oder Perspektive im Leben mehr besteht. Im Gegenteil: Das wirkliche Leben kann dann erst beginnen – nicht in der Transzendenz, sondern hier auf dieser Welt, nur in einem anderen System, im System der realen, weil ursprünglichen primären Natur. Erst jetzt beginnt der Prozeß der wirklichen Identitätsfindung und unsere Individuation, die sich gänzlich von einer von Zigaretten-, Auto- oder Sektmarken abgeleiteten Individualität, unserer Second-hand-Eigenart, unterscheidet.

Das Persönlichkeitssystem eines Menschen kann also mit neuen, völlig anderen Bezugspunkten ausgelebt werden. Die einzelnen Größen des Systems erscheinen dabei nicht als voneinander isolierte Persönlichkeitsanteile, sondern stehen miteinander in Verbindung und haben Wechselwirkungen. Das wird deutlich, wenn wir in ein bestehendes System eine zusätzliche Größe einführen. Nehmen wir einmal an, Lieselotte bekäme ein Kind. Durch diesen neuen Bezugspunkt in der Außenwelt entsteht eine völlig neue Gewichtung. Sie hat dann womöglich weniger Zeit zum Lesen, kann seltener in Konzerte gehen oder sich weniger ihrem Partner widmen. Möglicherweise ist er als Bezugspunkt jetzt weniger wichtig als das Baby. Daraus können sich wieder völlig neue Reaktionen und Gegenreaktionen des Partners ergeben – im negativen Fall etwa (unterschwellige) Eifersucht, Depression, Flucht in die Geschwindigkeit, häufigeres Ausgehen, Beginn oder Verstärkung von Suchttendenzen.

Die Prioritäten verschieben sich also, und neue Bezugspunkte entstehen. Andere Kanäle für das Ausleben von Planeten treten in den Hintergrund.

Wenn man sich zu zweit gut versteht, ist damit noch lange nicht gesagt, daß man auch zu dritt gut miteinander auskommt. Das gilt allerdings auch umgekehrt: Wenn man zu zweit Schwierigkeiten hat, bedeutet das nicht, daß es zu dritt genauso sein muß. Manchmal kann gerade ein Kind zum Bindeglied einer Beziehung werden. Es wäre also wichtig, wenn ein Paar, bevor es ein Kind zeugt, antizipieren würde, welche Auswirkungen diese Veränderung sowohl auf das Ökosystem der Frau und des Mannes als auch auf ihr gemeinsames Ökosystem als Paar haben könnte. Man kann ein solches Zukunftsszenario entweder vor dem eigenen geistigen Auge einblenden oder etwa das Baby von Bekannten oder Verwandten 14 Tage in Obhut nehmen, um die entsprechenden Reaktionen zu erleben und zu testen. Ähnlich gelagert ist die Situation auch bei den sogenannten Dreiecksbeziehungen, wenn die Geliebte eines verheirateten Mannes jahrelang darauf wartet, daß er sich endlich von seiner Frau trennt; tut er dies aber tatsächlich, steht er nicht selten allein im Regen, weil die Geliebte entweder keine Lust mehr hat, ihn zu heiraten, oder weil ihr Unbewußtes möglicherweise die »Gefahr« einer engeren Bindung witterte und blitzschnell einen anderen Mann kennen- und liebenlernen ließ.

Aufgrund der Vernetzung des Persönlichkeits- bzw. Ökosystems wird jedes Phänomen erklärbar und erscheint jedes Problem in einem neuen Licht. Ein solches Dreiecksverhältnis moralisch zu bewerten, hieße vor der Aufdeckung der Ursachen die Augen zu verschließen. Erst wenn man es im Zusammenhang mit dem Ökosystem der Ehefrau, des Ehemannes und der Geliebten betrachtet, kann man verstehen, was dabei in Wahrheit passiert, wie die Wirklichkeit tatsächlich aussieht.

Im Verhältnis zwischen Ehefrau und Ehemann kommen vielleicht zwei oder drei Energien (Planeten) nicht zum Tragen. Diese Energien versucht der Ehemann nun mit seiner Geliebten auszutauschen und ist dabei – weil ihm ein solcher Austausch schon lange gefehlt hat – sehr glücklich. Auch die Geliebte ist voller Liebe und Glück und kostet die wenige Zeit, die sie zusammensein können, in vollen Zügen aus. Sie träumt von einem Zusammensein für immer und fängt an, die Ehefrau zu beneiden und möchte an ihre Stelle treten.

Betrachtet man jedoch das Persönlichkeitssystem der Geliebten, ihre Bezugspunkte und ihren Lebensstil, so fällt sehr häufig auf, daß dort ein fester Partner gar keinen Platz hätte. Zu ihrer Situation paßt eigentlich nur ein solches Dreiecksverhältnis, bei dem die Ehefrau den Part spielt, den die Geliebte nicht einnehmen kann. Eine Beziehung zu leben, ist ihr nur unter eben dieser Konstellation möglich. Hierzu das Beispiel von Sandra, einer 37jährigen Klientin, die sieben Jahre lang mit einem verheirateten Mann liiert war und just zu dem Zeitpunkt mit einem anderen verheirateten Mann namens Theodor ein Verhältnis einging, als ihr bisheriger Freund sich scheiden ließ.

Sandra hatte ihr Leben so eingerichtet, daß sie einen Beruf hatte, der sie von früh bis spät ausfüllte. Zusätzlich brauchte sie sehr viel Zeit für die Pflege ihrer Freundschaften zu anderen Frauen und Zeit für kulturelle Interessen. Es wäre für sie aus Zeitgründen unmöglich gewesen, sich zusätzlich einem festen Partner zu widmen. Bewußt aber wollte sie nicht einsehen, daß ihre Situation für ein dauerndes Zusammenleben mit einem Mann gar nicht geeignet war. Im Gegenteil: Ihr größter Wunsch war, einen Partner kennenzulernen, der ihr nach getaner Arbeit warmes Essen serviert, sie verwöhnt und mit ihr zusammen all das unternimmt, was für sie mit Spaß und Freude verbunden war: Freundinnen zu treffen, Ausstellungen und Kirchen zu besichtigen und Opern und Konzerte zu besuchen.

Das könnte allerdings eine »Milchmädchenrechnung« sein, denn

1. erwartet ein potentieller Partner, der vielleicht ebenfalls einen harten Arbeitstag hat, möglicherweise dasselbe von ihr, nämlich am Abend eine liebevoll zubereitete Mahlzeit vorzufinden,

2. kann der Partner vielleicht gar nicht kochen, oder er bereitet ihr das Falsche zu,

3. hat er vielleicht keine Lust, ihre Freundinnen zu besuchen; denn wenn ihre Bekannten zu ihrer psychischen Struktur passen, heißt das noch nicht, daß sie auch seinem Ökosystem entsprechen,

4. sind die Freundinnen vielleicht gar nicht so begeistert, wenn da ein Paar zu Besuch kommt, das womöglich noch verliebt turtelt,

5. kann er vielleicht mit Opern und Konzerten nichts anfangen.

Kurzum, ein solches Fabelwesen von einem Mann wäre nur dazu da gewesen, ihre Bedürfnisse zu stillen und ihr Persönlichkeitssystem zu komplettieren. Er müßte eine Art Teddybär zum Spielen und Liebhaben sein, ohne eigene Ansprüche. Er dürfte gar kein eigenständiges menschliches Wesen sein, sondern sollte ausschließlich nur für sie leben. Sie befindet sich also nicht in der Wirklichkeit und kennt sie auch nicht. Sie ist sich ihrer wahren Bedürfnisse nicht bewußt. Ihr Unbewußtes jedoch erspürte gradlinig die Wirklichkeit und zog – wissend, was das Beste für Sandra ist – jeweils nur verheiratete Männer an, auch wenn es für sie mit großen seelischen Schmerzen verbunden war. Die Partner schauten nur zweimal wöchentlich ein paar Stunden abends bei ihr vorbei, ließen sie aber in der Illusion, daß sie, wenn sie mehr Zeit erübrigen könnten, all die Dinge mit ihr unternehmen würden, die sie sich so sehr wünschte.

Bei Theodor, dem zweiten verheirateten Mann, hielt sie diese Situation kaum mehr aus und erkrankte schließlich an einer chronischen Unterleibsentzündung. Doch es war im Grunde nicht die Situation, die sie krank machte, sondern die

Gefühle, die sie als Reaktion auf ihre Vorstellung entwickelte. Sie erkrankte an der Diskrepanz zwischen Wunsch und Wirklichkeit.

Wie Sandra geht es Millionen von Menschen. Sie erkranken, weil sie die Wirklichkeit nicht ertragen können, oder weil sie sie falsch interpretieren. Sie erkranken an ihrer Vorstellung, an ihrem Denken und an den daraus resultierenden Gefühlen. Im Grunde ist Sandra »umsonst« krank geworden. Sie ist erkrankt aufgrund ihrer eigenen »Wahnwelt«, weil die Wirklichkeit ihrer irrealen Gedankenwelt nicht entsprach, weil sie nicht darauf vertraute, daß ihr Unbewußtes besser weiß, was für sie richtig oder falsch ist. Sie fragte auch nicht danach, wie sie dieses Unbewußte davon überzeugen könnte, daß sie wirklich für eine feste Beziehung geeignet wäre. Dafür hätte sie jedoch auf Distanz zur eigenen Subjektivität gehen und andere Prioritäten in ihrem Ökosystem setzen müssen. Wäre ihr Interesse am Partner wirklich so stark, würde sie die Bedingungen ändern, die ein Zusammenleben bisher verhindert haben – könnte zum Beispiel eine andere Stelle annehmen, die es ihr erlaubt, früher nach Hause zu kommen, oder sie könnte weniger Zeit für ihre Freundschaften aufwenden.

Hier ist alles Lamentieren um ihren Schmerz, der ja subjektiv echt, objektiv aber die Ausgeburt einer falschen Denkhaltung ist, vergeblich, genauso wie das Jammern aufgrund ihrer Erkrankung, denn nichts wird dadurch besser. Zugegeben, die Konfrontation mit der Realität ist immer schmerzhaft, aber es ist trotzdem sehr viel günstiger, sich diese Zusammenhänge selber bewußt zu machen, als sie vom Schicksal durch Ereignisse und Traumata bewußt gemacht zu bekommen.

Durch eigene Bewußtmachung besteht die Chance zur Veränderung und Heilung, während mit der Bewußtmachung über das Schicksal und dem anschließenden Wehklagen keinem gedient ist, weder dem Opfer selbst noch seiner Umwelt.

Ein weiterer Fall soll aufzeigen, welche Konsequenzen eine Veränderung von Rahmenbedingungen nach sich zieht.

Sabrina, eine sehr vielseitig interessierte Frau von Anfang 30, war zusammen mit zwei Schwestern aufgewachsen. Später hatte sie, um unbewußt die Konstellation ihrer Kindheit zu wiederholen, zwei enge Freundinnen, Ulla und Ellen, die mit ihr durch dick und dünn gingen. Sabrinas Freund arbeitete im Hotelgewerbe und hatte daher sehr häufig an Wochenenden Dienst, während ihre zwei Freundinnen jeweils mit Partnern liiert waren, die sehr weit entfernt wohnten. So konnten die drei Frauen an Wochenenden zusammen immer etwas unternehmen. Sie vergnügten sich mit Ausflügen, Sport oder Ausgehen. Ihre Freundschaft konnte jedoch nur solange Bestand haben, als die Rahmenbedingungen stimmten, d. h. solange keine heiratete, ein Kind bekam oder sich geistig weiterentwickelte. Tatsächlich ging die Freundschaft auseinander, als Ulla plötzlich einen neuen Mann kennenlernte und zu ihm in die Wohnung zog. Ullas Ökosystem mußte sich neu ordnen, sie hatte jetzt andere Prioritäten. Ihr Fühlen und Denken wandelten sich. Sie hatte keine Zeit – und häufig auch keine Lust mehr –, sich mit den Freundinnen zu treffen. Aufgrund der Veränderung in Ullas Ökosystem mußten sich die Persönlichkeitssysteme der beiden anderen Frauen ebenfalls wandeln, fiel doch nun ein entscheidender Bezugspunkt weg. Sabrina und Ellen trafen sich zunächst zwar noch an ein paar Wochenenden, merkten aber sehr bald, daß sie sich zu zweit nicht mehr so amüsieren konnten wie damals zu dritt. Auch nahmen sie plötzlich die jeweiligen Fehler und Schwachstellen voneinander mehr wahr als bisher, und es kam dabei immer wieder zu Streit. Es fehlte die Dritte im Bunde. Sechs Wochen nachdem Ulla zu ihrem Freund gezogen war, lernte auch Sabrina einen neuen Mann kennen, dem die Wochenenden frei zur Verfügung standen. Ellen, die übrig blieb, erkrankte sehr bald an chronischer Gastritis. Etwa ein halbes Jahr nach diesen Ereignissen legte sich Ellen zwei Katzen zu, und etwa drei Wochen später waren ihre Magenbeschwerden verschwunden.

Dieses Beispiel zeigt, wie drei Ökosysteme miteinander vernetzt sind und zusammen ein neues Ökosystem bilden, das durch nur einen einzigen Störfaktor empfindlich beeinträchtigt werden kann: Ullas Einzug in die Wohnung ihres Freundes löste eine Kettenreaktion von Ereignissen aus. Da Ulla als fester Bezugspunkt in Sabrinas Ökosystem entfiel, wurde dort ein Platz bzw. eine Energie frei. Um diese Lücke zu füllen, zog Sabrinas Unbewußtes ebenfalls einen neuen Partner an, der, im Gegensatz zu seinem Vorgänger, am Wochenende Zeit hatte. Wer denkt schon daran, daß Ullas Einzug in die Wohnung des neuen Partners nicht nur die Beziehung zwischen Sabrina und Ellen störte, sondern auch die Beziehung zwischen Sabrina und Fred, dem Hotelangestellten, daß dieser Umstand ferner Ursache dafür war, daß Sabrina einen neuen Partner kennenlernte, daß Ellen chronische Gastritis bekam und sich schließlich zwei Katzen anschaffte, die als Ersatz für die beiden Freundinnen fungierten?

Kaum jemand würde Ellens chronische Gastritis mit der Veränderung in Ullas Ökosystem in Beziehung bringen, sondern das Leiden vielmehr auf eine andere Ursache zurückführen.

Die psychologische Astrologie bietet dazu eine gute Möglichkeit, solche komplexen Zusammenhänge zu klären:

Was war der Anstoß? Welche Kombinationen müssen durchgespielt werden? Welche Ausgleichsmöglichkeiten gibt es? Es ist wie im Krimi. Nur ist die Fahndung nach dem »Täter« – der Ursache – im Lebensfilm sehr viel konstruktiver und hilfreicher als im Kino, denn damit vergrößert sich die Chance, Gesundheit und zusätzliche Lebensqualität zu erlangen.

Aus all dem können wir ersehen, daß die Komponenten eines Ökosystems zusammenhängen, sich beeinflussen und sich in Abhängigkeit voneinander verändern.

Wichtig ist, die wechselseitige Bedingtheit der Größen eines Persönlichkeitssystems zu klären, um vorhersagen zu können, wie sich einzelne Komponenten des Systems verändern, wenn andere Systembestandteile verändert werden.

Um das zu können, muß man verstehen, was Leben bedeutet und von welchen Prinzipien es getragen wird. Was Gesundheit auszeichnet, kann nicht etwas sein, das den Grundprinzipien des Lebens widerspricht. Merkmale der Gesundheit müssen von übergeordneten Prinzipien des Lebens abgeleitet oder zumindest mit ihnen verträglich sein.

»Ein ständiger Verstoß gegen die Grundregeln des Lebens – manchmal nur aus reiner Unkenntnis – führt unweigerlich zu Belastungen des Biosystems, schließlich zu Krankheit und zum Tod.« Schaefer[1] hat dazu folgende Prinzipien des Lebens ausgearbeitet:

1. Ordnungsfähigkeit: Lebende Systeme streben höhere Grade der Ordnung an. Diese Ordnung kommt allerdings durch einen Kompromiß zustande. Perfektion auf der einen Seite und Chaos auf der anderen sind dem Wesen des Lebens fremd.

2. Selbststeuerung: In lebenden Systemen gibt es positive und negative Rückkopplungen, die eine zyklische Kausalität bilden, die die Selbststeuerung des Systems ermöglicht. Fehlt die eine oder andere Rückkopplung, erstarrt oder eskaliert das System.

3. Vielwertigkeit von Energie: In jedem lebenden System herrscht eine Polyvalenz von Energie. Ihre Gesamtbewertung hängt vom jeweiligen Kontext ab.

4. Eigenbeweglichkeit: Lebende Systeme haben die Fähigkeit zur aktiven Bewegung. Dabei wechseln sich Phasen der Bewegung und der Ruhe ab. Zwischen diesen beiden Phasen hat das System den jeweils optimalen Ausgleich zu finden, der bis zu einem gewissen Grade von der Umwelt mit beeinflußt wird.

5. Anpassungsfähigkeit: Lebende Systeme passen sich der Umwelt an, wobei der Anpassungsprozeß immer einen Kompromiß zwischen Anpassung und Konstanz darstellt.

6. Verschiedenartigkeit: Lebende Systeme sind durch ständige Variation von Form und Verhalten gekennzeichnet, die ihre Individualität ausmacht. Individualität entsteht durch Abgrenzung und geht durch Teilung verloren.

7. Vernetztheit: Lebende Systeme zeichnen sich durch ihre Komplexität aus. Will man sie beschreiben oder verstehen, reichen dazu einfache Denkmodelle nicht aus. Vernetztes und vernetzendes Denken haben dafür ein geeigneteres Erschließungspotential.

8. Offene Untergliederung: Lebende Systeme weisen Gliederungen und Untergliederungen auf, wobei die Untergliederungen im Vergleich zum Gesamtsystem eine beschränkte Autonomie aufweisen. Die Offenheit in der Gliederung der Systeme kommt aufgrund eines Kompromisses zwischen Offenheit und Geschlossenheit zustande.

9. Verschiedenwertigkeit: Um den wechselnden Umweltsituationen gerecht zu werden, müssen lebende Systeme Wertungen vornehmen. Diese finden zwischen den beiden höchsten Werten: Erhaltung und Entfaltung bzw. Abbau/Umbau und Ausbau des Systems statt.

10. Deutungsfähigkeit: Lebende Systeme sind auf Verständigung durch Zeichen und Signale angewiesen, mittels derer sie ihren Informationsaustausch vornehmen.

11. Reproduktionsfähigkeit: Lebende Systeme können sich reproduzieren. Sie sind im Gegensatz zu Materie und Energie gleichsam kopierfähig.

12. Polarität: Leben bewegt sich immer zwischen Gegensatzpolen. Das ist die Basis aller bisher genannten elf Prinzipien. Ein Verzicht auf Polwechsel oder auch nur eine Verschiebung des Punktes zwischen den beiden Polen auf die eine oder andere Seite hin beeinträchtigt das Leben. Lebende Systeme sind stets in Bewegung zwischen Polaritäten. Dieses Prinzip durchzieht alle anderen, daher kommt ihm ein höherer Rang zu.

Um die Komplexität von lebenden Systemen besser erfassen zu können, soll als Beispiel kurz auf die Wirkung von Nahrungsstoffen eingegangen werden:

Vitamine, Mineralstoffe und Spurenelemente, die wir mit der täglichen Nahrung zu uns nehmen, unterstützen und bekräftigen sich in ihrer Wirkung gegenseitig (Förderer). Sie können sich in der Wirkung aber auch ausgleichen oder neutralisieren (Gegenspieler). In etlichen Fällen verbrauchen bestimmte Nahrungsstoffe regelrecht ein Vitamin, um ihre

Wirkung zu entfalten (Räuber). So kommt ein komplexes Wirkungsnetz zustande.*

1. Förderer: (vergleichbar mit Trigonalaspekt)
Die Förderwirkung bedeutet, daß ein Vitamin, Mineralstoff oder Spurenelement zur Aufnahme und Wirkungsentfaltung eines anderen in begünstigender, verstärkender und unterstützender Weise beiträgt. Die Förderwirkung hat keineswegs bloßen Zusatzcharakter, so als würde beispielsweise Vitamin A von alleine recht gut, aber zusammen mit Magnesium noch besser wirken. Förderer heißt, daß die Wirkung eines Vitamins (bzw. Mineralstoffs oder Spurenelements) erst voll zur Entfaltung kommt, wenn ein anderes Vitamin vorhanden ist oder gleichzeitig aufgenommen wird. Ähnlich zeigt sich in der Astrologie die Wirkung des Trigonalaspekts zwischen zwei Planeten: Durch das Trigon wirken ihre Energien konstruktiv zusammen und fördern sich.

2. Räuber: (vergleichbar mit Quadrataspekt)
Die tägliche Nahrung kann in manchen Fällen nur dadurch in Energie umgesetzt werden, daß bestimmte Vitamine, Spurenelemente oder Mineralstoffe verbraucht werden. In diesem Fall können wir von Räubern sprechen. Das klingt negativ, hängt aber durchaus mit der Logik des Gleichgewichts zusammen. Die »Räuberwirkung« kann auch durch die Einnahme von Medikamenten oder durch belastende Lebensumstände zustande kommen. So bekämpfen und beseitigen etwa Antibiotika auf der einen Seite die schädlichen Bakterien, auf der anderen Seite zerstören sie zugleich die Darmflora. Auch hoher Alkoholkonsum und Dauerstreß sind Vitaminräuber.

Adl-Amini[2] schreibt in seinem Buch »Innere Harmonie«: Zucker wirkt als Vitamin-B 1-Räuber. Je mehr Zucker (Schokolade, Pralinen, Eis etc.) Sie essen, um so mehr Vitamin B 1 wird dem Körper geraubt. Psychisch wirkt Vitamin B 1 u. a. in der Weise, daß es das Verlangen nach Zucker neutralisiert. Der Mangel an Vitamin B 1 erhöht also das Verlangen nach etwas

---

* Wer sich damit näher auseinandersetzen möchte, sei auf Adl Amini, *Innere Harmonie* verwiesen.

Süßem. Gibt man dem Verlangen nach – und wer kann da schon widerstehen? –, so nimmt das Ungleichgewicht zu. Am Ende entsteht ein Teufelskreis: Die befriedigte Lust auf Süßes verursacht Vitamin-B 1-Mangel, und dieser Mangel erzeugt eine noch größere Lust auf Süßes.

In der Astrologie entspricht dies den Planeten, die im Quadrat zueinanderstehen: Sie rauben sich häufig gegenseitig Energie.

3. Gegenspieler (vergleichbar mit Oppositionsaspekt):
Vitamine, Mineralstoffe und Spurenelemente können auch als Gegenspieler wirken. Ein Übergewicht des einen verursacht in diesem Fall ein Untergewicht des anderen.

Vitamin A und D sind zum Beispiel solche Gegenspieler. Durch starke Sonneneinstrahlung wird viel Vitamin D umgesetzt, worauf der Vitamin-A-Spiegel sinkt, was trockene Haut zur Folge hat.

4. Vernetzung (vergleichbar mit dem Gesamtaspektbild und dem Herrschersystem):
Bei der Förderwirkung oder beim Gegenspieler haben wir eine von zwei Wirkungen ins Auge gefaßt. Es gibt aber noch komplexere Wechselwirkungen, bei denen drei und mehr Vitamine, Spurenelemente und Mineralstoffe in ihrer wechselseitigen Aufnahme und Verwertung eine Rolle spielen. So besteht z. B. eine Dreieckskombination zwischen Pantothensäure, Zink und Vitamin B 6. Erst das Vorhandensein aller drei Stoffe erzielt die gewünschte Wirkung. Dadurch, daß jeder der drei Stoffe wiederum jeweils Förderer, Räuber oder Gegenspieler haben kann, entsteht eine vernetzte Struktur.[2]

Das astrologische Herrschersystem

Als Dispositor oder Herrscher eines Hauses wird der Planet bezeichnet, der das Tierkreiszeichen beherrscht, das die jeweilige Häuserspitze anschneidet.

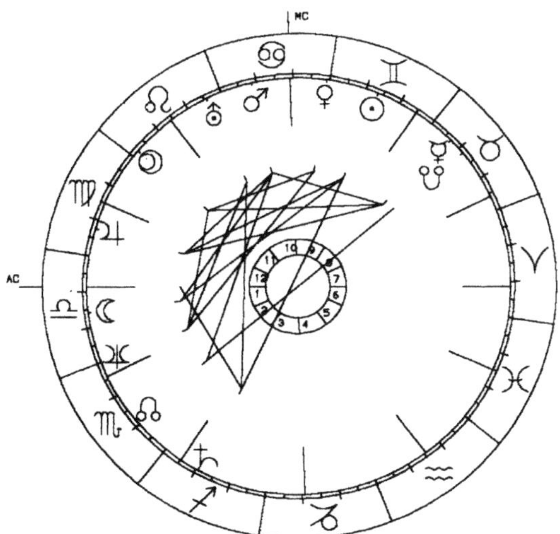

Julia L.

Im vorliegenden Horoskop von Julia L. sehen wir, daß die Spitze des 7. Hauses in das Tierkreiszeichen Widder fällt. Der dem Widder zugeordnete Planet ist Mars. Mars gilt daher als Herrscher von Haus 7. Er befindet sich in Haus 10 im Tierkreiszeichen Krebs bzw. ist – um die astrologische Terminologie zu verwenden – nach dorthin »ausgewandert«.

Man muß sich beim Herrschersystem die Fragen stellen:

1. Um welchen Planeten handelt es sich?
Welche Anlagen und Symbole beinhaltet er?
In obigem Horoskop geht es um Mars, also um Durchsetzung, Selbstbehauptung, Initiative, Wagemut, sportliche Fähigkeiten, eigene Triebentwicklung, um den männlichen Anteil.

2. Welches Feld beherrscht diese Anlage?
Dort, wo der Planet Herrscher ist, muß die entsprechende Anlage ausgebildet werden, dort liegt also die Ursache.

3. In welches Haus ist die Anlage ausgewandert?
Dort, wo der Planet im Horoskop steht, erfährt man seine Wirkung.

4. In welchem Tierkreiszeichen steht diese Anlage?
Der Mars im Krebs in obigem Beispiel kann z. B. bedeuten, daß die Horoskopeignerin einen häuslichen (♋), einfühlsamen (♋), zärtlichen (♋) Mann (Mars) als Partner sucht.

5. Welche Planeten hat der Herrscher als »Untermieter«?
Wir sehen bei Julia L., daß der Mond Dispositor des 10. Feldes ist. Da dort zwei Planeten stehen, nämlich Mars und Uranus, befinden sie sich unter der Herrschaft des Mondes.
Sie sind »Untermieter« des Mondes und können sich nur so entfalten, wie der »Hauseigentümer« (Herrscher) dies zuläßt.

6. Welche Aspekte empfängt die Anlage?
In unserem Beispielhoroskop sehen wir den Mond als Herrscher von Haus 10 in Haus 1 im Zeichen der Waage. Er bildet einen Trigonalaspekt mit der Sonne in den Zwillingen in Haus 9.

7. Wodurch wird die Anlage ihrerseits wiederum beherrscht?
Der Mond von Julia L. steht unter der Herrschaft der Venus, die dem Waageprinzip zugeordnet ist und ins 9. Feld ausgewandert ist. Die Venus trägt also die Mondenergie und übrigens auch die Neptunenergie, die sich ebenfalls im 1. Haus befindet, nach Haus 9.

8. Wodurch wird der Herrscher der Anlage wiederum beherrscht?
In unserem Beispiel: Die Venus als Herrscher von Haus 1 in Haus 9 wird von Merkur beherrscht, der in Haus 8 steht.

Ferner: Ist in einem Haus ein Tierkreiszeichen vollends eingeschlossen, spricht man von einem sogenannten Mitherrscher.

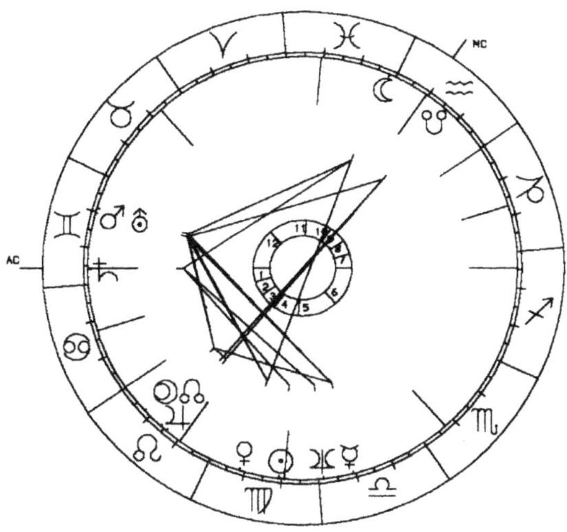

In diesem Fall ist Neptun Herrscher von Haus 11, da die Hausspitze das Tierkreiszeichen Fische anschneidet. Neptun steht im obenstehenden Horoskop als Herrscher von 11 in Haus 5. Da jedoch das gesamte Tierkreiszeichen Widder in Haus 11 eingeschlossen ist, hat hier auch der Mars als Mitherrscher von Haus 11 ein Wörtchen mitzureden. Er steht in Haus 12 in den Zwillingen.

Zur Beachtung:
Mitherrscher bedeutet nicht, daß dieser Planet gegenüber dem Herrscher nur die zweite Geige spielt oder deswegen weniger zum Zuge kommen kann. Er bringt das Thema des jeweiligen Hauses mit einer anderen Symbolik in ein anderes Lebensfeld. Seine Energie ist gewöhnlich nicht schwächer als die des Herrschers, sondern nur aufgrund der Folgerichtigkeit des Tierkreises in seiner Frequenz vom vorhergehenden Tierkreiszeichen abhängig (siehe auch Kapitel Frequenzen, Seite 113).

Über das Herrschersystem gelingt, es, eine Energie auf ihrem Weg durch das gesamte Persönlichkeitssystem zu verfolgen, zu erkennen, wie die Energie immer weiter wirkt, sämtliche Wechselwirkungen zu erkennen, schließlich Antworten auf die Fragen zu erhalten:

Welcher Planet beeinflußt wo und wie den anderen? Wie ist mein Persönlichkeitssystem vernetzt?

Dazu muß man unterschiedliche Wechselwirkungen zwischen den vier Quadranten des Häusersystems unterscheiden.

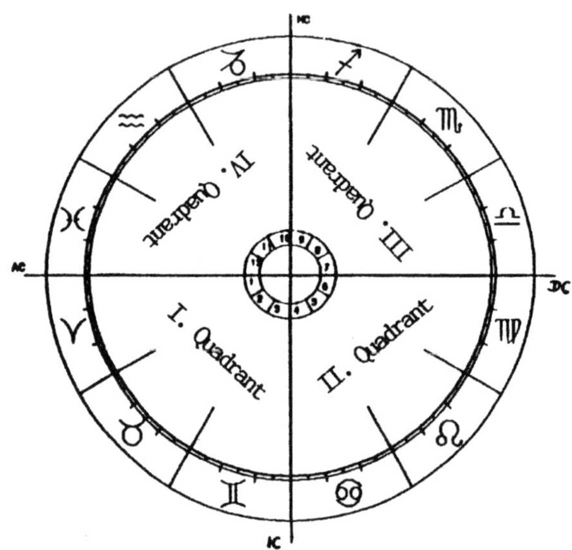

Die Häuser 1, 2 und 3 gehören zum I. Quadranten, der dem Körper und der Materie entspricht. Der II. Quadrant mit den Häusern 4, 5 und 6 bezieht sich auf die Seele, der III. Quadrant mit den Häusern 7, 8 und 9 auf den Geist. Dem Bewußtsein entspricht der IV. Quadrant mit den Häusern 10, 11 und 12.

1. Wechselwirkungen:
Körper, Materie (I. Quadrant) ↔ Seele (II. Quadrant)
Seele (II. Quadrant) ↔ Körper, Materie (I. Quadrant)
z. B. wenn der Herrscher von Haus 3 in Haus 5 oder der Herrscher von Haus 5 in Haus 1 steht

2. Wechselwirkungen:
Körper, Materie (I. Quadrant) ↔ Geist (III. Quadrant)
Geist (III. Quadrant) ↔ Körper, Materie (I. Quadrant)
etwa, wenn der Herrscher von Haus 1 nach Haus 7 oder der Herrscher von Haus 8 nach Haus 3 ausgewandert ist.

3. Wechselwirkungen:
Körper, Materie (I. Quadrant)↔Bewußtsein (IV. Quadrant)
Bewußtsein (IV. Quadrant) ↔Körper, Materie (I. Quadrant)
etwa, wenn der Herrscher von Haus 2 in Haus 10 oder der Herrscher von Haus 11 in Haus 1 steht

4. Wechselwirkungen:
Seele (II. Quadrant) ↔Geist (III. Quadrant)
Geist (III. Quadrant) ↔Seele (II. Quadrant)
z. B. wenn der Herrscher von Haus 6 in Haus 9 oder der Herrscher von Haus 7 in Haus 4 plaziert ist.

5. Wechselwirkungen:
Seele (II. Quadrant) ↔Bewußtsein (IV. Quadrant)
Bewußtsein (IV. Quadrant) ↔Seele (II. Quadrant)
Beispiel: Herrscher von Haus 5 ist in Haus 11, oder der Herrscher von Haus 12 befindet sich in Haus 4.

6. Wechselwirkungen:
Geist (III.Quadrant) ↔Bewußtsein (IV. Quadrant)
Bewußtsein (IV. Quadrant) ↔Geist (III. Quadrant)
etwa, wenn der Herrscher von Haus 7 in Haus 11 steht oder der Herrscher von Haus 10 in Haus 7.

Darüber hinaus erhält das alte astrologische Deutungsinstrument, das Herrschersystem, ein völlig neues Gesicht durch das Miteinbeziehen der Schicksalsgesetze. Das sind vor allem:

das Gesetz von Ursache und Wirkung,
das Gesetz der Bestätigung,
das Gesetz der positiven und negativen Verstärkung,
das Gesetz des Ausgleichs,
das Gesetz der Anziehung.

Hierzu Beispiel Seite 74:

Wir sehen in nachstehendem Horoskop den Saturn als Herrscher von Haus 2 in Haus 10. Diese Konstellation kann folgende Auswirkungen haben:

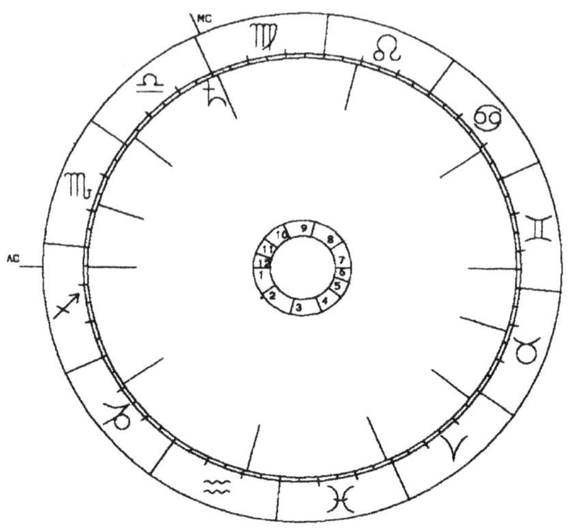

1. Gesetz von Ursache und Wirkung

a) *Hemmung:*
Die Hemmung im Eigenwert, in wirtschaftlichen Fähigkeiten und in der Abgrenzung hemmt die berufliche Sphäre, hemmt Aufstieg und Karriere.

b) *Kompensation:*
Der normgerechte Status (z.B. Meisterbrief, Promotion, Diplom etc.) bzw. das maßstäbliche Prestige bewirken Ehre und Aufstieg.

c) *Erwachsen:*
Eigene Wertmaßstäbe und Ziele sowie die Integration in die Gesetze von Wirtschaft und Finanzen festigen Beruf und Berufung.

2. Gesetz der Bestätigung, Gesetz der negativen und positiven Verstärkung

a) *negative Verstärkung (Hemmung):*
Die Probleme im Beruf bestätigen und verstärken die Hemmung im Eigenwert und die wirtschaftlichen Schwierigkeiten.

b) *positive Verstärkung:*
Kompensation: Ehre, Aufstieg und Karriere bestätigen und verstärken Status und Prestige sowie die wirtschaftliche und finanzielle Potenz.

Erwachsen: Die Wahrnehmung der eigenen Berufung und der eigenen Ziele bestätigt und verstärkt das Recht, nach eigenen Wertmaßstäben zu leben, sowie das Recht auf Abgrenzung und Genuß.

3. Gesetz der Anziehung, Gesetz des Ausgleichs

a) *Ausgleich innerhalb des Persönlichkeitssystems*
Die Hemmung im Eigenwert wird durch das geistige Bild eines »Idealberufes« oder einer »Ideal-Karriere« ausgeglichen.

b) *Ausgleich über den Körper*
Die Hemmung im Eigenwert sowie die Schwierigkeiten und Belastungen im Beruf und in der Öffentlickeit werden durch Knochenerkrankungen oder Wirbelsäulenbeschwerden »ausgeglichen«.

c) *Ausgleich durch andere Menschen*
Die Hemmung im Eigenwert wird im Beruf durch Anziehung von Maßreglern, Rechthabern, Richtern, Kontrolleuren und Elternrollenspielern ausgeglichen.

d) *eigener Ausgleich bei anderen Menschen*
Die Hemmung im Eigenwert wird kompensiert, indem man im Beruf und in der Öffentlichkeit andere maßregelt, richtet, kontrolliert und straft oder andere als »Kinder« behandelt.

Das Herrschersystem zeigt auf, daß jede Anlage in unserem Horoskop einen Lern- und Entwicklungsprozeß darstellt. Dabei sind folgende Fragen wichtig:

1. Auf welchem Lebensfeld muß die Anlage zuerst gelernt und ausgebildet werden?

Wenn z. B. der Herrscher von Haus 5 in Haus 10 plaziert ist, müssen zuerst die Handlungs- und Managementfähigkeiten, die unternehmerischen Fähigkeiten, die kreativen Fähigkeiten, die Fähigkeiten des Formschaffens sowie die Fähigkeiten zur Selbständigkeit (Haus 5) ausgebildet werden, um sie in Haus 10, also für den Beruf, einsetzen zu können.

Die Anlage sollte also zuerst in jenem Feld gelernt werden, wo der Planet sein Domizil hat.

Noch einmal: Dort, wo der Planet Herrscher ist, ist die Ursache, dort, wo er steht, ist die Wirkung.

2. Auf welchem Lebensgebiet kann die Anlage noch erlernt werden?

Vielfach ist es so, daß man in dem Haus, in das der Planet ausgewandert ist, als erstes versucht, die entsprechenden Lernschritte zu unternehmen. Dieser Lernprozeß ist jedoch ungemein langwieriger, schwieriger und schicksalsträchtiger. Etwa, wenn der Horoskopeigner – wie im Beispiel von Punkt 1 – zuerst über seine berufliche Tätigkeit (Haus 10) im Laufe von Jahren und Jahrzehnten allmählich seine Handlungs- und Managementfähigkeiten sowie seine kreativen Fähigkeiten (Haus 5) ausbildet.

Da er seine Haus-5-Anlagen nicht zur Verfügung hatte (Ursache), muß er als Folge davon die Wirkung, nämlich Schwierigkeiten in Beruf und Karriere, ertragen. Diese Schwierigkeiten werden – um das eigene positive Selbstbild zu schützen – meistens nicht auf die Ursache, nämlich auf die defizitäre Haus-5-Anlage, zurückgeführt. Statt dessen beginnt der lange »Holzhackerweg« von Versuch und Irrtum, der meist mit Schicksalsschlägen (Entlassung, Konkursverfahren etc.) und Krankheiten (Magengeschwüre, Herzinfarkt etc.) gepflastert ist. Es ist also nicht so günstig, bei der Wirkung zu beginnen, zumal man dann all die negativen und zeitaufwendigen Erfahrungen, die andere schon früher gemacht haben, noch einmal – quasi als »Greenhorn« und »Einzelkämpfer« – zu durchleiden hat. Statt dessen wäre es besser, die notwendigen Informationen einzuholen und das Wissen, das andere auf diesem Gebiet gesammelt haben, zu nutzen. Über eine Ausbildung, das Lesen von Büchern und den Besuch von Managementseminaren könnte man sich also lange Irrwege ersparen.

3. In welchem Haus kann die Anlage eingesetzt werden?

Wenn der Betreffende seine Haus-5-Anlagen ausgebildet hat, kann er sie in Haus 10, also für den Beruf, einsetzen. Er kommt damit in einen positiven Regelkreis: Die Haus-5-Anlage stärkt und intensiviert seinen beruflichen Erfolg, und der berufliche Erfolg wirkt wiederum zurück auf Haus 5, so daß seine Handlungs- und Managementfähigkeiten verbessert werden; denn nichts macht erfolgreicher als der Erfolg. Durch den Einsatz einer Anlage wird diese Fähigkeit weiterentwickelt und verbessert. Einsatz einer Anlage bedeutet Hege und Pflege eines göttlichen Talents.

Wir können also konstatieren: Die Anlage hat eine Rückwirkung auf das Haus, in dem sie Herrscher ist. Der Satz, daß jede Wirkung ihre Ursache verstärkt, hat beim astrologischen Herrschersystem ebenso Gültigkeit wie der Spruch: Wer hat, dem wird gegeben und wer nicht hat, dem wird noch etwas genommen. Wenn man eine Anlage ausgebildet hat, kann man in dem Haus, in dem der Planet steht, positive Ergebnisse ernten.

Hat man hingegen eine Anlage nur mangelhaft oder gar nicht entwickelt, wird man die entsprechenden negativen Auswirkungen erleiden und ertragen müssen. Man wird eingeschränkt, blockiert, unterdrückt, gezüchtigt und bestraft – und das nicht nur in dem Haus, in dem der Planet steht, sondern auch dort, wo sein Domizil ist. Auf zwei Lebensfeldern Schwierigkeiten zu haben, bedeutet aber eine entscheidende Einbuße an Lebensqualität.

4. Welche Kettenreaktionen sind mit dem Einsatz einer Anlage verbunden?

Eine Anlage wirkt nicht nur dort, wo sie im Horoskop steht und wo sie ihr Domizil hat, sondern – über das Herrschersystem und die Aspekte – auch auf andere Anlagen; denn die Anlage wird ihrerseits wiederum von einem anderen Planeten beherrscht, und auch letzterer steht unter der Herrschaft eines Planeten (siehe Punkt 8 auf Seite 70). Allerdings wird die Wirkung der Ursprungsenergie, die man durch den Tierkreis verfolgt, immer schwächer. Aus diesem Grunde ist es ratsam, an mehreren Stellen des Tierkreises gleichzeitig anzusetzen.

Ein Beispiel:

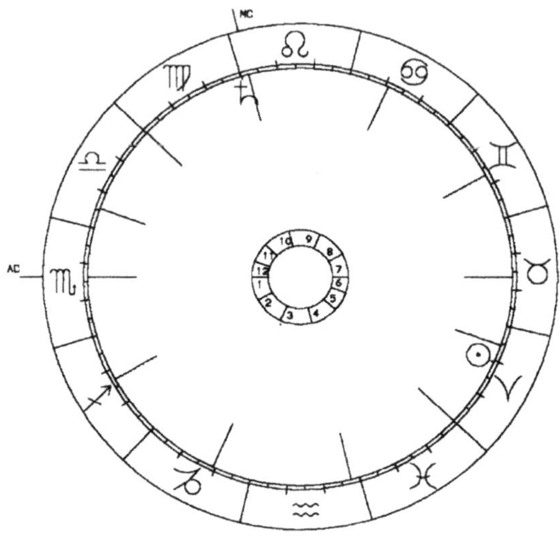

Peter, ein 39jähriger Prokurist, leidet an chronischer Bronchitis. Sein Saturn steht als Herrscher von Haus 3 in Haus 10. Im Minuspol gedeutet heißt dies: Die Hemmung (♄) in der Kommunikationsfähigkeit hemmt die Berufsfindung oder behindert den Betreffenden im Berufsleben, bremst sein berufliches Fortkommen. Umgekehrt wiederum hemmen natürlich die beruflichen Schwierigkeiten seine Ausdrucksfähigkeit, seine Fähigkeit, sich verbal und nonverbal darzustellen, und auf der somatischen Ebene ist sein Bronchialsystem betroffen, das dem Haus 3 zugeordnet ist. Diese Defizite in Haus 3 wirken wiederum auf Haus 10 und auf dessen Herrscher, also auf die Sonne in Haus 5. Da Haus 5 mit Sexualität und Kindererziehung in Beziehung gebracht wird, wird zusätzlich auch dieses Lebensfeld ungünstig beeinflußt. Das kann sich dadurch ausdrücken, daß der Betreffende seinen beruflichen Frust (Saturn in Haus 10) durch Ehrgeiz in der Sexualität kompensiert. Selbstverständlich könnte man jetzt noch weiter gehen und wiederum den Herrscher von Haus 5 betrachten, weil dort die Sonne steht.

Über das Herrschersystem ist es also möglich, sich das vernetzte System der eigenen Psyche bewußt zu machen und so die individuellen Variablen in der komplexen Interaktion der einzelnen Persönlichkeitsanteile zu bestimmen.

Die kontemplative Introspektion über das Herrschersystem fördert zudem die Fähigkeit zur distanzierten Selbstprüfung, die es einem ermöglicht, sowohl die Wechselwirkungen innerhalb des eigenen Persönlichkeitssystems als auch die Wechselbeziehungen zwischen dem eigenen ICH, den ANDEREN und der UMWELT klarer zu sehen.

Wenn das eigene Persönlichkeitssystem und die Wechselwirkung seiner verschiedenen Teile über das Herrschersystem erkannt wird, wenn man sieht, welcher Persönlichkeitsanteil einen anderen wann, wie und wo beeinflußt, dann eröffnen sich dadurch ungeahnte Möglichkeiten für die Psychoanalyse, Psychotherapie und Psychosomatik.

Mehr noch: Wenn man die Vernetzung des eigenen Persönlichkeitssystems kennt, kann man direkt strategisch vorgehen, indem man genau die Energie in ihrer Frequenz verändert, die einem bisher zu schaffen gemacht hat. Auf diese Weise ist es möglich, Schicksal positiv zu beeinflussen und Krankheit gezielt zu vermeiden: Man kann etwa Strategien dafür entwikkeln, wie man den richtigen Partner anzieht, ein qualitativ besseres Wohnen erreicht, oder wie man beruflich mehr Sinn und Erfüllung findet.

Plötzlich ist alles möglich, wenn man nur den Willen dazu aufbringt, wenn man sich darum bemüht. Man erfährt, daß alles, was man sich wirklich wünscht, tatsächlich erreichbar ist!

Nicht durch einseitiges positives Denken, sondern durch gezielte Beeinflussung des eigenen Persönlichkeitssystems an ganz bestimmten Schlüsselstellen – wie es in der kybernetischen Medizin angewendet wird durch Impulsvorgabe zur Selbstregulation, durch Antippen von Wechselwirkungen zwischen Individuum und Umwelt, durch Stabilisierung von Systemen und Organismen, durch Flexibilität, Nutzung und selbständiges Wechselspiel vorhandener Kräfte und Energien.

Das Herrschersystem in der Astrologie ist also für die psychosomatische und kybernetische Medizin von größter Bedeutung. So kann z. B. mit dem Patienten zusammen ein Gesundungsplan erarbeitet werden, in dem all die Faktoren, die den Weg zur Gesundheit ebnen, gefördert werden. Dem einzelnen wird aufgrund des vernetzten Denkens bewußt, wohin der Weg führt, wenn er entweder den derzeitigen Lebensstil beibehält oder wenn er die Weichen in seinem Leben neu stellt.

So bietet sich ihm die Chance, ein neues Zukunftsszenarium vor seinem geistigen Auge erscheinen zu lassen, und das nicht aufgrund von Hellseherei, sondern aufgrund der Erkenntnis von Gesetzmäßigkeiten und Wechselwirkungen, die in seinem Persönlichkeitssystem wirken. Konkrete Utopie ist lebendig geworden!

Der Gedanke ist alles.
Der Gedanke ist der Anfang von allem.
Und Gedanken lassen sich lenken.
Daher ist das Wichtigste:
Die Arbeit an den Gedanken.

Leo Tolstoi

Die Vernetzung der vier Quadranten

Wir haben festgestellt, daß Mängel und Defizite im eigenen Persönlichkeitssystem primär durch Verdrängung, Verschweigen, Tabuisierung, Unterdrückung oder Maßregelung des entsprechenden Lebensprinzips entstehen. Da unsere Eltern uns häufig kein Vorbild für die Ausbildung unserer realen Anlagen gegeben haben, war es uns nicht möglich, eine ganzheitliche Persönlichkeit zu entwickeln, und wir mußten uns mit einem partiellen Leben begnügen. Über die Vernetzung der vier Quadranten im Horoskop wird deutlich, welche Kettenreaktionen damit verbunden sind, wie sehr wir auch – ohne es zu wissen – seelisch und geistig von diesen Defiziten beeinflußt werden.

Es geht darum, die Schwachstellen und Mängel im eigenen Persönlichkeitssystem aufzuspüren, anzunehmen und schließlich in Stärken umzuwandeln. Das bedeutet zugleich, den alten Irrglauben loszulassen, daß man aufgrund seiner frühkindlichen Prägung, seiner Schulbildung und seiner Partnerwahl keine anderen Möglichkeiten und Chancen im Leben hätte als die gegebenen.

Jeder Irrglaube ist die Reaktion auf ein Defizit und wird – solange das Defizit besteht – aufrechterhalten. Defizit und Irrglaube bedingen und bestätigen einander gegenseitig. Nachfolgend soll anhand der irrationalen Vorstellungen, die Albert Ellis im Rahmen seiner rational-emotiven Therapie konzipiert hat, aufgezeigt werden, welche Defizite dabei jeweils zugrunde liegen:

Irrglaube Nr. 1

Die Meinung, es sei für jeden Erwachsenen absolut notwendig, von jedem anderen Menschen in seinem Umfeld geliebt oder anerkannt zu werden

Zugrundeliegendes Defizit:
– Mangel an Eigenwert (Venus, Stier, Haus-2-Prinzip)
– schwach ausgebildete seelische Eigenart (Mond, Krebs, Haus-4-Prinzip)

Irrglaube Nr. 2

Die Meinung, sich nur dann als wertvoll empfinden zu dürfen, wenn man in jeder Hinsicht kompetent, tüchtig und leistungsfähig ist.

Zugrundeliegendes Defizit:
– Mangel an Eigenwert (Venus, Stier, Haus-2-Prinzip)
– Mangel an eigener Zielrichtung (Saturn, Steinbock, Haus-10-Prinzip)

Irrglaube Nr. 3

Die Idee, daß bestimmte Menschen böse, schlecht und schurkisch sind und dafür gerügt oder bestraft werden müssen.

Zugrundeliegendes Defizit:
– Defizit im Aufdecken von Hintergründen (Neptun, Fisch, Haus-12-Prinzip)
– Defizit an Rechtsfähigkeit (Saturn, Steinbock, Haus-10-Prinzip)

Irrglaube Nr. 4

Die Vorstellung, daß es schrecklich und katastrophal ist, wenn die Dinge nicht so sind, wie man sie gerne haben möchte.

Zugrundeliegendes Defizit:
– Unfähigkeit, den eigenen Weg zu gehen (Pluto, Skorpion, Haus-8-Prinzip)
– Unfähigkeit, eigene Fixierungen loszulassen (Fisch, Neptun, Haus-12-Prinzip)

Irrglaube Nr. 5

Die Vorstellung, daß menschliches Leiden äußere Ursachen hat und daß der Mensch wenig Einfluß auf seinen Kummer und seine psychischen Probleme nehmen kann.

Zugrundeliegendes Defizit:
– Mangel an psychologischem Wissen (Mond, Krebs, Haus-4-Prinzip)
– Mangel an analytischen Fähigkeiten (Merkur, Jungfrau, Haus-6-Prinzip)

Irrglaube Nr. 6

Die Überzeugung, daß man sich über tatsächliche oder eingebildete Gefahren große Sorgen machen und sich ständig mit der Möglichkeit ihres Eintreffens befassen muß.

Zugrundeliegendes Defizit:
– Defizit an eigener Zielrichtung, Mangel an Effizienz (Saturn, Steinbock, Haus-10-Prinzip)
– Unfähigkeit, loszulassen (Neptun, Fisch, Haus-12-Prinzip)

Irrglaube Nr. 7

Die Meinung, daß es leichter ist, bestimmten Schwierigkeiten auszuweichen, als sich ihnen zu stellen.

Zugrundeliegendes Defizit:
– Defizit an Problemlösungsstrategien (Saturn, Steinbock, Haus-10-Prinzip)

Irrglaube Nr. 8

Die Vorstellung, daß man sich auf andere verlassen sollte und daß man einen Stärkeren braucht, auf den man sich stützen kann.

Zugrundeliegendes Defizit:
– Defizit an Selbstvertrauen und an Selbständigkeit (Sonne, Löwe, Haus-5-Prinzip)

Irrglaube Nr. 9

Die Vorstellung, daß die eigene Vergangenheit entscheidenden Einfluß auf unser gegenwärtiges Verhalten hat und daß etwas, das sich früher einmal auf unser Leben ausgewirkt hat, dies auch weiterhin tun muß.

Zugrundeliegendes Defizit:
– Defizit an Verantwortungsfähigkeit und an eigener Zielrichtung (Saturn, Steinbock, Haus-10-Prinzip)

Irrglaube Nr. 10

Die Neigung, sich über die Probleme und Verhaltensschwierigkeiten anderer Leute aufzuregen.

Zugrundeliegendes Defizit:
– Mangel an eigenem Weg (Pluto, Skorpion, Haus-8-Prinzip)
– Mangel an eigenen Zielen (Saturn, Steinbock, Haus-10-Prinzip)

Irrglaube Nr. 11

Die Vorstellung, daß es für jedes menschliche Problem eine absolut richtige, perfekte Lösung gibt, und daß es eine Katastrophe bedeutet, wenn diese perfekte Lösung nicht gefunden wird.

Zugrundeliegendes Defizit:
– Defizit, Hintergründe und die Komplexität des Lebens zu erfassen (Neptun, Fisch, Haus-12-Prinzip)
– Defizit, die Gesetze des Lebens zu erkennen (Saturn, Steinbock, Haus-10-Prinzip)

Wir sehen also, daß alle irrationalen Vorstellungen aus Defiziten an den verschiedensten menschlichen Anlagen und Fähigkeiten entspringen.

Warum ist dies so? Welcher Mechanismus wird hier wirksam? Der dritte Quadrant beginnt mit dem Venus-Waage-Haus-7-Prinzip. Dieses Prinzip versucht all das durch geistige Bilder auszugleichen, was im Persönlichkeitssystem nicht oder nur mangelhaft vorhanden ist.

Jedes Defizit erzeugt im geistigen Organismus (III. Quadrant) ein entsprechendes Komplementärbild, so daß die Homöostase aufrechterhalten werden kann. Indem man ergänzt wird, ist man wieder eine Ganzheit, spürt man nicht mehr den Mangel. Letzteres ist für den Horoskopeigner angenehm, zum anderen aber wirkt sich dies sehr ungünstig aus, weil dadurch meist Entwicklung und Reifung abgewehrt werden.

Ein Beispiel: Jemand hat ein Defizit in bezug auf Geborgenheit. Vor seinem geistigen Auge taucht das Bild eines Kachelofens auf. Dieses Bild gleicht den Betreffenden aus und stellt die Harmonie in seinem Organismus wieder her, gleichzeitig aber besteht die Tendenz, die Suche nach der eigenen inneren Geborgenheit abzubrechen und statt dessen nur noch nach einem passenden Kachelofen Ausschau zu halten. Eine weitere Schwierigkeit besteht darin, daß man damit beginnt, das jeweilige Defizit zu idealisieren, d. h. man entwickelt passend zu dem jeweiligen Defizit die entsprechenden Statements, Glaubenshaltungen, Einstellungen, Meinungen, Vorstellungen, Ideologien und Anschauungen. Weist etwa jemand ein Defizit an rhetorischen Fähigkeiten (Merkur-Zwilling-Haus-3-Prinzip) auf, wird er entweder redegewandte Menschen (= Komplementärbild) bewundern*, oder er wird sich den Spruch »Schweigen ist Gold« zu eigen machen. Ein anderer, bei dem ein Defizit an der Fähigkeit, mit Geld umzugehen, vorliegt, kann entweder Reichtum zum Leitbild erheben, oder die Haltung entwickeln, die sagt: »Ich mache mir nichts aus Geld! Geld ist schmutzig und verdirbt den Charakter!« Auf diese Art und Weise entstehen sogenannte Lieblingsglaubenshaltungen, an die sich der einzelne klammert wie ein Schiffbrüchiger an einen Mast. Wird die eigene Hemmung oder das jeweilige Defizit aufs Podest erhoben, hat ein anderer Mensch kaum mehr die Chance, mit dem Betreffenden in ein konstruktives Gespräch zu kommen.

---

* Kindrollenspieler neigen dabei mehr dazu, den Gegenpol zu bewundern, während Elternrollenspieler meist ihr Manko zum Ideal erheben.

Im Gegenteil! Indem das Defizit zum Leitbild oder gar zum Ideal hochstilisiert wird, wird der andere in seiner Argumentation abgewürgt. Solche Sätze, Statements und Überzeugungen haben also den Charakter eines Diskussionskillers.

Aufgrund dieses Mechanismus ist das Phänomen zu beobachten, daß gerade der, der ein Manko hat, der zuwenig die Anlage ausgebildet hat oder sich auf dem betreffenden Gebiet zuwenig informiert hat, mit seiner dazu gehörenden Meinung oder Glaubenshaltung den anderen, der mehr weiß und besser mit der Anlage umzugehen versteht, nicht nur aufklärt und belehrt, sondern ihn sogar noch entwertet und ihm womöglich genau das vorwirft, was eigentlich bei ihm vorliegt, nämlich Naivität, Dummheit, Uninformiertheit, Intoleranz und mangelnde Realitätssicht.

Nicht verwunderlich ist dabei, daß derjenige, der ausgerechnet sein Manko als Tugend und sein Defizit als erstrebenswert hinstellt und hochstilisiert, von allen Seiten anerkannt und bestätigt wird, weil die meisten Menschen aufgrund einer anachronistischen Schulbildung bzw. aufgrund der einseitigen Ausbildung auf fast allen Lebensgebieten ähnliche Defizite aufweisen. Und weil so wenige Menschen über ausgebildete Fähigkeiten verfügen, erscheint fast jeder Mangel und die dazu passende Glaubenshaltung als normal, während der Wissende, der sich auf dem entsprechenden Gebiet umfassend auskennt, als geistig Kranker, bemitleidenswerter Spinner, Phantast oder zumindest als krasser Außenseiter abgestempelt wird. Eine Vorstellung, eine Glaubenshaltung oder eine Meinung (III. Quadrant), die von den meisten Menschen vertreten wird, wird damit zur Norm, wird zum Recht, und geht damit – astrologisch gesehen – in den vierten Quadranten ein. Nachfolgend soll durch eine Übersicht aufgezeigt werden, zu welchen Redewendungen und Glaubenshaltungen die unterschiedlichen Defizite führen können:

Dieser Mechanismus läßt sich grafisch so darstellen:

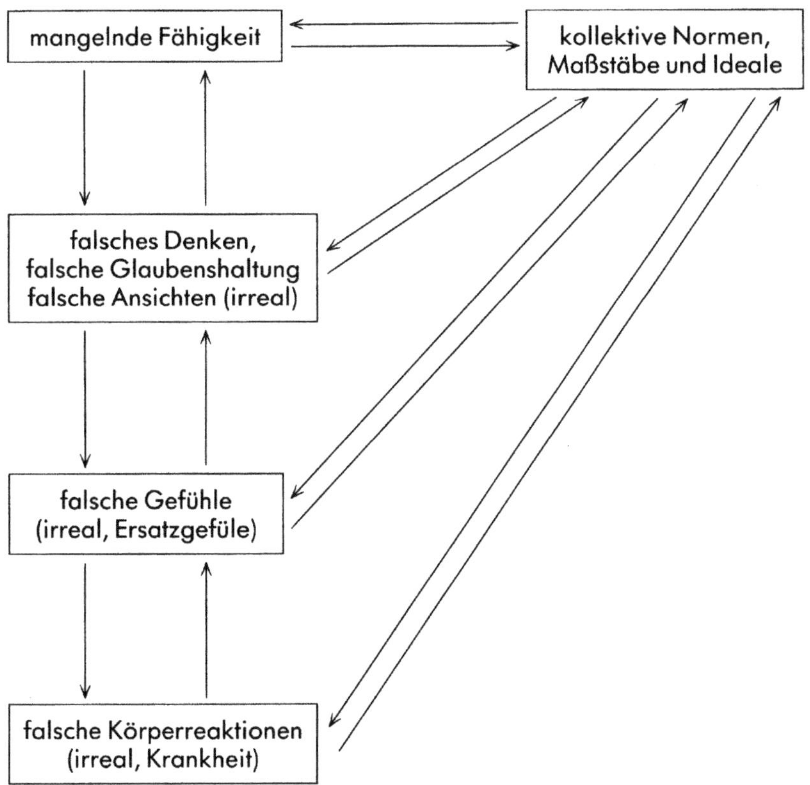

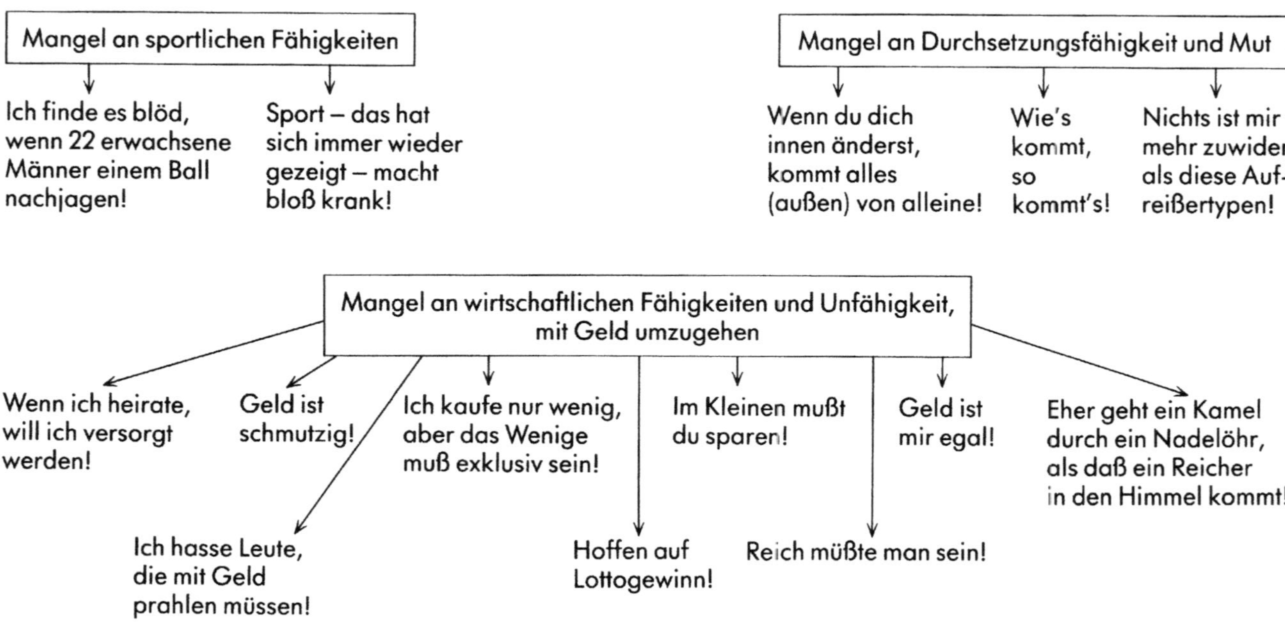

Mangel an sportlichen Fähigkeiten
Ich finde es blöd, wenn 22 erwachsene Männer einem Ball nachjagen!
Sport – das hat sich immer wieder gezeigt – macht bloß krank!
Mangel an Durchsetzungsfähigkeit und Mut
Wenn du dich innen änderst, kommt alles (außen) von alleine!
Wie's kommt, so kommt's!
Nichts ist mir mehr zuwider als diese Auf-reißertypen!
Mangel an wirtschaftlichen Fähigkeiten und Unfähigkeit, mit Geld umzugehen
Wenn ich heirate, will ich versorgt werden!
Geld ist schmutzig!
Ich kaufe nur wenig, aber das Wenige muß exklusiv sein!
Im Kleinen mußt du sparen!
Geld ist mir egal!
Eher geht ein Kamel durch ein Nadelöhr, als daß ein Reicher in den Himmel kommt!
Ich hasse Leute, die mit Geld prahlen müssen!
Hoffen auf Lottogewinn!
Reich müßte man sein!

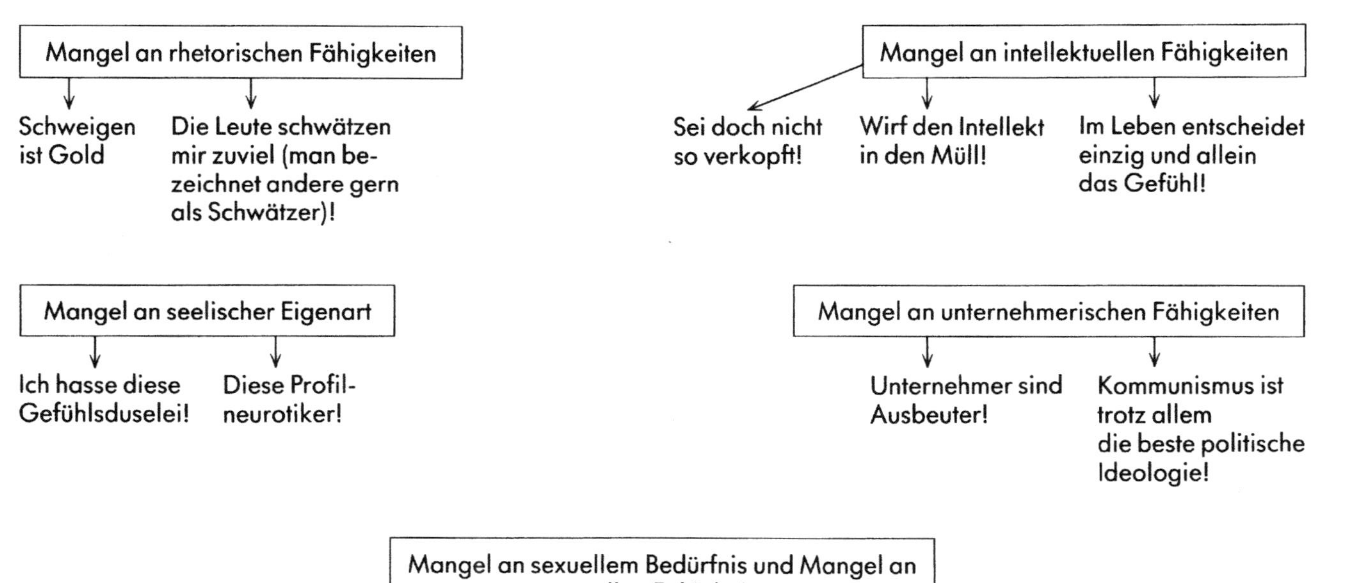
Mangel an rhetorischen Fähigkeiten
Schweigen ist Gold
Die Leute schwätzen mir zuviel (man bezeichnet andere gern als Schwätzer)!
Mangel an intellektuellen Fähigkeiten
Sei doch nicht so verkopft!
Wirf den Intellekt in den Müll!
Im Leben entscheidet einzig und allein das Gefühl!
Mangel an seelischer Eigenart
Ich hasse diese Gefühlsduselei!
Diese Profilneurotiker!
Mangel an unternehmerischen Fähigkeiten
Unternehmer sind Ausbeuter!
Kommunismus ist trotz allem die beste politische Ideologie!
Mangel an sexuellem Bedürfnis und Mangel an sexuellen Fähigkeiten
Ich lasse mich nicht einfach nur benutzen!
Ich hasse schmutzige Witze!
Kannst du denn nicht einmal über etwas anderes als über Sex reden!
Pornographie ist mir ein Greuel!
Männer wollen nur das Eine!

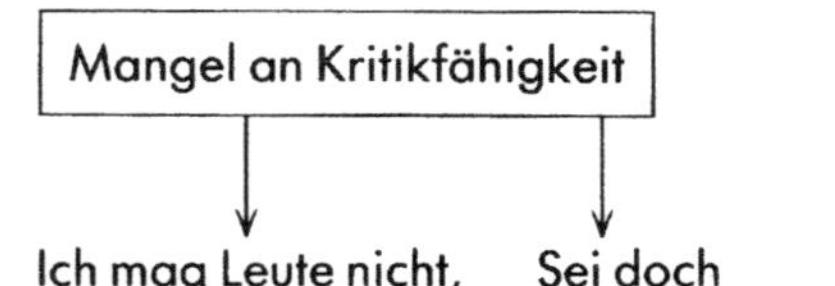

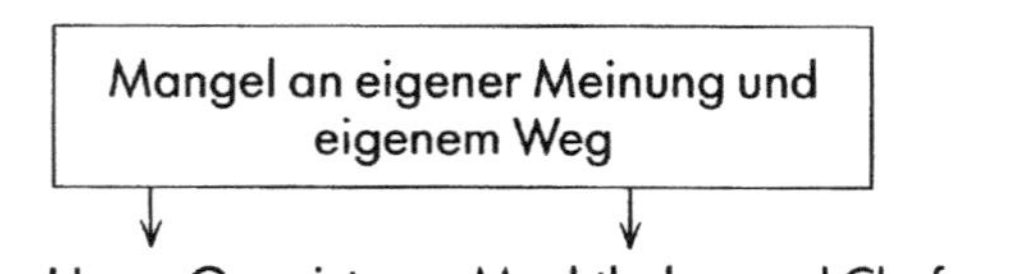

Mangel an Bildung

Das, was in Büchern steht, kannst du vergessen!

Die »Bücherwürmer« und die »Studierten« sind zu blöd, um einen Nagel in die Wand zu schlagen!

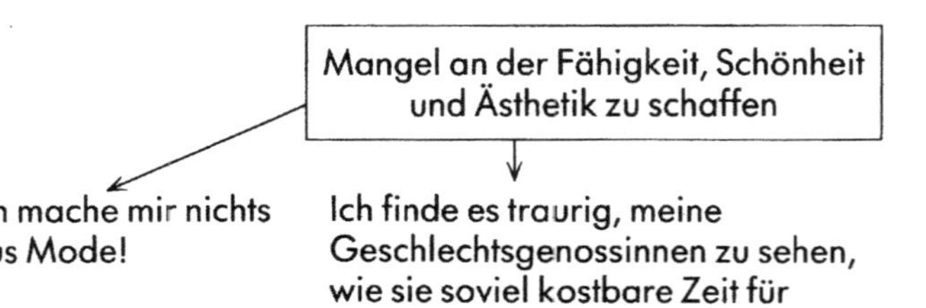

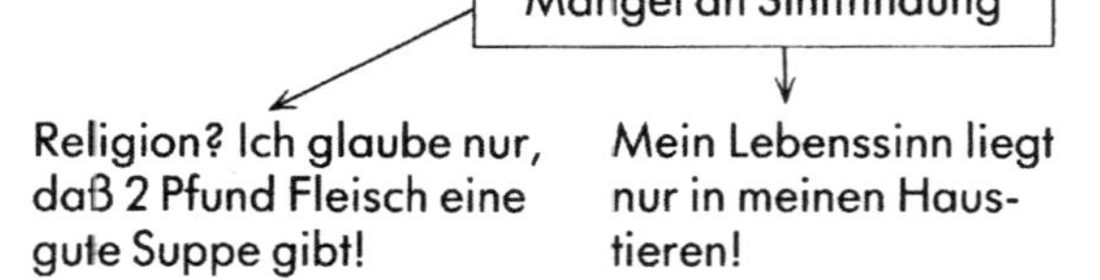

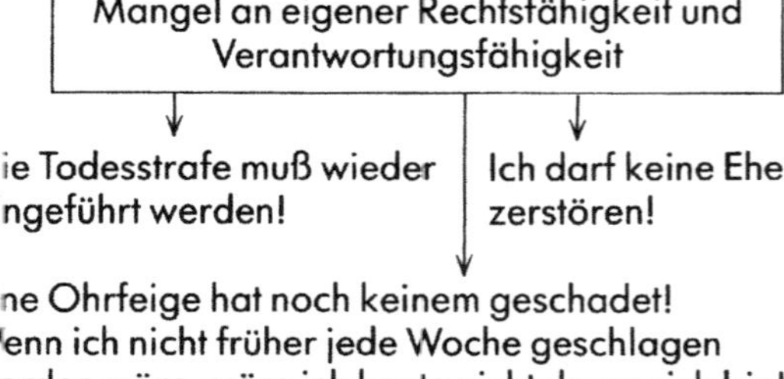

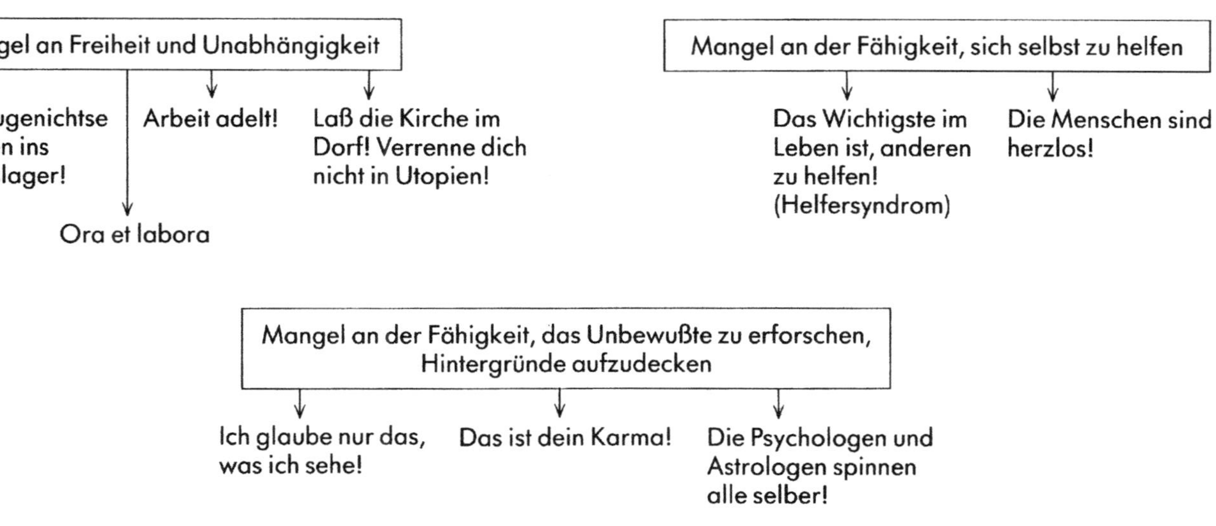
Mangel an Freiheit und Unabhängigkeit
Die Taugenichtse gehören ins Arbeitslager!
Ora et labora
Arbeit adelt!
Laß die Kirche im Dorf! Verrenne dich nicht in Utopien!
Mangel an der Fähigkeit, sich selbst zu helfen
Das Wichtigste im Leben ist, anderen zu helfen! (Helfersyndrom)
Die Menschen sind herzlos!
Mangel an der Fähigkeit, das Unbewußte zu erforschen, Hintergründe aufzudecken
Ich glaube nur das, was ich sehe!
Das ist dein Karma!
Die Psychologen und Astrologen spinnen alle selber!

Nach dieser Übersicht, bei der nur einige wenige Beispiele aus der Fülle der Möglichkeiten angeführt werden konnten, wird klar, daß fast jeder Satz und fast jedes Gefühl des in der Norm gefangenen Menschen falsch bzw. nicht wirklichkeitsadäquat ist. Er fühlt und denkt einseitig durch die Brille seiner Hemmung oder seines Mangels und kann daher die Ganzheit und die Realität nicht mehr erkennen.

Da die irrealen Gefühle, Vorstellungen und Glaubenshaltungen in der Außenwelt über den Mechanismus der Projektion abgebildet werden, werden sie über andere Menschen, über die Umwelt, über materielle Symbole sowie über Situationen und Ereignisse widergespiegelt oder im Gegenpol erlebt. Damit wird vorwiegend negatives Schicksal erwirkt. Da diese Mechanismen unbewußt ablaufen, ist es trotz ungünstiger Schicksalereignisse meist aussichtslos, wenn jemand, der sich mit einem Gebiet intensiv auseinandergesetzt und sämtliche Informationen eingeholt hat, nun versuchen wollte, einen Menschen, der in seinem Persönlichkeitssystem gravierende Defizite aufweist, darüber aufzuklären und zu überzeugen. Der andere bleibt bei seiner Überzeugung, selbst wenn tausend Informationen eine andere Sprache sprechen, ja selbst wenn sie im Widerspruch zur Evidenz steht. Besonders deutlich wird dies auf politischem und religiösem Gebiet. Ist es je schon jemandem gelungen, den Verfechter einer politischen oder religiösen Richtung von etwas zu überzeugen, das im Widerspruch zu dessen Parteibuch bzw. zu dessen Lehre stand? Wieviel Kraft, wieviel Engagement, wie viele Worte sind auf diese Weise schon unnötig verschleudert worden? Solange der Betreffende unwissend triebmäßige, wirtschaftliche, finanzielle, rhetorische, seelische, emotionale und analytische Mängel aufweist, muß er bei seiner dazu passenden Meinung oder Glaubenshaltung bleiben. Es fällt ihm schwer, eine andere Meinung zu tolerieren. Er kann – zwangsläufig – keiner anderen Beurteilung eines Sachverhalts aufgeschlossen gegenüberstehen und kaum andere Informationen in sein Denkgebäude integrieren.

Ein Wandel der Überzeugungen und Anschauungen ist also nur dort zu erwarten, wo Defizite aufgefüllt wurden oder

Kompensationen weggefallen sind. Jedes Defizit im I. Quadranten erzeugt also im II. Quadranten entsprechende (reaktive) Gefühle und im III. Quadranten entsprechende (reaktive) geistige Haltungen, und die geistigen Haltungen finden schließlich im (kollektiven) Bewußtsein (IV. Qudrant) ihren Niederschlag. Umgekehrt wirken die Normen und Ideale der patriarchalen Kultur (IV. Quadrant) entscheidend auf die Glaubenshaltungen, Vorstellungen und Meinungsbildungsprozesse (III. Quadrant) der Menschen ein. Es werden also die zu den Normen und Idealen passenden Glaubenshaltungen und Redewendungen gleich mitgeliefert. Auf diese Weise findet eine gegenseitige Rückkoppelung statt: Das Defizit wird durch die Glaubenshaltung und durch das öffentliche Bewußtsein bestätigt, und das öffentliche Bewußtsein bestätigt und verstärkt wiederum die Glaubenshaltung und das Defizit. Dadurch entsteht ein neurotischer Regelkreis, aus dem der einzelne nur schwer zu entrinnen vermag.

Im III. Quadranten sind drei geistige Reaktionen auf die Einwirkung der Norm (IV. Quadrant) zu verzeichnen:

1. Direkte Übernahme der Norm oder des Ideals einschließlich ihrer Glaubenssätze, Floskeln, Einschärfungen und fertigen Denkergebnisse. Der einzelne repetiert die Leitsätze der Norm.

2. Subjektive Interpretation der Norm oder des Ideals. In diesem Fall wird die Norm so gedeutet und umfunktioniert, wie man sie selbst leben kann. Dies hat zur Konsequenz, daß man selbst meist gut mit der Norm zurecht kommt, aber dafür die Mitmenschen – sofern deren Abgrenzung nicht funktioniert – zu leiden beginnen, weil sie mit ihrer anderen psychischen Struktur diese Lebensform nicht ohne weiteres akzeptieren können.

3. Geistige Antihaltung. Hier tauchen vor dem geistigen Auge Gegenbilder zur Norm oder zur herkömmlichen Meinung auf. Wenn etwa das gesamte Umfeld kapitalistische Thesen vertritt, legt der Betreffende eine geistige Trotzhaltung an den Tag und verkündet lauthals die Thesen von Marx und Engels.

Der III. Quadrant im Horoskop hat ungeheure Relevanz, denn er ist

a) *Umweltquadrant:* Er zeigt unser Umfeld, unsere Rahmenbedingungen an, ob wir etwa mit unserem Partner in Gütertrennung, Zugewinngemeinschaft oder »wilder Ehe« zusammenleben. Er zeigt, wo und wie wir unseren Geschmack ausdrücken, wie wir die Umwelt mit unserer Eigenart prägen, was wir von unseren Inhalten in eine Form bringen, und was wir mit unseren Inhalten an äußeren Formen anziehen.

b) *Ausgleichsquadrant:* Im III. Quadranten findet eine Synthese zwischen Psyche (II. Quadrant) und Soma (I. Quadrant) statt. Hier wird die Frage geklärt, ob es uns gelungen ist, die beiden Bereiche in Einklang und Harmonie zu bringen und sie in unserer Umwelt auszudrücken. Ist dies der Fall, stimmt unser Umfeld mit unseren körperlichen und seelischen Bedürfnissen überein.

Wenn wir uns auf diese Weise nicht selbst ausgeglichen haben, werden wir meist unangenehm von der Umwelt ausgeglichen.

c) Geistiger Quadrant: Wie bereits erwähnt, resultieren die Vorstellungen, Glaubenshaltungen und Meinungen aus Anlagen-Defiziten im Persönlichkeitssystem, oder sie sind Folge der Normen und Ideale des IV. Quadranten.

d) Partnerschaftsquadrant: Er ist Signifikator sowohl für die Wahl unseres Lebenspartners als auch für die Qualität jeder menschlichen Begegnung. In Haus 7 beginnt die Partnerschaft mit dem ersten Rendezvous, in Haus 8 entsteht eine feste Beziehung, und in Haus 9 gerät die Beziehung in Funktion. Die Menschen in unserem Umfeld verkörpern oder aktivieren unsere inneren Muster und Bilder. Es ist also der Quadrant, in dem sowohl bewußte als auch unbewußte Vorstellungsbilder in Form von Menschen und Ereignissen lebendig werden.

e) Körperlicher und materieller Quadrant des oder der anderen: Er zeigt das körperliche Erscheinungsbild (Haus 7), sowie Status und Besitzverhältnisse (Haus 8) des Partners oder einer anderen wichtigen Bezugsperson auf. In Haus 9 schließlich wird die Darstellung (Kommunikation, Mimik, Gestik etc.) des Partners ersichtlich. Der III. Quadrant ist also der I. Quadrant des anderen und stellt damit dessen gesamten sichtbaren Bereich dar.

f) Reaktionsquadrant der Mitmenschen: In ihm spielen sich die Reaktionen der uns begegnenden Menschen auf unsere Aktionen in den übrigen Quadranten ab.

Ein Beispiel:

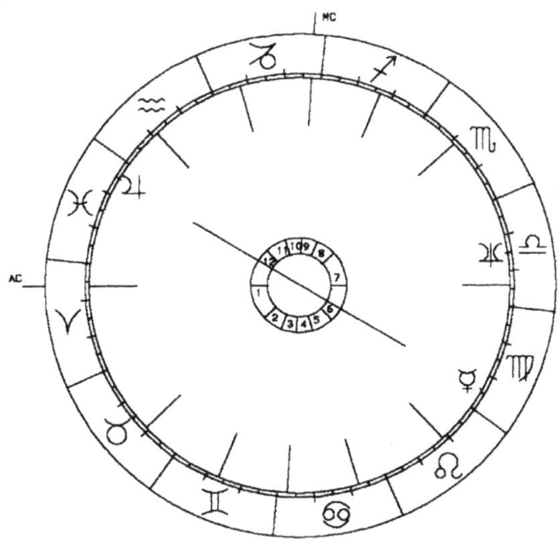

Sabine S. hat ihre Merkur-Jupiter-Opposition noch in einem unerlösten Zustand. Sie redet ohne Unterlaß (Jupiter-Merkur = eine Fülle (Jupiter) an Worten (Merkur) und geht damit ihren Mitmenschen auf die Nerven. Sie reagieren daraufhin mit Flucht (Neptun in Haus 7).

Die actio des Mitmenschen im III. Quadranten ist also meist die reactio auf das eigene Verhalten, auf den eigenen Lebensstil, auf die eigenen Ursachen, die wir setzen. In diesem Zusammenhang sei auf das Kapitel actio = reactio (Seite 41) verwiesen.

g) Projektionsquadrant: Jede Anlage in unserem Horoskop kann in der Projektion erlebt werden. Besonders lädt jedoch der III. Quadrant als Umwelt- und Partnerschaftsquadrant zu Projektionen ein. Aufgrund von Mängeln, Schwächen und Defiziten im eigenen Persönlichkeitssystem bilden sich nicht nur irreale Meinungen und Glaubenshaltungen, sondern es entstehen dabei auch oft Projektionen, durch deren Brille der Mitmensch völlig falsch, d. h. fernab der Wirklichkeit gesehen wird. So wird je nach Defizit und je nach Planetenkonstellation auf andere projiziert, etwa, daß sie einem etwas auswischen möchten, daß sie schlechte Motivationen hätten, vor Neid platzen würden, einen entwerten wollten...

Sicher gibt es auch Projektionen, die der Wirklichkeit entsprechen, wenn etwa Sabine im vorhergehenden Beispiel von Punkt f) mit ihrem ♆ in Haus 7 glaubt, daß die Umwelt sie meidet und mit ihr nichts zu tun haben möchte.

Solche Projektionen stimmen aber nur solange, solange Defizite und störende Überkompensationen beibehalten werden.

Die oben angeführten verschiedenen Bedeutungen des III. Quadranten werden erst durch die Verbindung der Astrologie mit der Psychologie und Ökologie erkennbar. Durch das Einbeziehen dieser beiden Wissensgebiete zeigen sich Wechselwirkungen und Zusammenhänge deutlich. Die Deutungsinhalte der jeweiligen Quadranten werden komplexer und differenzierter, zugleich aber auch klarer und konkreter. Sie treten so aus dem Nebel des unwägbaren, unergründlichen und mysteriösen Fatums heraus und können zur Leitlinie und Orientierung werden. Warum aber sind die verschiedenen Inhalte des III. Quadranten für die Psychosomatik wichtig?

Man kann erkranken wegen widriger Umweltbedingungen, ungünstigem Ausgleich, falscher Partnerwahl, irrealen Vorstellungen, aufgrund des äußeren Erscheinungsbildes des Partners, oder der Reaktionen von Mitmenschen, die mit der eigenen Lebensleitlinie nicht zu vereinbaren sind.

Der III. Quadrant hat also im psychosomatischen Geschehen des einzelnen eine Schlüsselposition. Besonders deutlich wird dies, wenn wir uns vor Augen führen, daß der psychophysische Organismus nicht zwischen Vorstellung, materialisiertem Bild und Wirklichkeit unterscheidet. Nehmen wir als

Beispiel eine Wassermelone: Der Organismus reagiert gleichermaßen mit einer Vermehrung des Speichelflusses auf:

– die Vorstellung einer Wassermelone, die vor dem geistigen Auge erscheint;

– das materialisierte Bild einer Wassermelone, etwa wenn ein Künstler diese Frucht gemalt hat, oder wenn auf einem Foto eine Wassermelone abgebildet ist;

– eine echte Wassermelone, die greifbar vorhanden ist.

Wenn die Vorstellung einer Wassermelone, das Bild dieser Frucht und eine echte Wassermelone unseren psycho-physischen Organismus so stark beeinflussen können, um wieviel mehr werden wir dann erst beeinflußt durch unsere Einstellungen, Vorstellungen und Fixierungen, durch materialisierte und projizierte Vorstellungsbilder in Kunst, Malerei, Zeitschriften oder Filmen und durch die wirkliche Umweltsituation, also durch Speisen, Wohngegend, Wohnungseinrichtung, Partner, Kinder, Freunde, Nachbarn und Geschäftskollegen.

Körper und Seele reagieren darauf ohne Unterlaß nach einer zwingenden Gesetzmäßigkeit. Diese Tatsache ist für Krankheit und Gesundheit, für unser ganzes Leben von entscheidender Bedeutung.

Zu ähnlichen Ergebnissen kam die Streßforschung; Georg Engel und andere Streßforscher haben die Gefahren und Bedrohungen zusammengestellt, die in aller Regel zu psycho-phyischen Streßreaktionen führen:

1. Der vermeintliche oder tatsächliche Verlust eines Menschen, eines Objektes oder einer Aktivität, an dem bzw. an der wir inneren Anteil genommen haben.

2. Eine tatsächliche oder drohende Verletzung oder Beschädigung der Integrität unseres Körpers (also etwa eine Wunde) oder unseres Selbst bzw. unserer Selbstachtung.

3. Die tatsächliche oder mögliche Versagung in bezug auf das, was nach unserer Ansicht unsere grundlegenden Bedürfnisse und Bestrebungen sind.

4. Uneindeutige oder unvollständige Wahrnehmungen oder Informationen, die uns schließlich die Überzeugung vermitteln, daß eine bestimmte Sache eine Bedrohung oder eine Gefahr darstellt.

Zu Streß-Symptomen kann es also nicht nur deshalb kommen, weil die Umgebung ständig Veränderungen bereithält, die vielleicht als Bedrohungen wahrgenommen werden, sondern auch durch psychische Faktoren. Vorausgeahntes Unbehagen etwa reicht schon aus, um die Streßreaktionen auszulösen. Stellen Sie sich zum Beispiel vor, wie Ihnen zumute ist, wenn Sie zum Zahnarzt gehen. Schon der Gedanke daran verursacht vielen Menschen Kopf- oder Kieferschmerzen. Die Spannung und entsprechende physische Reaktionen darauf nehmen dann meistens noch weiter zu, wenn der Zahnarzt zum Bohrer greift oder uns eine schmerzbetäubende Spritze gibt. Gewiß, die Spritze tut weh. Aber wieviel von diesem Schmerz geht auf die Injektion selbst zurück und wieviel auf die Erwartung, daß man uns wehtun wird? Wieviel Schaden hat diese bildliche Vorstellung eines möglichen Schmerzes unserem Körper bereits zugefügt?

Der gleiche Vorgang der »Mobilmachung« zeigt sich bei unzähligen anderen alltäglichen Erfahrungen. Manche Menschen haben Angst, sich auf Beziehungen zum anderen Geschlecht einzulassen. Andere empfinden Angst, wenn sie einem neuen Arbeitgeber gegenüberstehen. Wenn ein Mensch mehrfach derartige negative Erfahrungen gemacht hat, kann es geschehen, daß er sich bereits verspannt, wenn er die gefürchtete Person nur sieht oder gar nur an diese Person denkt. Solche Ängste an eine mögliche Interaktion können dem betroffenen Menschen den ganzen Tag verderben. Vielleicht kommt es überhaupt niemals zu einer wirklichen Konfrontation, und doch entwickelt er unter Umständen Kopfschmerzen, Magenbeschwerden oder sogar ein Magengeschwür.[3]

Damit ein in der Umgebung vorhandener Stressor überhaupt Schaden anrichten kann, muß er zunächst den individuellen kognitiven und perzeptuellen Filter passieren. Kurz gesagt, Streß muß als Bedrohung oder Gefahr wahrgenommen werden. Manche Menschen etwa deuten eine Beleidigung als Witz, während sie für andere eine Bedrohung darstellt. Die Art, wie wir eine Sache oder Situation bewerten, ist ausschlaggebend für unsere Reaktion darauf. Eine körperliche oder seelische Reaktion bestimmt sich also

- je nach Ereignis,
- je nach Wahrnehmung,
- je nach Vorstellung oder Glaubenshaltung,
- je nach Deutung des tatsächlichen Ereignisses,
- je nach Deutung der Vorstellung oder der Glaubenshaltung.

Um der körperlichen oder seelischen Reaktion nicht mehr ausgeliefert zu sein, um also zu gesunden, gilt es daher, bei der Vorstellung und ihrer jeweiligen Deutung anzusetzen. Doch da beißt sich die Katze in den Schwanz; denn Vorstellungen und Interpretationen werden wiederum durch die Defizite im eigenen Persönlichkeitssystem bestimmt.

Daraus folgt, daß eine Krankheit auch Vorteile für den Betroffenen mit sich bringt: Er braucht sein Denk- und Glaubenssystem über sich selbst und über andere sowie seine Weltanschauung nicht in Frage zu stellen.

Seine Glaubenshaltungen sind zwar in mancherlei Hinsicht für ihn schädlich, andererseits aber verbergen sie auf wirksame Weise tiefersitzende Ängste. Die Krankheit bewahrt ihn vor dem Trauma, die verdrängten Seiten seiner Persönlichkeit näher kennenlernen zu müssen.[4]

Wenn der IV. Quadrant im III. Quadranten bestimmte geistige Reaktionen hervorruft, so beeinflußt der III. Quadrant ganz entscheidend den II. Quadranten, indem dort die entsprechenden Gefühlsreaktionen auf die Vorstellungsbilder, Rahmenbedingungen und Umweltsituationen auftauchen. Beide, Vorstellung und Wirklichkeit, beeinflussen nachhaltig unsere seelische Stimmungslage und unser Gefühlsleben. So laufen synchron zu den Lieblingsglaubenshaltungen und -meinungen, die ein Mensch in bestimmten Situationen immer wieder aktualisiert, entsprechende Gefühlsreaktionen ab. Hat er etwa die Glaubenshaltung, daß Unternehmer »Charakterschweine« sind, wird damit fast automatisch das Gefühl der Aggression im seelischen Organismus auftauchen. Immer wenn er einen Unternehmer sieht oder daran denkt, »hätschelt« und »pflegt« er sein Lieblingsgefühl: Aggression. Es gibt kein Gefühl, das nicht mit einer entsprechenden Geisteshaltung oder Vorstellung verbunden wäre, und es gibt keine Vorstellung oder Meinung, die nicht spezifische Gefühlsreaktionen auslösen würde. Es besteht also ebenso wie beim IV. und III. Quadranten auch zwischen III. und II. Quadranten eine stete Wechselwirkung. Zusätzlich wird der eben geschilderte Sachverhalt noch dadurch kompliziert, daß ein und dieselbe Vorstellung oder Umweltsituation verschiedene Gefühlsreaktionen hervorrufen kann. Jeder Mensch reagiert – je nach Defizit und je nach erlerntem Gefühlsraster – unterschiedlich. Auch wird dieser Erkenntnis, daß die meisten unserer Gefühle nur reaktive Gefühle sind, sozusagen »Ersatzgefühle«, die mit echtem Empfinden und Fühlen wenig gemein haben, meist erbitterter Widerstand entgegengebracht. Es bereitet verständlicherweise große seelische Schmerzen, einsehen zu müssen, daß Gefühle wie Aggression, Ärger, Wut, Neid, Depression, Trauer, Haß, Ohnmacht und Schuld ein wirkliches Fühlen geradezu verhindert haben. Das reale Gefühlsleben und der Zugang zum wirklich eigenen Wesen sowie zur Stimme der eigenen Natur liegen also jenseits dieser Ersatzgefühle* und Gefühlskonditionierungen verborgen.

Wenn man bedenkt, wie sehr das Gefühlsleben mit körperlichen Reaktionen verbunden ist, kann man ermessen, wie wichtig es ist, die eigene seelische Wirklichkeit hinter dieser Überlagerung zu entdecken.

Und die körperlichen Reaktionen, die sogenannten Krankheiten, wirken wiederum zurück auf den II. Qudranten und bringen den Kranken gefühlsmäßig in den Minuspol. Die unguten Gefühle aber, die aus der Krankheit resultieren, bestätigen und verstärken die Krankheit noch zusätzlich, so daß auch hier ein negativer Regelkreis entsteht.

---

* Für welches reale Erleben diese Ersatzgefühle jeweils stehen, siehe Kapitel: »Wie man Doktor der Innenwelt werden kann«

Die Folgerichtigkeit und wechseitige Bezogenheit der vier Quadranten kann auch kurz so ausgedrückt werden:

IV. Quadrant →III. Quadrant →II. Quadrant →I. Quadrant
I. Quadrant →II. Quadrant →III. Quadrant →IV. Quadrant

Aus den bisherigen Ausführungen dieses Kapitels ergeben sich folgende Fragen: Wie kann jemand wirklich positiv denken, wenn er so viele Defizite in seinem Persönlichkeitssystem aufweist? All seine positiven Vorstellungsbilder sind dann aufgesetzt und nicht echt und können sich daher auch wohl kaum verwirklichen. Wie kann er Liebe und Glück in der Umwelt erwirken, wenn fast all seine Gefühle aus irrealen Glaubenshaltungen, Vorstellungen und Interpretationen entstanden sind? Er müßte zuerst einmal seine Geisteshaltungen und seine dazugehörigen Gefühlsreaktionen analysieren und in Frage stellen!

Und wie kann jemand von einer chronischen Krankheit gesunden, wenn er in seinen Normen und Idealen, Denkmustern und Gefühlsrastern gefangen bleibt?

Krankheitsauslöser

Viele Menschen verwechseln die Krankheitsursachen mit den Krankheitsauslösern.

Hierzu ein Fall aus der Praxis: Susanne, eine 36jährige Klientin, bereitete sich drei Jahre lang intensiv auf ihre Prüfung zum praktischen Betriebswirt vor, doch kurz vor der Prüfung verlor sie plötzlich jegliche Motivation, weiter zu büffeln. Die ständige Auseinandersetzung mit der Fachliteratur wurde ihr unerträglich, und sie war froh um jede Ablenkung. In dieser Stimmungslage unternahm sie mit ihrem 18jährigen Sohn Holger auf dem Motorrad eine Spritztour ins Grüne. Von diesem Ausflug kehrte Susanne mit einer infektiösen Konjunktivitis zurück. Ihr Zustand verschlechterte sich binnen kurzer Zeit so sehr, daß sie um ihr Augenlicht fürchten mußte. Sie konnte keine Lehrbücher mehr lesen und war gezwungen, die Prüfung um einige Monate zu verschieben. Susanne meinte daraufhin voller Ärger: »Hätte ich doch nur nicht diesen Ausflug gemacht!«

Wie Susanne geht es vielen anderen Menschen. Sie raufen sich oft die Haare aus und hadern mit ihrem Schicksal: Hätte ich doch damals die Tabletten, die mir den Leberschaden eingebracht haben, nicht genommen! Wäre ich doch damals mit dem Auto nicht nach rechts abgebogen oder wenn schon, dann wenigstens fünf Minuten früher oder später, dann hätte ich den schweren Unfall, an dessen Folgen ich heute noch leide, nicht gehabt! Wäre ich doch nicht in dieses fremde Land gereist, in dem ich mich mit dem Virus infiziert habe!

Sicher erscheint es zunächst so, als ob tatsächlich die Kälte, die Zugluft, die verdorbene Speise, das Arzneimittel oder das Virus Ursache der Erkrankung wäre.

Bei näherer Betrachtung wird jedoch klar, daß dahinter immer eine verdeckte Ursache liegt, die sich dem bewußten Erkennen entzieht. Man unterscheidet also hierbei wie in der Traumdeutung zwischen einem manifesten und einem verborgenen Inhalt.

Der äußere Grund für eine Krankheit ist jedoch – wenn man die Symbolsprache zu dechiffrieren vermag – immer auch ein Gleichnis für den inneren wahren Grund der Somatisierung. So kann etwa ein Spasmus ein Gleichnis für die permanente Fremdbestimmung durch den Partner sein, und diese Fremdbestimmung (astrologisch gesehen eine Pluto-Plus-Ladung) ist wiederum Gleichnis und Komplementärbild zur Konzeptlosigkeit und Ohnmacht (Pluto-Minus-Ladung), die in der Psyche des Betreffenden vorherrschen.

Innere Defizite, Konflikte und Unvereinbarkeiten werden in die Außenwelt projiziert und erscheinen dort als Personen, Formen, Rahmenbedingungen, Situationen und Schicksalsereignisse. Man erlebt also seine innere »Krankheit« in der Außenwelt als unliebsame Schicksalsvariante, quasi als äußere Krankheit und bekommt darüber die Chance, sich selbst zu erkennen und die Probleme zu lösen. Ist dies – aus welchen Gründen auch immer – nicht möglich, muß die eigene äußere Krankheit (Schicksal) verinnerlicht werden, d. h. eine »körperliche« Erkrankung kommt zum Ausbruch.

Die äußeren Bedingungen und Situationen sind also nicht Ursache einer Erkrankung, sondern lediglich Auslöser und Erfüllungsgehilfen, damit ein inneres Problem körperlich ausgedrückt werden kann.

Oder anders ausgedrückt: Die Seele besitzt die Genauigkeit eines Zielcomputers und sucht nach einem Auslöser, damit ein seelischer Konflikt körperlich gleichnishaft abgebildet werden kann.

So wählen etwa manche Menschen unbewußt Urlaubsorte, in denen viele Stechmücken die Nacht zur Hölle machen, um auf diese Weise die eigene verdrängte Aggression ausleben zu können.

Oder: Entsprechend der eigenen innerseelischen Disposition besteht eine Affinität zu äußeren Formen, die schließlich krankmachen.

So sucht jemand mit einer »genormten« Seele fast zwangsläufig eine genormt vergiftete Wohnung auf; denn der Normalfall ist, daß fast alle Wohnungen in dieser Zeitepoche mit Baumaterialien gebaut und mit Möbeln eingerichtet sind, die nach baubiologischen Gesichtspunkten mehr als problematisch sind. Wie läßt sich dieses Problem lösen? Ein Mensch, der diese Zusammenhänge begreift, eine Entdeckungsreise zu seinem eigenen Selbst unternimmt und auf die Stimme des Lebens zu hören vermag, wird bald Zweifel an den Normen anmelden und das Natürliche vom Unnatürlichen und Krankmachenden zu unterscheiden lernen. Er wird aufgrund dieser inneren Entwicklung und der sich daraus ergebenden Disposition etwa mit der Baubiologie in Berührung kommen und seine Wohnung künftig mit gesunden Materialien ausstatten wollen. Diese Gesetzmäßigkeit gilt selbstverständlich auch für die Ernährung und für viele andere Bereiche des Lebens. Er hat sich eine bewußte Affinität zum Natürlichen und Gesunden psychisch erarbeitet – im Gegensatz zu einer unbewußten Affinität, die ihn bisher zum Schicksalsempfänger gemacht hat.

Uns kann nichts widerfahren,
was nicht in unserem tiefsten Wesen
zu uns gehört.

Rainer Maria Rilke

Gefühle und Stimmungen als Krankheitsauslöser

Da der II. Quadrant die Funktion eines Bindeglieds zwischen dem körperlichen und geistigen Quadranten einnimmt, ist er für den Abwehr- und Anpassungsmechanismus der Somatisierung von entscheidender Bedeutung. Kein Gefühl steht für sich allein, sondern synchron dazu laufen immer auch entsprechende körperliche Prozesse ab. So ist etwa die Aggression, wie jedes Gefühl, immer ein psychosomatisches Gesamtgeschehen. Aggression kann also nie isoliert, d. h. ohne gleichzeitige körperliche Reaktion, in Erscheinung treten. Bei diesem Gefühl ist mit einer vermehrten Adrenalinausschüttung, mit einer Veränderung der Pulsfrequenz, des Blutdrucks, der Atmung oder etwa der Magen-Darm-Tätigkeit zu rechnen. So kann andauernder Ärger Entzündungen verursachen, das Gefühl, unter Zwang und Druck zu stehen, Spasmen (Verkrampfungen) erzeugen, und das Gefühl von Unruhe und Spannung Unfälle und Nervenleiden herbeiführen. Man kann sogar soweit gehen und Krankheiten nach psychosomatischen Kriterien einteilen, je nachdem, ob sie durch Druck und Erwartungshaltungen, Hektik, Traurigkeit, Sehnsucht, Depression, Überforderung, Schein, Angst, Ärger oder Zwang entstanden sind.

Die nachfolgende, stark vereinfachte Aufstellung soll den Zusammenhang zwischen unbefriedigten Bedürfnissen, Gefühlen und den dazu gehörenden Krankheiten aufzeigen:

	Mangel an	Gefühl	mögliche körperliche Reaktion
♈ ♂ H_1	Durchsetzung und Selbstbehauptung	Ärger	Kopfschmerzen, Entzündungen
♉ ♀ H_2	Abgrenzung, Finanzen, materiellem Besitz, Sicherheit	Schutzlosigkeit, Unsicherheit, mangelnder Eigenwert	Hals- und Rachenbeschwerden
♊ ☿ H_3	Kommunikation, freiem Aktionsradius	Enge	Bronchial- und Lungenleiden
♋ ☽ H_4	Geborgenheit, seelischer Wärme	Depression	Magenbeschwerden, Schleimhautaffektionen
♌ ☉ H_5	Selbständigkeit, Selbstverwirklichung	Haß	Herz- und Kreislaufbeschwerden
♍ ☿ H_6	Gefühlsausdruck	Unterordnung, Abhängigkeit	Darmbeschwerden
♎ ♀ H_7	Schönheit und Ästhetik	Ekel, Antipathie	Nieren- und Blasenleiden
♏ ♇ H_8	Macht über sich selbst, eigenem Lebensweg, eigenen Konzepten	Ohnmacht	Spasmen, Sexualleiden
♐ ♃ H_9	Sinn	Sinnlosigkeit	Leberleiden, Hüftleiden
♑ ♄ H_{10}	eigenen Zielen, eigener Rechtsordnung, eigener Verantwortung	Schuld	Kreuzschmerzen, Kniebeschwerden, Wirbelsäulenleiden
♒ ♅ H_{11}	Freiheit und Unabhängigkeit	Streß, Aufregung	Unfälle, Nervenleiden
♓ ♆ H_{12}	Alternativen	Angst	Störungen der Hypophyse und der innersekretorischen Drüsen

Daß diese Aufstellung jedoch nur ein grobes Schema darstellen kann und jede Krankheit sehr viel komplexer ist, wird klar, wenn wir von den oben angeführten körperlichen Reaktionen die Hals- und Rachenbeschwerden etwas näher betrachten.

So kann eine Halsentzündung durch verschiedene Ursachen ausgelöst werden. Deshalb kann eine Disposition hierzu auch durch unterschiedliche Konstellationen im Horoskop zum

Ausdruck kommen, d. h. nicht nur die Konstellation Venus-Stier (Hals- und Rachensystem)-Mars (Entzündungen) kommt hier zum Tragen, sondern auch andere Aspekte der Venus. Die Entzündung im Organismus ist daher nur als Reaktion auf krankmachende Reize, die aus der Innen- und Außenwelt erfolgen, zu verstehen. Sie ist die Antwort des Körpers auf all unsere Ersatzgefühle und die dazu passenden Schicksalsereignisse.

Als pathogene Reize, die das natürliche Abwehrsystem der Stier-Venus* schwächen, gelten symbolisch ausgedrückt insbesondere:

♀ ♂ {
- Ärger
- Aggression
- Wut
- Passivität
- Hyperaktivität

♀ ♇ {
- negative Programmierungen
- negative Suggestionen
- Druck
- Erwartungsdruck
- Zwang
- Unterdrückung
- Ohnmacht
- (Zwangs-)Rituale

♀ ♄ {
- Hemmung
- Norm
- Blockade
- Maßregelung
- Belehrung
- Belastung
- Schuldgefühle
- Frustration

---

* Selbstverständlich ist dies auch auf jeden anderen Planeten übertragbar!

♀ ♅

Streß
Hektik
Irritation
Lärm
Aufregung
Spannung
innere Unruhe

♀ ♆

Verunsicherung
Angst
Schwebezustand
Orientierungslosigkeit
Sehnsucht
Isolation
Einsamkeit

Diese Planetenverbindungen können sich insbesondere in Konjunktionen, Quadraten und Oppositionen unangenehm bemerkbar machen, aber auch sämtliche Variationen wie Venus im Widder, im Skorpion, im Steinbock, im Wassermann oder in den Fischen oder Venus in Haus 1, 8, 10, 11, 12 oder Mars, Pluto, Saturn, Uranus und Neptun im Stier können ähnliche Ergebnisse zeitigen.

Grundsätzlich gilt: Der Planet, der die Venus tangiert, zeigt an, welche Gefühle das Abwehrsystem der Anlage torpedieren, und das Haus, in dem er steht, weist darauf hin, von welchem Lebensfeld aus der Angriff erfolgt.

Hierzu ein Beispiel:

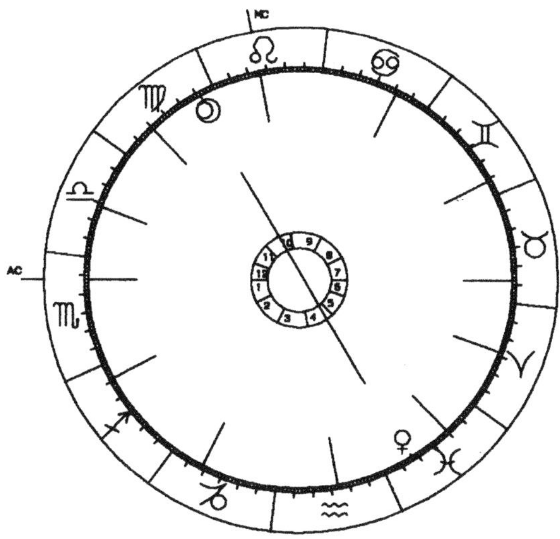

Der Horoskopeigner kann sich in seinem seelischen oder häuslichen Bereich nicht einem Erwartungsdruck* (Pluto) gegenüber abgrenzen (Venus-Stier), der aus der beruflichen Sphäre (Haus 10) oder aus der Seele des anderen (Haus 10 = Haus 4 des anderen) stammt, und hat daher immer in bestimmten Intervallen mit Hals- und Rachenbeschwerden zu kämpfen. Ferner ist zu beachten, daß Hals und Rachenaffektionen auch bei Mond-Neptun-Verbindungen auftreten, vor allem, wenn es sich um eine Tonsillitis (Mandelentzündung) handelt. Es wäre zu weitschweifig, an dieser Stelle konkret auf die Mond-Neptun-Aspekte einzugehen, deshalb nur soviel:

Die Hals- und Rachenaffektionen sind hier meist auf eine Mutterproblematik zurückzuführen. Diese muß gelöst werden, da sonst mit einer chronisch rezidivierenden Tonsillitis zu rechnen ist, die leider häufig bei der vorherrschenden Medizinideologie eine Mandeloperation zur Folge hat.

---

* Um diesen Erwartungsdruck aufzulösen, wäre es notwendig, nachzusehen, in welchem Feld wiederum Pluto Herrscher ist, und ihn dann sowohl dort als auch in dem Haus, in dem er steht, in die erwachsene Form zu transformieren.

Wir haben oben gesehen, wie die unerlösten Formen des Auslebens von Mars, Pluto, Saturn, Uranus und Neptun die Natur- und Abwehrkräfte einer Anlage schwächen können. Doch auch die sogenannten »Wohltäter« im Horoskop – Venus, Merkur, Mond, Sonne und Jupiter können krankmachen – besonders dann, wenn sie falsch dosiert werden.

Zuviel Mond, also zuviel Zärtlichkeit, Widmung oder Zuwendung kann im Umfeld Aggressionen (Mars) auslösen, Druck (Pluto) erzeugen, eine Einengung (Saturn), Streß (Uranus) oder Angst (Neptun) hervorrufen.

Zuwenig Mond hingegen kann Ärger (Mars) verursachen, den anderen in eine stete Erwartungshaltung drängen (Pluto), ihn zu Nörgelei, Maßregelung (Saturn) oder Seitensprung (Uranus) verleiten oder ihn traurig (Neptun) stimmen. Auf einen Nenner gebracht: Was des einen Mond, ist des anderen Mars, Pluto, Saturn, Uranus oder Neptun.

Ebenso verhält es sich mit dem Planeten Jupiter: Wer Jupiter überdosiert, kann bei seinen Mitmenschen gleichfalls Reaktionen auslösen, die der Horoskopeigner oft nicht ertragen, geschweige denn als Wirkung auf seine Jupiterenergie erkennen kann.

Ist etwa die religiöse Komponente (Jupiter) in einer Familie überdimensioniert, sind darauf oft die unterschiedlichsten Wirkungen zu verzeichnen – die Palette reicht hier von Asthma bronchiale eines Familienmitglieds über Isolation durch andere (aus Angst, missioniert zu werden) bis zur Drogensucht eines Kindes.

Von Bedeutung ist dabei die Stimmung, die in einer Familie vorherrscht, die gesund oder krank macht. Was ist der Unterschied zwischen Gefühl und Stimmung? Mit dem Begriff Gefühl verbindet sich vor allem die Empfindung eines aktuellen, kurzfristigen Erlebens. Bleibt ein Gefühl jedoch während längerer Zeit unverändert bestehen, so kann von Stimmung gesprochen werden.

In vielen Familien herrscht über größere Zeiträume hinweg eine besondere Stimmung, die als Grundstimmung der Familie bezeichnet werden kann. Bei Kindern besteht die Tendenz, später in ihrem Leben diese Grundstimmung der Herkunftsfamilie unbewußt zu wiederholen (Wiederholungszwang). Ob aggressive Grundhaltung, vornehmer Dünkel (nach dem Motto: Wir sind etwas Besseres!), sterile Atmosphäre, Depression, Traurigkeit oder freundliche, humorvolle, harmonische Stimmungslage – sie werden häufig einem inneren Zwang gemäß wieder erzeugt. Liiert man sich dann später mit einem Partner, ist entscheidend, wessen Stimmungslage sich durchsetzt. Sehr häufig kommt es jedoch zu einer Mixtur beider Stimmungslagen, die für das körperliche Befinden der Partner von ausschlaggebender Bedeutung ist.

So kann es zu einer Somatisierung der Grundstimmung einer Beziehung kommen, wenn ständig »dicke Luft« im Wohnzimmer vorherrscht, wenn die Atmosphäre geprägt ist von Streit und Haß oder von stickiger Moral, Prüderie und Scheinharmonie. Wir werden später noch sehen, wie sehr auch die Stimmung einer Wohngegend (z. B. kleinbürgerlich, spießig) diesen Prozeß verstärken kann.

Dazu kommt, daß sich diese Grundstimmung in den verschiedenen Lebensphasen auch verändern kann.

So war Geraldine S., eine 27jährige Sekretärin, meist in heiterer Grundstimmung, bis zu dem Tag, als sie in ihrer Firma in eine andere Abteilung versetzt wurde. Ihr neuer Arbeitsplatz machte ihr keine Freude. Außerdem stand dort ständig die unterschwellige Erwartung im Raum, »freiwillig« Überstunden einzulegen. Als Folge der unguten Atmosphäre im Büro, der vielen Arbeit und der wenigen Freizeit wurde ihre frühere positive Grundstimmung in steten Frust (Saturn) verwandelt. Diese Stimmungslage wurde schließlich in Form eines Gehörsturzes somatisiert.

Saturn, der im Horoskop von Geraldine ein Quadrat zu Merkur aufweist, zeigt an, daß diese ungünstige Frequenz auf ihre Wahrnehmung drückte, in diesem Fall auf das Gehör (siehe in diesem Zusammenhang auch die Ausführungen über soziale Neuanpassung S. 53).

Schwierig ist auch, daß jede Somatisierung die ohnehin bereits gedrückte Stimmungslage zusätzlich noch einmal verstärkt. Zuerst führt die schlechte Stimmungslage zur Krankheit, und die Krankheit verstärkt die negative Seelenschwingung. Diese ungünstige Stimmungslage wiederum beeinflußt alle anderen Lebensbereiche, so daß es für den Kranken nicht einfach ist, diesem circulus vitiosus zu entrinnen. Die Fragen, die sich der einzelne in diesem Zusammenhang stellen könnte, lauten:

Welche Grundstimmung herrschte in meinem Elternhaus? Reproduziere ich diese Stimmung in meinem jetzigen Leben? Welche Stimmung verbreitet mein Partner? Welche Stimmung herrscht an meinem Arbeitsplatz und an meinem Wohnort vor? Welches Lebensgefühl, welche Grundstimmung war vor und nach dem Ausbruch der Erkrankung vorhanden?

Und wenn man sich vor Augen führt, daß ein anderes Lebensgefühl jeweils andere körperliche Reaktionen hervorruft: Welche strategischen Maßnahmen kann ich treffen, um mein Lebensgefühl zu verändern?

Frequenzen

Frequenz bedeutet in der Physik die Schwingungszahl in der Sekunde.

In der psychologischen Astrologie versteht man unter Frequenz, daß sich der Horoskopeigner mit jedem Planeten auf einer ganz bestimmten Schwingungsebene befindet. Die Schwingungsebene wird durch die Kraft der Energie bestimmt, die zur Verfügung steht.

Eine grobe Einteilung der Ebenen kann vorgenommen werden, wenn man sich darüber im klaren ist, ob der Horoskopeigner die Anlage mehr in der Hemmung, in der Kompensation oder erwachsen auslebt. Innerhalb dieser drei Zustände gibt es wiederum verschiedene Schwingungsebenen. Man kann beispielsweise sehr stark oder auch nur leicht gehemmt sein. Ebenso verhält es sich in der Kompensation oder im Erwachsenenstadium. Ferner gilt: Je höher die Frequenz, um so feinstofflicher die Schwingung! Jemand, der eine Anlage ausbildet, wird nach und nach in eine immer höhere Schwingungsebene kommen und damit zunehmend den grobstofflichen Bereich verlassen. Dieser Sachverhalt unterscheidet sich grundlegend von den »irrealen« Esoterikern (im Gegensatz zu den »realen« Esoterikern, die esoterisches Wissen in das tägliche Leben einfließen lassen), die, dem Leben entrückt, durch Meditation, religiöse Übungen und häufiges Fasten versuchen, in die »höheren« Bereiche und »feinstofflichen« Ebenen vorzustoßen. Solange aber der Betreffende seine in der Tat vorhandenen göttlichen Anlagen und Fähigkeiten von Mars bis Neptun nicht ausbildet, muß dies zwangsläufig Illusion bleiben.

Um sich ein besseres Bild über die Wirkung der Frequenzen machen zu können, seien hier die verschiedenen Frequenzen der »kritischen« Planeten Mars, Pluto, Saturn, Uranus und Neptun angeführt. Kritisch deshalb, weil sie im Niederfrequenzbereich ungünstige Wirkungen zeigen und besonders stark als Störfaktoren für andere Planeten in Erscheinung treten können.

Frequenzen des Mars

Erwachsen:
Durchsetzungsfähigkeit, Initiative, Wagemut, kalkuliertes Eingehen von Risiken, Pionierarbeit, Aktivität, Ursachen setzen, in die Tat umsetzen, eigene Triebe entwickeln und zulassen

Hemmung:	**Kompensation:**
– unsportlich, Zuschauer bei Sportveranstaltungen	– fanatisch Sport treiben
– erleiden von Phallussymbolen (Lärm, materielle oder symbolische Aggression)	– Motorräder, Sportwagen, Düsenjäger und sonstige Phallussymbole benutzen
– subtile Aggression erleiden	– subtile Aggression ausdrükken (z. B. durch verbale Sticheleien)
– sich ärgern (nach innen gewandt)	– seinen Ärger ausdrücken
– verbale Aggression erdulden	– verbale Aggression äußern, Streitsucht
– Aggression am eigenen Leib erleiden Durchsetzungsschwäche	– tätliche Aggression ausagieren mittels Messer, Pistole etc.

Frequenzen des Pluto

Erwachsen:
eigene Meinung, eigene Vorstellung, eigenes Konzept, eigenes Lebensprogramm, eigener Weg

Hemmung:	**Kompensation:**
– Erwartungsdruck ausgesetzt sein	– Erwartungshaltung gegenüber anderen
– unter Sachzwängen leiden	– andere mittels Sachzwängen manipulieren
– sich der Macht einer Autorität beugen	– Macht ausüben
– Unterdrückung erleiden	– unterdrücken
– Zwang erdulden	– andere zwingen
– Brutalität, Gewalt, Vergewaltigung, Therapieschäden erleiden	– Brutalität und Gewalt ausüben

Frequenzen des Saturn

Erwachsen:
Rechtsfähigkeit, Verantwortungsfähigkeit, Korrekturfähigkeit, Bewußtwerdung, eigener Richter, eigene Ziele, eigene Zeiteinteilung, Konzentrationsfähigkeit, Kontinuität

Hemmung:	**Kompensation:**
– einem Ideal nicht genügen können	– Ideal verkörpern
– Zeitverlust	– anderen Zeitverlust zufügen
– von anderen gemaßregelt, kontrolliert und gerichtet werden, Schuldgefühle	– Kontrolle ausüben, über andere richten, andere maßregeln, anderen Schuld zuweisen
– seelisch und geistig blockiert werden	– andere seelisch und geistig behindern und blockieren
– Einschränkung durch Polizei, Soldaten, Richter	– als Polizist, Soldat oder Richter für Gesetz und Ordnung sorgen
– körperlich eingeschränkt werden	– andere körperlich einschränken (behindern, einsperren)

Frequenzen des Uranus:

Erwachsen:
Freiheit, Unabhängigkeit, Abwechslung, Fähigkeit, mitzubestimmen, Emanzipationsprozeß

Hemmung:	Kompensation:
– Anhänger einer revolutionären Richtung	– geistiger Revolutionär
– Seitensprung oder Skandal erleiden	– Seitensprung, Skandal verursachen
– Angst vor hoher Geschwindigkeit, Flugangst	– symbolische Befreiung durch Geschwindigkeit, Drachenfliegen, Flugreisen etc.
– gestreßt werden	– andere stressen
– Auflehnung, Rebellion und Trotz erleiden, Angst, sich aufzulehnen	– Auflehnung, Rebellion, Trotzhaltung (Widerstand leisten)
– Unfall erleiden	– Unfall verursachen
– Opfer von terroristischen Anschlägen	– Revolutionär, Terrorist

Frequenzen des Neptun

Erwachsen:
Zeigen der eigenen Rechte und der eigenen Verantwortung – Erfassen von Hintergründen – Entwicklung von Phantasie – Ahnungsvermögen – Entwicklung von Alternativen – Bewußtseinserweiterung – kosmische Sicht – eigene Erlösung

Hemmung:	**Kompensation:**
– Hemmung im Finden einer persönlichen Alternative	– Alternativbewegung, Subkultur
– Angst, Unsicherheit, Schwäche	– Flucht, Sucht, Heimlichkeit, Lüge
– Aussichtslosigkeit	– irreale Hoffnung
– Ausgestoßenheit, Isoliertheit, Einsamkeit, verlacht, verspottet	– Scheinleben
– Hilflosigkeit	– Helfer
– Krankenhausaufenthalt	– Pflegepersonal im Krankenhaus
– Illegalität, Gefängnisinsasse	– Kriminologe, Gefängniswärter

Bei diesen Frequenz-Tabellen taucht sicher die Frage auf, nach welchem Kriterium die Einteilung in »niedere« und »höhere« Frequenzen erfolgt ist.

Insbesondere wird es manchem Schwierigkeiten bereiten, etwa Seitensprung bei Uranus oder Heimlichkeit bei Neptun als zweithöchste Frequenz innerhalb der Kollektivneurose zu akzeptieren.

Hier heißt es a) das patriarchal-hierarchische Denken ad acta zu legen und b) von einer moralischen Wertung Abstand zu nehmen.

Nach den Lebensgesetzen ist es besser, eine Anlage etwa heimlich auszuleben, weil sie dadurch wenigstens etwas in Fluß kommt, als sie gar nicht einzusetzen. Und ein Seitensprung kann vielleicht der erste Übertritt einer Norm sein und entscheidende Entwicklungsschritte einleiten.

Kriterium für obenstehende Einteilung war also die Frage nach der Lebendigkeit und vor allem nach dem Inhalt einer Anlage. Je mehr Inhalt eine Anlage aufweist, desto höher die Frequenz.

Wenn jemand mit seinem Auto einen Unfall verursacht, dann ist zu diesem Zeitpunkt wenig oder gar kein uranischer Inhalt vorhanden gewesen.

Einen Unfall verursachen kann jeder; dabei ist es nicht erforderlich, besondere Entwicklungsschritte zu absolvieren, einen Skandal aber kann nur der auslösen, der es gewagt hat, die Norm bewußt zu übertreten. Und geistiger Revolutionär kann auch nur derjenige werden, der das Herkömmliche über Bord wirft und Neues schafft, kurzum, der seinen Uranus mit dem Inhalt eines revolutionären Gedankengutes gefüllt hat.

Das Wissen um die verschiedenen Frequenzen der Planeten gehört zu den wichtigsten Instrumenten der Horoskopdeutung und ist die conditio sine qua non für eine strategische Intervention im eigenen komplexen Persönlichkeitssystem. Wir unterscheiden zwischen verschiedenen Frequenzen aufgrund von Wechselwirkungen der jeweils gegenüberliegenden Prinzipien, innerhalb der Quadranten und innerhalb der jeweiligen Elemente.

a) Frequenzänderung aufgrund von Wechselwirkungen: Besonders deutlich wird die Frequenzänderung bei den Häusern und Tierkreiszeichen, die in Opposition zueinander stehen. Wer im Widder-Haus 1-Marsprinzip seine Fähigkeit zur Durchsetzung verbessert, hebt dadurch zugleich im gegenüberliegenden Waage-Haus 7-Venusprinzip seine Begegnungs- und Partnerfähigkeit.

Erlangt der Horoskopeigner im Stier-Haus 2-Venusprinzip mehr materielle und finanzielle Sicherheit, und kann er sich seinen Mitmenschen gegenüber besser abgrenzen, so ist entsprechend mit einer Frequenzänderung im gegenüberliegenden Prinzip zu rechnen. Die ungünstige Frequenz des Skorpion-Haus 8-Plutoprinzips als Erleiden von Macht und Fremdbestimmung wird verlassen und der Betroffene kommt in die Lage, seinen eigenen Weg zu gehen.

Je mehr der einzelne im Zwilling-Haus 3-Merkurprinzip lernt und sich informiert, desto mehr Einsicht und Toleranz kann er im Schütze-Haus 9-Jupiterprinzip zeigen, und um so leichter wird er zu einer eigenen Weltanschauung und Lebensphilosophie gelangen.

Wenn der Horoskopeigner im Krebs-Haus 4-Mondprinzip seine Gefühle, seine seelische Eigenart, seine eigene Natur und seine wahre Identität entdeckt, kann er seine eigenen Lebensrechte und Lebensziele leichter finden und seine Verantwortung eigenem und fremdem Leben gegenüber besser erfassen. Je mehr Selbständigkeit, Handlungs- und Managementfähigkeiten im Löwe-Haus 5-Sonneprinzip erworben wurde, um so unabhängiger und freier wird der einzelne im Wassermann-Haus 11-Uranus-Prinzip.

Wer die Fähigkeit entwickelt hat, seine Gefühle zu zeigen, differenziert zu beobachten und zu analysieren (Jungfrau-Haus 6-Merkurprinzip), verläßt die negative Frequenz des Fische-Haus 12-Neptunprinzips von Illusion und Schein. Statt dessen lernt er, Hintergründe wahrzunehmen und Alternativen zu finden.

b) Frequenzänderung und Folgerichtigkeit innerhalb der Quadranten:

♂ → ♀ ♉ → ☿ ♊ bzw. H. v. 1 → H. v. 2 → H. v. 3
☽ → ☉ → ☿ ♍ bzw. H. v. 4 → H. v. 5 → H. v. 6
♀ ♎ → ♇ → ♃ bzw. H. v. 7 → H. v. 8 → H. v. 9
♄ → ♅ → ♆ bzw. H. v. 10 → H. v. 11 → H. v. 12

H. v. = Herrscher von

Derjenige, der es versteht, sich durchzusetzen und zu behaupten (Widder, Haus 1, Marsprinzip), gewinnt an Sicherheit und Eigenwert (Stier, Haus 2, Venusprinzip) und ist dadurch fähiger, sich darzustellen (Zwilling, Haus 3, Merkurprinzip). Je mehr man zu seiner eigenen Identität (Krebs, Haus 4, Mondprinzip) findet, desto mehr Selbstvertrauen (Sonne, Haus 5, Löweprinzip) gewinnt man, desto mehr wagt man schließlich seine Gefühle zu zeigen (Jungfrau, Haus 6, Merkurprinzip).

Eigene Gedanken und innere Bilder (Waage, Haus 7, Venusprinzip) führen zu eigenem Vorstellungsvermögen und eigener Meinung (Skorpion, Haus 8, Plutoprinzip) und schließlich zu einer eigenen Weltanschauung und Lebensphilosophie (Schütze, Haus 9, Jupiterprinzip).

Die Entdeckung der eigenen Lebensrechte und der Verantwortung (Steinbock, Haus 10, Saturnprinzip) erwirkt mehr Freiheit und Unabhängigkeit (Wassermann, Haus 11, Uranusprinzip), mehr Einsicht in die Hintergründe und in die Welt jenseits von Konvention und Moral (Fische, Haus 12, Neptunprinzip).

Als Faustregel gilt, daß auch die folgenden zwei kosmischen Prinzipien nur wenig Kraft zu einer wirklichkeitsgerechten Realisation haben, wenn das erste Prinzip nicht richtig erlebt werden kann. Leidet etwa jemand im Krebsprinzip an Depression, mangelt es ihm zwangsläufig im Löweprinzip an Selbstbewußtsein. Außerdem ist es ihm im Jungfrauprinzip kaum mehr möglich, seine wahren Gefühle wahrzunehmen und auszudrücken.

c) Folgerichtigkeit innerhalb der Elemente:

Feuer:	Mars, Widder	→ Sonne, Löwe	→ Jupiter, Schütze
Erde:	Venus, Stier	→ Merkur, Jungfrau	→ Saturn, Steinbock
Luft:	Merkur, Zwilling	→ Venus, Waage	→ Uranus, Wassermann
Wasser:	Mond, Krebs	→ Pluto, Skorpion	→ Neptun, Fische

Wie ist das zu verstehen?

Wer im Widderprinzip keinen Mut an den Tag legt, keine Initiative ergreift, nicht aktiv wird, kann im Löweprinzip keine Selbständigkeit und Souveränität erlangen, ist handlungsunfähig, vermag nicht über sein eigenes Selbst zu bestimmen, kein Unternehmen aufzubauen und keine Unternehmungen durchzuführen.

Im Schützeprinzip kann er dann nicht seine Selbständigkeit fördern, sein Selbst nicht weiterentwickeln und differenzieren, in ein höheres, sinnerhaltendes Ganzes »rückbinden« (religio, Haus 9, Schütze), sein Unternehmen »Menschsein« nicht expandieren lassen.

Wer im Stierprinzip keine finanzielle Sicherheit erwirbt, muß im Jungfrauprinzip dienen und sich unterordnen und kann sich im Steinbockprinzip keine eigenen Ziele setzen.

Ist beispielsweise ein Partner vom anderen finanziell abhängig (Jungfrau), wie dies bei vielen Ehefrauen in der patriarchalen Kultur der Fall ist, dann müssen sich zwangsläufig deren Partner für sie verantwortlich zeigen (Steinbock). Aufgrund ihrer ☿ (Jungfrau)-Frequenz »Abhängigkeit« projiziert sie ihren ♄ auf den Partner, der dann für sie den ♄ als Verantwortung in bezug auf Finanzen (♀ ♉) und auf Versorgung (☿) ausleben muß. Mit anderen Worten: Allein der Umstand, daß sie abhängig ist, bestimmt die Frequenz ihres ♄ und ihrer ♀ ♉, wie auch die vom ♄, der ♀ ♉ und vom ☿ des Partners. Der Versorgungsanspruch der Ehefrau bei Scheidung mag hier als Beispiel dienen.

Aufgrund dieser Rechtsprechung, die zum Schutze der nichtberufstätigen Frau eingeführt wurde, bleibt letztere jedoch auch nach der Scheidung in derselben Position. Ihr Zustand der Abhängigkeit und wirtschaftlichen Unmündigkeit wird damit festgeschrieben. Sie braucht aufgrund des Versorgungsanspruchs nicht aktiv zu werden, braucht keine finanziellen Strategien zu verfolgen, muß nicht kreativ werden, hat es nicht nötig, unternehmerische Qualitäten an den Tag zu legen. Sie kann also weiterhin vermeiden, selbständig zu werden.

Ein Beispiel zum Luftelement:

Nur wer fähig ist, Informationen aufzunehmen und abzugeben, zu lernen und zu kommunizieren (☿ ♊), kann selektieren, eigene Gedanken entwickeln, und begegnungsfähig werden (♀ ♎) und im Wassermannprinzip Intuitionen erfahren. Auf einen einfachen Nenner gebracht: Ohne Information und Begegnung kaum eine Intuition!

Besonders deutlich wird die Frequenzbestimmung in den Wasserzeichen. Wer seine eigene Identität nicht erkennen kann (☽ ♋-Prinzip), versucht mit seinem ♇ nach Macht zu streben, und weil er seinen ♇ auf der Frequenz Macht erlebt, muß er verdrängen und kann die Hintergründe (♆ ♓-Prinzip) nicht wahrnehmen. Außerdem beeinflußt sein Machtanspruch oder seine Dominanz die Frequenz des Neptun beim anderen. Wer sich so verhält, animiert seinen Partner oder Mitmenschen zur Lüge (♆), Scheinheiligkeit (♆), Heimlichkeit (♆) und Flucht (♆).

Da der Dominante es haßt, wenn man ihn anlügt, nimmt er die ungünstige Neptunfrequenz, die er erwirkt hat, zum Anlaß, um erneut Macht auszuüben, zu drohen und zu unterdrücken. Die Neptunfrequenz aber bestimmt – wir wir sehen – wiederum umgekehrt die Plutofrequenz. Auf Ursache folgt Wirkung, wobei die Wirkung ihrerseits die Ursache verstärkt! Man kann es auch so ausdrücken:

Man funkt auf einer bestimmten Frequenz, und der andere empfängt in diesem Wellenbereich. Deshalb heißt es auch im Volksmund: Jemand ist genau auf meiner Wellenlänge. Leider ist dies nicht immer nur positiv zu sehen, etwa wenn wir im

Uranus-Prinzip gehemmt sind und auf derselben Wellenlänge einen Partner anziehen, der ständig durch Trotz und Widerstand auffällt, oder wenn wir im Saturnprinzip gehemmt sind und auf dieser Welle immer wieder mit der Polizei konfrontiert werden.

Aufgrund des Wissens um die verschiedenen Frequenzbereiche, um das Prinzip Sender und Empfänger kann auch das Gesetz der Anziehung und der Affinität besser verstanden werden. Jeder Planet, jede Anlage in uns strahlt eine bestimmte Energie aus und empfängt auf seiner spezifischen Wellenlänge. Auf dieser Wellenlänge findet dann auch die Anziehung statt. Wenn der eine mit seinem Saturn Behinderung und Blockade funkt, empfängt der andere aufgrund seiner Saturn-Minusladung diese Botschaft, reagiert aber beispielsweise so darauf, daß er seinerseits via Uranus seinen Sender auf Seitensprung und Skandal stellt.

Wichtig ist in diesem Zusammenhang, daß man mit einem Lebensprinzip nicht immer auf derselben Frequenz sendet und empfängt.

So kann z. B. jemand im Neptunprinzip einmal als Hilfloser (Hemmung), dann wieder als Helfer (Kompensation) in Erscheinung treten, an einem anderen Tag befindet er sich mit seinem Neptun vielleicht mehr auf der Suchtfrequenz oder in der Subkultur. Doch können bestimmte Vorlieben, »Lieblingsfrequenzen« bestehen. Ein Beispiel soll das verdeutlichen: Eine Kursteilnehmerin fuhr mit ihrem Wagen dreimal an einem unbeschrankten Bahnübergang in einen Zug und kam jedesmal mit dem Schrecken davon. Ihr Horoskop zeigt eine Uranus-Saturn-Quadratur, und sie steckte in einer unbefriedigenden Ehe fest. Die jahrelang anhaltende innere Blockade (♄), sich davon zu befreien (♅), bewirkte, daß die Energien von Uranus und Saturn stagnierten und auf eine so ungünstige niedere Frequenz sanken, auf der sie eine Affinität zu Unfällen entwickelte.

Erst als sie den Mut aufbrachte, sich von ihrem Mann zu trennen, erreichte sie eine andere Schwingungsebene der Planeten. Das Verblüffende war, daß gerade zu dem Zeitpunkt der Scheidung der Bahnübergang beschrankt wurde (Gesetz der Synchronizität) und daher nicht nur in der Innenwelt, sondern auch in der Außenwelt die Gefahrenquelle ausgeschaltet wurde. Doch selbst wenn keine Schranke angebracht worden wäre, hätte unsere Kursteilnehmerin aufgrund der veränderten Seelenlage keine Affinität mehr mit einem Unfall gehabt. Doch lassen sich leider verhinderte Unfälle genauso wenig beweisen wie verhinderte Krankheiten und Todesfälle.

Ein Unfall oder eine Krankheit (= ein »Unfall« oder »Störfall« in der Innenwelt bzw. auf der körperlichen Ebene) ereignet sich also jeweils dann, wenn die Lebensenergie der Anlage verdrängt, reduziert wird oder stagniert und damit auf eine negative Schwingungsebene gerät. Deshalb heißt die beste Krankheits- und Unfallprophylaxe: Sich selbst leben, all seine Persönlichkeitsanteile leben lassen, seine Anlagen und Fähigkeiten entfalten. Um dies zu erreichen, ist es günstig, eine Aufstellung der Planeten zu machen und zu prüfen, ob jede Anlage wirklich im eigenen Leben zum Zuge kommt.

Denke nach über alles, was man dich gelehrt hat, lehne alles ab, was deine Seele empört.

Walt Whitman

Normen und Ideale als Krankheitsauslöser

Wer aufgrund von Erziehung und Umwelteinflüssen nicht gelernt hat, seine Eigenart auf den verschiedensten Lebensgebieten auszubilden, wer also noch nicht weiß, wer er ist, und noch nicht zwischen erster und zweiter Natur unterscheiden kann, versucht wie im Delirium sämtliche vorgegebenen Normen und Ideale der patriarchalen Gesellschaft zu erfüllen. Er trägt die Normen und Ideale der Kultur mit seinem Schicksal aus. Je nach Häuserstellung des Saturn und je nachdem, in welchem Haus Saturn als Herrscher in Erscheinung tritt, wird man besonders damit konfrontiert, etwa mit Saturn als Herrscher von Haus 6 in Haus 11: Die Normen und Ideale des Arbeitslebens und der Anpassung hemmen die eigene Freiheit und Unabhängigkeit sowie die eigene Freizeitgestaltung bzw. bedingen eine genormte Freizeitbeschäftigung. Manchmal läßt sich diese Konstellation auf den einfachen Nenner bringen: Die Norm, ganztägig arbeiten zu müssen, schränkt die Freiheit ein.

Oder mit Saturn als Herrscher von Haus 9 in Haus 1: Das Bildungsideal, die Normen von Edelmut und Güte hemmen die Durchsetzung, den Mut und die Fähigkeit, Initiative zu ergreifen. Sie bedingen, daß man sich nur dann in Szene zu setzen wagt, wenn die Norm es zuläßt.

Da die Normen und Ideale unserer Zeit individuelles Leben kaum zulassen, müssen diese Energien ins Unbewußte verdrängt werden. Diese Tabuisierung und Verdrängung bestimmter Anlagen hat zur Folge, daß diese Energien schließlich nach dem Gesetz der Wiederkehr des Verdrängten in verzerrter, unkenntlicher Form quasi durch die Hintertür wieder hereinkommen. Sie zeigen sich etwa in Form von Naturkatastrophen, Kriegen, Erkrankungsepidemien und Seuchen. Kollektive Erkrankungen sind aber nicht nur auf Infektionsepidemien (Tuberkulose, Cholera, Syphilis etc.) beschränkt, auch die sogenannten Zivilisationskrankheiten zählen dazu. So ist die essentielle Hypertonie (Bluthochdruck) die häufigste Krankheit in den industrialisierten Ländern. Sie verbreitet sich aber auch bei anderen Völkern durch die schnelle soziale Anpassung an die westlichen Lebensformen und die Industrialisierung.

In den USA leiden 25% aller Männer über dem 50. Lebensjahr an Hypertonie. Es handelt sich hierbei um eine zeitspezifische Erkrankung, die auf mangelnde Bewegung und auf die einseitig belastende, streßreiche Arbeitswelt zurückzuführen ist. Das Sonneprinzip, dem Herz und Kreislauf zugeordnet werden, kann sich beim Zivilisationsmenschen nicht mehr wirklichkeitsadäquat entfalten. Die Ganzheit (Sonne) des Lebens ist verlorengegangen.

Daraus geht hervor, daß jede Erkrankung sowohl auf der körperlichen, seelischen und geistigen Ebene als auch auf der Umwelt- und Bewußtseinsebene abgelesen werden kann.

Dies soll anhand der Beispiele Magengeschwür, Kopfschmerzen und Frigidität aufgezeigt werden.

Bei jeder Erkrankung auf der körperlichen Ebene laufen also jeweils synchron auf anderen Ebenen Prozesse ab, die sich gegenseitig bedingen, aufrechterhalten und verstärken.

Es zeigt sich, daß die Erkrankung nur das letzte Glied einer langen Kette ist, daß der Körper zum Symptomträger für seelisch-geistige Inhalte, für Konflikte und Schwierigkeiten in der Außenwelt und für Fehlhaltungen des Bewußtseins wird. An dieser Stelle wird besonders deutlich, daß eine ausschließlich medikamentöse Therapie nur an der Spitze eines Eisberges ansetzt und die wirklichen Probleme und deren Vernetzungen weitgehend unangetastet läßt.

Der einzelne möchte zwar seine Symptome, also die Erscheinungsbilder auf der körperlichen Ebene loswerden, aber dabei seine Defizite, seine irrealen Gefühle, seine falschen

Konstellation	körperl. Ebene	seelische Ebene	geistige Ebene	Umwelt-Ebene	Ebene des Bewußtseins
☽ ♇ (alle kritischen Aspekte)	Magengeschwür	unterdrückte Gefühle	fremdbestimmtes oder zwanghaftes Denken, nicht loslassen können von Vorstellungen und Fixierungen	Unterdrükkung oder Erwartungsdruck von seiten des Partners, der Mutter, des Chefs etc.	patriarchales Bewußtsein
♂ ♄ (alle kritischen Aspekte)	Kopfschmerzen	Gefühle von Ärger und Aggression	Vorstellung: Ich darf mich nicht durchsetzen oder ich muß mich um des lieben Friedens willen zurücknehmen	Aufsuchen von Blokkierern und Aggressoren, Streit inszenieren oder hineingezogen werden	patriarchales Bewußtsein
☽ ♄ (alle kritischen Aspekte)	Frigidität	Depression, Gefühlskälte (Hemmung im eigenen Fühlen), blokkierte Hingabefähigkeit	falsche Einstellung zur eigenen Weiblichkeit	Aufsuchen von Situationen, die hemmend wirken, z. B. liebloser Partner	patriarchales Bewußtsein

Glaubenshaltungen und sein patriarchales Bewußtsein beibehalten.

Hier wird auch sein Bedürfnis verständlich, bescheinigt zu bekommen, daß seiner Erkrankung organische Ursachen zugrundeliegen, weil er dadurch nicht mit den dunklen, unheimlich anmutenden Kräften seiner Psyche konfrontiert wird.

Umgekehrt würde ja die Aussage, seine Krankheit sei vorwiegend durch psychogene Faktoren entstanden, bei der vorherrschenden Bewußtseinshaltung heißen, daß er psychisch nicht intakt wäre.

Eine solche Schlußfolgerung zeugt jedoch von großen Mängeln an psychologischem und psychiatrischem Wissen; wichtig ist deshalb, sich vor Augen zu halten, daß

– wir in einer Kollektivneurose leben, in der jeder ohne Ausnahme psychische Konflikte und Probleme aufweist;

– neurotische Störungen nicht – was vielfach geschieht – verwechselt werden dürfen mit schizophrenen oder psychotischen Erscheinungen und Zuständen.

Wer eine chronische Krankheit dauerhaft überwinden und sich gegen ein Rezidiv wappnen will, muß den Mut aufbringen, die Angst vor der Aufdeckung der psychischen Ursachen in Verantwortung zu verwandeln.

Das Fische-Neptun-Haus 12-Prinzip heißt in der unerlösten Form: Angst, Unsicherheit, Schwäche und in der erlösten Form: das Zeigen der eigenen Rechte und der eigenen Verantwortung. Mein Körper gibt mir die Antworten, die ich zu verantworten habe.

Es ist wichtig, sich darüber Gedanken zu machen, auf welche Weise man selbst seine Krankheit erzeugt hat. Wer dies tut, ist schon auf dem Wege zu einem neuen Bewußtsein, zum ökologischen Bewußtsein, das sich besonders durch seine Verantwortung dem eigenen Leben und dem Leben der Umwelt gegenüber auszeichnet. Um diesen Prozeß zu forcieren, heißt es jedoch gleichzeitig – um nicht immer wieder in Fallen zu geraten – herauszufinden, welche Rolle kultur-, zeit-, milieu- und familienspezifische Normen und Ideale bei der Entstehung und Aufrechterhaltung der eigenen Krankheit spielen. Um sich ein Bild davon machen zu können, welche Folgeerscheinungen allein das harmlos anmutende Mutterideal nach sich zieht, soll im nächsten Kapitel darauf näher eingegangen werden. Ebenso könnte man auch andere Ideale – Vaterideal, Schönheitsideal, Harmonieideal oder Karriereideal – untersuchen.

Nichts wirkt seelisch stärker auf die Kinder als das ungelebte Leben der Eltern.

(C. G. Jung)

Das Mutterideal und das daraus resultierende Leid

Das Mutterideal ist auf die patriarchale Rollenteilung zurückzuführen. Diese Rollenteilung schreibt dem Mann vor, bis zu seinem 65. Lebensjahr ganztägig berufstätig zu sein, für Frau und Kinder Verantwortung zu übernehmen und seine Pflicht als Versorger zu erfüllen.

Während der Mann also für den Außenbereich zuständig ist, hat man der Frau den Innenbereich, der mit den 3 K's – Küche, Kinder, Kirche – umrissen wird, zugewiesen. Daher lebt eine Frau in der patriarchalen Gesellschaft die in ihr angelegten kosmischen Prinzipien anders aus, als dies bei einem Mann mit derselben oder einer ähnlichen Konstellation der Fall wäre. Deshalb muß auch ein Horoskop geschlechtsspezifisch gedeutet werden. Entsprechend der patriarchalen Rollenverteilung wird das junge Mädchen dazu angehalten, vor allem ihre Mond- und Venus-Anlagen zu entfalten und andere Begabungen wie Durchsetzung, wirtschaftliche, technische, unternehmerische Qualitäten, Managementfähigkeiten, analytische Fähigkeiten, Strategie und Taktik, Planungsvermögen, eigene Ziele, Freiheit, Unabhängigkeit und Phantasie zu vernachlässigen. Aufgrund der daraus entstandenen Hemmungen, Blockaden und Defizite bleiben ihr zwei Möglichkeiten, um dennoch Anerkennung von der Umwelt zu erlangen: Eine ihrer Chancen liegt darin, daß sie sich durch ihre Attraktivität und Schönheit, unterstützt durch geschicktes Schminken und vorteilhafte, modische Kleidung, Geltung verschafft. Die andere Möglichkeit besteht für sie darin, als Hausfrau und Mutter über einen eigenen Kompetenzbereich zu verfügen und sich damit unentbehrlich zu machen.

Auf so vielen Lebensgebieten gehemmt zu sein – mit Ausnahme der Mond- und Venusanlagen – bedeutet, daß damit automatisch vor dem geistigen Auge das Idealbild einer treusorgenden, stets liebevollen und sich für die übrigen Familienmitglieder aufopfernden Mutter entsteht. Das Mutterideal ist also einerseits die geistige Reaktion auf die bestehenden Defizite im Persönlichkeitssystem der Frau, andererseits aber bestätigt und verstärkt es diese Defizite. Da sie der vielfältigen Möglichkeiten des Lebens beraubt wird, fließt zwangsläufig alle Verwirklichungskraft auf die neben der Venus noch verbliebene Anlage, nämlich auf den Mond.

Diese Anlage wird nunmehr als »Bühne« für ihre Kompensationsversuche verwendet und damit überdimensioniert. Sie bekommt einen so hohen Stellenwert, daß eine Frau in der patriarchalen Gesellschaft fast ausschließlich danach bewertet wird. Selbst wenn sie sich noch so sehr durch andere Anlagen und Fähigkeiten auszeichnen würde, das Hauptkriterium, nach dem sie beurteilt wird, ist und bleibt ihre Mutterschaft. Ist eine Frau mit 40 immer noch kinderlos, haftet ihr unausgesprochen ein Makel an. Auch wenn sie triftige Argumente als »Entschuldigungsgründe« vorbringen kann, werden diese von der Umwelt meist nur scheinbar akzeptiert. Hingegen steigt das Sozialprestige einer Frau, wenn sie Mutter geworden ist und diese Rolle perfekt zu erfüllen versteht.

Aufgrund ihrer vielen unverwirklichten Anlagen und der daraus resultierenden Überdimensionierung der Mutterrolle wird nun das Kind psychisch fremdbesetzt. Sie projiziert unbewußt all ihr unverwirklichtes Potential auf das Kind, sie lebt nur noch für das Kind und in dem Kind. In einer solchen symbiotischen Umklammerung gewinnt sie totale Macht über ihr Kleines, sie wird zur Schicksalsgestalterin, von der Wohl und Wehe abhängen. In Extremfällen sitzt sie isoliert in der Wohnzelle eines Hochhauses und wacht über ihren Sprößling, kritisiert, maßregelt, kontrolliert, straft, lobt, gibt und entzieht ihm ihre Liebe, je nach Lust und Laune. Da sie keinen eigenen Lebensweg und keine eigenen Ziele hat und daher nur reaktiv fühlen und handeln kann, äußern sich all ihre Anlagen nur in diesen pervertierten, verwunschenen Formen und wirken destruktiv auf die Psyche des Kindes ein. Das Ganze wird jedoch als edle Mutterliebe verbrämt, und kaum jemand kommt auf den Gedanken, diese gesellschaftlich anerkannte Mutterrolle infrage zu stellen. Wagt man es dennoch, so werden – wie es im Patriarchat üblich ist – zur Abschreckung schnell die Bilder von »Rabenmüttern«, »Heimkindern« und »Schlüsselkindern« ins Feld geführt und damit jegliche Diskussion um dieses lebenswichtige Thema im Keim erstickt. Man argumentiert dabei nur mit den negativen Folgen mütterlichen Verhaltens, mit den Müttern, die ihre Kinder vernachlässigen, aber man spricht nie von den Millionen von Opfern des Mutterideals, das Neurotiker am laufenden Band züchtet, von Menschen, die in der Entwicklung ihrer wirklichen Anlagen gehindert werden.

Da die Mutter eigene Anlagen nicht ausgebildet hat, kann sie auch kein Vorbild für die Selbstverwirklichung des Kindes sein. Sie wird im Gegenteil die Entfaltung all der Anlagen, die sie in sich selbst unterdrückt, auch im Kind nicht zulassen. Weil sie selbst unfrei ist, wird sie die Freiheit des Kindes beschränken, weil sie selbst ihre Triebe nicht zuläßt, wird sie die Triebentwicklung des Kindes verhindern, weil sie selbst nur über wenig Eigenwert verfügt, wird sie subtil durch Kritik und Maßregelung auch ihr Kind entwerten...

Dabei will sie ja nur das Beste für ihr Kind und sieht nicht, daß sie es unbewußt seelisch knebelt, verkrüppeln läßt, weil sie selbst Opfer ihrer unbewußten Reaktionen und Strebungen ist. Da sie ihren Eigenwert allein aus ihrer Mutterrolle bezieht, ist es oft kaum möglich, vernünftig mit ihr über dieses Thema zu sprechen. Sie beklagt sich zwar meist über ihre Belastung und die durch ihre Mutterschaft verpaßten Chancen. Wenn jedoch Vorschläge wie das Modell »Tagesmütter(-väter)« unterbreitet werden, was zum Ziel hat, daß sich zwei oder mehr Mütter (Väter) einer Straße oder eines Wohnviertels zusammenschließen, um abwechselnd die Kinder zu betreuen, reagiert sie mit massiver Abwehr.

Was sie nicht sieht, ist die Tatsache, daß sie durch dieses Modell entscheidend entlastet würde. Sie wäre nur jeden zweiten Tag oder – je nachdem wie die gemeinsame Planung es zuläßt – noch seltener in der Woche für die Kinderbetreuung zuständig. Über die übrigen Tage der Woche könnte sie frei verfügen, könnte lesen, sich weiterbilden, Schulen besuchen, sich politisch engagieren, eigene Pläne und Ziele verwirklichen, arbeiten, Sport treiben, sich amüsieren und hätte Zeit für die Liebe.

Da sie sich mehr verwirklichen kann und dadurch glücklicher ist, kehrt sie ausgeglichener und entspannter wieder zu ihrem Kind zurück. Sie ist weniger genervt, weniger ungehalten, weniger aggressiv und kann jetzt sicher ein besseres Vorbild für das Kind sein als vorher. Auch dem Kind gereicht dies zum Vorteil: Es wächst nicht nur mit anderen Kindern auf, sondern es hat auch mehr erwachsene Bezugspersonen und bekommt damit mehr Anregungen. Es tritt aus der Isolation und aus dem Machtverhältnis der Kleinfamilie heraus und lernt auch andere psychische Strukturen und Verhaltensweisen kennen, ohne in die dumpfe Unbewußtheit einer Großfamilie zu regredieren oder der Anonymität und Restriktivität einer Heimerziehung ausgesetzt zu sein. Die Mutter ist nicht mehr die Welt schlechthin – sie wird relativiert und damit entmachtet.

Die positiven Folgeerscheinungen für Mutter und Kind wären bei einem solchen Modell unübersehbar: Es gäbe weniger Abtreibungen, weil der Umstand, ein Kind zu bekommen, für eine Frau nicht mehr mit Verzicht auf geistige und berufliche Verwirklichung, auf Freiheit und Eigenleben gekoppelt wäre. Abtreibung bedeutet heute für viele Frauen das geringere Übel, in Anbetracht der jahrelangen Arbeit und des immensen Zeitaufwands, die mit der herkömmlichen Kindererziehung in der Kleinfamilie verbunden sind. Andererseits möchten viele Frauen auch die schönen Seiten eines Lebens mit Kindern genießen. Das Tagesmuttermodell könnte ihnen dies ermöglichen, denn es schafft einen gesunden Wechsel von Nähe und Distanz. So gäbe es auch weniger Trennungen und Scheidungen, weil das Nervenkostüm der Eltern durch die Kinder weniger strapaziert würde, und ein Kind weder Grund für eine Heirat noch für eine Scheidung zu sein bräuchte. Sollte es trotzdem – etwa aufgrund von Inkongruenzen der

Charaktere der beiden Elternteile – zu einer Trennung kommen, wäre dies weder für die Mutter noch für das Kind traumatisch. Die Mutter hätte trotz ihres Kindes immer noch Chancen beim anderen Geschlecht, weil ein Kind in der neuen Regelung des Tagesmütter(väter)modells, die mehr der menschlichen Natur und ihrer Anlagen entspricht, keine so große Belastung darstellt. Angesichts der alten patriarchalen Lebensform wird es sich ein Partner viel häufiger überlegen, ob er sich dauerhaft mit einer Frau liiert, in deren Haushalt bereits Kinder von einem anderen Mann leben, wohl wissend, wie problematisch und belastend eine solche Verbindung sein kann.

Wenn man den Gedanken des Tagesmütter(väter)modells zu Ende denkt, wird auch klar, daß seine Verwirklichung auch die inhumane Ganztagsbeschäftigung bis zum 65. Lebensjahr für Männer erübrigen würde. Wenn es den ausschließlichen Beruf Hausfrau und Mutter, der nicht umsonst steter Zankapfel im Problemfeld Gleichberechtigung der Frau war, nicht mehr gibt, sondern die Frau auch andere Berufungen wahrzunehmen versteht, ist sie in der Lage, halbtags tätig und dadurch finanziell unabhängig zu werden. Der Mann muß nicht mehr allein für Frau und Kinder aufkommen, was ihn erheblich entlastet. Wenn er nur noch für seinen eigenen Lebensunterhalt sorgen und nur noch die Hälfte des Unterhalts für das Kind bestreiten muß, braucht auch er nur noch halbtags zu arbeiten. Dadurch wird auch der Mann freier, entspannter und glücklicher, was sich wiederum positiv auf das Familienleben auswirkt. Ein weiterer günstiger Nebeneffekt dieses neuen Konzepts wäre die Verringerung der Arbeitslosigkeit auf der kollektiven Ebene.

Viele Mütter, die den guten Willen hätten und gerne das Tagesmuttermodell in Anspruch nehmen würden, scheitern daran, daß sie ihre Fähigkeit zu Initiative, Wagemut, Durchsetzung und Pionierarbeit nicht ausgebildet haben. Sie werfen schnell die Flinte ins Korn und behaupten, in ihrer Umgebung wären kaum andere Mütter zu einem solchen Projekt bereit. Sollte sich wider Erwarten tatsächlich die Situation so konstellieren, ist es eben notwendig, alle Mütter und Väter der näheren Umgebung anzuschreiben und sie zu einem Informationsabend einzuladen, auf dem man das neue Modell vorstellen könnte. Nach unseren Erfahrungen ist nach einem solchem Abend das Eis gebrochen, sind neue Kontakte hergestellt, und es eröffnen sich plötzlich ungeahnte Möglichkeiten.

Manche Eltern scheitern auch an den ersten Schwierigkeiten, die mit dem Übergang vom alten zu dem neuen Modell verbunden sind. Anfangs weigert sich manches Kind, das aufgrund seiner Abhängigkeit total auf die Mutter fixiert ist, loszulassen und zu der anderen Familie zu gehen. Es schreit, legt eine Trotzhaltung an den Tag, versucht die Eltern zu erpressen. Nach einiger Zeit ist es jedoch meist begeistert von der neuen Lebensform, weil sie abwechslungsreicher und interessanter ist als die stickige »Inzestatmosphäre« mit der abhängigen Mutter. Eine weitere Anfangsschwierigkeit entsteht häufig dadurch, daß manche Mutter den Druck von seiten der Umwelt nicht aushält, die ihr egoistisches Handeln vorwirft oder sie als »Playgirl« oder als »Rabenmutter« tituliert – mit dem Argument, sie würde jetzt nur noch dem Wohlleben frönen und sich zu wenig um ihr Kind kümmern.

Hier gilt es, nicht für den anerzogenen, fremden Maßstab, der in der Seele der anderen wohnt, die eigene Lebensfreude und Gesundheit und die seines Kindes zu opfern. Wenn andere partout an ihrer alten Regelung festhalten und stets die dazu passenden ideologischen Phrasen und Werthaltungen repetieren wollen, ist dies deren Sache – es hat mit dem eigenen Leben nichts zu tun.

Auf den Seiten 136/137 erfolgt eine Gegenüberstellung der Kettenreaktionen vom Mutterideal auf der einen und vom Tagesmuttermodell auf der anderen Seite.

Diese Gegenüberstellung ist für die Psychosomatik von entscheidender Bedeutung. Kaum jemand würde je die chronische Erkrankung, die bei einem Mann im Alter von 40 Jahren ausbrach, mit dem patriarchalen Mutterideal in Verbindung bringen, auf dessen Erfüllung seine Mutter so stolz gewesen war, auch nicht die in bestimmten Intervallen auftauchenden Gallenkoliken einer jungen Frau, die sich durch ihre Mutter-

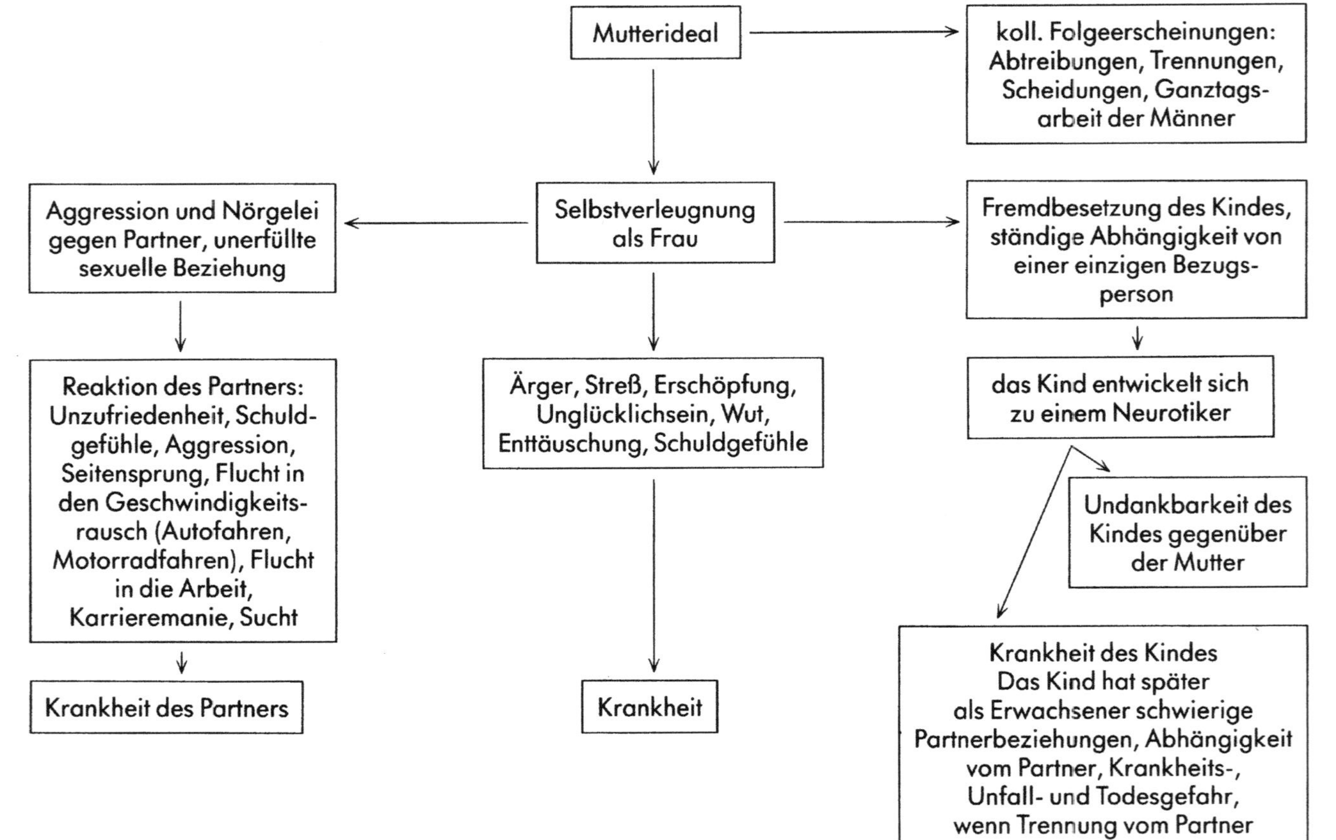
Mutterideal
koll. Folgeerscheinungen: Abtreibungen, Trennungen, Scheidungen, Ganztagsarbeit der Männer
Selbstverleugnung als Frau
Aggression und Nörgelei gegen Partner, unerfüllte sexuelle Beziehung
Fremdbesetzung des Kindes, ständige Abhängigkeit von einer einzigen Bezugsperson
Reaktion des Partners: Unzufriedenheit, Schuldgefühle, Aggression, Seitensprung, Flucht in den Geschwindigkeitsrausch (Autofahren, Motorradfahren), Flucht in die Arbeit, Karrieremanie, Sucht
Ärger, Streß, Erschöpfung, Unglücklichsein, Wut, Enttäuschung, Schuldgefühle
das Kind entwickelt sich zu einem Neurotiker
Undankbarkeit des Kindes gegenüber der Mutter
Krankheit des Partners
Krankheit
Krankheit des Kindes
Das Kind hat später als Erwachsener schwierige Partnerbeziehungen, Abhängigkeit vom Partner, Krankheits-, Unfall- und Todesgefahr, wenn Trennung vom Partner

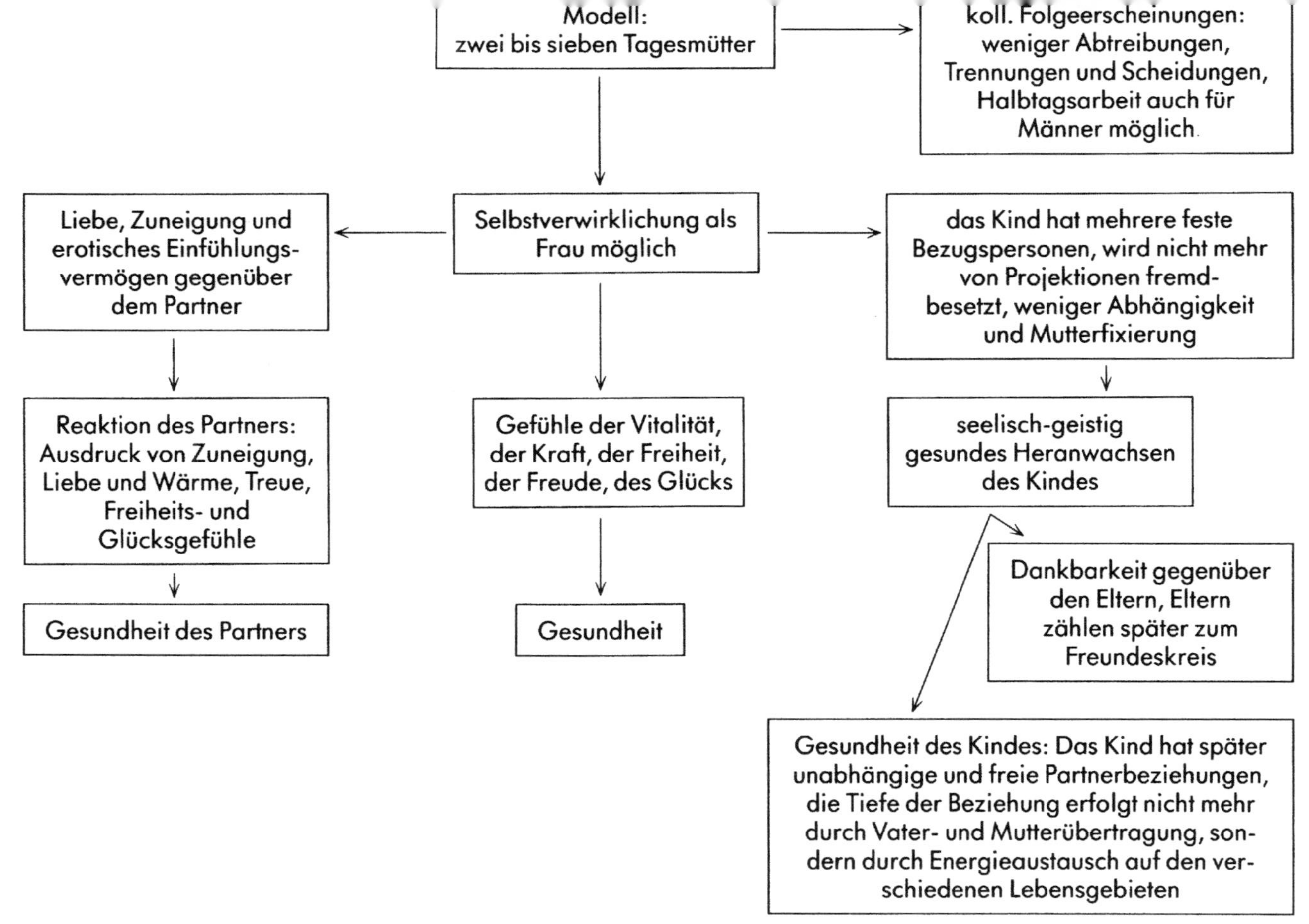

Modell:
zwei bis sieben Tagesmütter
koll. Folgeerscheinungen:
weniger Abtreibungen,
Trennungen und Scheidungen,
Halbtagsarbeit auch für
Männer möglich
Selbstverwirklichung als
Frau möglich
Liebe, Zuneigung und
erotisches Einfühlungs-
vermögen gegenüber
dem Partner
das Kind hat mehrere feste
Bezugspersonen, wird nicht mehr
von Projektionen fremd-
besetzt, weniger Abhängigkeit
und Mutterfixierung
Reaktion des Partners:
Ausdruck von Zuneigung,
Liebe und Wärme, Treue,
Freiheits- und
Glücksgefühle
Gefühle der Vitalität,
der Kraft, der Freiheit,
der Freude, des Glücks
seelisch-geistig
gesundes Heranwachsen
des Kindes
Gesundheit des Partners
Gesundheit
Dankbarkeit gegenüber
den Eltern, Eltern
zählen später zum
Freundeskreis
Gesundheit des Kindes: Das Kind hat später
unabhängige und freie Partnerbeziehungen,
die Tiefe der Beziehung erfolgt nicht mehr
durch Vater- und Mutterübertragung, son-
dern durch Energieaustausch auf den ver-
schiedenen Lebensgebieten

rolle überfordert fühlte. Genausowenig würde jemand den Verkehrsunfall eines 47jährigen Mannes, der unter der finanziellen Belastung, für seine Frau und seine zwei Kinder sorgen zu müssen, seelisch zusammenbrach, auf das in seiner Psyche und in der Psyche seiner Frau installierte Mutterideal zurückführen.

Da dieses Ideal als natürlich und normal angesehen und überall bestätigt wird, mehr noch, da unsere gesamte Gesellschaftsordnung darauf aufgebaut ist, wird es tabuisiert und nicht in Frage gestellt. So ist all den Problemen und Konflikten, die aus diesem Ideal resultieren, eine erschreckende Aussichtslosigkeit und Ausweglosigkeit eigen, weil kaum eine befriedigende Lösung denkbar und möglich erscheint. Man bekämpft die Symptome des Mutterideals und bewegt sich im Kreis, solange man nicht das Wagnis einer Enttabuisierung eingeht.

Fazit: Rollenteilung, Mutterideal, Vaterideal, Familienideal, Partnerideal, Beziehungsideal, Eherecht, Scheidungsrecht und herkömmliche Kindererziehung bedingen sich gegenseitig und sind miteinander vernetzt. Auch das Karriereideal ist damit verwoben; denn der Mann glaubt, Karriere machen zu müssen, um seine Chancen bei der Partnerwahl zu erhöhen, um eine gute Partie abzugeben und um seiner Familie später etwas bieten zu können. So gesehen beeinflussen Rollenteilung und Mutterideal sogar das Arbeitsleben, verursachen Profitgier, Konkurrenzkampf und Neid.

Die Zeiten, in denen die traditionelle Rollenteilung funktionierte, sind zu Ende. Jetzt heißt es, der neuen Zeit und den neuen Rahmenbedingungen gemäß neue Formen zu finden, die den Bedürfnissen aller Beteiligten Rechnung tragen.

Es ist wichtig, sich von der Vorstellung zu lösen, man müsse sein Kind ganz allein aufziehen, damit aus ihm etwas Rechtes werde! Dieser Loslösungsprozeß, der mit einer Verlagerung und Verteilung der eigenen Wichtigkeit und Macht auch auf andere Persönlichkeitsanteile synchron laufen muß, um den unbewußten Machtanspruch dem Kind gegenüber zu reduzieren, kann beschleunigt werden, wenn man sich vor Augen hält, was die Rollenteilung und das daraus entspringende Mutterideal bisher erwirkt haben: Krankheit und Leid, psychisches Elend, Unfall, Ärger, Streit, Zwietracht und Krieg...

Astrologisch gesehen ist das Mutterideal der Konstellation Mond-Saturn (in allen Aspekten) zuzuordnen. Diese Konstellation wohnt in der Psyche des patriarchal strukturierten Mannes genauso wie in der der Frau. Männer projizieren jedoch die Mond-Saturn-Verbindung primär auf die Frau, was jedoch bedeutet, daß sie ebenso empfinden. Sie versuchen ständig, ihre Frauen in die traditionelle Rolle zu drängen und erklären mit stolzgeschwellter Brust, daß bei ihrer beruflichen Stellung eine Frau es nicht nötig hätte, zur Arbeit zu gehen. Doch nicht nur Menschen mit einer Mond-Saturn-Konstellation sind betroffen. Auch andere Planetenverbindungen zum Mond sind meist nur Reaktionsmuster auf das bestehende Mutterideal. So kann sich etwa eine Frau mit dem Aspekt Mond Quadrat Uranus gegenüber der herkömmlichen Frauenrolle auflehnen, weil sie diese Lebensform bei der Mutter als nicht erfüllend erlebt hat. Ein Mann mit demselben Aspekt leidet vielleicht darunter, daß seine Partnerin nicht die Versorgungsleistungen im Hinblick auf Nahrung, Kleidung und Wohnung erbringt, die er sich vorstellt und wünscht, weil sie unabhängig und frei sein will. Wieder andere haben durch eine Mond-Neptun-Verbindung ein anderes Reaktionsmuster auf das Mutterideal entwickelt und versuchen, die traditionelle Frauenrolle heimlich (Neptun) zu umgehen oder flüchten davor in eine Sucht (Neptun).

Letztendlich hat also jeder sein Karmapaket zu tragen, das ihm die traditionelle (Saturn) Frauenrolle (Mond) und das damit verbundene Mutterideal im Mantel der Güte und des Wohlwollens aufgeladen haben.

Krankheit als Ersatz

Wenn verschiedene Anlagen auf einer realen, erwachsenen Ebene nicht verwirklicht werden können, kommt es zur Somatisierung dieser Energie. Die Krankheit fungiert dabei als »Prothese« oder als Ersatz. Über den Umweg Krankheit können Ziele, die teils bewußt sind und teils im Unbewußten schlummern, erreicht werden (Krankheitsgewinn). Dabei heißt es zu unterscheiden zwischen den neurotischen Zielen wie Streben nach Macht (Pluto), nach Anerkennung (Saturn), nach Selbstbestrafung (Saturn) oder nach Mitleid (Neptun) und den realen Intentionen der kosmischen Prinzipien.

Der jeweilige Krankheitsgewinn gibt Aufschluß darüber, welche Anlage im eigenen Leben nicht ausgebildet oder beachtet wurde.

Krankheit als Ersatzdurchsetzung

(Widder, Haus 1, Mars-Prinzip, Herrscher von Haus 1):

Norbert wollte sich von Hannelore trennen. Daraufhin reagierte ihr Unbewußtes blitzschnell und inszenierte eine schwere, langwierige Erkrankung. Daraufhin blieb Norbert bei ihr. Er konnte sie in dieser Notlage nicht alleine lassen. Über den Umweg der Krankheit gelang es also Hannelore, ihren Willen, nämlich die Beziehung aufrechtzuerhalten, durchzusetzen.

Krankheit als Ersatzabgrenzung

(Stier, Haus 2, Venus-Prinzip, Herrscher von Haus 2):

Einer Mutter gelingt es nicht, sich gegenüber ihren Kindern abzugrenzen. Ihr Unbewußtes weiß sich keinen anderen Rat, als eine Krankheit zu erzeugen, die stationär behandelt werden muß. Auf diese Art und Weise ist jetzt eine Abgrenzung möglich. Die festen Besuchszeiten des Krankenhauses sorgen dafür, daß die Ruhe ihres eigenen Reviers nicht zu oft beeinträchtigt wird.

Krankheit als Ersatzdarstellung

(Zwilling, Haus 3, Merkur-Prinzip, Herrscher von Haus 3):

Krankheit kann ein Verständigungsversuch sein, eine Möglichkeit der Selbstdarstellung, eine Mitteilung an die Umwelt. Dabei wird nicht die übliche Form der Mitteilung benutzt, sondern die der Organsprache. Oder: Wenn der Horoskopeigner Schwierigkeiten mit Sprache und Schrift hat, oder zuwenig Inhalte für seinen sprachlichen Ausdruck vorhanden sind, kann es sein, daß diese Energie sich über den Körper darstellt. Aufgrund der Krankheit hat der Betreffende dann endlich einen Gesprächsstoff, endlich hat er ein Thema, über das er abendfüllend sprechen kann – er kann erzählen, wie sich seine Symptomatik äußert, wann die Schmerzen sich verstärken und wann sie nachlassen, welche Ärzte er aufgesucht hat und was jene jeweils zu seiner Problematik gesagt haben.

Krankheit als Ersatz für seelische Eigenart und für eine eigene Empfindung

(Krebs, Haus 4, Mond-Prinzip, Herrscher von Haus 4):

Der einzelne hat in diesem Fall nichts Eigenes entwickelt. Über die Krankheit zeigt er erstmals seine individuelle Eigenart. Er unterscheidet sich etwa als Diabetiker grundlegend von einem anderen, der an derselben Krankheit leidet, durch eine andersgeartete Symptomatik. Er hat auf diese Art und Weise nicht nur ein eigenes Krankheitsbild, sondern endlich auch eine eigene Empfindung, die Empfindung, krank zu sein. Bei dieser Empfindung handelt es sich erstmals um etwas, was nicht von Kultur- und Zeitepoche vorgegeben wurde.

Krankheit als Ersatzkreativität und Ersatzhandlung

(Löwe, Haus 5, Sonne-Prinzip, Herrscher von Haus 5):

Die Krankheit treibt den passiven Menschen zum Handeln. Er muß aufgrund der Krankheit etwas unternehmen, muß sich über Therapiemöglichkeiten informieren und Ärzte und Therapeuten aufsuchen. Bezüglich Krankheit als Ersatzkreativität siehe Kapitel: Gesundheit heißt Träume verwirklichen, S. 293.

Krankheit als Ersatzanpassung und als Ersatz für das Zeigen von Gefühlen

(Jungfrau, Haus 6, Merkur-Prinzip, Herrscher von Haus 6):

Würde der Kranke offen seine Gefühle zeigen, könnte er damit seine Mitmenschen verunsichern, während ein Gefühlsausdruck über die Krankheit meist auf das volle Verständnis der Umwelt stößt. Bezüglich Krankheit als Ersatzanpassung siehe Kapitel: Das neurotische und das natürliche Ökosystem, S. 56.

Krankheit als Ersatzpartnerschaft

Waage, Haus 7, Venus-Prinzip, Herrscher von Haus 7):

Manche Menschen widmen sich ihrer Krankheit mehr als dem Partner. Sie sind eigentlich mit ihrer Migräne oder mit ihrer chronischen Laryngitis verheiratet, so daß entweder für einen menschlichen Partner keine Kraft und Zeit mehr zur Verfügung steht oder für ihn nur noch eine Statistenrolle übrigbleibt. Oft werden hier aber auch umgekehrt erst über die Krankheit Begegnungen und Kontakte geschaffen, etwa Kontakte mit Ärzten, Krankenschwestern und Mitpatienten. Das Unbewußte sorgt in diesen Fällen dafür, daß der einzelne aus seiner Isolation tritt und Kontakte schafft. Auch hier gilt: Wer nicht aktiv Kontakte schafft, wird – ob ihm dies paßt oder nicht – zu entsprechenden Kontakten gezwungen.

Krankheit als Ersatzprogramm und Ersatzweg

(Skorpion, Haus 8, Pluto-Prinzip, Herrscher von Haus 8):

Wer kein Lebensprogramm sein eigen nennen kann, bekommt ein fremdes Programm aufgezwungen – das Programm, dreimal täglich zwei Tabletten und fünfmal täglich 15 Tropfen einzunehmen sowie zweimal wöchentlich zur Bestrahlung oder Massage zu gehen. Dadurch wird endlich der Tag und die Woche strukturiert. Das Rezept des Arztes oder das therapeutische System fungieren als Ersatz für ein eigenes Programm und für einen eigenen Lebensweg. Krankheit ist demnach ein Umweg zur Bewußtwerdung des eigenen Lebensweges, den man bisher nicht erkennen konnte.

Krankheit als Ersatz für Sinnfindung und für eine aktive Horizonterweiterung

(Schütze, Haus 9, Jupiter-Prinzip, Herrscher von Haus 9):

Durch die Krankheit muß sich der Leidende mit der Sinnfrage auseinandersetzen.

Welchen Sinn beinhaltet seine Krankheit im speziellen und welchen Sinn haben Krankheit und Leid im allgemeinen in der Welt? Die Krankheit treibt ihn zur Beschäftigung mit religiösen und weltanschaulichen Fragen, zwingt ihn zur Weiterbildung und zu Reisen in andere Städte und Länder (Therapiezentren, Heiler).

Krankheit als Ersatzziel

(Steinbock, Haus 10, Saturn-Prinzip, Herrscher von Haus 10):

Nachdem der einzelne hier immer nur im Sinne von fremden Zielen funktioniert hat, hat er nunmehr ein eigenes Ziel, nämlich wieder gesund zu werden. Dieses Ziel beschäftigt ihn Tag und Nacht. Es kann allerdings nur erreicht werden, wenn der Betreffende auch einen Weg hierzu einschlägt (Realisation eines Gesundungsprogrammes).

Krankheit als Ersatzbefreiung (Ersatzurlaub)

(Wassermann, Haus 11, Uranus-Prinzip, Herrscher von Haus 11):

Das Unbewußte weiß oft besser, wann eine Pause und Erholung notwendig ist, auch wenn das Bewußtsein oder das Überich dies nicht wahrhaben wollen. Manchmal wird man ausgerechnet dann krank, wenn man es sich am wenigsten erlauben kann, wenn die Termine sich überschlagen, wenn die eigene Anwesenheit in der Firma besonders wichtig wäre, wenn man dem Chef seine Loyalität beweisen möchte...

Das Unbewußte entläßt den Betreffenden aus allen Verpflichtungen und gewährt ihm einen zusätzlichen Urlaub, der im Arbeitsvertrag nicht verankert ist. Manchmal kann man sich aber auch durch Krankheit aus einer Partnerbeziehung befreien oder von einer aktiven Hilfeleistung gegenüber nahestehenden Verwandten und Bekannten.

Krankheit als Ersatzalternative
(Fische, Haus 12, Neptun-Prinzip, Herrscher von Haus 12):

Wenn jemand aufgrund von mißlichen Umständen keinen Ausweg mehr erkennen kann, schaltet sein Unbewußtes oft auf Somatisierung. Die Krankheit fungiert hier als letzter Ausweg, ist die Alternative zur Alternativlosigkeit.

Jetzt kann der Betreffende erklären: Ich würde ja gerne all die anstehenden Probleme lösen, aber aufgrund meiner Erkrankung ist dies leider nicht mehr möglich.

Gold- und Silberschulden lassen sich abtragen im Leben, Liebesschulden nimmt man mit ins Jenseits.

Indonesischer Spruch

Schulden als Krankheitsauslöser

Wer Geld hat, kann es gewinnbringend investieren oder einen Zinsertrag erzielen, wer finanzschwach ist, muß – um sich etwas kaufen zu können – Geld aufnehmen und dafür hohe Zinsen zahlen.

Ähnlich verhält es sich mit unseren Anlagen und Fähigkeiten. Wer eine Fähigkeit ausgebildet hat, der wird dafür von denjenigen bezahlt, die diese Fähigkeit dringend brauchen, sie aber selbst nicht haben oder nicht einsetzen können.

Astropsychologisch gesehen entsteht ein Gewinn dann, wenn der Wert unserer Fähigkeiten, für die wir bezahlt werden, höher ist als der Wert unserer Unfähigkeiten, für die wir zahlen müssen. Geld ist demnach nur ein Gleichnis für unsere Anlagen und Fähigkeiten (die mit Geld aufgewogen werden).

Gewinnsteuerung können wir deshalb strategisch als

- das Erkennen unserer besonderen Fähigkeiten und
- den rationalen Einsatz der dazu notwendigen Materialien und Dienstleistungen

begreifen. Je mehr es uns gelingt, unsere Aktivitäten auf die vorhandenen Fähigkeiten auszurichten, und je stärker wir den Wirkungsgrad unseres Faktoreinsatzes steigern, desto besser wird das Ergebnis in der Gewinn- und Verlustrechnung.[5]

Optimale Bedingungen liegen vor, wenn das Auskommen gesichert und Besitz bedeutungslos geworden ist. Dann entfällt ein ganzer Komplex an äußeren Zwängen, der sich um Existenzängste rankt und oft genug mannigfaltige Krankheitsbilder verursacht, denn die meisten Probleme – das wollen viele nicht wahrhaben, die das Prinzip »Besitz und Finanzen« verdrängen oder entwerten – sind wirtschaftliche Probleme, weil damit sehr viele andere Probleme und Schwierigkeiten verbunden sind. Wer keinen wertvollen Besitz sein eigen nennen kann und keine größeren Summen auf dem Bankkonto liegen hat, ist häufig – sofern er sich nicht aufgrund von besonderen Fähigkeiten von Anpassungszwängen befreit hat – gezwungen, einer ungeliebten Arbeit nachzugehen oder in eine Mietwohnung zu ziehen, die nicht seinen Vorstellungen entspricht. Sowohl im Arbeits- als auch im Wohnbereich kann er sich nicht so entfalten, wie er möchte, sondern muß sich anpassen und gerät auf diese Art und Weise in das Schicksalskarussell von Haus 6 und Haus 4. Er steht ständig unter dem Druck, weiterarbeiten zu müssen, um seine Miete zahlen und seinen Lebensunterhalt bestreiten zu können, und kann sich kaum einmal entspannt zurücklehnen. Arbeitgeber und Vermieter werden zu seinen Schicksalsgestaltern.

Und um die Kette der Reaktionen fortzusetzen: Die entfremdete berufliche Tätigkeit hat meist eine pervertierte Freizeitgestaltung zur Folge. Finanzielle Verhältnisse, Beruf und Freizeitverhalten wiederum bestimmen die allgemeine Stimmungslage mit, in der sich der einzelne befindet, und die Stimmungslage wiederum beeinflußt maßgeblich die gesundheitliche Situation und die Partnerwahl. Eine Kette ohne Ende!

Vorhandene oder fehlende Finanzen entscheiden oft, ob man – will man keinen sozialen Abstieg erleiden – bei seinem Partner bleiben muß oder ob man sich den Luxus einer Trennung oder Scheidung erlauben kann. Sie entscheiden über die Qualität von Nahrung und Kleidung, beeinflussen den Freundeskreis, ja sie sind sogar häufig für unsere politische und weltanschauliche Gesinnung verantwortlich.

Besonders aber wird beim Horoskopeigner dasjenige Feld durch seine finanzielle Situation beeinflußt, in das der Herrscher von Haus 2 ausgewandert ist. Dort ist die direkte Auswirkung zu verzeichnen im Gegensatz zu den indirekten Auswirkungen, die durch die weiteren Herrscher bedingt sind, etwa dem Herrscher, der wiederum den Herrscher von Haus 2 beherrscht usw. Finanzielle Sorgen rauben Millionen Menschen den Schlaf, belasten ihr Unbewußtes, beeinträchtigen ihren Eigenwert, machen durch angstbedingte Produktion von schädlichen Streßhormonen krank. Der einzelne steht aufgrund von Schulden unter Druck, empfindet permanent diese »Belastung«.

Es ist kein Zufall, daß in der Sprache der Banken gefragt wird, wieviel Belastung man auf seinem Haus oder seiner Eigentumswohnung hat. Obwohl man bei einem Immobilienbesitz nicht von Schulden sprechen kann – der Wert der Immobilie übertrifft immer die Hypothek oder die Grundschuld –, haben viele Menschen Schwierigkeiten, trotzdem unbeschwert den Tag zu genießen.

Obwohl es in Anbetracht der heutigen Baupreise klar ist, daß etwa für die Finanzierung einer Eigentumswohnung die Aufnahme von Fremdgeld notwendig ist, will das Unbewußte im Menschen die Logik des Patriarchats, daß es sich hierbei nicht um Schulden handelt, nicht verstehen. Man fühlt sich durch die Hypothek gebrandmarkt und wünscht sich nichts mehr, als diesen »Fremdkörper« möglichst schnell zu beseitigen.

Da dies aber selten in kurzer Zeit möglich ist, werden die Schulden zu einer Dauerbelastung, die einmal mehr und das andere Mal weniger ins Bewußtsein tritt. Diese ständig im Untergrund schwelende Belastung ist Ursache vieler Beschwerden. Je nach Zeichenstellung und Aspektierung der Planeten in Haus 2 und des Herrschers von Haus 2 sowie der Venus im Horoskop werden dadurch bestimmte Organe oder Organsysteme »belastet«. Am häufigsten zeigen sich bei finanziellen Schwierigkeiten Muskelverspannungen, Wirbelsäulenleiden (vor allem Bandscheiben- und Ischiasbeschwerden) und Kreuzschmerzen. Der Betreffende kann die Belastung, die er sich durch die finanziellen Verpflichtungen aufgebürdet hat, kaum mehr ertragen.

Psychoastrologisch gesehen, sind finanzielle Schulden nur ein äußeres Gleichnis für die innere »Schuld«, seine Anlagen und Fähigkeiten nicht ausgebildet und eingesetzt zu haben. Der Betreffende ist also letztendlich nicht an seinen mangelnden Finanzen erkrankt, sondern seine Anlagen und Talente befinden sich zu weit im Minuspol, was durch eine finanzielle Minussituation in der Außenwelt signalisiert wird. Um es noch direkter zu sagen: Nicht das fehlende Geld belastet ihn, sondern sein Mangel an Durchsetzungsfähigkeit, an Mut, an Initiative, an wirtschaftlichen Fähigkeiten...

Könnte er all diese Fähigkeiten einsetzen, würde er sich auch in der äußeren Welt finanziell im Pluspol befinden.

Die Wohnung als Krankheitsauslöser

Über die psychischen Hintergründe von Partnerschaft und Liebe gibt es Tausende von Büchern, während über die Psychologie des Wohnens bisher nur wenig geschrieben wurde. Einstweilen gibt es mindestens ebenso viele Wohnkonflikte wie Partnerschaftsprobleme. Und die Wohnkonflikte nehmen aufgrund von Überbevölkerung, Landverknappung und steigenden Bau- und Mietpreisen immer weiter zu.

Jeder Mensch hat grundsätzlich das Recht, menschenwürdig zu wohnen. In den USA, in Kanada und Australien läßt sich dieses Grundbedürfnis und Grundrecht des Menschen verhältnismäßig leicht realisieren. In Mitteleuropa dagegen ist großzügiges Wohnen oder gar Wohneigentum leider bisher primär nur privilegierten Schichten vorbehalten – es ist zum Luxusartikel schlechthin avanciert. Daß Wohneigentum allein jedoch noch nicht das Ei des Kolumbus darstellt, wird klar, wenn man sich all die anderen Wohnbedürfnisse vor Augen hält, wie sie in der Tabelle auf Seite 156 aufgeführt sind.

Die Frage, die in diesem Zusammenhang meist sofort auftaucht, ist: Wie finde ich meine Traumwohnung oder wie komme ich zu meinem Traumhaus? Bei der Traumwohnung verhält es sich ähnlich wie mit dem Traumpartner und mit dem Traumjob. Als Traum sieht man etwas nur so lange an, wie die Voraussetzungen, die zur Verwirklichung notwendig sind, fehlen. Sind die Voraussetzungen geschaffen, empfindet man die Realisation des Wunsches nicht mehr als Traum, sondern als Tatsache, die einem zusteht. Und tatsächlich fällt dem Betreffenden dann auch per Zufall der richtige Partner, der Job oder die Wohnung zu. Doch welche Voraussetzungen sind dafür nötig?

Wie immer und überall gilt als Grundprinzip auch hier, daß zuerst die eigene wahre Identität entdeckt werden muß, ehe man die zu dieser Identität passende Wohnung finden kann. Ist diese Grundvoraussetzung nicht erfüllt, besteht die Gefahr, daß man nur Traumvorstellungen entwickelt, die zu den eigenen Defiziten und Konflikten passen, aber nicht zum wirklich eigenen Wesen, etwa wenn man aus Mangel an Eigenwert ein 80-qm-Wohnzimmer anstrebt, oder aus Mangel an eigener Bildung auf eine Wohnung in der Sokrates- oder Homerstraße fixiert bleibt.

Dazu kommt, daß sich die Vorstellung von der Traumwohnung im Laufe des eigenen Lebens ebenso verändert wie die Vorstellung vom idealen Partner oder vom Traumjob. Mit der Traumwohnung, die man sich mit 19 Jahren vorgestellt hatte, kann man heute vielleicht gar nichts mehr anfangen. Je mehr Defizite im eigenen Persönlichkeitssystem aufgefüllt werden, um so realistischer wird die Vorstellung vom Wohnen und um so näher rückt die Verwirklichung eines der eigenen Persönlichkeit adäquaten Heimes. Die Frage »Was wünsche ich?« wird dann abgelöst von der Frage »Was brauche ich? Welches sind meine wirklichen Bedürfnisse?« Auch hier gilt, daß Kompensationen immer sehr viel teurer sind als Formen für reale erwachsene Inhalte. So wie jeder Mensch alle Tierkreiszeichen in sich hat, so hat jeder auch alle Wohnbedürfnisse, nur eben mit unterschiedlichen Gewichtungen. Für den einen ist der schöne Ausblick besonders wichtig, der andere räumt dem Wunsch nach Ruhe mehr Priorität ein.

Über die Voraussetzungen für die Verwirklichung der angestrebten Wohnverhältnisse geben die ersten drei Häuser des Horoskops Auskunft. Das 4. Haus ist die Folge der Entwicklungsphasen, die in Haus 1, 2 oder 3 absolviert werden müssen, d. h. ein Identitätsfindungsprozeß kann erst stattfinden, wenn die betreffende Person sich durchgesetzt (H1) und abgegrenzt (H2) sowie materielle und finanzielle Sicherheit (H2) erworben hat, gelernt hat, die Dinge des Lebens zu bewältigen (H3) und imstande ist, mit der Welt zu kommunizieren (H3).

Synchron mit dem Identitätsfindungsprozeß läuft auch der Prozeß des Findens von Geborgenheit in sich selbst. Die Wohnung ist die materielle Widerspiegelung des Entwicklungsstandes der eigenen Seele bzw. der inneren Geborgenheit, die man im Hier und Jetzt erreicht hat.

Jedes Haus im Horoskop ist eine eigene Welt für sich. In jedem Haus kommen alle zwölf Tierkreiszeichen zum Tragen. So wie jedes Haus, beinhaltet auch das 4. Feld im Horoskop alle Bedürfnisse, die im Tierkreis zu finden sind. Man muß hier folgende Fragen aufwerfen: Welches Tierkreiszeichen schneidet die Spitze des 4. Feldes an? Dieses Zeichen gibt den Hinweis, welches Bedürfnis von all den vielen Wohnbedürfnissen die Grundbedingung darstellt, ohne die es nicht geht.

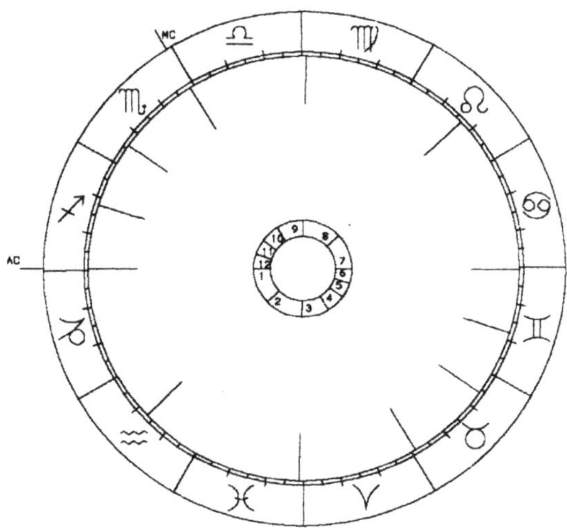

Im obigen Beispiel befindet sich die Häuserspitze von Haus 4 im Stier. In diesem Fall braucht der Horoskopeigner im Wohnbereich dringend ein eigenes Revier, ein eigenes Zimmer, wo er sich gegenüber anderen abgrenzen (♉) kann. Ferner ist es wichtig, daß die Wohnung oder das Haus sein Eigentum ist.

Befindet sich die Spitze des 4. Hauses im Skorpion (siehe Horoskop Seite 152 oben), besteht das Bedürfnis, im Wohnbereich die eigenen Vorstellungen zu verwirklichen. In der unerlösten Form wird der Betreffende über den Wohnbereich mit dem Phänomen der Macht konfrontiert werden. Er muß sich dann fremden Vorstellungen beugen oder zeigt etwa als Vermieter anderen seine Macht.

Die nächste Frage lautet: In welchem Haus und in welchem Tierkreiszeichen steht der Planet, der Herrscher von Haus 4 ist? Dieser Planet zeigt dann etwas differenzierter an, welche Wohnsituation man braucht, aufsucht oder anzieht.

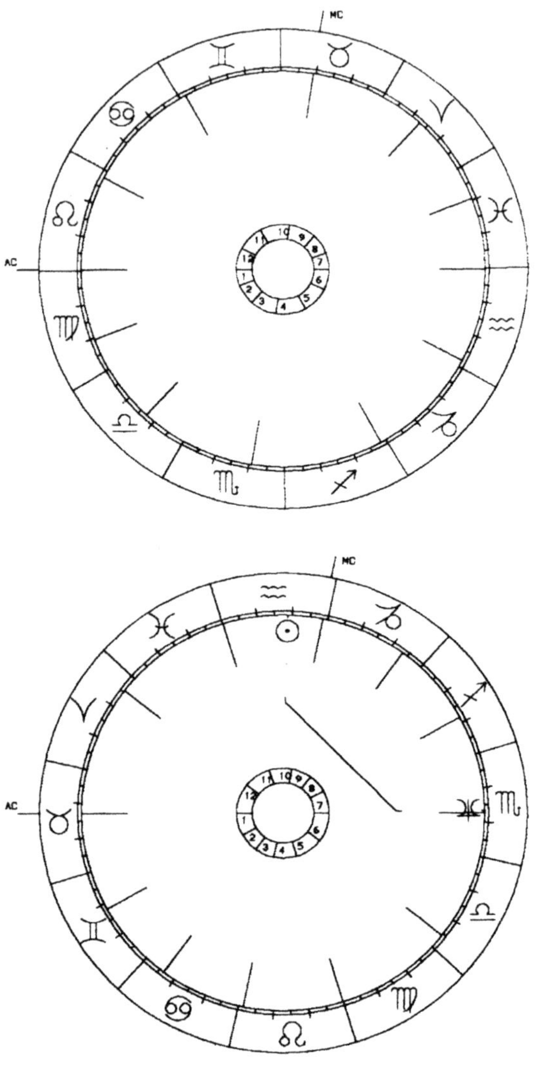

Da die Sonne dem Löwen zugeordnet ist, ist sie im vorliegenden Fall Herrscher von Haus 4. (Die Spitze des 4. Hauses fällt in den Löwen.) Sie ist ausgewandert nach H 10 und steht im Wassermann. Für den Horoskopeigner ist es daher wichtig, daß er im lichtdurchfluteten (Löwe) Wohnbereich souverän (Löwe) sein kann und weitgehende Gestaltungsfreiheit (Löwe)

genießt. Außerdem möchte er gerne mit seiner Wohnung repräsentieren (Löwe). Der Umstand, daß die Sonne sich im Wassermann befindet, gibt einen weiteren Hinweis: Das Bedürfnis nach Unabhängigkeit, Freiheit und Abwechslung darf nicht zu kurz kommen. Die Befriedigung dieses Bedürfnisses kann erreicht werden etwa durch zwei Wohnsitze (≈ = auf mehreren Beinen stehen – Diversität), durch eine ungewöhnliche Grundrißgestaltung oder durch eine Wohnung in einer herausgehobenen Lage, die einen Überblick (≈) über die Stadt oder die Landschaft gewährt.

Gehen wir noch einen Schritt weiter: Die Sonne ist als Herrscher von Haus 4 in das 10. Feld ausgewandert. Intention dieser Anlage ist es daher, daß man die Wohnung (Haus 4) auch für den Beruf (H 10) verwendet (Dienstwohnung oder Arbeit zu Hause), oder daß die Fähigkeit zur Gestaltung (Löwe) und Unternehmung (Löwe) im Wohn- und Gartenbereich beruflich eingesetzt werden kann (Designer, Architekt, Gartenbauarchitekt, Landschaftsgärtner etc.).

Wenn der Herrscher von Haus 4 im Haus 10 steht, kann es aber auch sein, daß der Horoskopeigner mit seiner Wohnung (Herrscher von Haus 4) Anerkennung (H 10) in der Umwelt erringen will. In der verzauberten, unerlösten Form kommt es bei dieser Konstellation zu Rechtsstreitigkeiten (H 10) zwischen Mieter und Vermieter.

Der nächste Schritt: Welche Aspekte empfängt der Herrscher von Haus 4? Wir sehen dabei, daß die Sonne ein Quadrat zu Neptun in Haus 7 bildet. Solange der Horoskopeigner diese beiden Anlagen nicht real zur Verfügung hat und auszuleben versteht, wird die Verwirklichung der Sonnen-Anlage durch die Partner- oder Begegnungssituation geschwächt; sei es, daß der Partner nicht zum eigenen Wesen paßt und deshalb ein Zusammenleben in einer Wohnung nicht gewünscht wird, oder daß der Partner gerade die Bedürfnisse nach Souveränität, Unabhängigkeit und Freiheit verunsichert oder das Bedürfnis nach Anerkennung nicht stillt, weil er vielleicht einen anderen Geschmack vertritt. Bei dieser Konstellation passiert es nicht selten, daß man sich unbewußt unliebsame Nachbarn sucht, die einem das Leben schwermachen.

Allgemein kann man sagen, daß sämtliche dissonante (Quadrat, Opposition, Konjunktion) Aspekte des Herrschers von Haus 4 symbolisch Wohnkonflikte aufzeigen, solange die Konstellation nicht erlöst ist. Uranus-Aspekte bringen dabei Irritationen, Lärmbeeinträchtigungen (z. B. Fluglärm, Renovierungsarbeiten am Haus oder ständige Straßenbauarbeiten), Neptun-Aspekte deuten oft auf eine Wohnsituation hin, die nur vorübergehenden und provisorischen Charakter hat, auch können Wasseradern, Nässe, Hausschwämme oder Ungeziefer die Gesundheit gefährden. Pluto-Aspekte sind oft mit kollektiven Veränderungen und Zwängen verbunden, wenn man z. B. aufgrund von allgemeiner Wohnungsnot gezwungen ist, eine Wohnung zu beziehen, die nicht den eigenen Vorstellungen entspricht.

Wie kann nun der Horoskopeigner solche ungünstigen Konstellationen transformieren? Wie kann er den Saturn statt in Form von Blockaden oder Rechtsstreitigkeiten als Wohnsituation erleben, in der seine Rechte gesichert und unangefochten sind, den Uranus nicht als Lärmbelästigung, sondern in Form einer Wohnung, die ihm das Gefühl von Freiheit und Unabhängigkeit verleiht, den Neptun nicht als Ungeziefer, sondern in Form einer alternativen Wohnform, und den Pluto statt als Druck in Form eines eigenen Machtbereiches, in dem eigene Vorstellungen verwirklicht werden können?

Dieses Glück muß man sich selbst psychisch erarbeiten! Es nützt wenig, gegen Nachbarn, die den eigenen Wohnfrieden stören, zu prozessieren oder gegen die allgemeine Wohnungsnot, von der man betroffen ist, in der Außenwelt zu demonstrieren, solange die Anlagen in der Innenwelt nicht aus ihrem verwunschenen Zustand erlöst worden sind. Doch was kann man konkret innen tun, damit sich außen etwas verändert? Wie kann der einzelne eine andere Frequenz der Planeten bzw. der Persönlichkeitsanteile erreichen?

Hier sind folgende Schritte notwendig:

1. Bewußtwerdungsphase

Dem Menschen wird bewußt, daß die äußeren Wohnsituationen nur Widerspiegelungen seines innerseelischen Zustandes darstellen. Relevant ist in diesem Zusammenhang, das Symbolwissen zu beherrschen, um die äußere Symbolsprache dechiffrieren zu können.

Er erkennt, daß die beengten (♄) Wohnverhältnisse Widerspiegelung einer inneren Enge (♄) sind, die etwa durch eine Norm (♄) oder durch einen Maßstab (♄) verursacht wird; daß der Lärm (♅), dem er in der Außenwelt permanent ausgesetzt ist, nur die verzerrte Form seiner inneren Unfreiheit und nicht verwirklichten Unabhängigkeit darstellt; daß die provisorische (♆) Wohnsituation Ausdruck seiner inneren Unsicherheit, Orientierungslosigkeit und Ungeborgenheit ist; und last not least, daß die äußeren Zwänge (♇) nur Widerspiegelungen seiner inneren Zwänge (♇) und seines Mangels an realistischen Plänen (♇) sind.

2. Informationsphase

Hier heißt es, sich einen Überblick über die verschiedenen Möglichkeiten des Bauens und Wohnens zu verschaffen. Dies kann über Wohnzeitschriften, Bücher, den Besuch von Ausstellungen und Handwerksmessen, über einen Kurs in Baubiologie usw. geschehen.

3. Konzeptionsphase

Es gilt nun, aus der Fülle der Informationen das auszuwählen, was am besten zu einem paßt, was auf die eigene Persönlichkeit und auf den eigenen Geldbeutel zugeschnitten ist. Daraufhin kann man eine eigene Vorstellung vom eigenen Heim entwickeln und sich so die reale, erlöste Form des Herrschers von Haus 4 und der Planeten, die Aspekte zu ihm bilden, vor Augen führen.

Jetzt gilt es, den Weg dorthin abzustecken. Dies geschieht am besten durch ein Konzept, durch einen Plan. Steht z. B. der Herrscher von Haus 4 in Haus 11, so kann der Horoskopeigner versuchen, ein Konzept zu entwickeln, das ihm zeigt, auf welche Weise er mehr Freiheit und Unabhängigkeit im Wohnen erreichen kann.

4. Realisationsphase

Nun heißt es, das Konzept in die Tat umzusetzen. Der Horoskopeigner wird bald merken, daß die Taktik der kleinen Schritte Erfolg zeigt, daß das Schicksal ihm entsprechend der Schritte, die er verwirklicht, entgegenkommt. »Zufällig« wird die passende Wohnung in der Nähe des Arbeitsplatzes frei, oder »zufällig« erfährt er von einer Selbsthilfegruppe, die am Stadtrand durch Eigeninitiative die Kosten von Bauträger und Makler einspart und dadurch preisgünstiger bauen kann.

Wenn man um die verschiedenen Frequenzen und Entwicklungsstufen der einzelnen Planeten weiß, dann wird klar – so hart es auch klingen mag – daß wir immer die Wohnung bekommen, die wir gerade zu diesem Zeitpunkt verdienen. Jede Wohnung ist eine Art Vorstufe für die nächste. Wer denkt schon daran, daß die nasse, ungemütliche Wohnung von damals nur das eigene verzauberte Fischeprinzip in der Außenwelt verkörpert hat und eine wichtige Vorstufe für die ruhige (♆), phantasievoll (♆) eingerichtete Wohnung war, in der man sich heute so wohlfühlt? Oft müssen wir durch das, was wir beim Wohnen nicht wollen, zu dem hingeführt werden, das uns entspricht. Durch den Kontrast wird uns immer mehr bewußt, was wir wirklich zum Wohnen brauchen, was wirklich unsere ureigenen Wohnbedürfnisse sind. Insofern führen sie uns auch zu unseren wahren seelischen Bedürfnissen, die unser Wesen ausmachen.

Wohnbedürfnisse

Bedürfnis nach
einem festen Bezugspunkt (♈)
Sicherheit und Schutz (♉)
Eigenraum (♉)
Vorratshaltung (♉)
Aneignung (♉)

Eigentum (♉)
einem freien Aktionsradius (♊)
Kommunikation (♊)
Ortsverbundenheit und Ortsidentität (♋)
Zugehörigkeit (♋)
Vertrautheit (♋)
Privatheit (♋)
Zusammensein (♋)
Geborgenheit (♋)
Regeneration und Erholung (♋)
Ausdruck (Repräsentation) (♌)
Licht und Sonne (♌)
Selbstgestaltung (♌)
Sauberkeit (♍)
Schönheit und Ästhetik (♎)
Verwirklichung des eigenen Geschmacks (♎)
Verwirklichung von eigenen Vorstellungen (♏)
Expansion (♐)
Ordnung (♑)
Kontinuität (♑)
Distanz (≈)
Freiheit und Unabhängigkeit (≈)
einer freien (unverbaubaren) Aussicht (≈)
Alleinsein (♓)
Ruhe (♓)

Es würde den Rahmen dieses Buches sprengen, auf jedes einzelne Wohnbedürfnis detailliert einzugehen. Ich möchte aber auf den folgenden Seiten ein paar Bedürfnisse herausgreifen, um exemplarisch aufzuzeigen, welche Reaktionen das Nichtstillen eines Bedürfnisses bewirken kann.

Insbesondere müssen wir uns, wie immer und überall, auch in jeder Wohnsituation fragen: Welche Gefühle werden dadurch ausgelöst? Denn wie wir festgestellt haben, erfolgt die Somatisierung über den II. Quadranten – über das Gefühlsleben. Wenn z. B. die Diele einer Wohnung zu klein geraten ist, erzeugt dies bei den Bewohnern das Gefühl von Enge. Wenn jedes Familienmitglied sich täglich im Durchschnitt achtmal je eine Minute in dieser Diele aufhält und dabei jedes Mal das Gefühl von Enge empfindet, ergibt das im Jahr pro Person 365×8 Minuten = 2920 Minuten = 48 Stunden und 40 Minuten.

Der Betreffende hat also fast 49 Stunden lang (das entspricht bei einer 8-Stunden-Arbeitszeit mehr als 6 Arbeitstagen!) im Jahr ein reaktives Gefühl, das die Tendenz hat, somatisiert zu werden.

Dies wirft weitere Fragen auf: Hat der Betreffende ausreichend Ausgleichsmöglichkeiten, oder ist sein Kompensationspotential bereits ausgereizt und erschöpft? Wenn ja, wie wirkt sich diese Situation auf andere Lebensgebiete aus?

Wir werden später bei dem Kapitel »Wohnkonflikte« sehen, welche Folgeerscheinungen ein solches Gefühl mit sich bringt, und wie eine Somatisierung aufgrund der Vernetzung des Persönlichkeitssystems an einer ganz anderen Stelle auftauchen kann.

Das Bedürfnis nach Ortsverbundenheit und Ortsidentität

Das Bedürfnis, sich an dem Ort, an dem man wohnt und lebt, zu Hause zu fühlen, ist eine Grundvoraussetzung für seelisches Wohlbefinden. Wenn Sie die Häuserreihe, in der Sie wohnen, entlangwandern, haben Sie dann das Gefühl: Dies ist genau der Ort, an den ich gehöre? Ich gehöre in diese Stadt, in diesen Stadtteil oder Bezirk, in diese Straße, in dieses Haus, auf diesen Platz in der Welt. Oder denken Sie: Ich gehöre nicht wirklich hierher, ich wäre eigentlich lieber ganz woanders? Ich wünschte, ich lebte wieder in Hamburg. In diesem Zusammenhang muß unterschieden werden zwischen Ortsidentität und Ortsaffinität.

Bei der Geburt erfolgt die Wahl des Wohnortes und des entsprechenden Stadtteils unbewußt nach dem Gesetz der Affinität (seelische Verwandtschaft). Je mehr der einzelne sich seiner seelischen Eigenart und seiner Bedürfnisse bewußt wird, um so mehr versucht er, den Wohnort und die Wohngegend frei zu wählen. Er wird dann etwa Wahlberliner oder Wahlmünchner.

Er vergleicht das Umfeld mit seiner inneren Welt, mit seiner Identität und entscheidet sich dann. Jede Stadt, jede Marktgemeinde, jedes Dorf, jede Wohngegend hat eine spezifische Ausstrahlung und erzeugt eine Stimmungslage, die einer ganz bestimmten astrologischen Konstellation zugeordnet werden kann. In einem Urlaubsort herrscht etwa eine ganz andere Stimmung als in einem Kurort oder in einer ostdeutschen Kleinstadt. Besonders gravierend wirkt sich z. B. aus, wenn in dem Ort Truppen stationiert sind oder eine Firma bzw. ein Industriezweig die gesamte Region prägt. Ebenso entscheidend ist, welcher sozialen Schicht man sich zugehörig fühlt. Eine Familie der Oberschicht wird in einer Fabrikarbeitersiedlung große Anpassungsschwierigkeiten haben und sich dort wahrscheinlich nicht so wohl fühlen wie in einer Wohngegend, die ihrem sozialen Status entspricht. Umgekehrt hat vielleicht ein Angehöriger der Unterschicht Probleme in einer vornehmen Wohngegend, in der – für sein Empfinden – eine zu steife und sterile Atmosphäre herrscht. In der »Kollektivneurose« erfolgt die Einschätzung der Person unter anderem auch nach der Wohngegend, in der man sein Zuhause hat. So gibt es »gute« Adressen, aber auch Wohnanschriften, die das Sozialprestige eher schmälern. Wer sich mit diesen Wertmaßstäben identifiziert (und wer tut das nicht? Nur wenige können sich davon freimachen!), ist damit auch den Gefühlen und den Kettenreaktionen in seinem Persönlichkeitssystem ausgeliefert, die mit diesen Bewertungen gekoppelt sind.

So kann eine schlechte Wohnlage Schamgefühle hervorrufen, die in jeder Begegnungssituation immer wieder aktualisiert werden. Dies kann zur Konsequenz haben, daß dadurch etwa der Partnerwahlprozeß ungünstig beeinflußt wird, oder daß dieses scheinbare Manko auf einem anderen Lebensgebiet zu einer Überkompensation treibt. Diese Überkompensation wirkt dann wieder störend auf die Mitmenschen, die darauf möglicherweise mit pathologischen Reaktionsmustern antworten.

Kann hingegen jemand, der beruflich und damit sozial aufgestiegen ist, in eine bessere Wohngegend umziehen, so wirkt dies positiv auf seinen Eigenwert und auf sein Selbstbewußtsein zurück. Er wird dadurch in seinem neuen Status bestätigt und gestärkt. Es kann aber ebenso sein, daß die bessere Wohngegend für ihn mit neuen Zwängen verbunden ist, weil seine finanzielle Belastung aufgrund der teureren Miete höher wird, oder weil das alte Auto und »die alten Klamotten« nicht mehr dazu passen.

Obwohl jeder letztlich auf die Grundstimmung eines Ortes anders reagiert, gibt es dennoch Grundtendenzen, was die Beeinflussung eines Bewohners dieser Gegend betrifft, sowohl in körperlicher Hinsicht als auch bezüglich seiner Seelenlage, seiner Stimmung, seiner Gefühle, Gedanken und Wünsche. Besonders deutlich wird dies, wenn Heilungen durch einen Ortswechsel erfolgen. Viele Menschen erfahren bereits durch einen Urlaubsaufenthalt eine gravierende Besserung ihres Leidens. Entscheidend sind dabei sowohl die anderen klimatischen Bedingungen als auch die andere Stimmungslage, das andere Umfeld, die Freiheit von Arbeit und Last und das Fehlen von Streßfaktoren, die zu Hause permanent den Organismus geschwächt haben. Bei einem Wechsel des festen Wohnsitzes innerhalb derselben klimatischen Zone sind für eine Besserung oder Verschlechterung des Gesundheitszustandes die verschiedensten Gründe entscheidend. Jedes Wohngebiet hat, abgesehen von der oben angesprochenen Ausstrahlung, andere toxische Bestandteile in der Atemluft und im Trinkwasser sowie eine andere radioaktive und elektromagnetische Strahlung, so daß der Organismus jeweils zu anderen Reaktionen bzw. Anpassungsleistungen und Kompensationen gezwungen wird. Oft ist dabei eine »gesunde« Mischung von toxischen Stoffen günstiger, als wenn ein Giftstoff besonders vorherrscht.

Eine neue Umgebung bedeutet, ein anderes Lebensgefühl zu entwickeln, andere menschliche Kontakte sowie andere Beziehungen zu Tieren, Pflanzen und Gegenständen zu knüpfen. Dieses neue äußere Bild verursacht andere körperliche, seelische und geistige Reaktionen. Je mehr dieses äußere Bild mit dem inneren Bild von Heimat und Geborgenheit, das jeder Mensch bewußt oder unbewußt mit sich herumträgt, übereinstimmt, desto günstiger und gesundheitsfördernder wirkt sich dies auf den Gesamtorganismus aus.

Abschließend eine kleine Checkliste bezüglich der Ortsidentität:

1. Meine Persönlichkeit paßt mehr
   - ☐ in eine Großstadt
   - ☐ in eine Kleinstadt
   - ☐ in eine Marktgemeinde
   - ☐ in ein Dorf
   - ☐ in einen Einödhof
   - ☐ in ein Kloster

	Ja	Nein
2. Besteht eine Wesensverwandtschaft zwischen dem Ort, an dem ich lebe – bzw. bei Großstädten der Wohngegend – und meiner Persönlichkeit?	☐	☐
Paßt die Ausstrahlung des Ortes zu meiner psychischen Struktur?	☐	☐
3. Ermöglicht die Infrastruktur dieses Ortes das Stillen von persönlichen Bedürfnissen, wie Sport treiben, Essen gehen, kulturelle Veranstaltungen oder Weiterbildungsseminare besuchen, Vereine aufsuchen, spazierengehen, Einkaufsbummel machen, Menschen kennenlernen...?	☐	☐
Ist die Lage verkehrsgünstig, um Freunde und Verwandte zu besuchen?	☐	☐
4. Ist der Wohnort für meine beruflichen Ziele geeignet?	☐	☐
Ist er mit dem Beruf des Partners vereinbar?	☐	☐
Ist die Entfernung zum Arbeitsplatz bzw. zur Schule vertretbar? bei mir?	☐	☐
bei meinem Partner?	☐	☐
bei meinem Kind?	☐	☐
5. Paßt der Wohnort zu meinem Lebensstil?	☐	☐

6. Ist der Wohnort vom gesundheitlichen Standpunkt aus gesehen vertretbar? (Nähe zu Fabrik, Atomkraftwerk, Hochspannungsleitung, Lärm, Abgase, Insektizid-Pestizid-Landwirtschaft etc.)	Ja ☐	Nein ☐

Das Bedürfnis nach Eigenraum

Es ist paradox: Viele Menschen haben eigene Wohnungen, oft sogar eigene Häuser und dennoch kein ureigenes Zimmer, in das sie sich zurückziehen, in dem sie wohnen, schlafen, lesen, träumen und nachdenken können.*

Die Wohnungen in der patriarchalen Phase der Menschheit sind fast ausschließlich auf Gemeinschaft zugeschnitten – kaum jemand, der über ein eigenes Zimmer verfügt – sieht man einmal von Mutters Küche, Vaters Arbeitszimmer und dem Kinderzimmer ab. Im Einheitsgrundriß der Wohnungen sind lediglich vorgesehen: Küche, Eßzimmer, Wohnzimmer, Schlafzimmer, Bad und WC. Millionen Menschen, von denen jeder ein anderes Horoskop, also eine eigene individuelle psychische Struktur hat, werden damit in eine Norm gezwängt. Auf diesen Einheitsgrundriß reagiert nun jeder körperlich, seelisch und geistig anders. Diese Reaktionen sind weitgehend unbewußt und haben Wechselwirkungen auf alle Bereiche des Lebens.

Der genormte Grundriß entspricht der genormten Seele, die die ihr zugewiesene Rolle von Geschlecht, Milieu und Kultur zu spielen hat. Erst, wenn die eigene Individualität erwacht, die sich vorher nur in trivialen Dingen wie Auto- oder Zigarettenmarke zu äußern vermochte, wird das bisherige Korsett der Normen und schließlich auch das bisherige Einheitswohnkorsett zu eng und muß gesprengt werden. Zu einem neuen Inhalt gehört eine neue Form! Je mehr sich jemand psychisch einen Eigenraum geschaffen hat, desto größer wird auch das Bedürf-

* Viele können auch mit einem eigenen Zimmer gar nichts anfangen; meist dann nicht, wenn sie schon als Kind im Elternhaus kein eigenes Zimmer hatten oder das eigene Zimmer dort lediglich als Schlafzimmer genutzt wurde.

nis nach einem eigenen Raum in der Außenwelt, nach einem eigenen Zimmer. Das eigene Zimmer wird zum privaten Territorium, zum intimsten Bereich, zur Widerspiegelung des eigenen Wesenskerns, zum »Allerheiligsten«. Es ist ein Ort, an dem gerade die Autonomie und Privatheit durch Selbst-»Dialoge« kultiviert werden können – unterstützt durch liebgewonnene persönliche Objekte. Es ist ein Refugium, in dem man tun und lassen kann, was man will, in dem man »unsichtbar« ist, nicht durch andere ständig beobachtet und kontrolliert werden kann, in dem auch mal was Dummes, etwas Unkeusches oder Irreales tun, in dem man Telefonate führen kann, die nicht von anderen gehört und kommentiert werden. Nur in diesem Raum läßt sich die eigene Individualität voll entfalten.

In der sich abzeichnenden neuen ökologischen Kultur geht es darum, den Einheitsgrundriß und die Einheitseinrichtung der Zimmer abzulösen durch neue Wohnformen, durch neue Grundrisse, durch neue Konzeptionen, durch ein neues Design. Es geht darum, sowohl der Individualität als auch der Gemeinsamkeit Rechnung zu tragen, indem jedes Familienmitglied über ein eigenes Zimmer verfügt, das nach eigenem Geschmack eingerichtet ist, sich aber auch in den gemeinschaftlichen Räumen wie Küche und Wohnzimmer geborgen fühlen kann. Der einzelne hat dadurch die Möglichkeit, sich abzugrenzen, allein zu sein, wenn ihm danach zumute ist, oder die Gemeinschaft aufzusuchen. Diese freie Wahlmöglichkeit trägt maßgeblich zum Gelingen einer Partnerbeziehung bei. Doch was tun im Status quo, wenn aufgrund der ubiquitären Wohnungsnot und aufgrund der konventionellen Grundrisse keine Möglichkeit besteht, ein eigenes Zimmer zu beziehen? Wenn das Bedürfnis danach erwacht ist, ist es jedoch wegen der Krankheitsprophylaxe unumwunden notwendig, es zu stillen. Dies geschieht entweder durch Umzug oder durch eine Pionierarbeit in bezug auf neue Wohnformen. Eine Kursteilnehmerin strukturierte ihre Wohnung einfach um: Der Fernseher, bisher Anziehungsmagnet und häufigster Aufenthaltsgrund, wurde vom Wohnzimmer in die Diele verfrachtet, das gemeinschaftliche Schlafzimmer wurde zum

Zimmer des Ehemannes, während das Wohnzimmer zu ihrem eigenen Refugium wurde.

Das Bedürfnis nach Ruhe

Lärm ist inzwischen zur Umweltseuche Nr. 1 geworden. In Deutschland sind rund 7 Millionen Haushalte dauernd starkem Straßenverkehrslärm ausgesetzt, 600 000 Haushalte starkem Eisenbahnlärm, 700 000 Haushalte starkem Fluglärm und 450 000 großem Industrie- und Gewerbelärm.

Man kann sich an Lärm zwar kurzfristig gewöhnen, aber andererseits sind die negativen Folgen der Lärmbelästigung auch dann noch spürbar, wenn der Lärm schon aufgehört hat.

Gruppen von Versuchspersonen, die während der Durchführung eines Konzentrationstests nicht vorhersagbarem Lärm ausgesetzt wurden, waren bei der nächsten Aufgabe ohne Lärmbelästigung weniger motiviert, nach Lösungsmöglichkeiten zu suchen.

Jede Lärmeinwirkung stellt eine Seelenverletzung und eine Körperverletzung dar. Lärm ist nicht nur in der Zeitspanne seines Einwirkens schädlich, sondern verursacht auch eine gigantische Energie und Zeitvergeudung. Astrologisch gesehen wird dabei die Mond- und Venusenergie überstrapaziert. Nach der Lärmeinwirkung ist eine Phase der Regeneration (☽) und Erholung (☽) von diesem Stressor notwendig, und die Venus muß ihre ganze Kraft verwenden, um wieder Ausgleich (♀) und Harmonie (♀) herzustellen.

Beide Anlagen können daher kaum ein Eigenleben führen, weil sie ständig Schwächen und Konflikte auf anderen Lebensfeldern kompensieren müssen. Solche Kompensationsleistungen kann die Naturkraft lange Zeit aufbringen, aber eines Tages erschöpft sich dieses Naturpotential, was zu Krankheit und vorzeitigem Tod führt.

Welche Krankheitserscheinungen sind primär der Geräuscheinwirkung zuzuschreiben? Druckgefühl, Benommenheit, Störungen der Hypophyse, hormonelle Störungen, nervöse Überreizung, Gleichgewichtsstörungen, Herz- und Gefäßkrankheiten, Anämie, Hyperämie der Haut, der Magenschleimhäute und des Gehirns, Magengeschwüre und Störungen im Magen-Darm-Trakt.

Schallwellen dringen über den Gehörgang und durch den Schädelknochen ins Zwischenhirn ein. Sie erzeugen ferner Kopfschmerz, Schwindel, vaso-vegetative Übererregbarkeit, quälende Reizbarkeit, Schlaflosigkeit und Angstzustände, schließlich Stumpfheit, Interesselosigkeit und Resignation.

Lärm erzeugt einen körperlichen und seelischen Alarmzustand, der auch im Schlaf entsteht und erhalten bleibt. Schließlich führt starker Dauerlärm zur allgemeinen Schwächung der Widerstandskraft, der Arbeitsfähigkeit und Verminderung der Intelligenz.

Geräusche bis zu 40 Phon sind für den Organismus weniger belastend. »Stille« Wohngebiete aber wurden schon mit 60–70 Phon gemessen. Bei 80 Phon verändert sich sprunghaft der Blutdruck. Die Straßenbahn lärmt mit 90, ein Moped, ein Laster, eine Sirene, eine Hupe lärmen mit 100 Phon, die Hauptverkehrsstraßen erzeugen 110 Phon, Flugzeuge ca. 180–200 Phon. Andere und mögliche zusätzliche Lärmprobleme können infolge mangelnder Schallisolierung oder durch Rücksichtslosigkeit der Nachbarn innerhalb von Wohngebäuden entstehen. Auf diese Weise kann der einzelne total in den Lebensstil der Nachbarn hineingezogen werden, er partizipiert unfreiwillig an den Geburtstagsfeiern, Parties und Feten der Nachbarn, hört die jeweiligen Rundfunk- und Fernsehprogramme mit, ist unfreiwilliger Zuhörer von Familienszenen und Streits. Er hat ebenso wie die Nachbarsfamilie, die gerade Nachwuchs bekommen hat, häufig schlaflose Nächte, weil das Baby aufwacht und nach Leibeskräften zu brüllen beginnt.

Weitere unangenehme Lärmbelästigungen und dadurch Körperverletzungen können im Außen- und Innenbereich sein: Kirchenglocken, Kuhglocken, Springbrunnen, Heizungs- und Klimaanlagen, Lifte und Kühlaggregate, Umwälzpumpen ...

Ein einziger Hund, der ständig bellt, wenn Spaziergänger, Jogger oder Radfahrer in die Nähe seines Reviers kommen, kann die Stimmung einer ganzen Wohngegend verderben. Ein einziger Springbrunnen, der nach landläufiger Meinung angeblich beruhigende Effekte verursacht, kann die Aufrechterhaltung der menschlichen Gesundheit aufs äußerste gefährden; dadurch, daß er ständig suggeriert, es würde regnen, will sich der menschliche Organismus an diese andere Luft- und Wetterlage vorbereiten und anpassen. Es kommt zu einer Irritation der Wahrnehmung und der Adaption, folglich der Hypophyse und damit zu vielfältigen Beschwerden. Manche Personen reagieren auf das dauernde Geplätscher mit häufigem Harndrang, andere wiederum mit Konzentrationsschwierigkeiten, sie können aufgrund des ununterbrochenen Lärms keinen klaren Gedanken mehr fassen.

Oder: Ein einziges Klavier kann die Menschen eines ganzen Wohnblocks in ihrer Stimmungslage fremdbestimmen, weil ihnen eine bestimmte Melodie aufgezwungen wird. Würden die Lärmerzeuger aus ihrem rein subjektiven Bezug heraustreten und endlich nicht nur agieren, sondern auch auf die Reaktion der Umwelt achten, könnte sehr viel Krankheit und Leid vermieden werden.

Pflanzen

Pflanzen verleihen einer Wohnung oder einem Haus eine natürliche, lebendige Atmosphäre. Pflanzen haben genau wie Menschen und Tiere ein eigenes Seelenleben, sie reagieren auf Geräusche, Gefühle und Gedanken und stehen in steter Wechselwirkung mit anderen Lebewesen. Es konnten sogar telepathische Verbindungen zwischen Mensch und Pflanze über Hunderte von Kilometern nachgewiesen werden.

Der Mann, der zum ersten Mal weltweit auf die bis dahin unbekannten außergewöhnlichen Fähigkeiten der Pflanzen aufmerksam machte, ist der Polizeibeamte Cleve Backster, der in New York einen Einführungskurs für Polizeianwärter in die Funktionen des Polygraphen leitete. Polygraph ist die Fachbezeichnung für einen Lügendetektor, dessen Funktion es ist, den Wahrheitsgehalt von Zeugenaussagen zu überprüfen. Das Gerät zeigt durch einen Nadelausschlag die Emotionen der Testperson an, indem es elektrische Impulse mißt, die durch den Hautwiderstand hervorgerufen werden. Eines

Abends, im Februar 1966, kam Cleve Backster auf den Einfall, die Elektroden seines Lügendetektors an die Blätter einer Agave, die sein Büro schmückte, anzuschließen. Er stieß dabei auf eine sensationelle Entdeckung: Die Aufzeichnung auf dem Registrierstreifen des Lügendetektors glich in auffälliger Weise der von Menschen in starker Erregung. Backster wußte aus Erfahrung, daß der Detektor am stärksten ausschlägt, wenn die angeschlossenen Personen physisch und psychisch bedroht sind. Backster fragte sich, was wohl geschähe, wenn er die Pflanze verbrannte. Sofort schlug der Polygraph heftig aus. Die Agave hatte auf seine Gedanken reagiert.

Weitere Pflanzentests mit Philodendren, die Backster und andere Forscher anstellten, bestätigten diesen ersten Versuch. Interessant an diesen Experimenten war, daß die Pflanze nicht nur zusammenzuckte, wenn man ihr drohte, sie mit einem Streichholz zu verbrennen, sondern die bloße Absicht, dies zu tun, ließ die Pflanze bereits reagieren. Bekundete man jedoch die Absicht, die Pflanze zu verbrennen, ohne den festen Willen zu haben, diese Tat auch wirklich auszuführen, so reagierte die Pflanze nicht. Sie schien das Spiel durchschaut zu haben. Es besteht also eine Art psychosomatische Beziehung zwischen Pflanze und Mensch.

Warum gedeihen bei manchen Menschen die Zimmerpflanzen nicht, während Pflanzenliebhaber oft wahre Prachtexemplare erzielen? Es gibt viele Beispiele dafür, daß Pflanzen, die nicht so recht wachsen und gedeihen wollen, welk werden und fast schon verendet sind, beim Wechsel ihrer »Bezugsperson« (die Person, die sich um die Pflanze kümmert) plötzlich wieder aufblühen und vor Lebensfreude nur so sprühen.

Doch wie reagiert umgekehrt der Mensch auf die Pflanze als seinen Hausgenossen? Darüber gibt es noch wenige Untersuchungen. Welchen Einfluß hat der Gummibaum, der Asparagus, die Yukkapalme, die Calla, der Hibiscus, der Oleander oder die Zimmerlinde auf die menschliche Psyche und auf den menschlichen Organismus? Paßt die jeweilige Pflanze zu der eigenen Persönlichkeitsstruktur? Ist mir die Pflanze sympathisch oder möchte ich lieber an dieser Stelle eine andere stehen haben? Welche Gefühle löst die Pflanze bei mir aus:

- Depression?
- Beengung?
- Stolz?
- Freude?
- Macht?
- Bewunderung?
- Aggression?

Depression, weil die Ausstrahlung der Pflanze eine traurige Stimmung erzeugt;

Beengung, weil die Pflanze so viel Platz beansprucht;

Stolz, weil die Pflanze dem Raum so viel Glanz verleiht;

Freude, weil sie so schön blüht oder so sehr mit dem eigenen Wesen übereinstimmt;

Macht, weil sie sich im eigenen Besitz befindet oder so imposant und groß ist;

Bewunderung, weil sie so schnell wächst und gedeiht und so viel Kraft und Lebendigkeit ausstrahlt;

Aggression, weil sie nicht blühen will, oder weil sie einem so unsympathisch ist oder durch ihre Größe den Raum verfinstert?

Günstig in diesem Zusammenhang ist es auch, die Tierkreiszuordnung der Pflanzen zu beachten.

So ist es möglich, durch gezielte Plazierung von bestimmten Pflanzen an prägnanten Stellen der Wohnung oder des Hauses spezifische Planeten bzw. Anlagen des Persönlichkeitssystems eines Menschen zu stärken oder Überkompensationen abzuschwächen.

Eine Kokospalme kann z.B. den Jupiter eines Menschen stärken (die Kokospalme ist dem Jupiterprinzip zugeordnet), ein Farngewächs (eine Ausdrucksform des Neptunprinzips) kann die Saturn-Neptun-Quadratur eines Horoskopeigners beruhigen und entspannen.

Um hier strategisch innerhalb des eigenen Persönlichkeitssystems vorgehen zu können, ist jedoch umfangreiches Wissen in Botanik erforderlich und vor allem ein differenzierter Zugang zu den eigenen Gefühlen. Als sehr günstig haben sich Biofeedbackgeräte erwiesen, die anzeigen, welche Reaktionen im eigenen Organismus bei welcher Pflanze und bei welcher Plazierung der Pflanze im Raum zu verzeichnen sind. Es ist daher zu empfehlen, sich vom Blumenladen oder Gärtner mehrere verschiedene Exemplare, wenn möglich in verschiedenen Größen, zur Ansicht kommen zu lassen, ehe man sich endgültig für die eine oder andere Pflanze entscheidet. Sehr ungünstig auf den menschlichen Organismus wirken sich nicht nur Pflanzen aus, die nicht zur eigenen Persönlichkeit, zum eigenen Wesen passen, sondern auch Pflanzen, die nicht gedeihen, die von Ungeziefern befallen und krank sind. Sie können dem Menschen keine Kraft schenken, weil sie selbst dringend Hilfe benötigen.

Wenn man bedenkt, wie gravierend Pflanzen die Stimmung eines Heimes mitbestimmen, daß sie Tag und Nacht auf den Menschen einwirken, daß Wechselwirkungen zwischen Pflanze und Mensch nicht nur in bezug auf Sauerstoff und Kohlendioxyd-Austausch, sondern auch auf seelischer Ebene stattfinden, sollte man den Kauf einer Pflanze mehr als sorgsam überlegen.

Das Bedürfnis nach Licht und Sonne

Die Wirkungen der Sonnenenergie in der Architektur manifestieren sich als thermische und als biologische Kräfte, die miteinander untrennbar verbunden sind. Der Spruch, wonach »in ein Haus, in das die Sonne nicht kommt, sicherlich der Arzt kommt«, sagt genug aus über die Bedeutung der Solar-Strahlung für die Gesundheit. Tageslicht und Helligkeit beeinflussen insbesondere die Blutzirkulation, das Immunsystem, die Strahlung der Zellen sowie die Hormon- und Vitamin-D-Bildung.

Ein sonnengerechtes Baukonzept trägt also zur Wohngesundheit bei. Helle, lichtdurchflutete Räume schaffen eine freundliche, freudige Atmosphäre. Nicht nur Pflanzen, sondern auch Menschen gedeihen dort besser. In solchen Räumen lebt der einzelne auf, seine Stimmung verbessert sich. Das gibt ihm die Kraft, mit den Herausforderungen des täglichen Lebens besser fertig zu werden.

Objekte in der persönlichen Wohnumwelt

Frauen und Männer zeigen unterschiedliche Objektbeziehungsmuster. Männer erwähnen beim Thema Wohnungsgegenstände auffallend häufiger TV-Geräte, Stereoanlagen, Sportausstattungen, Fahrzeuge und Trophäen. Frauen nennen eher Fotografien, Skulpturen, Pflanzen, Porzellan, Glas und Textilien. Dies bedeutet, daß Männer mehr aktivitäts-orientierte Objekte, Frauen mehr Kontemplationsobjekte bevorzugen.

Mihaly Csikszentmihalyi und Eugene Rochberg-Halton schreiben in *Der Sinn der Dinge*:

»Auf der Ebene der Symbolik von Objekten des Wohnbereichs zeigt sich die in der Soziologie gebräuchliche Unterscheidung zwischen den instrumentellen Rollen des Mannes und den expressiven Rollen der Frau. Die geschlechtsspezifischen Unterschiede zeigen uns ferner, daß dieses soziologische Begriffspaar nicht nur die gesellschaftlichen Verhaltenserwartungen an die Geschlechterrolle impliziert, sondern sich auch auf die höchst private Symbolumwelt bezieht, die sich die Menschen schaffen, um ihrem Leben einen Sinn zu geben. Männer handeln nicht nur in Übereinstimmung mit maskulinen Rollenstereotypen, sondern sie reagieren auch in Momenten, in denen sie glauben, autonom zu entscheiden, auf die Objekte ihrer Umwelt in Übereinstimmung mit maskulinen Skripts. Die Persönlichkeit von Mann und Frau weist mit anderen Worten verschiedene Gruppen von Intentionen oder Einstellungen auf: Sie beachten in der gleichen Umgebung verschiedene Dinge und schätzen sogar ein und dasselbe Ding aus ganz verschiedenen Gründen.«

Wir können also konstatieren, daß jeder Mensch zu den materiellen Objekten seiner Wohnumwelt in Beziehung tritt und dabei entsprechende Gefühle entwickelt. Manchmal ist auch die Reaktion der Besucher auf einen Gegenstand entscheidend und wird erst zum Auslöser für bestimmte Gefühle

(z. B. Stolz) des Bewohners. Die Gegenstände des Wohnumfeldes sind Projektionen, quasi Materialisationen von innerseelischen Inhalten. Oder anders ausgedrückt: Sie sind Symbole für das, was in uns wohnt, und wechseln daher auch, wenn wir uns innerlich verändern. So kann oft ein neuer Einrichtungsgegenstand einen Wandel in der Lebensführung anzeigen – wenn etwa eine Frau, die bisher die Hausfrauen- und Mutterrolle voll ausgefüllt hat, einen Nebenjob ergreift und sich dafür einen Schreibtisch zulegt. Der Schreibtisch ist in diesem Fall nicht nur ein nützliches Möbelstück, sondern auch Symbol ihrer neu erworbenen Unabhängigkeit.

Wie bei einem Traum zuerst der Träumer selbst seine Assoziationen zu den Traumsymbolen äußern sollte, ehe man mit der Deutung beginnt, so ist auch die Dechiffrierung der Symbole im Wohnbereich erst möglich, wenn der Bewohner darüber befragt worden ist – mit seinem eigenen Verständnis für den privaten und intimen Bereich seiner Seele und für seine derzeitige Lebenssituation; denn die Symbole haben oft von Mensch zu Mensch unterschiedliche Bedeutung. Wer dies beachtet und dabei das Horoskop als Aufzeichnung der psychischen Struktur hinzuzieht, kann sagen: Zeige mir deine Wohung, und ich sage dir, wer du bist.

Aus Gründen der Homöostase zwischen Inhalt und Form braucht jeder Persönlichkeitsanteil in der Außenwelt einen Bezug. So ist es wichtig, daß jede Anlage auch im Wohnumfeld zum Tragen kommt.

So kann z. B. der Mars eines Menschen durch eine Kerze (Phallussymbol) ausgedrückt werden, seine Venus (Stier) durch eine wuchtige Polstergarnitur, sein Merkur (Zwilling) durch ein Mobile in der Ecke seines Zimmers, sein Mond durch ein schönes, freundliches Schlafzimmer, seine Sonne durch eine repräsentative Beleuchtung, sein Merkur (Jungfrau) durch die Waschmaschine, seine Venus (Waage) durch eine Küchenwaage, sein Pluto durch einen Porzellan-Hund, der neben dem Wohnzimmerschrank seinen Platz hat, sein Jupiter durch Reiseandenken und Bücher, sein Saturn durch eine alte Vitrine, die schon mehrere Generationen überlebt hat, sein Uranus durch einen Kanarienvogel im Käfig und schließlich sein Neptun durch einen Fernsehapparat. Jeder Gegenstand fungiert dabei nicht nur als Symbol, sondern auch als Bestätigung und Verstärkung einer innerseelischen Anlage.

Daher ist es möglich, durch das Schaffen von äußeren Bezügen Anlagen, die schwach und kränklich sind, zu stärken. Dabei muß sehr behutsam vorgegangen werden; insbesondere darf die Vernetzung des Persönlichkeitssystems nicht aus dem Auge verloren werden.

Ferner ist auch hier entscheidend, ob die Anlage neurotisch oder real ausgebildet wurde. Es macht einen Unterschied, ob etwa jemand seine Nekrophilie in einer entsprechenden Möblierung ausdrückt, und so dieses psychopathologische Empfinden und Verhalten verstärkt, oder ob jemand sein Schönheits- und Ästhetikprinzip durch farbenfrohe Balkonblumen erfreut und dadurch kräftigt und verstärkt.

Es hat sich immer wieder gezeigt, daß, wenn liebgewonnene Objekte, wie etwa ein Spiegel, ein Teddybär, ein alter antiker Schrank, kaputtgehen, verkauft oder abgegeben werden müssen, Krankheiten zum Ausbruch kommen. Durch die libidinöse Besetzung solcher Gegenstände muß oft bei Verlust, wenn gleichwertiger Ersatz fehlt, diese Energie auf die körperliche Ebene transponiert werden.

Welch ungeheure Möglichkeiten in Therapie und Heilung jedoch umgekehrt durch geschicktes und gezieltes Plazieren von bestimmten Objekten im Wohnbereich liegen, kann man – solange man es nicht selbst ausprobiert hat – kaum ermessen. Insbesondere auch deshalb nicht, weil solche Heilungsprozesse fast unmerklich ablaufen. Die Stärkung eines innerseelischen Prinzips und dadurch eines Körperorgans oder -organsystems durch einen Gegenstand im unmittelbaren Wohnumfeld geschieht nicht über Nacht, sondern geht geheimnisvolle Wege. So konnte beispielsweise die Venus eines Mannes, der an Nierenbeschwerden litt, durch das Bild einer erotischen Frau, das die Wand seines Zimmers schmückte, verstärkt werden. Durch diese Verstärkung erreichte sein Venusprinzip eine andere Frequenz. Diese Frequenz wiederum war ausschlaggebendes Moment für die Begegnung mit einer neuen Partnerin. Dadurch veränderte sich seine Venusfrequenz erneut, das Prinzip wurde kräftiger und war energetisch aufgeladen, die Ebene der Somatisierung wurde verlassen, die Nierenbeschwerden verschwanden. Die zwei äußeren Projektionsflächen Bild und neue Partnerin lösten die Projektion auf den Körper auf, bzw. aufgrund der Projektion nach außen war keine Energie für eine Somatisierung mehr vorhanden.

Bei manchen Menschen genügen jedoch nicht – wie im obigen Fall – ein oder zwei Stimuli. Sie brauchen oft mehrere Symbole, müssen quasi eine Symbolkomplettierung auf einer erwachsenen Ebene vornehmen, um einen Gesundungsprozeß in Gang zu setzen. Auch ist sowohl die astrologische Deutung als auch die Vorgehensweise bei der Therapie nicht immer so eindeutig und einfach, wie dies im Fall der Nierenbeschwerden scheinen mochte. Hat etwa eine Frau eine Quadratur zwischen Venus und Mond, kann es sein, daß die Homöostase (Venus) bzw. das Ökosystem (Venus) ihrer Nasenschleimhäute (Mond im Widder) gestört ist. Das Nierensystem ist in diesem Fall nicht angesprochen. Trotz solcher Einwände wird dennoch das Faktum, daß man durch Gegenstände, die als Form und Symbol für innere Anlagen fungieren, sein Schicksal »manipulieren« kann, ein wertvoller Bestandteil einer ganzheitlich orientierten Medizin werden.

Wohnkonflikte

Der Städtebau in der zweiten Hälfte des 20. Jahrhunderts sieht die einzig mögliche Lösung des Wohnungsproblems in Ballungsräumen im vielgeschossigen Haus; man errechnet sich damit die optimale Flächennutzung und sieht darin die Voraussetzung dafür, daß die hohen Grundstückskosten und der Aufwand für die Erschließung der Baugebiete auf eine entsprechende Zahl von Mietern umgelegt werden kann. Weiterhin bietet das möglichst hohe Haus gute Voraussetzungen für eine industrielle Fertigung und für höheren technischen Komfort. Das Leben im Wohnhochhaus wird also die Norm; differenziert wird nach der Höhenlage der einzelnen Wohnungen – je höher desto begehrter.

Etwas gedämpft wird der Höhenrausch durch die sich mehrenden Beobachtungen eines mangelnden Wohlbefindens und dazu durch das Ergebnis sozialmedizinischer Statistiken, nach der die Zahl der Erkrankungen mit der Geschoßzahl nach oben zunimmt.

Das Studium der physikalisch-biologischen Effekte zeigt, daß mit der Höhe der Häuser aus massiven Bauteilen die physiologisch günstigen Einflüsse der Erdatmosphäre abgehalten und ungünstige Einwirkungen, sei es aus dem Boden oder durch technische Störfelder, verstärkt werden. Es wird in diesem Zusammenhang oft von einem Faradayschen Käfig gesprochen. Dem ermüdenden Einerlei in diesem Käfig versuchen die Bewohner sich durch Flucht zu entziehen, was sich an den Wochenenden regelmäßig durch die endlosen »Blechlawinen« zeigt.[6]

Obwohl die Wohnsituation vielfach als überaus trist bezeichnet werden muß, besteht allgemein die Tendenz, sich über die eigene Wohnung und das dazugehörige Umfeld positiv zu äußern. Ipsen hat die weitverbreitete Zufriedenheit über die eigene Wohnsituation als Zeichen resignativer Anpassung interpretiert. Das Eingeständnis, daß man in einer ausgesprochen schlechten Wohngegend lebt, daß die Wohnung vielleicht lärmreich, die Raumaufteilung ungünstig und das Wohngebäude baufällig und heruntergekommen ist, steht im Widerspruch zu dem Wunsch nach einem positiven Selbstbild und dem Bedürfnis nach Anerkennung. Das Ergebnis von Befragungen nach der Wohnzufriedenheit gibt also weniger die wahre Wohnzufriedenheit wieder, sondern legt vielmehr Mechanismen der Selbstverteidigung offen.

Grundsätzlich gilt: Je stärker die Wahlfreiheit eingeschränkt ist, um so eher ist mit resignativer Anpassung zu rechnen. Man paßt sich den widrigen Umständen an, indem man etwa den Stressor neu bewertet (was leider nur im Bewußten, nicht aber im Unbewußten möglich ist!), und sich einredet, daß es ja gar nicht so schlimm sei, oder daß man sich längst daran gewöhnt habe.

Oft muß man erst ein umfassendes Erfahrungswissen sammeln, ehe man in der Lage ist, zu erkennen, in welche

Wohnung man ziehen sollte und in welche nicht. Auf den ersten Blick mag der großzügig geschnittene Wohnraum oder die technisch perfekt geplante Küche bestechend aussehen, doch auch das komfortabelste und weiträumigste Wohnzimmer oder die teuerste und architektonisch bis ins Detail durchdachte Küche gewährleisten noch nicht, daß man in einer solchen Wohnung dann auch zufrieden und glücklich ist. Doch von welchen Faktoren hängt es ab, ob die Bewohner sich wohlfühlen, oder ob sie sich in Wohnkonflikten aufreiben?

Wichtig ist offensichtlich, daß die Wohnungen bedürfnisgerecht geplant werden – und zwar im Hinblick auf all seine Bewohner, also auch die nicht erwachsenen Haushaltsmitglieder. Wohnbaufachleute und genügend Geld bieten noch keine Gewähr für ein zufriedenstellendes Wohnen, sondern dazu gehört – wie wir gesehen haben – die Berücksichtigung aller menschlichen Bedürfnisse.[7]

Allein die Bewohner und nicht die Fachleute haben unter den Folgen einer mangelnden Berücksichtigung der Wohnbedürfnisse zu leiden, wobei – das sei nochmals betont – den Bewohnern meist die Ursachen der Beeinträchtigungen und der daraus erwachsenden Konflikte gar nicht bewußt sind.

Wer denkt schon daran, daß beengte Wohnverhältnisse unübersehbare Kettenreaktionen auslösen können – angefangen von dem Gefühl der Enge und der Frustration über Streitereien mit dem Partner oder über falsche Partnerwahl bis hin zu Schwierigkeiten im Beruf?

Hierzu das Beispiel eines Klienten: Gerald, in Verkauf und Organisation eines großen Unternehmens tätig, bewohnt ein kleines, 11 qm großes Zimmer bei einer Familie. Aufgrund dieses Untermietverhältnisses und der Hellhörigkeit der Wände ist er ständig gezwungen, sich dem Lebensstil dieser Familie anzupassen. Die ungünstige Wohnsituation versuchte sein Unbewußtes so zu kompensieren, indem es in ihm einen starken Drang nach weiten Reisen entstehen ließ. Da er diesen Drang als natürlich und seinem Wesen gemäß empfand und ihn nicht als Reaktion seiner Seele auf seine Wohnmisere zurückführte, kam für ihn nur eine Partnerin in Frage, die sein Faible für Fernreisen teilte. Babsi, seine Freundin, ebenfalls in beengten Wohnverhältnissen lebend, erfüllte zwar diese Grundbedingung, paßte aber von ihrem Wesen her nicht zu Gerald. Deshalb kam es zwischen den beiden häufig zu Streit. Aufgrund der ständigen Anspannung im Wohn- und Partnerbereich ließen schließlich auch seine beruflichen Leistungen nach. Man stellte ihm anheim, das Unternehmen zu verlassen. Kurz darauf wurde er mit Verdacht auf Herzinfarkt ins Krankenhaus eingeliefert.

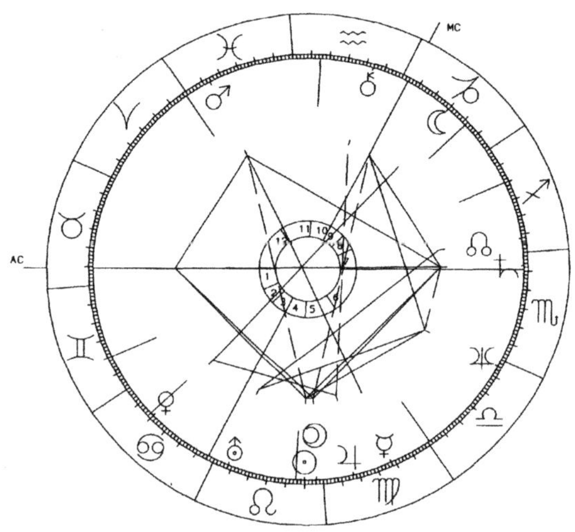

Solche Folgeerscheinungen, die auf den ersten Blick einfach und logisch aussehen mögen, können nur in den seltensten Fällen in dieser Konsequenz ohne Horoskop aufgedeckt werden. Über das Horoskop und über das Herrschersystem ist es möglich, besagte Wirkungen und Interdependenzen sichtbar werden zu lassen und sie psychologisch zu erklären.

Wir sehen bei Gerald den Mond als Herrscher von Haus 4 in Haus 9. Die Wohnsituation treibt zu Fernreisen. Das »Hobby«, ferne Länder aufzusuchen, schränkt die Partnerwahl ein (♄ Herrscher von Haus 9 in Haus 7). Die Schwierigkeiten in der Partnerschaft (♄ in Haus 7) belasten nicht nur seine berufliche Tätigkeit als Organisator (Quadrat ☉ in Haus 5), sondern auch auf der somatischen Ebene sein Herz, das dem Sonnenprinzip zugeordnet ist.

Auch Albert und Brigitte, die seit fünf Jahren miteinander verheiratet sind, wurden Opfer von Wohnkonflikten. Ihre Ehe scheiterte nicht etwa daran, daß ihre seelischen Wesenheiten oder ihre Interessengebiete so verschieden gewesen wären, sondern an den Reaktionen ihrer Seelen auf eine nicht auf ihre Bedürfnisse zugeschnittene Wohnung. Sie waren diesen Reaktionen ausgeliefert. Jeder reagierte auf die jeweilige Reaktion des Partners mit seinem Muster. Brigitte reagierte auf den ungünstigen Grundriß der Wohnung mit Nörgelei und Kritiksucht. Diese Stimmungslage im Heim erzeugte jedoch bei Albert die Tendenz zu trinken. Die Trunksucht wiederum veranlaßte Brigitte zu Nörgelei und Kritik – ein circulus vitiosus.

Wenn man bedenkt, daß Brigitte auf den psychischen Druck der bevorstehenden Scheidung somatisch reagierte und sich deshalb einer Gallenoperation unterziehen mußte, wird deutlich, wie wichtig es ist, solche Zusammenhänge frühzeitig zu erkennen, um durch strategische Interventionen innerhalb des vernetzten Ökosystems der beiden Partner solchen Auswüchsen vorbeugen zu können.

Bezeichnend bei Wohnkonflikten ist vor allem das Aufsuchen von Verstärkern. Da unser Instinkt im Sinne der 1. Natur verlorengegangen ist und statt dessen sich der Instinkt unserer 2. Natur ersatzweise gebildet hat, sucht der einzelne aufgrund seiner neurotischen Disposition Wohnsituationen auf, die er meiden sollte, weil sie als Verstärker seiner innerseelischen Problematik fungieren.

So wie bei der Ernährung gerade derjenige verstärkt nach Süßigkeiten verlangt, für den diese Produkte kontraindiziert sind, so greift ausgerechnet das Individuum, das ohnehin z. B. bereits depressiv veranlagt ist, bei der Einrichtung der Wohnung zu düsteren Farben bei der Wahl von Teppichen und Vorhängen oder wählt eine Wohnung mit ungünstigen Lichtverhältnissen. Diese düstere Wohnung verstärkt die depressive Stimmungslage und kann schließlich dadurch eine Krankheit auslösen. Wie im Falle von Reinhild R., die ständig an einer Untersäuerung ihres Magens litt (☾ in Haus 1, □ ♄ in Haus 4 – siehe Horoskop Seite 178).

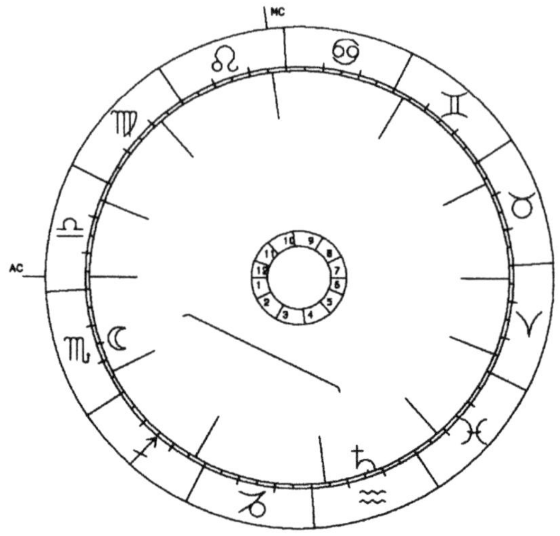

Erst durch die äußeren Verstärker wird häufig die Krankheit, die vorher latent im Unbewußten schlummerte, aktualisiert. Der Verstärker hat die Frequenz der Anlage in einen so ungünstigen Schwingungsbereich gebracht, daß eine Somatisierung der Szenerie nicht mehr verhindert werden kann.

Der Verstärker ist also im eigentlichen Sinne nicht die Krankheitsursache, sondern nur das Tüpfelchen auf dem i. Oder: Da jede Krankheit multikausal bedingt ist, kann man hier davon sprechen, daß eben eine Ursache bzw. ein Krankheitserzeuger zuviel am Werke war.

Aus diesem Grunde kann man bei der therapeutischen Intervention umgekehrt vorgehen und etwa durch neue Möblierung, durch völlig andere Plazierung der Möbel oder von Gegenständen die äußeren Verstärker abbauen und damit wieder die Frequenz erreichen, auf der die Homöostase wieder aufrechterhalten bzw. das Symptom wieder zum Verschwinden gebracht werden kann. So kann etwa ein anderes Möbelarrangement im Wohnzimmer eine völlig andere Gefühlslage erzeugen, es kann eine Unterhaltung mehr begünstigen oder behindern. Genauso ist die Plazierung des Bettes im Schlafzimmer und des Schreibtisches im Büro von besonderer Bedeutung. Es können dadurch ungeahnte Kettenreaktionen ausgelöst werden. So sollte der Schreibtisch im Büro diagonal möglichst weit von der Tür entfernt stehen, um die bestmögliche Übersicht und Kontrolle zu bieten. Dieses Gefühl der Sicherheit, der Kontrolle und der Macht im positiven Sinne überträgt sich schließlich auch auf andere Lebensbereiche und kann daher prophylaktisch gegen Krankheiten wirken.

Eine neue Perspektive

Wie wir gesehen haben, lassen sich viele Wohnbedürfnisse nur in Form von Eigentum – Wohnung oder Haus – stillen. In Anbetracht der heutigen Baupreise und Bodenverknappung in Ballungsräumen läßt sich das Lebensrecht des Menschen auf weitgehend kostenfreies Wohnen nur verwirklichen, wenn der einzelne von den konventionellen Wohnformen und den damit verbundenen Mühen und Plagen Abstand nimmt. Er muß in sich das Recht auf weniger Arbeit, auf mehr Freizeit und Glück entwickeln, um überhaupt alternativen Möglichkeiten aufgeschlossen gegenüber zu stehen. Eine Alternative unter anderen ist die Bioeigentumswohnanlage mit Restaurant, die besonders für Singles geeignet ist. Das Konzept hierfür sieht kurz umrissen so aus:

Man verabschiedet sich von dem herkömmlichen Grundriß von Küche, Eßzimmer, Wohnzimmer und Schlafzimmer und besinnt sich auf das Wesentliche, d. h. man braucht nur noch ein eigenes Zimmer mit etwa 25 qm, ein Bad mit rund 10 qm und einen großen Balkon oder eine Terrasse. Aufgrund des integrierten Restaurants (mit Aufenthalts- und Fitneßraum), das nur für die Bewohner und deren Besucher geöffnet ist, erübrigen sich Küche und Eßzimmer. Da durch mehr Selbstverwirklichung auch die Prestigeversessenheit abnimmt, fällt schließlich auch das teure Wohnzimmer weg. Es macht schließlich einen Unterschied, ob man eine Eigentumswohnung mit 35 qm oder mit 100 qm finanzieren muß. Der einzelne kann dadurch schnell die entsprechende Summe abzahlen und sich von Vermieter, Bank und Partner unabhängig machen – und schließlich auch seine Arbeitszeit reduzieren. Es handelt sich also dabei um eine Synthese zwischen den

Bedürfnissen nach Individualität und nach Gruppenzugehörigkeit. Jeder kann sich in sein Nest zurückziehen, kann aber auch, wenn er Lust hat, die Gruppe für Sport, Spiel, Spaß und Diskussion aufsuchen.

Die weitverbreitete Isolation von Singles und Kleinfamilien geht zu Ende. Auch könnte über solche Gemeinschaften sicher mehr Einfluß auf politische Entscheidungsträger genommen werden, als es das einzelne Individuum vermag. Quasi als Nebeneffekt fallen bei diesem Konzept auch die nicht enden wollenden, zeitraubenden Hausarbeiten vom Einkaufen übers Kochen bis hin zum Abspülen und Abtrocknen weg. Keiner muß mehr extra den Haushalt führen – von einigen Kleinigkeiten wie Tee oder Kaffee kochen oder wöchentlichem Staubsaugen abgesehen.

Es liegt keine Wohnraum-, Energie- und Zeitverschwendung mehr vor. Der Mensch hat wieder Zeit für sich, Zeit für die Liebe, Zeit, »echt« zu leben. Solche nach baubiologischen Gesichtspunkten gebaute Wohnanlagen mit maximal drei Stockwerken und großzügigen blumengeschmückten Balkonen und Terrassen sollten in allen Stadtteilen durch neu zu bildende Interessengemeinschaften* initiiert werden. Selbstverständlich können ähnliche Projekte auch für Familien mit Kindern konzipiert werden, in denen z. B. auch das Tagesmütter(väter)modell a priori verwirklicht wird.

---

* Wer sich in München, Hannover und Luzern dafür interessiert, der wende sich an:
Institut für psychologische Astrologie
Interessengemeinschaft »Bioeigentumswohnanlage«
Sendlinger Straße 28
80331 München, Tel. 089/2608842

Man muß bei sich selbst gewesen sein, um zum andern ausgehen zu können.
Martin Buber

Der Partner als Krankheitsauslöser

Die Schwierigkeiten, die jemand mit seinem Partner hat, sind in die Außenwelt projizierte Konflikte zwischen verschiedenen Anteilen seines Persönlichkeitssystems.

Je mehr der einzelne in sich selbst zu einer Partnerschaft zwischen Körper und Seele und zu einer Partnerschaft zwischen verschiedenen Persönlichkeitsanteilen fähig ist, desto größer ist die Wahrscheinlichkeit, daß er auch in der Außenwelt eine glückliche Beziehung haben wird.

Unsere äußeren Partnerschaften sind also nur Widerspiegelungen unserer inneren. Wenn wir außen mit einem Partner nicht zurechtkommen, dann stehen wir auch auf Kriegsfuß mit einem inneren Persönlichkeitsanteil.

Die meisten Partnerprobleme sind ohnehin keine Konflikte mit dem wirklich real existierenden Partner, sondern Schwierigkeiten mit einem Phantompartner.

Wie ist das zu verstehen? Meist macht nicht der wirkliche Partner krank, sondern die eigenen Vorstellungen und Sichtweisen, die man von seinem Partner entwickelt hat. In der Kollektivneurose ist fast jeder Mensch nicht mit seinem wirklichen Partner liiert, sondern mit einem subjektiven Trugbild, das er von seinem Partner hat.

So gibt es fünf verschiedene Arten von Phantompartnern:

1. Partner als Schauspieler im eigenen Lebensfilm oder Theaterstück

Der Partner wird in diesen Fällen nicht in seiner persönlichen Eigenart wahrgenommen, sondern soll nur die Rolle im eigenen Theaterstück spielen, die man ihm zugedacht hat.

2. Partner als Ausgleich

Der Partner darf auch hier kein Eigenleben führen, sondern hat lediglich die Funktion, die eigenen Lebensfelder auszugleichen, die man selbst nicht ausfüllen kann. Er wird als Objekt zur Erfüllung der eigenen Wünsche benutzt.

3. Partner als Projektionsfläche

Hier wird dem Partner einfach etwas unterstellt, was man für die Reproduktion von alten Gefühlen und Verhaltensmustern braucht. Je nach Art der Projektion kann man den Betreffenden dann lieben, hassen, bewundern und maßregeln oder man baut ganz einfach einen Popanz auf, um dagegen angehen zu können. »Beliebt« ist auch, aufgrund einer (falschen) Wahrnehmung oder einer Unterstellung depressiv zu werden oder sich durch den Partner entwertet zu fühlen.

4. Partner als Reaktionstypus

In diesem Fall nimmt man nur die Reaktionen des Partners auf das eigene Fühlen, Denken, Handeln und auf die eigene Ausstrahlung wahr. Je nach eigener Ursachensetzung reagiert der Partner auf unterschiedliche Weise. Die Frage lautet hier: Welche Anlagen und Energien hole ich damit aus dem anderen heraus? Welche Reaktionsmuster bewirke ich bei ihm?

Dieser Reaktionstypus hat mit dem wirklichen Partner überhaupt nichts zu tun. Da ich nur die Wirkungen auf mich und meine Aktionen sehe, werde ich durch das Verhalten des Partners auch noch in meiner falschen Sichtweise bestätigt. Ich bin dadurch überzeugt, daß er wirklich so ist, wie ich ihn sehe.

Bei einem anderen Partner aber wäre er wahrscheinlich ein ganz anderer Mensch, mit völlig anderen Reaktionen. Diese subjektive Sichtweise wird besonders über das Horoskop der verschiedenen Ex-Partner deutlich. So wurde ein Klient je nach der Planetenkonstellation in Haus 7 seiner jeweiligen Ex-Partnerinnen immer wieder anders gesehen. Eine Frau mit Pluto in Haus 7 sah ihn als dominant und vorstellungsgebunden an, diejenige, deren Uranus in Haus 7 steht, beurteilte ihn als Luftikus und zu keiner echten Nähe fähig, eine andere Partnerin mit Neptun in Haus 7 schilderte ihn als Chaot und Schlamper, die nächste Frau mit Mars in Haus 7 nahm ihn als aggressiven Typus wahr und eine weitere mit Jupiter Konjunktion Mond beschrieb ihn als sehr zärtlichen Liebhaber. Jede Partnerin holte aus ihm eine andere Anlage heraus, bewirkte ein anderes Verhalten oder hatte eine der Planetenkonstellation entsprechende andere selektive Wahrnehmung.

Über die sogenannte Umkehr, nämlich daß das 7. Haus das 1. Haus des anderen, das 8. Haus das 2. Haus des anderen, das 9. Haus das 3. Haus des anderen usw. ist, wird besonders deutlich, daß man den Partner nur entsprechend der eigenen Planetenkonstellation sieht und ihn so sowohl in die eigenen Spannungen als auch in die eigenen harmonischen Aspekte hineinzieht.

Ungut wird hier die Situation – wie es häufig geschieht, wenn der Betreffende die Reaktionen auf sich selbst vom Podest des Richters und Moralapostels aus bewertet. Dabei werden die Reaktionen des Partners wie Rückzug, Schweigen, Heimlichkeiten und Lügen, Wutanfälle, Flucht in eine andere Beziehung, Flucht in den Alkohol oder Flucht in die Arbeit unnachgiebig verfolgt. Der Elternrollenspieler macht Vorwürfe und Vorhaltungen, kritisiert und maßregelt die durch sein Verhalten entstandenen Symptome. Es erscheint ihm, als ob um ihn herum sich nur böse und feige Menschen aufhalten würden, als ob er von aller Schlechtigkeit dieser Welt umgeben wäre. Auf diese Art und Weise ist er sein Leben lang beschäftigt, die Wirkungen auf seine Ursachen beim Mitmenschen zu bekämpfen. Er kommt meist nicht auf die Idee, daß aufgrund seines stereotypen Verhaltens, Fühlens und Denkens der Partner zu einem spezifischen Reaktionstypus geworden ist.

5. Übertragung auf den Partner

Der Begriff der Übertragung stammt aus der Psychoanalyse. Im Laufe der psychoanalytischen Behandlung entwickelt der Patient normalerweise eine emotionale Reaktion gegenüber dem Therapeuten, indem er ihn mit einer Person identifiziert, die im Mittelpunkt des früheren emotionalen Konflikts stand. Diese Phase der Therapie nennt man Übertragung. In den meisten Fällen wird der Analytiker mit einem Elternteil oder mit einem Geliebten identifiziert. Die Übertragung nennt man positive Übertragung, wenn die Gefühle für den Therapeuten solche der Liebe oder der Bewunderung sind, und negative Übertragung, wenn sie als Feindschaft oder Neid empfunden werden. Häufig ist die Haltung des Patienten ambivalent, das heißt, er hat sowohl positive als auch negative Gefühle für den Therapeuten, so wie es Kinder häufig gegenüber ihren Eltern erleben.

Ähnliche Übertragungsmechanismen laufen auch in der Beziehung zum Partner ab. Der Partner wird häufig mit dem eigenen Vater, der eigenen Mutter oder mit einem der Geschwister verwechselt. Diese bedauerlichen Verwechslungen haben zur Konsequenz, daß die Partner sich selten in der Gegenwart befinden und sich deshalb nicht in ihrem wirklichen Sosein wahrnehmen können. Eine wirklichkeitsgetreue Wahrnehmung wird zusätzlich noch dadurch erschwert, daß der jeweilige Partner sich selbst meist auch nicht wirklich lebt, sich auch ständig in der Vergangenheit befindet und ebenfalls unbewußt auf Gelegenheiten wartet, um frühere Verhaltensmuster wiederholen zu können.

Oft kämpfen in einer Partnerschaft nur die in der Psyche der Betreffenden wohnenden Mütter und Väter gegeneinander – und da entstehen Verwechslungen und Mißverständnisse am laufenden Band.

Im Grunde handelt es sich nicht mehr nur um ein Trugbild, sondern eigentlich schon um ein Wahnbild vom Partner, das krankheitsauslösend wirkt. Wahnbild deshalb, weil man seine subjektive Überzeugung vom Partner mit einer solchen Gewißheit erlebt, daß man sich hierin nicht mehr korrigieren läßt.

Doch nicht nur Trug- oder Wahnbilder vom Partner stellen eine Gefährdung für die eigene Gesundheit dar, sondern auch Idealbilder vom Partner und von der Partnerschaft schlechthin. Durch den Vergleich zwischen dem eigenen Wunsch- und Vorstellungsbild und der Wirklichkeit entstehen Gefühle des Ärgers und der Frustration, die die seelische und körperliche Homöostase empfindlich verletzen können.

Um sich aus solch irrealen Vorstellungsbildern und den damit verbundenen irrealen partnerschaftlichen Verstrickungen lösen zu können, gilt es:

1. Die Verantwortung für die eigene Partneranziehung zu übernehmen. Sich bewußt darüber zu werden, daß aufgrund der eigenen Konstellationen und deren Entwicklungsstand eine Affinität zu dem Partner, mit dem man verbunden ist, besteht. Er spiegelt den eigenen innerseelischen Zustand wider.

2. Die Defizite im eigenen Persönlichkeitssystem aufzuspüren und durch Ausbildung der entsprechenden Anlagen aufzufüllen.

Es hat sich immer wieder gezeigt, daß derjenige, der seinen Weg gefunden hat und eigene Ziele im Leben anstrebt, sich auch gegenüber seinem Partner besser durchsetzen und abgrenzen kann.

Er betreibt damit aktive Krankheitsprophylaxe.

Krankheit als Reaktion auf die Reaktion des Partners

Bei Punkt 4 wurde erläutert, daß man durch eigene Ursachen den Partner zu entsprechenden Reaktionen treibt. Wenn diese Reaktionen pathologisch sind, besteht die Gefahr, daß man sie verinnerlicht und dadurch erkankt. Krankheit ist in diesem Fall eine Reaktion auf die Reaktion des Partners, die man selbst ausgelöst hat. Dies wird am Beispiel eines Klienten ersichtlich, der jahrelang seine Partnerin so sehr unterdrückte, daß sie schließlich als Reaktion darauf zur fanatischen Feministin wurde. Diese Reaktion wiederum konnte er seelisch nicht verkraften und somatisierte mit Magengeschwüren.

Oder: Thomas, ein 33jähriger Kursteilnehmer, galt – bevor er seine Anlagen nicht zu entwickeln und einzusetzen verstand – als langweiliger Typ. Er langweilte seine Frau so sehr, daß sie zu trinken begann. Dieses Reaktionsmuster jedoch war für ihn mit großen seelischen Schmerzen verbunden. Er erkrankte an einer chronischen Bauchspeicheldrüsenentzündung.

Auch Heidi, eine 29jährige Frau aus Hamburg wurde Opfer dieses Mechanismus. Sie schaffte durch ihr klagendes und weinerliches Verhalten eine so ungute Stimmung im Heim, daß ihr Mann zum Workaholiker wurde. Als Reaktion darauf somatisierte sie an der Schilddrüse.

Man kann aber auch als Reaktion auf die Projektion des Partners erkranken – wie im Falle von Mirja, einer geistig sehr differenzierten Frau aus Bremen. Mirja verband mit Wolfgang eine Art Haßliebe. Wolfgang, dessen Horoskop eine Mond-Saturn-Verbindung aufwies, hatte ein ganz bestimmtes Frauenideal und projizierte dieses Bild auf seine Partnerin. Mirja fühlte ständig diese Erwartungshaltung, und da sie glaubte, dieser nicht entsprechen zu können, fühlte sie sich als Frau minderwertig. Eine Mond-Neptun-Quadratur zeigt in ihrem Horoskop diese Problematik an. Die Verunsicherung (Neptun) in ihrer Weiblichkeit (Mond) wurde durch einen Fluor albus (Ausfluß) gleichnishaft auf der körperlichen Ebene ausgedrückt.

Der klassische Fall einer Wippschaukel

Gerhard war ein hochtalentierter Architekt, dessen Stern aufgrund vieler mißlicher Umstände einfach nicht aufgehen wollte. Nach Beendigung seines Studiums arbeitete er jahrelang als »Wasserträger« bei dem bekanntesten Architekten der Stadt. Er machte die Arbeit, während der Chef den Ruhm einheimste. In fast sadistischer Manier demonstrierte sein Chef Hans-Udo vor ihm ein Playboyleben voller Wonne und Liebelei.

Er ließ sich häufig bereits schon um die Mittagszeit von attraktiven, aufreizend gekleideten jungen Damen von seinem Büro abholen und brauste dann in seinem schwarzen Porsche davon. Schließlich wechselte Gerhard – den seelischen Schmerz nicht mehr ertragend – in ein anderes Architekturbüro, in dem sich allerdings für ihn leider bald eine ähnliche Problematik wiederholte. In dieser Zeit lernte er auch seine spätere Frau Martina kennen und lieben. Synchron dazu erkrankte er an Morbus Bechterew. Diese Erkrankung führt zu einer mehr oder weniger weitgehenden Versteifung der Wirbelsäule (Bambusstabwirbelsäule). Typisch ist die Haltung des Bechterew-Kranken mit stark nach vorn gekrümmtem Rücken. Die Knochenwucherungen drücken auf die durchtretenden Rückenmarksnerven und können Nervenschmerzen, die dem Ischiasschmerz ähnlich sind, erzeugen.

Einige Jahre später versuchte Gerhard, sich selbständig zu machen. Doch nun tauchte eine neue Schwierigkeit auf: Es war für ihn ein fast aussichtsloses Unterfangen, an Aufträge von Bauherren heranzukommen. Gerhard führte dies auf die mächtige Konkurrenz zurück, die immer eine Nasenlänge schneller am großen Kuchen war als er. Hinzu kam, daß seine Ehefrau Martina ihn ständig maßregelte und damit seinen ohnehin bereits angeschlagenen Eigenwert zusätzlich schmälerte.

Gerhard:

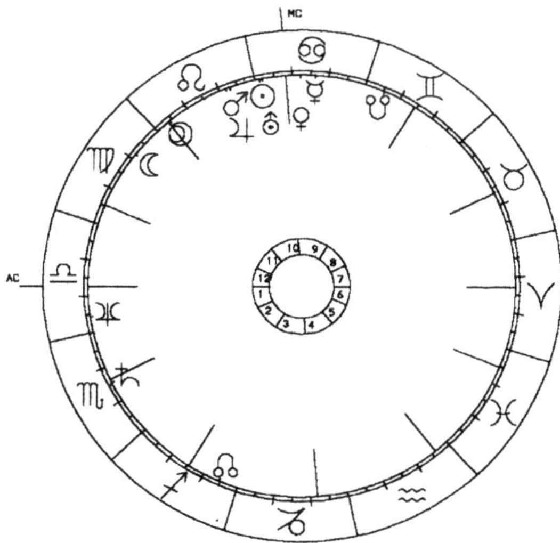

Martina:

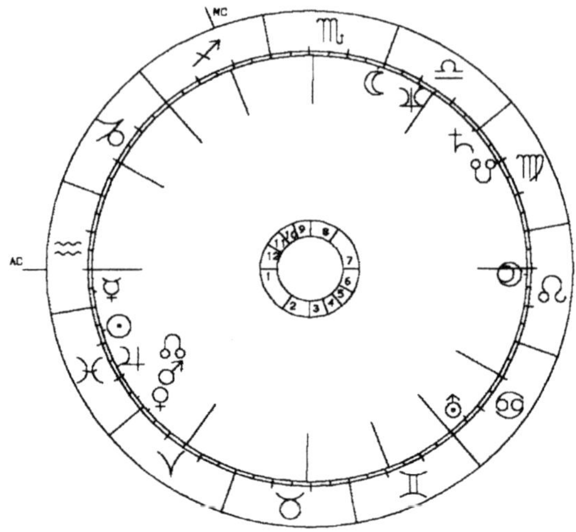

Psychoastrologisch gesehen sind für Wirbelsäulenleiden Saturn und das 10. Haus verantwortlich. Wir sehen in Gerhards Horoskop den Saturn als Herrscher von Haus 4 in Haus 2 und eine starke Betonung des 10. Hauses. Saturn als Herrscher von Haus 4 in Haus 2 bedeutet bei Gerhard: Die Hemmung im Finden der eigenen Identität und in der Durchsetzung der seelischen Eigenart, sowie Maßregelungen, die aus dem familiären Bereich bzw. aus dem Heim kommen, hemmen den Eigenwert. Auch seine Planetenkonstellation in Haus 10 erlebt Gerhard in der verwunschenen, unerlösten Form. Statt mit Uranus in Haus 10 sensationell (⛢) in der Öffentlichkeit (Haus 10) in Erscheinung zu treten und beruflich (Haus 10) etwas Neues (⛢), Ungewöhnliches (⛢) durchzusetzen (♂), erleidet er die Konstellation Uranus Konjunktion Mars als Nerven(⛢)schmerzen(♂) aufgrund des Druckes, der von der versteiften Wirbelsäule ausgeht.

Beleuchten wir die Anlagen Uranus und Mars noch etwas genauer, so fällt auf, daß Uranus Herrscher von Haus 5 ist und im Krebs steht, was heißt, daß er seinen schöpferischen (Haus 5) Ideenreichtum (⛢) beruflich (Haus 10) auf dem Gebiet von

Bauen und Wohnen (Krebs) einsetzen müßte, und daß Mars Herrscher von Haus 7 ist, was gleichbedeutend wäre mit der Aufgabe, sich nicht nur gegenüber der Partnerin zu behaupten, sondern sich auch in jeder Begegnungssituation (Haus 7) in Szene zu setzen (Mars). Es wäre wichtig für ihn, wo auch immer er sich befindet, für sich selbst zu werben, indem er sich zu Wort meldet und sich dabei als Architekt präsentiert. Auf diese Art und Weise würde er die entsprechenden »Samen« (Mars) legen, die dann im Beruf (Haus 10) aufgehen können. Auch Jupiter und Sonne warten in Haus 10 auf Erlösung. Jupiter kommt aus dem 3. Haus, was in der erwachsenen Form gleichbedeutend wäre, daß seine Aufgabe darin besteht, seine Kommunikationsfähigkeit (Haus 3) ständig weiterzuentwickeln und zu verbessern (Jupiter) und, eine Fülle (Jupiter) von Informationen auf dem beruflichen Sektor zu verwenden und umzusetzen, um damit großen Erfolg (Jupiter in Haus 10) zu erlangen. Die Sonne als Herrscher von Haus 11 betont wie Uranus als Herrscher von Haus 5 den schöpferischen Aspekt, der beruflich auf originelle, außergewöhnliche Art in Erscheinung treten müßte.

Gerhard hingegen erlebte Jupiter und Mars in Haus 10 zuerst in der Projektion in Form des erfolgreichen (Jupiter) Chefs, der im schwarzen (Haus 10) Porsche (Mars) mit schönen Frauen (Venus im Krebs/Spitze Haus 10) davonbrauste und, nach Ausbruch seiner Krankheit, als eine Fülle (Jupiter) von Schmerzen (Mars). Die schönen Frauen seines Chefs symbolisierten seine Grundanlage Venus Herrscher von Haus 1 in Haus 10 (der Planet wirkt, da er an der Spitze des 10. Hauses steht, bereits nach Haus 10). Gerhard konnte also seine Grundanlage, nämlich den Planeten, der zu seinem Aszendenten gehört, nicht für sich verfügbar machen. Diese Anlage heißt in die Sprache des Lebens übersetzt: Die Fähigkeit, Inhalt und Form in Einklang zu bringen, einen Sinn für Schönheit und Ästhetik zu entwickeln, wird beruflich (Haus 10) auf dem Sektor von Bauen und Wohnen (Krebs) eingesetzt.

Kurzum: Gerhard hat die Fähigkeit, schöne (Venus), alternative (Neptun in Haus 1) Häuser (Krebs) zu bauen. Er wäre damit ein gefragter Architekt, denn nur wenige seiner Kollegen verfügen über die Fähigkeit, Schönheit und Ästhetik mit dem Alternativen (Baubiologie) zu verbinden.

Neptun in Haus 1 wurde aber bisher nur als Angst vor seiner Ehefrau und als Passivität und Antriebslosigkeit erlebt. Er reagierte in Haus 1 mit seinem Neptun auf den Saturn in Haus 7 seiner Ehefrau. Martina empfand ihren Ehemann als Belastung (♄), maßregelte ihn häufig wegen seiner Antriebslosigkeit und hielt ihn damit unbewußt in seiner Bechterew-Erkrankung, die das negative Komplementärbild dazu darstellte, fest. Die Maßregelung verstärkte nur seine Antriebslosigkeit und seine Hemmung im Eigenwert. Aufgrund der Betonung des 1. Hauses von Martinas Horoskop war klar, daß sie über all die Power und Durchsetzungskraft verfügte, die er so dringend gebraucht hätte. Nun wurde diese Kraft sogar noch gegen ihn verwendet. Martina hütete das Heim und wollte, als Gerhard abends nach Hause kam, mit ihrem Mann etwas unternehmen, doch er war ständig müde und abgespannt, denn Krankheit und Erfolglosigkeit raubten ihm die Kraft. Martina konnte also weder ihre Planeten in Haus 1 noch Pluto und Saturn in Haus 7 wirklichkeitsadäquat erleben. Sie war vom Leben enttäuscht, und dementsprechend war auch ihre Ausstrahlung von Aggression und Frustration geprägt.

Eines Tages fragte Gerhard an einem Astrologie-Wochenende an, wie ein kompensatorisch neurotisches Ausleben von Neptun und Mars aussehen könnte. Die Antwort lautete u. a.: Fischen (Neptun) und Motorradfahren (Mars), Sportwagen fahren. Aufgrund seines Waage-Aszendenten erarbeitete sich Gerhard eine persönliche Gesundungs- und Erfolgsstrategie (Strategie und Taktik = Waage). Er ging von nun an regelmäßig zum Fischen und Tauchen, trat in einen Fischerverein und einen Tauchverein ein, kaufte sich ein Motorrad, wurde Mitglied bei einem Motorsportclub, meldete sich bei jedem Vortrag in der Diskussion zu Wort, knüpfte neue Kontakte und teilte dabei seine Visitenkarten aus. Ferner stellte er ein Album zusammen von all den Bauten, die er bisher geplant und durchgeführt hatte, und besuchte eine Zusatzausbildung in Baubiologie. Nach einiger Zeit stellten sich die ersten Erfolge ein – sein Architekturbüro vervielfachte den Umsatz.

Daraufhin kaufte er sich zusätzlich einen schwarzen Sportwagen, so daß sein Mars noch einmal verstärkt wurde. Obwohl ein solches Vorgehen (Fischen, Motorrad, Sportwagen) vom Standpunkt des Umwelt- und Lebensschutzes aus gesehen kaum zu vertreten ist, hat er dennoch das erreicht, was wir einen Ausgleich (Gesundung) innerhalb der Kollektivneurose nennen. Er erlebt nun seine Anlagenenergien Neptun in Haus 1 und Mars in Haus 10 nicht mehr als Hemmung, sondern kann sie symbolisch ausagieren, was im Status quo der gesellschaftlichen Entwicklung mit Anerkennung verbunden ist.

Gerhard war plötzlich ein gefragter Mann, bekam Aufträge von Freunden aus dem Fischerverein und aus dem Motorsportclub und verwirklichte spektakuläre Projekte. Auch gesundheitlich ging es ihm besser, wenngleich die Krankheit natürlich ihre Spuren hinterließ.

Als sein Ruhm auf dem Zenit stand, erkrankte Martina plötzlich an einer akuten Nasennebenhöhlen- und Stirnhöhlenentzündung sowie an einer überaus stark auftretenden Konjunktivitis. Ihr ganzes Gesicht war geschwollen und aufgedunsen. Sie konnte kaum mehr etwas sehen und hatte panische Angst, ihr Augenlicht zu verlieren.

Astropsychologisch gesehen fiel sie mit ihrem Saturn in Haus 7 vom Pluspol in den Minuspol. Wegen des immensen beruflichen Aufstiegs ihres Ehemannes war es ihr nicht mehr möglich, ständig maßregelnd und kritisierend in Erscheinung zu treten. Der minuspolige Saturn in der Waage (Partnerschaft) aber drückte auf ihren Mars (Entzündungen im Kopfbereich) und auf ihre Venus (ihr Aussehen wurde durch die Schwellung ungünstig beeinflußt).

Es handelt sich also bei Gerhard und Martina um den klassischen Fall einer »Wippschaukel«. Auf einer Wippschaukel ist der eine oben, wenn der andere unten sitzt, und umgekehrt. Eine Balance mit Harmonie und Ausgeglichenheit besteht in solchen »Wippschaukel-Partnerschaften« selten oder nur vorübergehend. Dabei gibt es Paare, bei denen der eine sich nur dann wohlfühlt, wenn es dem anderen schlechtgeht. Der eine zeigt Passivität, wenn der andere aktiv wird, um selbst Aktivität zu entfalten, sobald der andere sich resigniert zurückzieht. Verlangen des einen löst Überdruß beim anderen aus, um sich alsbald in Begehren zu verwandeln, sobald der andere sich überdrüssig und desinteressiert zeigt. Es gibt viele Beziehungen, in denen sich die Rollenverteilung zwischen einem aktiven und einem passiven Partner gut eingespielt und zu einem harmonischen Ganzen entwickelt hat. Für die Wippschaukelpartnerschaften ist jedoch kennzeichnend, daß beide sich nicht etwa ergänzen, sondern abwechseln und dabei in einer inneren Abhängigkeit zueinander stehen. Der eine ist eben nicht immer »high« – und der andere »down«, sondern beide wechseln sich darin ab und erleben das als schweren Konflikt. Sie sehnen sich danach, daß der andere sich entsprechend verhalten möge. Tut dieser es dann, reagieren sie entgegengesetzt auf ihn – und leiden nun auch wieder oder lassen den anderen leiden. Das Tempo dieses Wechsels ist unterschiedlich. Die Stimmung kann von heute auf morgen umschlagen und die Rollen und Reaktionen vertauschen. Es können aber auch Wochen und Monate oder, wie im Fall von Martina und Gerhard, sogar Jahre darüber vergehen.

Ulrich Beer schreibt in seinem Buch »Spinnenweib und Scherbenhaufen«: »Das Spiel auf der Schaukel setzt zwei gleichgewichtige Partner voraus. Sie müssen ihre Stärke nicht auf dem gleichen Gebiet haben, aber einer muß sich dem anderen doch so gewachsen fühlen, daß keiner aufgibt. Stimmen die Gewichte nicht, dann zermürben sie sich in dem Wechselspiel des ›himmelhochjauchzend‹ und ›zu Tode betrübt‹, mit dem sie einander in Atem halten. Machtkampf und Liebesvereinigung schließen einander aus. Ringen beide insgeheim um die Vormachtstellung, wird die Liebe darüber zerbrechen.«

Um die Balance wieder zu erreichen, war es für Martina entscheidend, ein anderes Betätigungsfeld für ihren Saturn zu finden. Da Saturn aus Haus 12 kommt und eine starke Fischebetonung in ihrem Horoskop zu verzeichnen war, interessierte sie sich besonders für Mystik und Esoterik. Nach dem Abschluß einer Ausbildung wurde sie als Lebensberaterin tätig und konnte auf diese Weise ihren Saturn kompensatorisch ausleben. Da sie dadurch auch über ein eigenes Einkommen verfügte, wurde ihr Mars, der Herrscher von Haus 2 (eigene Finanzen), ist, ebenfalls befriedigt.

Indem Martina sich selbst ausglich, beugte sie einem gesundheitlichen Rückschlag vor, belastete ihren Partner nicht mehr und machte damit einen gravierenden Schritt hin zu einer harmonischeren Beziehung.

Das Beispiel von Martina und Gerhard zeigt, wie wichtig es ist, daß jedes Individuum selbst im eigenen Ökosystem ausgeglichen ist und nicht erst über einen Partner oder Mitmenschen sein Gleichgewicht findet. Die Beziehungen, die aus einer autarken Position heraus eingegangen werden, haben einen anderen Gehalt und beinhalten mehr Lebensqualität als neurotische Symbiosen, in der einschneidende Krisen und oft dramatische Trennungen bereits vorprogrammiert sind.

Vorstellungsgebundenheit

Veronika, eine burschikose Kursteilnehmerin, hat ihren Pluto in Haus 1 direkt am Aszendenten.

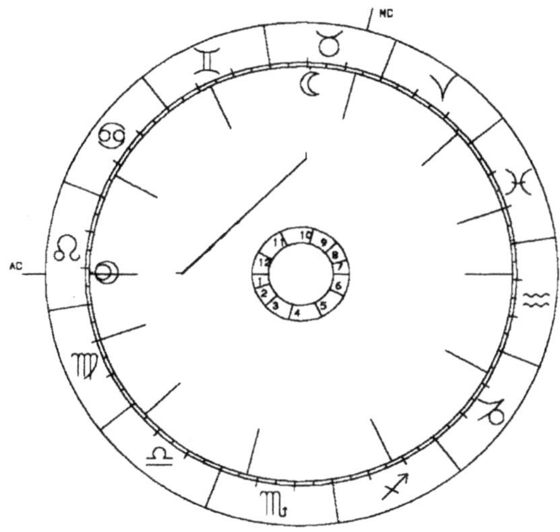

Sie mußte als Kind genau nach den Vorstellungen ihrer Mutter funktionieren und wurde daher in ihrer seelischen Eigenart unterdrückt (♇ Herrscher von Haus 4 in Haus 1 □ ☽ in Haus

10). Als Reaktion auf diese Situation der Vergangenheit suchte Veronika als Erwachsene den Gegenpol des Pluto, nämlich Macht, Fixierung und Vorstellungsgebundenheit. Als sie mit ihrem Freund Detlef, einem 51jährigen Brauereiingenieur, in eine gemeinsame Wohung zog, mußte er bei Veronika all das erleiden, was sie als Kind bei ihrer Mutter mitmachen mußte, denn Veronika versuchte ständig, ihre Vorstellungen (♇) durchzusetzen (Haus 1), ohne auf ihren Partner Rücksicht zu nehmen. Sie richtete die Wohnung nach ihrem Geschmack ein, organisierte im Urlaub den gesamten Tagesablauf, beauftragte die Handwerker und gab ihnen Anweisungen, sie bestimmte sogar, wie Detlefs Testament auszusehen hatte. Selbst in den kleinsten Dingen des Alltagslebens mußte es genau nach ihrem Kopf gehen. Sie entschied darüber, wann und wie lange ein Fenster geöffnet wurde, welcher Spaziergang gemacht und welcher Weg dabei genommen werden sollte, ob nach rechts, nach links oder geradeaus, welcher Gang zu welchem Zeitpunkt bei Autofahrten geschaltet wurde, welche Stellung im Bett zu beziehen war, wann die Rolläden heruntergelassen werden sollten, welche Farbe das Toilettenpapier haben mußte, welche Zimmerpflanzen gekauft wurden, welche Orangen und Bananen in die Obstschale kamen und welche nicht, weil sie zu wenig schön waren und damit die Wohnzimmeridylle störten. Doch das war noch nicht alles:

Sie bestimmte, wie Detlef fühlen, denken und handeln sollte. Sie wollte eine männliche Veronika, also einen »Veronikus« aus ihm machen. Jedes Wort mußte er auf die Waagschale legen, bevor er es aussprach, weil seine Freundin sonst mit den Augen rollte oder ihn nach einem in ihrem Sinne falschen Satz mit Liebesentzug strafte und tagelang Grabesstimmung verbreitete. Die Nichterfüllung ihrer Vorstellungen oder gar das Wagnis des Partners, eine eigene Vorstellung zu äußern, lösten bei ihr stundenlange Schimpfkanonaden aus, die den Eindruck erweckten, sie wolle Detlef seelisch vernichten (♇). Sie betonte immer wieder, sie werde sich nicht alles bieten lassen, und er sei nicht partner- und beziehungsfähig. Schließlich erkrankte Detlef an schmerzhaften Magenkrämpfen, die nachts oft über zwei Stunden anhielten.

Astrologisch gesehen ist diese Erkrankung nicht verwunderlich. Veronikas kompensatorisch ausgelebter Pluto in Haus 1 wirkt auf das 7. Haus des Partners, dessen Mond dort im Skorpion steht. Da der Magen dem Mond zugeordnet wird und ein unerlöstes Skorpionprinzip Spasmen verursacht, ist Detlefs Krankheitsbild Symbol dafür, was in der Beziehung zwischen ihm und Veronika abläuft.

Bei der Analyse von Detlefs Horoskop trat folgendes zutage: Detlef erlebte über Veronika seine dominante Mutter wieder, die ihn ständig kritisierte und ihn systematisch unterdrückte. Er hatte nicht gelernt, sich abzugrenzen und seine eigenen Vorstellungen durchzusetzen. Der Mangel an diesen beiden Fähigkeiten, der – astrologisch gesehen – immer mit einer Verdrängung der Stier- und Skorpionenergie gekoppelt ist, wurde ihm zum Verhängnis.

Nach dem Gesetz der Wiederkehr des Verdrängten kamen dieselben Energien in pervertierter Form in der Beziehung zu Veronika auf ihn zurück.

Krankheit, wenn Persönlichkeitsanteile plötzlich nicht mehr ausgelebt werden können

Wenn Schicksal nichts anderes ist als der in Funktion gebrachte Charakter, als die auf den Bildschirm des Raumes geworfene psychische Struktur, dann wollen über die Schicksalsereignisse eigene innerseelische Strukturanteile bewußt werden, dann ist am äußeren Schicksal ablesbar, in welcher Verfassung der jeweilige Persönlichkeitsanteil ist, welche Inhalte er hat, und auf welcher Frequenz er sich befindet. Wenn es aus irgendwelchen Gründen nicht mehr möglich ist, eine Anlage oder Energie, die bisher persönlichkeitsstabilisierende Bedeutung hatte, in der Außenwelt auszuleben, muß sie – sofern keine Alternative besteht – auf den Leib projiziert werden.

Hierzu ein Fall aus der Praxis: Iris lebte bis zum 24. Lebensjahr im Haushalt ihrer Mutter, ehe sie beim Tanzen Dirk kennenlernte. Diese Verbindung war ihrer Mutter ein Dorn im Auge. Aufgrund der Gefährdung der symbiotischen Beziehung zu ihrer Tochter bildete ihr Unbewußtes ein Myom, eine

Geschwulst aus wuchernden, glatten Muskelzellen aus. Dieses Myom drückte auf der körperlichen Ebene das aus, was zwischen ihrer Tochter und ihr geschah: Ein Fremdkörper schob sich in ihre Intimsphäre und konnte, aufgrund der Unmöglichkeit, die neue Situation auf andere Art und Weise zu bewältigen, nur durch eine Operation beseitigt werden.

Eine ähnliche Problematik zeigte sich auch bei Renate:

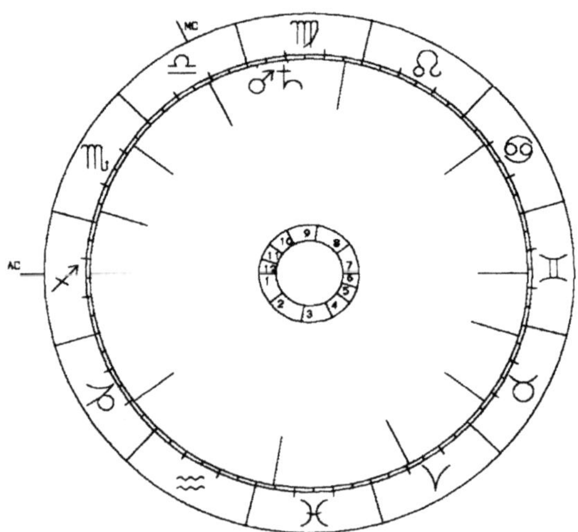

Renate, Sekretärin in der Bekleidungsindustrie, hatte bisher ihre Saturn-Mars-Konstellation in Haus 9 so ausgelebt, daß sie alljährlich einige Male zu ihrem Freund Jimmy nach Australien reiste (Haus 9). Die Reisekosten bestritt er. In dieser Zeit schaffte sie es, sich jeweils an den Freund, der einige Jahre älter war (Mars = Liebhaber, Saturn-Mars = alter Liebhaber) anzupassen (Jungfrau). Eines Tages jedoch lernte ihr Freund eine andere Frau kennen. Damit war nicht nur ihre Beziehung beendet, sondern auch ihre Energie (Mars) in bezug auf Reisen (Haus 9) wurde gehemmt (Saturn). Da ihr Mars also auf diese Weise nicht mehr ausgelebt werden konnte, wurde er auf die körperliche Ebene transferiert. Mit Mars in der Jungfrau manifestierte sich die Energie am Darm (Jungfrau) in Form einer Fistel. Renate mußte sich, nachdem eine ambulante Behandlung nicht fruchtete – schließlich einer Operation unterziehen.

Dabei kam die verdrängte libidinöse Energie sowie die blockierte Energie im Hinblick auf Reisen in zwei Varianten auf sie zu: Der Minuspol des Mars, der zur Somatisierung trieb, verlangte gemäß dem Gesetz der Komplementarität nach dem Pluspol in Form des Chirurgen (Mars), der das Messer (Mars) ansetzte. Zum anderen litt Renate, die in der Klinik in einem Zweibettzimmer untergebracht war, unter dem ständigen nächtlichen Gestöhne (Mars) ihrer Zimmergenossin, die an starken Schmerzen (Mars) litt. Dieses Stöhnen aus Schmerz (Minuspol des Mars) war die Umkehrung des Stöhnens aus Lust (Pluspol des Mars). Aufgrund der Beendigung der Beziehung mußte sexuelle Energie verdrängt werden, der Akt der Verdrängung aber pervertierte diese Energie und verwandelte sie somit in Schmerz. Diese im Unbewußten schlummernde Energie wurde schließlich in der Projektion bei der stöhnenden Zimmergenossin erlebt.

Das Berufsleben als Krankheitsauslöser

In der Kollektivneurose, in der wir leben, werden vorwiegend nur entfremdete Arbeiten angeboten, also Tätigkeiten, die der Natur des Menschen zuwiderlaufen. Wer von Montag bis Freitag entfremdete Arbeiten verrichtet, muß zwangsläufig dabei seine eigene Lebendigkeit verdrängen. Dabei bleiben häufig seine körperlichen Bedürfnisse (z. B. nach Licht, Sonne und Bewegung), seine seelischen Bedürfnisse (z. B. nach Zärtlichkeit und menschlicher Wärme) und seine geistigen Bedürfnisse (z. B. nach Weiterbildung und Sinnfindung) auf der Strecke. Da diese grundlegenden Bedürfnisse nicht gestillt werden können, entsteht Frustration, die primär durch Konsum kompensiert wird. In vielen Fällen kann jedoch der Konsum von Waren und Gütern den tiefen Schmerz, ein anderes Leben als das eigene führen zu müssen, nicht mehr ausgleichen, und es kommt zu einer Somatisierung. Über die Krankheit kehren all die wertvollen menschlichen Energien, die sich im Arbeitsprozeß nicht oder nur ungenügend entfalten konnten, in pervertierter Form wieder (Gesetz der Wiederkehr des Verdrängten). Unsere derzeitige Arbeitswelt fungiert daher zum großen Teil als »Zulieferindustrie« für Arztpraxen und Krankenhäuser.

Betrachtet man die Menschen eines Unternehmens oder einer Institution, so sind grundsätzlich vier Typen – in mehr oder weniger ausgeprägter Form – zu beobachten:

1. Menschen, die bestimmte Fähigkeiten sehr gut ausgebildet haben und sie in ihrer beruflichen Tätigkeit optimal einsetzen können. Sie befinden sich mit ihrem Anlagenpotential am richtigen Platz.

2. Menschen, die am falschen Platz sitzen, weil sie über andere Fähigkeiten und andere Neigungen verfügen als die, die in ihrem Arbeitsfeld benötigt werden.

3. Menschen, die fast überall unfähig und so im Arbeitsleben wenig erfolgreich sind. Sie müssen erst noch ihre einzigartigen Anlagen entdecken und ausbilden.

4. Menschen, die überall durchschnittlich begabt sind und daher auch nur durchschnittliche Leistungen erbringen.

Über die Horoskope unserer Mitmenschen wird deutlich, daß Millionen sich in falschen Berufen befinden und dort nicht ihre optimale Leistung einbringen können, weil ihre Anlagen, Neigungen und Fähigkeiten anders gelagert sind. Diese Menschen wurden häufig von Elternhaus, Schule, Milieu und Zeitepoche in ihrem Berufsfindungsprozeß (Haus 10) fremdbestimmt und haben dann oft später keine Möglichkeit mehr, die Richtung zu ändern.

Die permanente Verdrängung ihrer wahren Berufung wird dann am Körper in Form von Krankheiten abgebildet oder bringt Schicksalsschläge (= äußere Krankheiten) am laufenden Band. Es gehört deshalb zu den obersten Prinzipien der psychologischen Astrologie, dem einzelnen zu seiner wahren Berufung zu verhelfen.

Dies ist ein mehr als schwieriges Unterfangen, da verschiedene Anlagen und Fähigkeiten dem Horoskopeigner oft nicht bewußt sind, weil sie bisher nur in der Erleidensform oder in der Projektion erlebt wurden, und da aufgrund von bereits fest abgesteckten Rahmenbedingungen (Familie, Eigenheim, Beamtenlaufbahn) eine vehemente Abwehr gegenüber jeglicher Veränderung besteht.

Hinzu kommt, daß die individuelle Anlagenkombination nicht immer ein in der jeweiligen Gesellschaft und Zeitepoche existierendes Berufsbild ergibt – wie etwa die Kombination von Fachwissen (Skorpion, Pluto, Haus 8 – Prinzip), pädagogischem Einfühlungsvermögen (Löwe, Sonne, Haus 5 – Prinzip) und rhetorischen Fähigkeiten (Zwilling, Merkur, Haus 3 – Prinzip) einen Fachlehrer. Manchmal muß aufgrund der Kombination erst ein neuer Beruf geschaffen werden. Dies setzt zugleich eine große Pionierleistung voraus, die nicht jeder erbringen will. Es übersteigt den Rahmen dieses Buches, nunmehr konkret auf den Berufsfindungsprozeß, der immer mit dem Finden der eigenen Berufung gekoppelt sein sollte, einzugehen.

Nur soviel: Der Herrscher von Haus 1 (Grundanlage), Planeten in Haus 1 (Anlagen, die die Grundanlage verstärken), die Sonnenstellung (Verwirklichungspotential), die Stellung des Herrschers von Haus 10 (sogenannter Berufssignifikator), Planeten in Haus 10 (Anlagen, die für den Beruf eingesetzt werden) sowie die Stellung des Saturn (wenn der Mangel in Stärke transformiert werden kann) sind für diesen Prozeß von entscheidender Bedeutung. Auch müssen noch zusätzlich der Herrscher von Haus 6 (Darstellung des eigenen Wesens über den Arbeitsprozeß) und die Planeten in Haus 6 beachtet werden.

Symbole im Berufsleben

Wir alle sind mehr oder weniger verwunschene oder verzauberte Prinzen und Prinzessinnen, ohne daß wir uns dessen bewußt sind. Gewöhnlich wissen wir nicht, welch ungeheures Lebens- und Glückspotential wir zur Verfügung haben, wie unsere Anlagen und Energien gelagert sind und wo wir sie deponiert haben.

Dabei ist entscheidend, ob wir unsere Anlagen und Potenzen von anderen ausleben lassen, oder ob wir sie selbst in eine Form gebracht haben – kurzum, ob wir fremde Ausdrucksformen und Symbole dazu verwenden oder unsere eigenen.

Eigene verzauberte Anlagen aufzudecken ist verhältnismäßig einfach, wenn man über ein entsprechendes Symbolwissen verfügt. Ohne ein solches glaubt kaum jemand, daß etwa eine Depression aus zwei wertvollen Anlagen besteht, die allerdings nur auf pervertierte, verzauberte, kranke Art und Weise zum Ausdruck kommen. Es sind die Anlagen »Seelische Eigenart« bzw. »Eigenes Wesen« zum einen und »Eigene Wertmaßstäbe« bzw. »Eigene Rechtsordnung« zum anderen. Wenn der einzelne sein Wesen nicht nach eigenen Maßstäben entwickeln und ausdrücken kann, drückt er dies unbewußt über die Depression aus. Die Depression ist die Folge einer nicht entwickelten seelischen Eigenart und einer nicht entwickelten eigenen Rechtsordnung. Richtet sich der Betreffende nach fremden Maßstäben, etwa nach denen von Moral und Konvention, bleibt sein eigenes Wesen auf der Strecke. Sein Unbewußtes zeigt dies in Form einer depressiven Neurose an, die nichts anderes ist als eine seelische »Ersatzeigenart«. Er kann nun von der Umwelt definiert werden als: »Der Herbert – das ist doch der mit der Depression.«

Da die Wirkung die Ursache verstärkt, entbindet die Ersatzeigenart Depression jenen Herbert, nach seiner wirklichen Eigenart zu suchen. Solange er unter der Depression leidet, sind seine Anlagen und Energien in der Depression gebunden.

Dieses Beispiel ist auf alle Ersatzgefühle wie Angst, Neid, Haß, Mißgunst, Aggression, Ärger etc. sowie auf sämtliche Krankheiten übertragbar. Es ist deshalb schwierig, eine chronische Krankheit zu überwinden, weil nur durch Ausbildung einer Anlage die gebundene Energie wieder freigesetzt werden kann. Doch weil der Betreffende krank ist, hat er kaum Energie zur Verfügung, seine Anlagen zu entwickeln und auszuleben – denn gerade die braucht er ja, um die Krankheit aufrechtzuerhalten.

Unsere Anlagen und Energien sind jedoch nicht nur in Ersatzgefühlen und Krankheiten gebunden, sondern auch in Ideologien, Weltanschauungen und Religionen sowie in eigenen Formen, zum Beispiel in der Porzellankatze. In der Ente aus Holz, in der Kuckucksuhr, im Hirschgeweih, im ausgestopften Wildschweinkopf, im Jagdgewehr, das an der Wand hängt ...

So ist auch eine marmorne Goethebüste im Wohnzimmer ein Symbol, das dechiffriert werden kann. Der Betreffende hätte eine hervorragende geistige Anlage, die aber noch unentwickelt ist; deshalb projiziert er sie auf den Dichter und Philosophen Goethe, dessen Büste ihn ausgleichen und in bezug auf geistige Bildung aufwerten soll. So will der Betreffende zum Ausdruck bringen, daß er gebildet sein möchte und Goethes Werke zu schätzen weiß.

In dem Moment jedoch, wo er sich selbst Bildung aneignet und mit seiner geistigen Anlage lebendig wird, verliert die Büste des Dichters an Bedeutung: Sie war nur eine Krücke auf dem Weg zur Entwicklung der eigenen geistigen Anlage. Vielleicht aber schätzt er Goethes Werke immer noch – nur steht die Büste jetzt nicht mehr aus dem alten Grund da! Viele Menschen haben eigene Anlagen und Energien unbewußt auf die Symbole von anderen projiziert, etwa, wenn ein Persönlichkeitsanteil einer Frau in der Motorjacht ihres Partners gebunden ist. Es ist daher wichtig, hinter die Symbole zu schauen, die als Ersatz für das eigene Leben dienen. Besonders im Beruf leben wir in einer Fremdsymbolik, die es zu dechiffrieren gilt.

Dazu ein Beispiel:

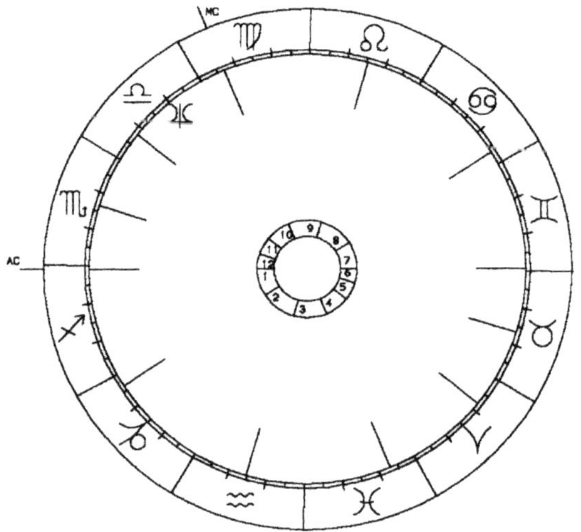

Liliane A. hat Neptun als Herrscher von Haus 4 in Haus 10. Sie war mit ihrer beruflichen Situation sehr unzufrieden. Zunächst arbeitete sie in einer Getränke(Neptun)-firma, dann bei drei weiteren Firmen, die alle in Konkurs (Neptun) gingen und schließlich in einem Fußboden(Neptun)-geschäft. Ihre Neptun-Energie war also jahrelang in den Symbolen anderer gebunden. Sie kam an ihre eigene Energie nicht heran, weil sie sich selbst keine Neptuninhalte aneignete.

Dies änderte sich von dem Zeitpunkt an, als sie sich, nachdem sie jahrelang an hormonellen (Neptun) Störungen gelitten hatte, mit Naturheilkunde (Neptun = Heilen, Helfen, Herrscher von Haus 4 = Natur, Seele) beschäftigte. Dadurch bekam ihr Persönlichkeitsanteil Neptun eine andere Frequenz. Dieser andere Level des Neptunprinzips ließ schließlich in ihr den Wunsch (Neptun) entstehen, die bisherige berufliche Situation aufzulösen (Neptun) und nach einer Alternative (Neptun) zu suchen.

Sie besuchte eine Heilpraktikerschule, und nach der Amtsarztprüfung konnte sie offiziell (Haus 10) beruflich (Haus 10) als Helfer (Neptun) und Heiler (Neptun) tätig werden.

Ihr Neptun ist nunmehr mit Inhalten gefüllt. Sie kann diese wertvolle Anlage jetzt selbst einsetzen.

Ein weiterer Fall:

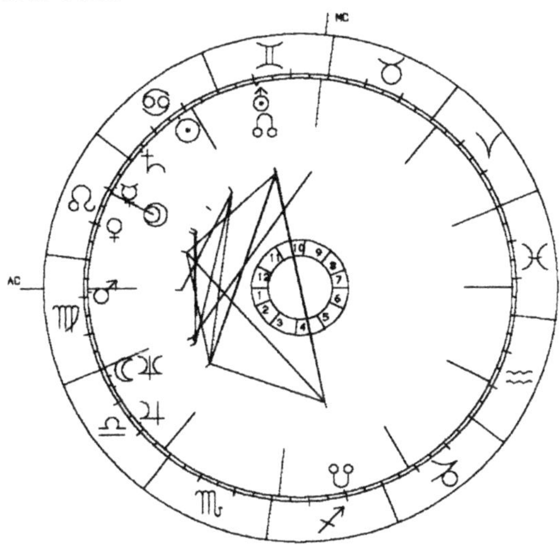

Stefanie L. war mit ihrem Uranus im Zwilling in Haus 10 im Trigon zu Jupiter in Haus 2 jahrelang Leiterin (Haus 10) der Telefonzentrale (Uranus im Zwilling in Haus 10 = ständig wechselnde [Uranus] Gespräche [Zwilling] im Beruf [Haus 10]), eines großen internationalen Luxushotels. Der Name dieses Hotels war ein Begriff und hob sie (Jupiter) in ihrem Eigenwert (Haus 2). Stefanie litt jedoch sehr darunter, daß der Raum (Mond), in dem sie arbeitete, kein Fenster (Neptun)

hatte. Die sich daraus ergebende Ungeborgenheit (Neptun–Mond) kompensierte sie in ihrer Freizeit durch die Anschaffung einer Katze (Mond). Ihre wertvollen Persönlichkeitsanteile Uranus, Jupiter, Mond und Neptun waren also in den »fremden« Formen der Umwelt deponiert. Sie konnte ihre Energien mangels Inhalt nicht anders einlösen.

Ihre Ängste, ein Leben lang in einem fensterlosen Raum zubringen zu müssen, trieben sie schließlich zur psychologischen (Mond) Astrologie (Neptun). Stefanie absolvierte die zweijährige Ausbildung zur Psychologischen Astrologin und schloß mit einer glänzenden Diplomarbeit ab. Ferner frischte sie ihre Englischkenntnisse auf und ging schließlich in die USA. Dort hielt sie in bestimmten Intervallen (Uranus) öffentliche (Haus 10) Vorträge (Zwilling) und hatte dabei mit der psychologischen (Mond) Astrologie (Neptun) großen Erfolg (Jupiter). Danach ging sie nach Europa zurück, zog in ein großes Haus um (Jupiter, Herrscher von Haus 4) und eröffnete dort ein Zentrum für geistige Weiterentwicklung (Jupiter). Nicht der Name des Hotels steigert jetzt ihren Eigenwert, sondern ihr geistiges Zentrum und ihr eigener Erfolg. Da ihre Anlagen Uranus, Jupiter, Mond und Neptun für sie selbst verfügbar wurden, hat sie nunmehr ein ganz anderes Lebensgefühl und möchte mit dem früheren Zustand nicht mehr tauschen.

So kann jeder sich überlegen, wohin er seine Anlagen und Energien projiziert hat. Wer seine seelischen (II. Quadrant) und geistigen (III. Quadrant) Anlagen nicht entwickelt und in keine Form bringt, muß sie zwangsläufig – um seine Planeten doch noch ausleben zu können – auf die Formen von anderen projizieren. Solange der Betreffende sich keine eigenen Inhalte auf den verschiedensten Lebensgebieten angeeignet hat, leidet er auch nicht unter den fremden Formen. Im Gegenteil! Er identifiziert sich damit und kann auf diese Weise sein seelisches und geistiges Gleichgewicht aufrechterhalten. Sein inneres ökologisches System ist in Ordnung. Schwierig wird es erst, wenn er freier zu denken beginnt, also nicht mehr nur vorgegebene Denkschablonen (von Medizin, Religion, Kindererziehung etc.) und die dazugehörigen Symbole übernimmt;

denn jetzt passen seine eigenen Inhalte nicht mehr zu den konventionellen Formen, die im patriarchalen System üblich sind.

Damit bleibt ihm nichts anderes übrig, als die Formen zu entwickeln, die zu seinen ureigenen Inhalten passen oder – sofern er dazu nicht imstande ist – unbewußt den Körper als Form zu benutzen: Er wird krank.

So geht es auch häufig demjenigen, dessen Energien über viele Jahre hinweg in den fremden Symbolen einer Firma oder Institution gebunden waren und der schließlich in Pension geht. Von diesem Zeitpunkt an fällt er aus der bisherigen Harmonie heraus, weil seine Energien nun in keiner äußeren Form mehr gehalten werden. Man stelle sich einmal vor:

Während all der Jahre konnte der Betreffende nur in einer fremden Symbolik leben, hatte also selbst keinerlei Ausdrucksmöglichkeiten. Von dem Augenblick an, in dem er beginnen könnte zu leben, ist er daher gesundheitlich aufs äußerste gefährdet. Ja, er hat sogar häufig eine Disposition für den Tod, weil er in diesem Alter oft keine neuen Kanäle mehr für seine Energien findet. Paradoxerweise hat ihn vorher die Fremdsymbolik »gesund« erhalten.

Fazit: Nur wer mit seinem Leben und seiner Gesundheit nicht zufrieden ist, sollte die Fremdsymbolik aufdecken, durch die er sich gewöhnlich leben läßt.

Dann gilt es, eigene Formen für die eigenen (inzwischen entwickelten) Inhalte zu schaffen, um die Diskrepanz zwischen Inhalt und Form zu beseitigen und Lebensfreude und Gesundheit einkehren zu lassen. Wenn man das, was oben über die Verzauberungen bzw. über den Symbolisierungszwang des »Es« angeführt wurde, konsequent zu Ende denkt, wird klar, daß dies ein völlig neues Denken und Vorgehen sowohl in der Psychotherapie als auch in der psychosomatischen Medizin nach sich ziehen wird.

Ohne Astrologie und ohne Symbolwissen ist es kaum möglich, die wahren Anlagen des betreffenden Menschen zu erkennen. Wie hätte man sonst – wie im Fall Liliane A. – von dem Umstand, daß sie in einer Getränkefirma (♆) arbeitet, auf ihre wahre Anlage des Heilens (♆) und Helfens (♆) schließen können?

Und wie hätte man ohne Horoskop erkennen können, daß die Störung des Hormonsystems (♆), an der Liliane A. jahrelang litt, ein Ausdruck ihrer unerlösten Neptun-Anlage war?

Wie sollte man ohne astrologische Kenntnise wissen, wie das »Gesundheitsbild« dieser Anlage aussieht? Wie sollte man bei Krankheiten die wahre Ursache erkennen und den Weg zur Gesundheit, zum Gleichgewicht und zur Homöostase aufzeigen können, wenn man weder die Fremd- und Krankheitssymbolik dechiffrieren kann, noch weiß, wie diese Anlage gesund und real ausgelebt werden kann? In Anbetracht der Tatsache, daß jede chronische Erkrankung der Ausdruck einer unerlösten Anlage ist, muß auch jede »Wunderheilung« als suspekt erscheinen.

Wenn der Kranke die entsprechende Anlage ausbilden und einsetzen muß, um gesund zu werden, können sicher weder Handauflegen noch irgendwelche technologischen Placebos das bewirken.

Der Arzt kann als notwendige Krücke bis zur Gesundung eine Arznei verordnen, die symptomatisch wirkt, aber die wahre Ursache, die im Defizit oder in der falschen Kanalisierung einer Anlage liegt, kann nur der Patient selbst beseitigen.

Auch bringt – so gesehen – die ewige Suche nach irgendwelchen Kindheitstraumata wenig, weil entscheidend ist, ob der Betreffende hier und jetzt die Weichen in seinem Leben anders stellt. Im Hinblick auf einen Beruf muß er ein Gebiet finden, mit dem er sich identifizieren kann, in dem er aufgeht, das sein Herz höher schlagen läßt und das er nicht mehr als Arbeit, Mühe und Plage empfindet. Wenn er damit der Welt einen Stempel aufdrückt, ist er kein von der Krankheit Gezeichneter mehr.

Krankheit, weil eine Anlage nur »geliehen« war

Michaela, eine attraktive Frau von Anfang 40, litt über ein Jahr an unspezifischen Atembeschwerden.

Dazu die Vorgeschichte: Michaela fing im Alter von 23 Jahren bei einem aufstrebenden Chemieunternehmen als

Sachbearbeiterin an. Im Laufe der Jahre stieg sie durch ihre besonderen rhetorischen und schriftlichen Fähigkeiten sowie ihre rasche Auffassungsgabe und ihr Organisationstalent bis zur Sekretärin des Geschäftsführers auf. Ihr Chef delegierte fast all seine Aufgaben an Michaela, um sich dadurch einen Freiraum für seine Forschungsprojekte zu schaffen. So hatte sie schnell das Zepter der Firma voll in der Hand. Ohne sie lief in dem Unternehmen, das inzwischen 500 Beschäftigte zählte, wenig oder gar nichts. Als jedoch nach langen Jahren guter Zusammenarbeit Michaelas Chef eines Tages ins Ausland versetzt wurde, wollte auch sie nicht mehr bleiben, zumal auch ihre künstlerische und dichterische Begabung immer mehr nach Ausdruck verlangte. Sie entschloß sich, zukünftig nur noch als Dichterin tätig zu sein. Doch sie merkte bald, daß nun niemand mehr um ihre Gunst buhlte und kaum jemand mehr nach ihr fragte, geschweige denn auf sie hörte. Sie war – so schien es ihr – in eine »Bedeutungslosigkeit« gesunken, die ihr seelisch sehr zu schaffen machte. Einige Zeit später bekam sie eigenartige, schwer zu definierende Atembeschwerden, die sich in bestimmten Intervallen wiederholten.

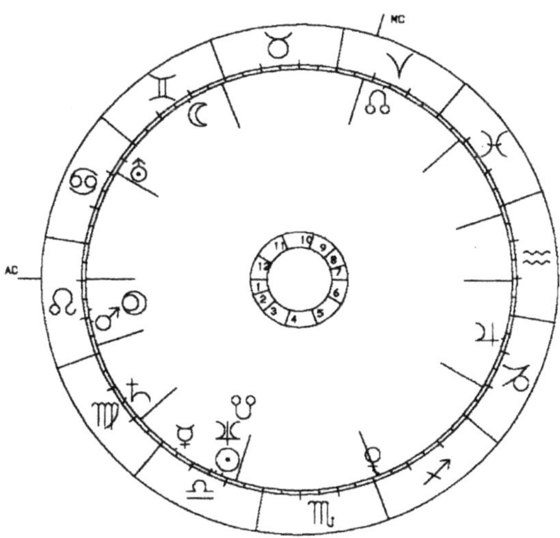

Astropsychologisch betrachtet sind die unspezifischen Atembeschwerden auf den Saturn als Herrscher von Haus 6 in Haus

2 sowie auf die Pluto-Mars-Konjunktion in Haus 1 zurückzuführen. Saturn als Herrscher von Haus 6 in Haus 2 mit Jupiter als Inhalt zeigt den ehrgeizigen (♄) Aufstieg (♃) im Angestelltenverhältnis (Haus 6) an, der zur Stabilisierung ihres Eigenwerts (Haus 2) verwendet wurde. Aufgrund ihres Ausstiegs verlor sie nicht nur ihre hohe Stellung und ihre Macht innerhalb der Angestelltenhierarchie, sondern auch ihre innerseelischen Persönlichkeitsanteile Saturn und Pluto fielen vom Plus- in den Minuspol zurück. Dies ist ein Phänomen, das sehr häufig bei Aussteigern zu beobachten ist: Man unterschätzt die persönlichkeitsstabilisierende Funktion von Machtpositionen, von Kontakten, die mit dem Arbeitsverhältnis verbunden waren, sowie der Möglichkeit des symbolischen Ausagierens von Energien in der jeweiligen Firma oder Institution. Im Fall von Michaela war der Pluspol, also die kompensatorische Seite von Saturn und Pluto, nur geliehen, insofern waren Eigenwert und Durchsetzung nur von ihrer Funktion als Chefsekretärin abgeleitet worden. Sie lieh sich ihre Maßstäblichkeit und Bedeutung (♄) von der Firma, deren Name ein Begriff in der Welt ist, und von ihrer Karriere (♄), lieh sich ferner die Macht ihres Chefs, so daß ihre Durchsetzung machtvoll (♇ ♂), ihr Einkommen und ihr Eigenwert bedeutend (♄ in Haus 2) und ihre Darstellung glanzvoll (☉ in Haus 3) sein konnten. Da diese Sonne in Haus 3 Herrscher von Haus 1 und Haus 2 ist und deshalb Pluto, Mars und Saturn zum Inhalt hat, wurde sie durch den Rückfall dieser Planeten von der Kompensation auf die Hemmung sehr belastet. Da Haus 3 den Bronchien und Lungen, also dem Atemtrakt zugeordnet wird und die Sonne ferner eine Konjunktion mit Neptun, dem großen Verschleierer, aufweist, drücken die unspezifischen (verschleierten, unergründlichen) Atembeschwerden psychoastrologisch gesehen ihre unsichere Situation auf den verschiedensten Lebensfeldern aus.

Lösungsmöglichkeit: Für Michaela ist es wichtig, für Pluto und Saturn neue Entfaltungsmöglichkeiten zu finden, damit ihre Beschwerden verschwinden. Dies kann etwa geschehen, indem sie sich als Dichterin im Laufe der Zeit einen Namen macht (Jupiter Herrscher von Haus 5 in Haus 6 im Steinbock und Saturn in Haus 2), indem sie als Leiterin (♌) einer Bürgerinitiative (Haus 1) in Erscheinung tritt oder indem sie als Chefin (♌) eines Ernährungs- oder Wohnstudios (Pluto, Herrscher von Haus 4) ihr Konzept (♌) durchsetzen (Haus 1) kann.

III.

Der Weg zur Gesundheit

Gesundungsstrategie

Ebenso wie eine chronische Erkrankung ein langwieriger Prozeß ist, ist auch die Gesundung ein Prozeß, der nicht von heute auf morgen vollzogen werden kann.

Gesundheit ist wie Erfolg nicht etwas, was man a priori anstreben kann, sondern Gesundheit muß erarbeitet werden. Gesundheit erfolgt sozusagen als »Nebeneffekt« von verschiedenen, die Lebensqualität steigernden Maßnahmen.

Wer das Ziel Gesundheit erreichen will, muß also zuerst den Weg dorthin kennenlernen. Dabei hat sich bewährt, den Weg in einzelne Etappen zu unterteilen: Analytische Phase (Phase der Bewußtwerdung), Informationsphase, Konzeptionsphase und Verwirklichungsphase. Zuerst müssen alle krankmachenden Faktoren analysiert und bewußtgemacht werden.

Dann heißt es, Informationen darüber einzuholen, was gesund machen kann.

Dazu gehört auch das Wissen, welche Körperteile oder Organe welchem kosmischen Prinzip entsprechen.

Bei der Konzeptionsphase geht es darum, sich aus der Fülle der Informationen ein eigenes Konzept, einen Gesundungsplan, ein Rezept aufzustellen, auf welche Weise Gesundheit erreicht werden kann.

Und schließlich wird über die Realisationsphase klar, daß alle Theorie grau ist und daß eine wirkliche Verbesserung der psychischen Situation und der Gesundheit erst dann möglich ist, wenn die neuen Erkenntnisse ins Leben umgesetzt werden.

Analytische Phase

Phase der Bewußtwerdung

Astrologische Ökomedizin

»›Eine alte orientalische Geschichte erzählt von einem Mann, der nach jahrelanger Suche nach dem Geheimnis des Lebens erfuhr, ein Ziehbrunnen berge die Antwort, die er so eifrig zu wissen begehre.

Nachdem der Mann den Brunnen gefunden hatte, stellte er seine Frage, und aus der Tiefe erklang die Antwort: ›Geh zur Straßenkreuzung im Dorf. Dort wirst du finden, was du suchst.‹

Voller Hoffnung gehorchte der Mann, doch an der angegebenen Stelle fand er nur drei Läden: Im einen wurden Metalldrähte verkauft, in einem anderen Holz und im dritten Metallstücke. Nichts und niemand in dieser Gegend schien auch nur im geringsten irgend etwas mit der Erfüllung des Geheimnisses des Lebens zu tun zu haben.

Enttäuscht kehrte der Mann zum Brunnen zurück und verlangte eine Erklärung. Doch der Brunnen antwortete nur: ›Eines Tages wirst du verstehen.‹ Der Mann protestierte mit lautem Geschrei, doch alles, was er als Antwort hörte, war sein eigenes Echo. Empört über den Betrug, dem er glaubte zum Opfer gefallen zu sein, setzte der Mann seine Wanderungen fort. Im Laufe der Zeit verblaßte seine Erinnerung an das Erlebnis mit dem Brunnen, bis eines Nachts seine Aufmerksamkeit durch den Klang einer Sitar geweckt wurde, während er im Mondschein dahinging. Es war eine wunderschöne Musik, meisterhaft und voll Inspiration gespielt.

Der Mann spürte die Faszination der Musik und ging zu dem Spielenden hin. Er beobachtete das flinke Spiel der Hände, sah die Sitar, und schließlich jubelte er voll Freude, denn er verstand plötzlich: Die Sitar bestand aus Metalldrähten, den Metall- und Holzstücken, die er vor langer Zeit in den drei Läden gesehen hatte. Nun verstand er die Weisung des Brunnens: Alle Teile sind bereits in uns enthalten, aber sie kommen nicht zur Entfaltung, solange wir sie nur als Fragmente wahrnehmen. Erst wenn die einzelnen Teile zu einer Synthese verknüpft werden, entsteht eine neue Wirklichkeit, die nicht erkennbar ist, solange nur die einzelnen Teile gesehen werden.«

Piero Ferrucci, *Werde, was du bist*

Ökomedizin ist Ganzheitsmedizin. Sie zeigt auf, daß jede Krankheit multikausal bedingt ist und deshalb auch multitherapeutisch angegangen werden muß. Die Ganzheit zersplitterte in viele Einzelteile und wurde aus dem Gesichtsfeld verloren.

Jeder dogmatisierte seinen Teil der Forschung und glaubte dabei, die alleinige Wahrheit gefunden zu haben. Jetzt ist es an der Zeit, die einzelnen Mosaiksteine wieder zusammenzufügen, um die anderen Teile und schließlich auch die Ganzheit wiederzuentdecken.

Den Grund für das späte Erkennen von fachübergreifenden Systemzusammenhängen sieht der Biochemiker Frederik Vester in der Art, wie wir denken und lernen und damit in der Art unserer Ausbildung, in der Art, wie uns unsere Schulen und Universitäten die Welt präsentieren: Als eine heterogene Menge getrennter Komponenten, die wir zwar alle einzeln kennen, bis zum Exzeß studieren, ohne jedoch die Beziehungen und das Wechselspiel zwischen ihnen zu erfassen. Ein System, dessen Verhaltensmuster wir somit weitgehend ignorieren, weil es die Fachdisziplinen und Ressortkompetenzen überschreitet, und das deshalb in unseren Hörsälen und Forschungsstätten keinen Platz findet. Damit findet aber auch dort die Realität, wie sie ist, im Grunde keinen Platz.

Ökomedizin bedeutet also, daß man in Diagnose und Therapie die Vernetzungen und Wechselwirkungen nicht nur innerhalb des Körpers beachtet (selbst das würde für viele schon einen enormen Fortschritt darstellen), sondern auch innerhalb des seelischen und geistigen Organismus und des Organismus der (äußeren) Natur, ja mehr noch, auch die Wechselwirkungen zwischen Körper, Seele, Geist und Umwelt. Durch dieses vernetzte Denken werden unter Umständen ganz andere

Krankheitsursachen aufgedeckt und ganz andere Therapiemöglichkeiten erkannt. Es wird zukünftig für einen Arzt nicht mehr genügen, nur über Anatomie, Physiologie und Pathologie Bescheid zu wissen; als Ökomediziner ist es ebenso wichtig für ihn, Einblick zu nehmen in die Bereiche von Ökologie, Psychologie, Psychoanalyse, Psychosomatik, Soziologie, Religion, Ernährungswissenschaften, Baubiologie und nicht zuletzt in das weite Feld der Schicksalskunde und der Astrologie. Erst dadurch ist es dem Ökomediziner möglich, ganzheitlich zu denken – kausal, bildhaft, symbolisch und vernetzt.

Die Ganzheit des Menschen ist mehr als die Summe seiner Teile. Sie macht erst den Menschen aus. Solange man sein gesamtes Persönlichkeitssystem mit seinen Bezügen und Interdependenzen nicht kennt, ist mancher Mitmensch immer wieder versucht, Teile von ihm zu entwerten oder zu verurteilen. So wird er vielleicht mit den Eigenschaften hart, aggressiv oder lügnerisch versehen, ohne daß diese Eigenschaften im Kontext seiner biographischen Geschichte, seiner Stärken und Schwächen und seiner Rahmenbedingungen betrachtet werden.

Das Bewußtsein von der Ganzheit hat schließlich zur Konsequenz, daß auch die Einzelteile sich wandeln und ihre isolierten Omnipotenzphantasien aufgeben. Dies hat in Diagnose und Therapie weitreichende Folgen, da dann das ständige Hochstilisieren eines Körnchens von Wahrheit zum Allheilmittel – ein Phänomen, das fast überall zu beobachten ist – nachläßt. Eine Verschanzung hinter der eigenen Medizinideologie oder der eigenen therapeutischen Methode sowie die damit verbundene Einschätzung des Mitmenschen als Gegner und Konkurrent gehören dann der Vergangenheit an.

Erst das Bewußtsein von der Ganzheit macht den einzelnen tolerant und lernbereit. Er will dann nicht mehr nur neue Anhänger für seine Lehre oder Ideologie gewinnen, sondern will sich mit anderen austauschen, will kommunizieren, will Informationen abgeben und aufnehmen, will die Wechselwirkung und Vernetzung erfahren. Sinn und Zweck der Einzelteile und ihre Aufgabe innerhalb des Ganzen erscheinen damit in einem neuen Licht.

Die Ökomedizin forciert damit die Wandlung vom patriarchalen zum ökologischen Bewußtsein, also eine Wandlung vom alten Maßstab von Gut und Böse zum Maßstab des Lebens. In der patriarchalen Phase der Menschheit werden die Normen und Gesetze von Menschen gemacht. Sie ändern sich je nach Zeitepoche, Kultur, Regime und Machthaber. Was heute als gut gilt, kann morgen schon als böse apostrophiert und verfolgt werden. Ein Ausfluß patriarchalen Denkens ist etwa, daß nur zu Friedenszeiten der Mord an einem Menschen verabscheuungswürdig ist, im Krieg aber verherrlicht wird, daß der Geschlechtsverkehr vor der Ehe als frevelhaft, nachher aber als wünschenswert gilt, ja sogar zur Pflicht erhoben wird.

In einer ökologischen Kultur hingegen hat das Leben Vorrang. Richtig ist demnach in jeder Situation, was dem Leben dient, es schützt und fördert, falsch ist, was dem Leben und seinen Gesetzmäßigkeiten zuwiderläuft. Der ökologische Mensch wird sich nicht mehr Moral und Konvention gegenüber, sondern vor allem seinem Leben, dem Leben der Mitmenschen und dem Leben von Pflanze und Tier gegenüber verantwortlich zeigen.

Deshalb führt die Ökologie auf allen Lebensgebieten zu völlig neuen Konzepten und Modellen – in Industrie und Wirtschaft, im Verkehrswesen, in der Landwirtschaft, im Arbeitsleben, in der Kindererziehung, im Rechtswesen, in der Bildungspolitik, in der Partnerschaft, in der Freizeit...

Die alten, vorgegebenen Muster wurden im Patriarchat meist unreflektiert übernommen, sie haben den einzelnen manipuliert, ihn zu einer Marionette des jeweiligen Systems werden lassen. Die neuen Konzepte und Modelle zeichnen sich dadurch aus, daß sie nicht pauschal, starr und unbeweglich sind, nicht dogmatisch und einengend, nicht strafandrohend, sondern individuell, paarspezifisch, familienspezifisch, entwicklungsspezifisch und den jeweiligen Rahmenbedingungen angemessen. Damit sind sie auf die Wirklichkeit des Lebens zugeschnitten und fügen der Seele des Menschen nicht mehr permanent Wunden zu. Die Ökomedizin macht in diesem Zusammenhang klar, daß Krankheiten ohne Verwirklichung solcher neuen Modelle des Lebens und Zusammenlebens in vielen Fällen nicht wirklich geheilt werden können – insbesondere jene Krankheiten, die als Reaktion auf alte patriarchale Normen und Ideale, auf Rollenzuweisungen und Erwartungshaltungen auftreten. Der einzelne geht im Kreis, solange er – wie wir am Beispiel des Mutterideals gesehen haben – diesen Reaktionen ausgeliefert ist. Um die neuen Modelle des Lebens und des Zusammenlebens, die man selbst kreiert hat, verwirklichen zu können, ist ebensoviel Zivilcourage gefordert wie beim Vollzug des Wertewandels, bei dem nicht mehr Dinge wie Auto, Penthousewohnung oder Nobelkleidung den Wert des Menschen ausmachen, sondern seine lebendigen Anlagen und Fähigkeiten.

Die neuen Konzepte vom Tagesmutter(väter)modell über Halbtagsarbeit für Frau und Mann bis zur Nahrungsumstellung und der Gestaltung der Wohnung nach baubiologischen Gesichtspunkten sind Angebote einer neuen, freieren Welt und einer praktizierten Demokratie, in der andere Meinungen und Konzepte nicht nur erlaubt, sondern auch gewünscht sind.

Wenn auch andere Modelle des Lebens und des Zusammenlebens möglich sind, deren Vor- und Nachteile offen besprochen werden können – ohne daß Manipulation durch politische oder wirtschaftliche Kräfte mit im Spiel ist –, hat der einzelne die freie Wahl. Er kann frei entscheiden, was für ihn und seine Bedürfnisse innerhalb seiner Rahmenbedingungen das Beste ist.

Diese freie Wahl hatte er vorher häufig nicht. Er stand unter dem Druck der Normen und Ideale und wagte nicht, seine individuelle Eigenart zu entfalten, aus Angst, nicht mehr von der Umwelt akzeptiert und geachtet zu werden. Die freie Wahl zwischen verschiedenen Modellen – beim Kauf von Kleidern, Wohnungsgegenständen oder von Autos eine Selbstverständlichkeit – kommt häufig beim Praktizieren eines anderen Lebensstils einer Revolution gleich, die bisher meist in Ächtung und Isolation endete.

Um in den Genuß einer freien Wahl zu kommen, muß der einzelne also

a) zuerst in Erfahrung bringen, daß es überhaupt noch andere Möglichkeiten gibt. Aufgrund der allgemeinen Kulturhypnose ist nur wenigen Menschen bewußt, daß man auch anders, als es vorgeschrieben und erwartet wird, leben könnte.

b) den Versuch starten, eine für ihn akzeptable Lebensform zu finden;

c) den Mut aufbringen, sein selbst kreiertes Lebensmodell allen Unkenrufen zum Trotz zu verwirklichen.

Die nicht offene, indirekte Verwehrung dieser freien Wahl ist eine der Hauptursachen für die meisten Erkrankungen. Weil der einzelne nicht zwischen verschiedenen Lebensformen wählen kann, wählt er unbewußt die Krankheit. Man könnte sagen, daß die Krankheitssymptomatik, das Krankheitsmodell, nichts anderes ist als der symbolische Ausdruck eines nicht verwirklichten Lebensmodells, das wiederum symbolisch verschlüsselt im Horoskop vorzufinden ist. Insofern ist die Astrologie von der Ökomedizin nicht mehr wegzudenken.

Krankheit durch Begrenzung der freien Wahl

Angenommen, es hätte ein Mann zwei Zimmer, in die er gehen könnte, und er könnte sich nicht entschließen, in welchem er sich aufhalten sollte. Er würde in das eine Zimmer gehen, sich schnell umblicken, in das andere treten, dann wieder zurück ins erste und so weiter. Er würde so viel Zeit damit verbringen, unschlüssig vom einen ins andere zu gehen, daß ihm dabei nicht klar werden würde, wofür jedes der Zimmer geeignet ist. Was kann er statt dessen machen? Er kann in ein Zimmer gehen und es sorgfältig untersuchen, um festzustellen, welches die Vorteile und die Nachteile dieses Zimmers sind. Dann kann er in das andere Zimmer gehen und alles wiederholen. Danach kann er entscheiden, unter welchen Umständen er in welches Zimmer gehen soll; er kann dann immer das Zimmer wählen, das am besten für die jeweilige Tageszeit, für seine augenblicklichen Bedürfnisse usw. geeignet ist.[8]

Man könnte nun die Verhaltensweisen eines Menschen einmal so betrachten, als ob sie Zimmer wären.

Der kranke Mensch zeichnet sich dadurch aus, daß er nur ein Zimmer, respektive nur eine Reaktionsform zur Verfügung hat, nämlich die Somatisierung. Hätte er die Wahl zwischen zwei Verhaltensweisen, könnte er wie im obigen Beispiel prüfen, welche der beiden in welcher Situation besser für ihn ist. Krankheit bedeutet also, keine freie Wahl zwischen verschiedenen Möglichkeiten zu haben, ohnmächtig einer Situation gegenüber zu stehen, oder auch ganz einfach, sich nicht entscheiden zu können. Vielleicht muß die Definition der freien Wahl noch näher erläutert werden:

Damit es gelingen kann, zwischen der Ausführung und der Unterlassung einer bestimmten Handlung zu wählen, muß man fähig sein, diese Handlung sowohl zu begehen als auch nicht zu begehen. Ein Mann, der kein Geld hat, kann nicht zwischen Sparen und Investieren wählen – er hat keine Wahl in der Sache. Eine Wahl schließt zwei oder mehr Alternativen ein; wenn es keine Alternative gibt, ist es nicht möglich zu wählen. Wenn nur ein Bewerber da ist, kann eine Frau nicht unter verschiedenen Männern ihren Lebenspartner auswählen. Die freie Wahl ist die Grundvoraussetzung für körperliche, seelische und geistige Bewußtheit und Gesundheit.

Jemand, der auf ein bestimmtes Verhalten seines Partners ausschließlich mit Aggression reagiert, hat keine freie Wahl zwischen verschiedenen Reaktionsmöglichkeiten. Er kann sich nicht fragen: Wie könnte ich denn heute auf dieses Verhalten meines Partners reagieren? – Mit Geduld, mit Nachsicht, mit Freundlichkeit, mit Humor, mit Ablenkung, mit Flucht, mit Sucht, mit Ignoranz, mit einer sportlichen Aktivität? Er ist ebenso seinem Reaktionsmuster ausgeliefert wie derjenige, der mit Krankheit reagiert. Er hat lediglich einen anderen Abwehr- und Anpassungsmechanismus eingesetzt. Wer also nicht bewußt wählen kann, wählt unbewußt die Reaktionsform, die er meist schon in der Kindheit erlernt hat (sogenannter Lieblingsanpassungs- und Abwehrmechanismus). Das Unbewußte wählt also für ihn aus, es schaut im Archiv nach, welche Programme zur Verfügung stehen, und setzt – wenn nur ein einziges vorhanden ist – diesen Mechanismus in Gang.

Auf diese Art und Weise wird auch deutlich, warum der eine, der keine unternehmerischen Fähigkeiten ausgebildet hat, auf ein bestimmtes Ereignis oder auf eine bestimmte Problematik mit einem karzinomatösen Geschehen reagiert, während dasselbe Ereignis bei einem anderen, der über Managementfähigkeiten verfügt, keine gesundheitlichen Beschwerden hervorruft. Für den im Management Bewanderten ist die Lösung der Problematik unter Umständen nur eine Routineangelegenheit, das Problem macht ihn nicht krank, weil es bei ihm nicht die Gefühle der Ohnmacht und Aussichtslosigkeit erzeugen kann. Vor allem derjenige, der an einer chronischen Krankheit leidet, muß lernen, zwischen verschiedenen Reaktionen wählen zu können, eine der jeweiligen Situation entsprechende Reaktion hervorzurufen. Die chronische Krankheit ist ein somatisierter Wiederholungszwang – der Kranke hat keine andere Möglichkeit der Reaktion zur Verfügung, als immer und immer wieder das Problem zu somatisieren. Wer frei zwischen verschiedenen Reaktionsformen und Verhaltensweisen wählen kann, hat eine positive Form von Distanz erreicht. Er ist den Ereignissen emotional nicht mehr ausgeliefert, sondern kann in der jeweiligen Situation innehalten, nachdenken und schließlich strategisch vorgehen, also das Programm wählen, das er zur Meisterung des Problems für geeignet hält.

Wenn wir Krankheit als etwas Mysteriöses betrachten, das einzig und allein durch äußere Kräfte verursacht wird, bringt uns das zu dem Schluß, daß Krankheit etwas außerhalb unseres Einflusses Liegendes ist. Wir haben keine Wahl, fügen uns passiv in unser Schicksal, sind hilflos und manchmal sogar hoffnungslos.

Wenn wir dagegen bedenken, daß jede Krankheit einen Sinn hat und einen Zweck verfolgt, wenn wir annehmen, daß Krankheit eine Reaktionsform unter vielen darstellt, daß sie nur einer von vielen Anpassungs- und Abwehrmechanismen ist, daß sie eigentlich ein Mechanismus ist, um in der Kollektivneurose das Überleben zu gewährleisten, dann sind wir nicht länger machtlos. Wir können damit beginnen, wenigstens eine oder zwei Maßnahmen zu ergreifen, wenigstens irgendwo im Tierkreis durch Ausbildung einer Fähigkeit anzusetzen, um Kettenreaktionen auszulösen; denn Tätigsein steht der Gesundheit näher als Untätigkeit.

Am Ende Deiner Reise wirst Du nicht gefragt: »Bist Du ein Heiliger geworden oder hast Du für das Heil der Menschen gekämpft?« Die einzige Frage, die Du beantworten mußt, ist die Frage: »Bist Du Du selbst geworden?«

Laotse

Die Suche nach dem wahren Selbst

Die menschliche Natur besteht aus einer Fülle von Anlagen und Talenten. Jeder einzelne von uns kann seinen individuellen Anlagenplan über das Horoskop ersehen. Hier können wir erkennen, wer wir waren, wer wir sind und wer wir sein könnten.

Unbewußt hat jeder von uns dieses Wissen, wie sein Anlagenplan in der erlösten Form, sein »Paradiesbild«, aussehen würde. Das Horoskop macht uns diese Ahnung wieder bewußt. Zum Zeitpunkt unserer Geburt zeigte die Planetenkonstellation im Makrokosmos gleichnishaft an, wer wir sein könnten, wenn wir unsere göttlichen Anlagen entwickeln würden. Da unsere Eltern jedoch meist aufgrund von widrigen Umständen ihr menschliches Potential auf den verschiedensten Lebensgebieten selbst nicht ausbilden durften, konnten sie ebenso wenig unsere Natur hegen und pflegen; denn wer eine Anlage nicht kennt, kann sie weder bei sich selbst, geschweige denn bei anderen fördern.

Hinzu kommt ein Schulsystem, das den Menschen körperlich, seelisch und geistig verkrüppeln läßt. Es wird fast nur Unwesentliches gelehrt und das Wesentliche ausgeklammert.

Als begabt gilt dort meist nur der, der Mathematik oder Fremdsprachen gut beherrscht oder musikalisch ist. Damit läßt sich aber das Leben nicht meistern. Das, was wirklich das Leben ausmacht, wird nicht gelehrt und nicht gefördert*: Ökologie, Soziologie, Medizin, Baubiologie, Ernährungswissenschaften, Botanik, Kommunikationsfähigkeit, Pädagogik, Sexualkunde, Beziehungsfähigkeit, wirtschaftliche Fähigkeiten, Rechtskunde, Managementfähigkeiten, Psychologie, Astrologie (Schicksalskunde). Aufgrund dessen bleiben all die zu diesen Disziplinen gehörenden Anlagen und Talente unentwickelt. Da die Lebensenergie dieser Anlagen deshalb nicht eingesetzt und verwirklicht werden kann, wird sie in der patriarchalen Gesellschaft verdrängt, verschoben, symbolisch ausagiert oder somatisiert, kurzum: an das System angepaßt.

Ein Mensch, dessen wahre Anlagen und Fähigkeiten brachliegen oder gar verkrüppelt wurden, ist nicht mehr empört über die entfremdeten Arbeiten, die das patriarchale System ihm anbietet. Die der menschlichen Natur entfremdete Arbeitswelt ist Fortsetzung und Verstärkung des seelischen Verkrüppelungsprozesses, der von den um die erste Natur des Menschen unwissenden Eltern begonnen und von einem verdummenden, einseitigen Schulsystem weitervollzogen wird.

Fast jeder Mensch tut zunächst so, als ob er in allen zwölf Häusern seines Horoskops den Saturn stehen hätte. Er verhält sich auf eine Weise, als ob er auf allen Lebensfeldern normal, also der Norm angepaßt, anständig und rechtschaffen wäre. Fast jeder verleugnet seine individuellen Anlagen und Eigenarten zugunsten der Norm und spielt dieses Spiel mit, das von ihm verlangt wird. Nur wenn er diese pauschale Rolle ein-

---

* Deshalb wurde in München, Hannover, Wien/Österreich und in Luzern/Schweiz die Lebensschule gegründet. Wer sich dafür interessiert, der wende sich an: Akademie für Persönlichkeitsentfaltung, Leitung: Hermann Meyer, Sendlinger Straße 28, 80331 München, Tel. 089/2608842.

nimmt, darf er auf Akzeptanz und Anerkennung der Umwelt rechnen. Weicht er – auf welchem Gebiet auch immer – von der Norm ab, besteht die Gefahr, diese Anerkennung zu verlieren. Selbst geringfügige Anlässe, etwa wenn jemand etwas anderes trinken will als die Normgetränke Bier, Wein und Kaffee oder wenn er nicht an Jesus Christus glaubt, können schon einen Verlust an sozialen Kontakten zur Folge haben.

Viele dürfen nicht zeigen, daß sie viel Zeit für sich selbst brauchen, bei Eheschließung Gütertrennung vereinbaren wollen, lieber getrennte Schlafzimmer möchten, daß sie die Zusammenkünfte mit den Nachbarn oder mit den Verwandten langweilen, daß sie triebhaft veranlagt sind, daß sie für die herkömmliche Hausfrau- und Mutterrolle oder für die traditionelle Rolle des Mannes als Ernährer der Familie nicht geeignet sind, daß sie nicht bis zum 65. Lebensjahr ununterbrochen – mit Ausnahme von fünf Wochen Urlaub im Jahr – arbeiten wollen, daß eine Ganztagsbeschäftigung für sie bittere Knechtschaft bedeutet, daß sie für die traditionelle Ehe völlig ungeeignet sind, daß sie nicht treu sein können, daß sie ihre Kinder nicht ausschließlich selbst aufziehen wollen, daß sie für das herkömmliche Familienleben nichts übrig haben, daß sie außer ihrem Partner auch noch andere Menschen gern haben, daß sie mehr Distanz sowie Freiheit und Unabhängigkeit brauchen...

Da also der einzelne nicht so sein darf, wie er ist, sondern so tun muß, als sei er wie alle anderen (die auch nicht ihr wahres Selbst zulassen dürfen), erfährt er seine ureigenen Anlagen und Energien nur über Krankheit und Schicksal. Indem er zugunsten der Norm seine individuellen Triebe, Gefühle, Wünsche, Gedanken und Vorstellungen verdrängt, erfährt er diese Energien in pervertierter Form. Er muß paradoxerweise seine eigenen individuellen Persönlichkeitsanteile erleiden.

Hat jemand z.B. den Uranus in Haus 7 stehen, tut er zunächst so, als hätte er den Saturn in Haus 7 und wäre fähig, eine ganz normale Partnerschaft zu führen. Er wird – so wie die anderen auch – eine feste Zweierbeziehung eingehen und die Rolle einnehmen, die dafür zwingend vorgeschrieben ist.

Anfangs kann er noch die Kraft aufbringen, sich an die pauschale Norm, wie man eine Partnerschaft führt, anzupassen, aber je länger er seinen Uranus verleugnet, um so renitenter wird diese planetarische Energie: Bis eines Tages eine Trennung (⛢) oder Scheidung (⛢) unumgänglich wird. Er glaubt dabei, daß dieser Partner nicht der richtige war und liiert sich mit dem nächsten, bis sich zu guter Letzt auch hier dasselbe Bild zeigt. Nach der zweiten Scheidung bleibt er vielleicht dann alleine, das heißt »unabhängig« (⛢) und »frei« (⛢).

Nur über den beschwerlichen Umweg von zwei Scheidungen war es für den Betreffenden möglich, zu seiner Uranus-Anlage zu kommen. Und selbst dann lebt er diese Anlage nicht freiwillig aus, sondern ist mehr oder weniger zu seinem Singledasein gezwungen. Hätte der Betreffende um seinen Uranus in Haus 7 gewußt und von vorneherein dazu gestanden, hätte er sich beide Scheidungen und die damit im Zusammenhang stehenden seelischen Schmerzen und materiellen Verluste erspart. Uranus in Haus 7 real ausgelebt, bedeutet:

In einer Partnerschaft und in jeder Begegnungssituation schlechthin frei und unabhängig zu sein. Da man aber glaubt, man müßte die Norm erfüllen, wird die uranische Energie verdrängt und kehrt wieder in den pervertierten Formen von aktiven und passiven Seitensprüngen, Rebellion, Unfällen, Aufregungen und Nervenbelastungen, Partnern, die bereits vergeben sind (damit man – so die unbewußte Intention – selbst frei und unabhängig bleiben kann), die nur in bestimmten Zeitabständen vorbeischauen, oder in Form von Trennungen und Scheidungen.

Was hier exemplarisch an Uranus in Haus 7 aufgezeigt wurde, gilt für jede Anlage in unserem Horoskop. Erst über Dutzende von Schicksalschlägen und über Krankheit und Leid wagen wir vielleicht doch eines Tages unsere wirklichen Anlagen, anstelle der durch die Norm verwunschenen, zu leben.

Jeder Mensch leidet bewußt oder unbewußt an der Diskrepanz zwischen seiner ersten Natur, seinem wahren Wesen und der zweiten Natur, seiner individuellen Neurose, mit der er sich an die Kollektivneurose anpassen mußte. Und jeder, der es versteht, in sich hineinzuhorchen, spürt die stille Sehnsucht nach dem Wahren und Echten, nach echter Sicherheit, nach offenener Kommunikation, nach seiner wahren Geborgenheit und der entsprechenden Wohnung, nach Ausdruck seiner ureigenen Kreativität, nach Ausdruck seiner primären Gefühle, nach seiner potentiellen Gesundheit und Vitalität, nach seinem wahren Partner, nach seinem wahren Lebensweg, nach seinem wahren Sinn, nach seinen individuellen Zielen, nach seiner eigentlichen Berufung, nach seiner Freiheit und Unabhängigkeit und nach Verwirklichung seiner Phantasien und Träume. Immer wieder hat der einzelne die Hoffnung, daß vielleicht doch eines Tages das Wunder geschieht und seine Finanzprobleme beseitigt sind, daß er eine schöne Wohnung bekommt, daß er endlich dem Partner seiner Träume begegnet, oder daß er einen Arbeitsplatz findet, an dem er sich wohlfühlt und seine Talente entfalten kann.

Doch die meisten Menschen verirren sich auf dem Weg dorthin. Sie leiden oder werden krank, weil sich all ihre Träume und Sehnsüchte nicht erfüllen, weil sie auf der Suche nach dem mehr oder weniger bewußten Bild von ihrer wahren Wohnung, ihrem wahren Partner oder ihrer wahren Berufung steckenbleiben. Und wer sucht und nicht findet, wendet sich meistens einer Sucht zu. Millionen von Menschen leiden an Süchten, weil sie vergebens gesucht haben. Die Sucht ist eine Station auf der Suche nach dem wahren Selbst und nach einer echten Selbstverwirklichung, und wer davon nicht mehr loskommt, ist in dieser Situation steckengeblieben – hat seine Suche aufgegeben. Er hat einmal gesucht und sucht nun nicht mehr, statt dessen sucht er vielleicht nur nach einem Suchtmittel – sei es Alkohol, Nikotin oder Drogen –, um trotz aller »Ent-täuschung« wenigstens doch noch ein wenig vom Leben zu bekommen.

Bei näherer Betrachtung wird klar, daß er trotz aller Bemühungen gar nicht finden kann; denn er begibt sich auf die Suche nach dem Wahren und Echten mit seinen unerlösten, verdrängten und verkrüppelten Anlagen. Er sucht – und findet – unbewußt nur die Widerspiegelungen, Komplementärbilder und Projektionen seiner neurotischen, in der Entwicklung blockierten und verwunschenen Persönlichkeitsanteile und Anlagen.

So ist es nicht verwunderlich, daß sich die meisten Hoffnungen nicht erfüllen. Es zeigt sich immer wieder dasselbe Bild: Man hofft und setzt auf einen Partner und ist schließlich wieder bitter enttäuscht, dann hofft man auf den nächsten, den übernächsten, bis man die Suche nach dem wahren Seelenpartner oder »Dualgeist«, dessen Bild in unserem Unbewußten wohnt, aufgibt. Ähnlich verhält es sich mit der Suche nach der wahren Wohnung. Immer wieder glaubt man, vielleicht jetzt die Wohnung gefunden zu haben, die zum eigenen Wesen paßt, bis man schließlich feststellen muß, daß auch sie wiederum nur ein Provisorium oder ein Durchgangslager war.

Auch die Suche nach dem wahren Beruf ist häufig von wenig Erfolg gekrönt. Man projiziert auf die neue Arbeitsstelle, versucht sich damit zu identifizieren, redet sich selbst ein, wie interessant diese Arbeit doch wäre, bis auch hier eines Tages der Schein nicht mehr aufrechterhalten werden kann, und das Kartenhaus zusammenbricht.

Um es noch einmal zu betonen: Solange jemand nicht das richtige Werkzeug hat, wird er das echte Gold nicht finden.

Im Gegenteil! Die Anlagen und Lebensenergien wenden sich gegen ihn selbst, verkehren sich ins Gegenteil und rauben ihm Lebenskraft und Gesundheit. Statt wahrer Sicherheit stellen sich finanzielle Schwierigkeiten ein, statt wahrer Kommunikation erlebt er Streit, statt wahrer Liebe erntet er Haß, statt seinen wahren Weg zu finden, erliegt er der Manipulation der Umwelt, und statt seine wahren Ziele anzustreben, muß er im Sinne von fremden Zielen funktionieren. Im Laufe der Zeit entfernt er sich immer weiter von seiner wahren Bestimmung und seinen individuellen Möglichkeiten und Lebenschancen. Er verzettelt sich, zersplittert sich in tausend Einzelaktionen, vergeudet seine Kräfte, kann sie nicht mehr bündeln, sieht nicht mehr den roten Faden in seinem Leben. Er wird krank.

Hier eine kurze Aufstellung der Probleme und Schwierigkeiten, die krank machen können:

♂, ♈, Haus 1 – Probleme:

Durchsetzungsprobleme
Selbstbehauptungsprobleme
Probleme, etwas zu wagen
Schwierigkeiten Initiative zu ergreifen
Probleme, Pionierarbeit zu leisten

♀, ♉, Haus 2 – Probleme:

finanzielle Probleme
Eigenwertprobleme
Abgrenzungsschwierigkeiten
Sicherheitsprobleme
Existenzprobleme

☿, ♊, Haus 3 – Probleme:

technische Probleme
Alltagsprobleme
sprachliche Schwierigkeiten
Schwierigkeiten, sich schriftlich auszudrücken
Darstellungsprobleme
Einschränkung des freien Aktionsradius

☽, ♋, Haus 4 – Probleme:

Wohnungsprobleme, Wohnungskonflikte
Identitätsprobleme
familiäre Schwierigkeiten
Probleme, seinen Lebensunterhalt zu bestreiten
Probleme beim Essen

☉, ♌, Haus 5 – Probleme:

Handlungsblockaden
Verwirklichungsprobleme
Probleme mit Kindern
sexuelle Probleme
unternehmerische Probleme
Organisationsschwierigkeiten

☿, ♍, Haus 6 – Probleme:

Schwierigkeiten am Arbeitsplatz
Probleme mit Angestellten
Probleme mit Haustieren
Gesundheitsprobleme

♀, ♎, Haus 7 – Probleme:

Kontaktschwierigkeiten
Partnerschwierigkeiten, Eheprobleme
Probleme, Inhalt und Form in Einklang zu bringen
Schwierigkeiten, den eigenen Geschmack zu finden und durchzusetzen
Probleme in der Begegnung mit anderen
Probleme mit der Etikette

♇, ♏, Haus 8 – Probleme:

Beziehungsprobleme
Bindungsschwierigkeiten
Erbschaftsprobleme
Probleme aufgrund von Meinungsverschiedenheiten
Machtprobleme

♃, ♐, Haus 9 – Probleme:

Probleme, den eigenen Sinn zu finden
Schwierigkeiten, Toleranz zu entwickeln
Probleme in der Weiterentwicklung der Partnerschaft
Probleme in der Darstellung als Paar
religiöse Probleme
Probleme mit der Bildung und Weiterbildung

♄, ♑, Haus 10 – Probleme:

Probleme, den richtigen Beruf zu finden
Schwierigkeiten, die eigene Berufung wahrzunehmen
Rechtsschwierigkeiten
Probleme im Beruf
Zeitprobleme
Probleme, die eigenen Ziele zu erkennen und durchzusetzen

⛢, ♒, Haus 11 – Probleme:

Freizeitkonflikte
Probleme mit Freunden
Probleme, die eigene Freizeit sinnvoll zu gestalten
Zukunftsprobleme
Schwierigkeiten, sich zu befreien

♆, ♓, Haus 12 – Probleme:

Suchtprobleme
Schwierigkeiten, Hintergründe wahrzunehmen
Angst
Schwierigkeiten, Verantwortung zu zeigen
Schwierigkeiten, Alternativen zu finden

Wir bekommen nicht ein kurzes Leben zugeteilt,
sondern wir machen es selbst kurz.
Wir haben nicht zu wenig Zeit,
sondern wir verschwenden zu viel.

Energievergeudung

Die Kollektivneurose ist ein gigantisches Energievergeudungssystem, das die Vernichtung des gesamten Erdballs zur Konsequenz hat, wenn nicht in absehbarer Zeit eine Neuorientierung stattfindet. Diese äußere Energieverschwendung und -vergeudung ist nur ein Gleichnis dafür, was in der inneren Welt des Menschen geschieht.

Energieräuber im Persönlichkeitssystem des einzelnen sind vor allem:

1. Rauchen, Alkoholismus, Drogenkonsum, wenig Schlaf, Mangel- oder Überernährung, zu wenig Bewegung, d.h. ein ungesunder Umgang mit den Bedürfnissen des Körpers.

2. Ersatzgefühle bzw. reaktive Gefühle wie Ärger, Aggression, Neid, Beengungsgefühle, Depression, Haß, Abhängigkeitsge-

fühle, Ekelgefühle, Ohnmachtsgefühle, Gefühle der Sinnlosigkeit, Schuldgefühle, Streß und Angstgefühle.

So wie in der Ernährung der Zucker ein Vitamin B-Räuber ist, so raubt etwa Streß dem Organismus Magnesium (Wechselwirkung Seele → Körper). Haßgefühle (Sonne) rauben sowohl die Energie des eigenen Prinzips (Sonne) als auch von dem Prinzip, gegen das sie gerichtet sind.

Auch Angst und Schuldgefühle sind Energieräuber par excellence: Sie rauben nicht nur die Energie des eigenen Prinzips – Neptun- und Saturn-Prinzip können dann nicht konstruktiv eingesetzt werden – sondern reduzieren all die Energien, die mit Neptun oder Saturn verbunden sind und die im Tierkreiszeichen Fische oder Steinbock stehen.

Wie sehr die meisten Menschen ihre wertvollen Energien verschleudern und damit sich selbst und ihr ganzes Umfeld krank machen, zeigt der Fall von Hildrun. Hildrun war in zweiter Ehe mit Stefan verheiratet und hatte drei Söhne. Sie blieb als Hausfrau und Mutter unerfüllt und kompensierte durch permanente Nörgelei!

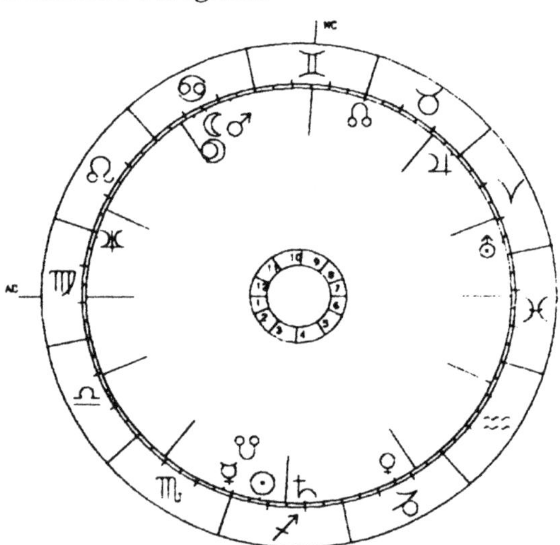

Hildruns Horoskop zeigt eine starke Planetenkonstellation in Haus 10 auf, was auf ein starkes Mittelpunktstreben (insbesondere Pluto in Haus 10) hinweist. Da sie die Energien nicht im Beruf (Haus 10) investieren und daher auch keine Anerkennung (Haus 10) ernten konnte, lebte sie die Planeten als Aggression (Mars) und als Erwartungshaltung (Pluto) gegenüber ihren Mitmenschen aus. Sie belastete damit die Seele der anderen (Haus 10 = Haus 4 der anderen). Anstatt sich mit ihrem Pluto auf einem Gebiet umfassendes Wissen (Pluto) anzueignen und beruflich Mut und Initiative (Mars) zu entwickeln, setzte sie ihre Energien auf die oben beschriebene unerlöste und verwunschene Art ein, war unbefriedigt, deprimiert, litt ständig unter Kopfschmerzen und machte ihre gesamte Umgebung nervös (Uranus in Haus 7). Sie wollte – ohne sich dessen ganz bewußt zu sein – um jeden Preis im Rampenlicht stehen. Da sie nicht durch besondere Aktivitäten und Initiativen und aufgrund eines erworbenen Wissens im Mittelpunkt stehen konnte, versuchte sie es auf diese pervertierte Art und Weise, wobei weder ideell noch finanziell etwas für sie herauskam. Niemand hat etwas davon, wenn sie die Energien auf dieser Frequenz einsetzt – am allerwenigsten sie selbst. Im Gegenteil! Durch das irreale Ausleben der Planeten Mars und Pluto in Haus 10 wird auch Neptun in Haus 12 in seiner Frequenz ungünstig beeinflußt: Er wird als Isolation erlebt, als Einsamkeit, und drückte sich durch Tränen aus. Die Mitmenschen versuchen Hildrun aus dem Weg zu gehen oder meiden sie vollends, weil sie ihre Aggressionen, ihren Erwartungsdruck, ihre Nörgelei und ihr ständiges Gejammere nicht mehr ertragen können.

3. Ersatzgedanken bzw. reaktive übernommene Gedanken und damit ein Leben für irreale Vorstellungen, Ideologien und Weltanschauungen (siehe Ausführungen über den III. Quadranten in »Die Vernetzung der 4 Quadranten, Seite 81).

4. Kampf und Streit aufgrund von Meinungsverschiedenheiten. Hier heißt es, von der fixen Vorstellung loszulassen, man könne jemanden von etwas überzeugen.

Kaum jemand will die Realität, und sei sie noch so augenscheinlich, sehen. Deshalb ist es sehr viel günstiger, sich abzugrenzen und seine Kräfte zu schonen. Streitpunkte zwischen Partnern oder Parteien gehen zu Ende, wenn man am Beispiel des III. Quadranten erkennt, daß all die irrealen Vorstellungen, die man selbst oder der andere hegt, aufgrund von Defiziten entstanden sind und diese Defizite nur nach jahrelangem Lernen und Einüben aufgefüllt werden können. Eine Auseinandersetzung zum gegenwärtigen Zeitpunkt erübrigt sich daher.

5. Auflehnung gegenüber alten Strukturen und Kampf für neue Modelle in alten Rahmenbedingungen.

Noch mehr Leid bürden sich Menschen auf, die sich gegen alte Strukturen, Konzepte, Normen und Ideale auflehnen. Da sich die Macht fast immer auf der Seite der alten Autoritäten und Strukturen befindet, ist es meist aussichtslos, dagegen anzugehen. Wie Kinder, die sich gegen elterliche Vorschriften und Anordnungen auflehnen, bestraft werden, so werden auch widerspenstige Rebellen in der politischen Szenerie stets niedergeknüppelt, mit Wasserwerfern traktiert, eingesperrt und mit drakonischen Strafen versehen oder – etwa auf dem Arbeitsfeld – vom Dienst suspendiert, zurückgestuft oder entlassen. Die Folge eines irreal ausgelebten Uranus ist immer ein ungünstig erlebter Neptun. Auflehnung, Trotz und Widerstand stärken meist nur die Position der Elternrollenspieler und Machthaber und sind meist total vergeudete Energie. Manche werden nun ins Feld führen, daß alles beim alten bliebe, keine Entwicklung, kein Fortschritt möglich wäre, wenn es nicht Menschen gäbe, die ihr Leben für den Kampf gegen alte Systeme und überkommene Rituale opferten. Dieses Argument ist jedoch, so einleuchtend es zunächst sein mag, falsch.

Ein Beispiel: Jemand kann das konventionelle Konzept der herkömmlichen Speiserestaurants nicht ertragen: zuerst Warten auf den Ober, dann Aufnahme der Getränke, wieder Warten auf den Ober, Aufnahme der Essensbestellung, Warten auf das Essen, Warten auf den Ober, Aufnahme der Dessertbestellung, Warten auf den Ober, bis er das Dessert serviert, und schließlich noch mal Warten auf den Ober, um zu zahlen. Dieses Konzept ist geprägt durch die totale Abhängigkeit des

Gastes von der Bedienung, durch eine Fremdbestimmung also, der sich kaum jemand bewußt ist. Der entmündigte Gast kann sich nicht einmal ein Glas Leitungswasser holen – immer ist er auf den Ober angewiesen. Er kann die Speise, die er bestellt, vorher nicht sehen, kann die Portion nicht abstimmen, kann nur unter vorgegebenen Schemata wählen. Ihm sind die Hände gebunden. Ohnmächtig muß er der Dinge harren, die da kommen. Würde der Betreffende, der dies so empfindet, die Ordnung und das Konzept des Lokals stören, indem er lauthals über die langen Wartezeiten, über die endlosen Rituale der Ober und über die Fremdbestimmung und Fremdprogrammierung meckert oder gar den Koch in der Küche besucht, um sich dort das Essen selbst zusammenzustellen, würde man sofort nach der Polizei rufen und ihn abtransportieren. Er hätte Zeit und Kraft sinnlos vergeudet und würde nur auf Unverständnis und Ablehnung stoßen. Er würde also weder beim Restaurantinhaber und seinem Personal noch bei den anderen Gästen einen Bewußtwerdungsprozeß in Gang setzen. Aus dieser Erkenntnis läßt sich nur ein vernünftiger Schluß ziehen: Oberstes Gebot für einen Menschen, der mit seinen Energien haushalten und kein »schlechtes Karma« erwirken will, muß heißen, sich nicht mehr in alte Strukturen und Systeme zu begeben und statt dessen neue Formen aufzusuchen – und, falls die noch nicht vorhanden sind, selbst neue Projekte zu verwirklichen. Wer dies tut, hat sowohl seine eigene Entwicklung als auch die Entwicklung und Reifung anderer Menschen gefördert. Er kann Erfolgserlebnisse verbuchen, während der andere, der sich ständig auflehnt und rebelliert, aufgrund der negativen Feedbacks immer verbitterter wird.

Ähnlich unergiebig und frustrierend ist leider auch die Situation bei denjenigen, die schon einen Schritt weiter als die Revoltierenden sind, da sie schon neue Modelle konzipiert haben und nun versuchen, diese in alte Rahmenbedingungen zu transplantieren, also neuen Wein in alte Schläuche zu schütten – etwa Halbtagsarbeit auch für männliche Führungskräfte in Industrie, Wirtschaft und Verwaltung, Gleichberechtigung für Hausfrauen und Mütter, Mitbestimmung am Arbeitsplatz. Solange die alten Rahmenbedingungen herrschen –

wie entfremdete Arbeitswelt, strenge Rollenteilung (Mutterideal), Isolation als Kleinfamilie, verdummendes Schulsystem – hat es wenig Sinn, für diese realen Ziele innerhalb der Betriebe und Institutionen zu kämpfen. Bis die Gewerkschaft die 20-Stunden-Woche durchsetzt, werden sicherlich noch 50–100 Jahre vergehen. Der einzelne kann also nicht warten, bis die Welt realer und humaner wird, sondern muß das Ruder selbst in die Hand nehmen. Einige Beispiele sollen hierbei zur Veranschaulichung dienen: Die Führungskraft kann sich selbständig machen (oder als freier Mitarbeiter tätig werden) und dadurch seine Arbeitszeit und -menge selbst einteilen; die Hausfrau kann sich finanziell unabhängig machen und Weiterbildungsveranstaltungen besuchen, um die wirtschaftlichen und geistigen Voraussetzungen für eine wirkliche Gleichberechtigung zu schaffen; der Angestellte kann sich das entsprechende Fachwissen aneignen, kann Managementkurse besuchen, kann lernen, Verantwortung zu übernehmen, dann wird er um Rat gefragt, und kann dadurch mehr und mehr im Betrieb mitbestimmen. Ziele lassen sich nicht einfordern, es müssen erst die Wege dazu beschritten, also zuerst die entsprechenden Voraussetzungen erfüllt werden. Auch erübrigen sich manche alternativen Ideale und Forderungen, wie z. B. Übernahme der Hälfte der Hausarbeit oder der Kindererziehung durch den Mann, wenn andere äußere Strukturen geschaffen werden. Nur unter der Vorstellung und Forderung, daß jede Familie ihr Kind ganz allein aufziehen und ihr Essen immer selbst zubereiten müsse, macht dieses Ideal Sinn. Es wird zu einer Farce, wenn (Bio-)Selbstbedienungsrestaurants für jedes Wohnviertel eingeführt werden und das Tagesmütter(väter)-modell Raum greift. In Millionen von Haushalten wird vergebens darum gekämpft, in alten Rahmenbedingungen alternative Ideale durchsetzen zu können. Ein solcher Kampf ist mit so viel Leid, Überwindung, Enttäuschung, Opferung und Selbstverleugnung verbunden, daß Konflikte und Krankheiten am laufenden Band erzeugt werden (im Vergleich dazu war das Leben in der alten Rollenteilung oft weniger aufreibend und viel erholsamer!).

Checkliste

Besinnungsfragen bezüglich Energievergeudung

1. Aus welcher unbewußten Motivation heraus rauche ich, trinke ich oder nehme ich Drogen? Diese unbewußte Motivation kann über die Saturn- und Neptunstellung im Horoskop herausgefunden werden.

Was habe ich ursprünglich gesucht? Warum bin ich in meiner Sucht steckengeblieben (= Sucht) und warum gab ich mich dann mit meiner Sucht zufrieden? Wie lautet die erwachsene, erlöste Form dieser Anlagen? Wie sieht der Weg zu dieser Form aus? Da das Horoskop eine »Landkarte« meiner Seele ist, zeigt es mir den Weg, den ich damals nicht finden konnte.
Bin ich bereit, diesen Weg zu gehen?

2. Wieviel Minuten oder Stunden am Tag entwickle ich Gefühle des Ärgers, der Wut, des Hasses, der Ohnmacht, der Schuld, der Angst u. a.? Wieviel Tage im Jahr sind das umgerechnet, in denen ich solche Ersatzgefühle hätschle und pflege? Hängt meine Krankheit damit zusammen? Was könnte ich anstelle dieses Fehleinsatzes von Energie tun?
Wie lautet die erlöste Form dieser Energie?

3. Welche Defizite liegen meinen irrealen Glaubenshaltungen zugrunde? Seit wann vertrete ich diese Meinungen? Welche Reaktionen waren aufgrund meiner Ansichten in meinem Gefühlsleben und in der Umwelt zu verzeichnen? Besteht ein Zusammenhang zwischen meiner Einstellung und meiner Krankheit?

4. Wieviel Stunden vergeude ich durchschnittlich pro Woche, um andere von meiner Meinung zu überzeugen oder um zu streiten? Könnte ich mit mehr Wahrnehmung besser differenzieren, zu wem ich was sagen kann, so daß meine Worte auf fruchtbaren Boden fallen?

5. Welche Normen und Ideale machen mir das Leben schwer? Passen diese Normen und Ideale noch zu mir?
Warum glaube ich immer noch daran?

6. Wieviel Lebenszeit habe ich durch Auflehnung und Rebellion vergeudet? Wieviel dadurch, daß ich neue Ideen und Konzepte in alte Rahmenbedingungen einführen wollte? Warum kann ich alte Ideale nicht loslassen?

Ist es möglich, einen völlig anderen, unorthodoxen Weg zu gehen? Kann ich damit die Situation entschärfen und vielleicht mehr erreichen?

7. Was kostet mich meine Krankheit an Zeit und Kraft? Wie könnte ich die Energie, die in der Krankheit gebunden ist, besser einsetzen?

Muster der Vergangenheit und der Gegenwart

Bei der Analyse des eigenen Selbst ist es zunächst notwendig, die Programme, die vom Elternhaus und von der Umwelt übermittelt wurden, zu identifizieren, zu erkennen, inwieweit sie heute noch wirken und auf welchen Lebensgebieten Gegenprogramme entworfen worden sind.

Mit diesen Programmen und Gegenprogrammen, bzw. mit einer Vermischung dieser beiden, schafft sich der einzelne die entsprechenden Rahmenbedingungen seines Lebens, gestaltet er unbewußt sein Schicksal.

Entsprechend diesen unbewußten Programmen wählt er seinen Beruf, zieht er seinen Lebenspartner an, sucht er sich die Wohnung aus, in der er lebt...

Mit dieser Programmixtur löst er beim Partner und in der Umwelt ganz spezifische positive oder negative Reaktionen aus, die wiederum Bestandteil seines Schicksals sind.

Waren im Elternhaus auf einem Lebensgebiet keine Programme vorhanden, so kann dieses Fehlen eines Programms vom Kind ebenfalls übernommen werden. Insofern ist »kein Programm zu haben« auch ein Programm. Dies gilt auch dann, wenn bei den Eltern etwa finanzielle Programme vorhanden waren, aber den Kindern nicht vermittelt wurden (nach dem Motto: Über Geld spricht man nicht). Auch unterschiedliche Botschaften von Vater und Mutter bewirken oft, daß kein Programm entstehen kann. Der Betreffende hat dann etwa in der Sexualität, auf dem religiösen Gebiet oder über das Wesen einer Partnerbeziehung nur diffuse Vorstellungen.

Diese divergierenden Botschaften und Einschärfungen der Eltern sind im Horoskop des Kindes meist durch einen Quadrat- oder Oppositionsaspekt ausgedrückt.

Die große Frage ist also, was erwirke ich unbewußt beim anderen, was der andere unbewußt bei mir. Wer sich darüber im klaren ist, wird weniger die Reaktionen des Partners und der Umwelt bekämpfen, sondern statt dessen versuchen, durch Veränderung des eigenen Fühlens, Denkens und Handelns andere Reaktionen zu bewirken.

Damit besteht die Möglichkeit, nicht nur sich selbst zu erkennen, sein wahres Wesen wahrzunehmen, sondern auch endlich aktiv in das eigene Schicksal einzugreifen.

Nachfolgende »Kurz-Psychoanalyse« soll dazu anregen, sich Gedanken zu machen.

a) über die Entstehung der eigenen bisher ausgelebten Programme und

b) über die Reaktionen, die die eigenen Programme bei den Mitmenschen auslösen.

Kurz-Psychoanalyse*

		Programm vom Vater übernommen oder von einer anderen männlichen Bezugsperson	Programm von der Mutter übernommen oder von einer anderen weiblichen Bezugsperson	Gegenprogramm	Idealbildung (aufgrund eines Anlagendefizits)	Somatisierung (astrologische Zuordnung siehe S. 242ff.)	Reaktionen der Mitmenschen
Widder, Mars, Haus 1	Aggression Tatkraft Aktivität Initiative						
Stier, Venus, Haus 2	Sicherheitsstreben politische Richtung Umgang mit Finanzen Einstellung zu Besitz						
Zwilling, Merkur, Haus 3	Kommunikations-verhalten technische Fähigkeiten rhetorische Fähigkeiten						
Krebs, Mond, Haus 4	Ernährung Zärtlichkeit Geborgenheit Modus des Familien-lebens						

* Das Eintragen von Kreuzen in die Felder der Tabelle dient selbstverständlich nur einer ersten Orientierung. Es zeigt jedoch übersichtlich, wo Probleme liegen, die weiter bearbeitet werden müssen. Für eine ausführliche Beschreibung der jeweiligen Muster nehme man einen Block zur Hand.

		Programm vom Vater übernommen oder von einer anderen männlichen Bezugsperson	Programm von der Mutter übernommen oder von einer anderen weiblichen Bezugsperson	Gegenprogramm	Idealbildung (aufgrund eines Anlagendefizits)	Somatisierung (astrologische Zuordnung siehe S. 242ff.)	Reaktionen der Mitmenschen
Löwe, Sonne, Haus 5	Sexualverhalten Einstellung zur Sexualität Handlungsprogramme Unternehmungsgeist Selbständigkeit Kindererziehung Spieltrieb						
Jungfrau, Merkur, Haus 6	Sauberkeitsverhalten Kritik Analyse Zeigen von Gefühlen Anpassung Einstellung zur Arbeit						
Waage, Venus, Haus 7	Erotik Schönheit (Schminke, Mode etc.) Entscheidungsfreudigkeit Geschmack Verhalten in Begegnungssituationen (zum anderen Geschlecht, zu Fremden) Benimmregeln (z. B. in Lokalen)						
Skorpion, Pluto, Haus 8	Beziehungsmuster geistige Haltungen (Ideologien ...) Einstellung zum Tod						
Schütze, Jupiter, Haus 9	religiöse Richtung Bildung (Literatur, Kunst, Musik) Reisedrang						

		Programm vom Vater übernommen oder von einer anderen männlichen Bezugsperson	Programm von der Mutter übernommen oder von einer anderen weiblichen Bezugsperson	Gegenprogramm	Idealbildung (aufgrund eines Anlagendefizits)	Somatisierung (astrologische Zuordnung siehe S. 242ff.)	Reaktionen der Mitmenschen
Steinbock, Saturn, Haus 10	Ehrgeiz Karrierestreben Rechtsempfinden Ziele						
Wassermann, Uranus, Haus 11	Freunde gemeinsame Unternehmungen Freizeitverhalten Unabhängigkeitsstreben Gestaltung des Urlaubs						
Fische, Neptun, Haus 12	Rauchen Trinken Fernsehen Phantasie Problemlösungsstrategien						

Informationsphase

Nachdem herausgefunden wurde, was krank macht, kann man damit beginnen, Informationen einzuholen, auf welche Weise Gesundheit erlangt werden kann.

In dieser Phase geht es darum, zu erkunden, welche anderen Arten des Fühlens, Denkens und Verhaltens, der Ernährung, des Wohnens, der Partnerschaft, der Sexualität, des Lebensstils möglich sind.

Dazu gehört auch die Information über sämtliche Therapiemöglichkeiten, die bei dem eigenen Krankheitsbild angezeigt sind. Durch die Konfrontation mit unkonventionellen Behandlungsmethoden weitet sich der eigene Gesichtskreis, und neue Chancen der Heilung eröffnen sich.

Neben der Homöopathie, der Naturmedizin und Akupunktur sind es vor allem die psychosomatischen Heilmethoden, die in den letzten Jahren in den Vordergrund gerückt sind. Die psychosomatische Therapie kennt beruhigende und konfliktaufdeckende Verfahren.

Ein Mittel gegen übermäßigen Streß in Form eines Medikaments gibt es nicht. Man kann aber dem Streß auf andere Weise begegnen, indem man mittels Meditation, Visualisation und Entspannungsübungen Einfluß auf die physiologischen Abläufe unseres Körpers ausübt.

Selbst ohne solche positiven physiologischen Wirkungen ist es vermutlich im Sinne seiner Gesundheit, wenn man einen überaktiven und übermäßig streßgeplagten Menschen dahin bringt, daß er sich zweimal am Tag die Zeit nimmt, sich hinzusetzen und zur Ruhe zu kommen. Trotz des günstigen Effekts von Entspannungsübungen darf aber nicht vergessen werden, daß diese Techniken innerseelische Konflikte weder aufdecken noch lösen.

Wer jedoch wissen will, warum er krank wurde und was die Krankheit für ihn bedeutet, kann sich mit der Astro- und der Psychoanalyse auseinandersetzen. Um die entsprechenden Rückschlüsse ziehen zu können, ist es notwendig, die symbolische Bedeutung der Organe und Organsysteme zu kennen.

Der menschliche Körper und seine astrologische Zuordnung

Grundlage jeder Entschlüsselung der seelischen Problematik, die über die Krankheit und deren körperliche Symptome ihren symbolischen Ausdruck findet, ist die Kenntnis der Analogie zwischen Körperbereich und astrologischer Entsprechung. Viele werden die mittelalterliche Darstellung des Aderlaßmännchens kennen, die zunächst eine recht einfach einzuprägende Zuordnung astrologischer Symbole zu den Teilen des menschlichen Körpers zeigt. Abbildung 1 auf Seite 243 stellt diese Figur in etwas modernerem Gewand vor.

Widder	Kopf	Waage	Niere
Stier	Hals	Skorpion	Ausscheidungs-/ Geschlechtsorgane
Zwilling	Lunge, Arme	Schütze	Hüfte, Oberschenkel
Krebs	Brust, Magen	Steinbock	Knie
Löwe	Herz	Wassermann	Unterschenkel, Sprunggelenk
Jungfrau	Darm	Fisch	Füße

Zur erfolgreichen Entschlüsselung der Körpersymbolik reicht diese Zuordnung oft nicht aus. Eine differenziertere Betrachtung ist notwendig. Sinnvoll erscheint zusätzlich die Unterscheidung in:

Organ/Struktur (Bahn, Zelle, Trägerstoff z. B. Flüssigkeit/ Blut/Lymphe);

Funktion des Organs/ der Struktur und der zugehörigen Wirkstoffe (z. B. Atmung/Schleim/Magensäure/Galle/Fermente/Hormone);

Symptomatik (z. B. Entzündung/Schwellung/Schwäche).

Darüber hinaus ist daran zu denken, daß jeder Körperteil seinerseits wiederum eine Ganzheit darstellt. So können die Zähne des Menschen zunächst in ihrer Ganzheit dem Mars zugeordnet werden. Die einzelnen Zähne aber repräsentieren jeweils verschiedene Körperteile und verhalten sich gleichnishaft zu diesen, besitzen also sekundär eine Zuordnung zu anderen entsprechenden Tierkreissymbolen.

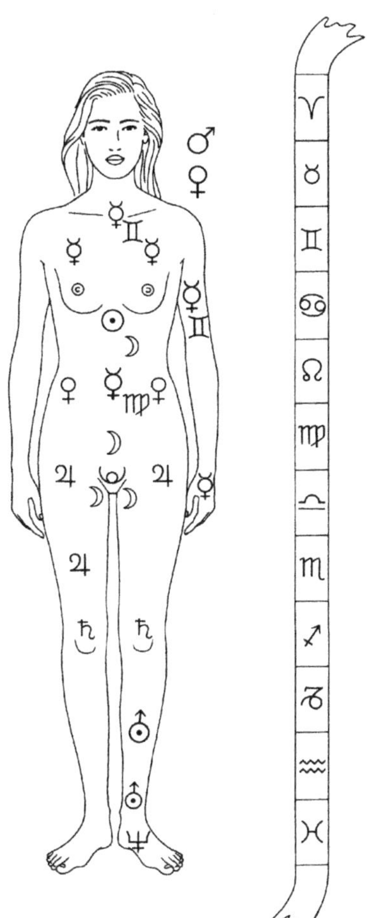

Abb. 1

I. Quadrant (Körper)

Hier finden sich die Anlagen, die wir zum Wirken in der materiellen Welt benötigen. Zunächst der Impuls und die Energie zur körperlichen Bewegung, die ihrerseits Grundlage der persönlichen Durchsetzung und Behauptung sind. Diese körperliche Eigenart bedarf der Substanz, und sie braucht einen Raum und die soziale Einbindung, woraus die Persönlichkeit ihren Stellenwert ableitet, sowie die Berechtigung, ihre Existenz auch genießen zu dürfen. Im Kontakt mit der

Umwelt ist es nun notwendig, die körperlichen Strukturen, sowohl die Skelettmuskulatur als auch z.B. die Muskulatur der Stimmbänder, in differenzierter Art und Weise benutzen zu können und dem Gehirn hierbei Programmabläufe einzuprägen, die in Übereinstimmung mit dem sozialen Umfeld sind (z.B. Sprache/Schrift) oder die uns erlauben, mit den Hilfsmitteln des Körpers (Messer, Fahrrad, Bohrmaschine, Küchengerät usw.) sachgerecht umzugehen. Die Differenzierung findet im Lernprozeß des Laufens, Sprechens, Schreibens, Handwerkens, Spielens und Kämpfens statt (Geschicklichkeit der Beine, Stimmbänder, Hände, des Körpers). Dieser Prozeß steht in der Kindheit im Vordergrund. Das Gehirn ist dabei als Ort der Bewegungsprogramme und ihrer Koordination zu sehen. Um sich zu verdeutlichen, mit welcher Präzision beispielsweise die Zunge beim Kauakt gesteuert werden muß, um nicht zwischen die Zähne zu kommen, erinnere man sich daran, welche Probleme entstehen, wenn die Zunge durch einen Fehlbiß nur geringfügig geschwollen ist.

Der Plan für die körperliche Bewegung und seine Motivation entstehen nicht im Gehirn, sondern stammen aus anderen Bereichen, ganz so, wie die Speicherung der Erfahrung (morphogenetische Felder; II. und III. Quadrant). So ist die Suche der Physiologen nach einem neuronalen Substrat der Emotionen bis heute erfolglos geblieben und wird es aus astrologischem Verständnis wohl auch bleiben. Sehr diffus schlägt man vor, einen bestimmten Neuronenkreis im limbischen System des Gehirns hierfür verantwortlich zu machen. Deutlicher kann sich die materialistische Orientierung der naturwissenschaftlichen Medizin nicht ausdrücken, wenn sie mehr als 99% des Körpers für die Körpermechanik reserviert und in weniger als 1% den Geist und die Gefühle sucht.

Im I. Quadrant spielt der Pianist möglicherweise zwar technisch perfekt, das Spiel bleibt aber immer mechanisch. Die Komposition und der kreative Ausdruck, der den Künstler erst auszeichnet, stammen aus dem Bereich des Denkens und Fühlens.

In den I. Quadrant gehört auch der Kontakt und der Austausch mit der Umwelt über den Atem, der in Analogie zum

Informationsaustausch steht. Über ihn findet eine wichtige stoffliche Wechselwirkung mit den übergeordneten und nachgeordneten Ganzheiten statt.

Eine der am deutlichsten empfundenen Abhängigkeiten einer Ebene von der anderen (Ebene des Sonnensystems/Ebene der belebten Natur/Ebene des Individuums) zeigt die Photosynthese. Hierbei verwandelt die Pflanze Sonnenenergie in Stärke. Bei diesem Vorgang spielt das Chlorophyll der Pflanze, das interessanterweise mit dem Hämoglobin unseres Blutes weitgehende Ähnlichkeiten besitzt, eine wesentliche Rolle. Über die Photosynthese gelingt es der Pflanze, aus Wasser und dem Kohlendioxyd der Luft Zucker herzustellen, die sogenannten Kohlenwasserstoffe (Kohlenhydrate). Diese Zucker bilden in Form der Stärke und Zellulose die wesentlichen Strukturelemente der Pflanzen. Im Grunde handelt es sich dabei um Sonnenenergie, die in stoffliche Form verpackt wurde. Auf diese Energie sind die Tiere und Menschen angewiesen, da sie die Photosynthese nicht beherrschen. Sie (fr-) essen die Pflanzen und entnehmen dem Zucker die gespeicherte Sonnenenergie. Sie ist Grundlage der Bewegung als Ausdruck unserer Lebendigkeit. Indem die Tiere und Menschen in ihren Zellen Kohlenstoff und Wasserstoff voneinander trennen, setzen sie die in der Bindung (Pluto) enthaltene Energie frei. Der Kohlenstoff geht danach eine geringerenergetische Bindung mit dem von den Pflanzen produzierten und durch uns eingeatmeten Sauerstoff ein. So entsteht das Kohlendioxyd, das wir über die Lunge abatmen, so daß es von der Pflanze wieder aufgenommen werden kann, und der Kreislauf beginnt von vorne.

Widder, Mars, AC

Organ:
Kopf, quergestreifte Skelettmuskulatur, Zähne, Zunge, Nägel, Klitoris, Penis, Gallenblase, Arterien, Schädelknochen, Kopfnerven, Sympathikus: Nebennierenmark (NNM), Blut (Erythrozyten mit dem roten Hämoglobin), Magensäure, Galle, Adrenalin (NNM), Testosteron (Hoden);

Funktion:
Körperbewegung, Körperwärme, ATP (begrenzt bevorratete Zellenergie besonders der Muskeln), Kauprozeß, aktive und triebhafte Sexualität, Potenz, Kreislaufeinfluß über die Arterienweite, Körperabwehr;

Symptomatik:
Heftiger, aber oft kurzer Krankheitsverlauf, Fieber, Entzündung, Schmerz, Schwellung, Rötung (auch Erröten), Juckreiz, Brennen, Allergie, Kopfschmerz, Migräne, Trigeminusneuralgie, entzündl. Ausschlag (z. B. Masern, Akne), Wunde (Riß, Schnitt), Husten, Räuspern, Autoaggression (vom Nägelkauen bis zur Schilddrüsenentzündung [Hashimoto]), Schwäche, Subacidität des Magens mit Anämiefolge (keine Reduktion des Eisens, dadurch keine Resorption im Darm).

Stier, Venus, Haus 2

Organ:
Hals, Nacken, Nacken-/ Hals-/ Schluck-/ Kehlkopfmuskulatur, 2.–7. Halswirbel, Mund, Zunge, Rachen, lymphatischer Rachenring (Mandeln), Kehlkopf, Kehldeckel, Stimmbänder, Speicheldrüsen, Speichel mit Enzymen für Zuckerspaltung, Schilddrüse;

Funktion:
Bewertung der materiellen Nahrung nach Festigkeit und Größe (mit der Folge des Schluckens oder Aus(An-)spuckens), Einspeichelung der Nahrung, Schlucken, Fremdkörper(Antigen)- Erkennung (Mandeln) und Beeinflussung der Antikörperbildung, Stimme, Grundumsatz des Stoffwechsels;

Symptomatik:
Halsentz. (Pharyngitis), Mandelentz. (Tonsillitis), Heiserkeit, Kehlkopfentz. (Laryngitis, Diphtherie, Pseudokrupp), Speicheldrüsenschwellung (Mumps), Myxödem, Körpergewichtsprobleme.

Zwilling, Merkur, Haus 3

Organ:
Schultergürtel, Arme, Hände und deren Muskulatur und Knochen, 1. Halswirbel, 1.–4. Brustwirbel, 1.–4. Rippe; Organe des Gasaustauschs (Luftröhre, Bronchien, Lunge), Nervenbahnen (Sensorik und Motorik), Gehirn (sensorische und motorische Felder, Sprachregion), Thymusdrüse (T-Lymphozyten), Blutkapillare (Austauschsystem);

Funktion:
Atmen, Gasaustausch (O_2-CO_2), Sensorik und Motorik (besonders der Finger, Stimmbänder), Sprechen, Lernen als Neuronenverknüpfung (fixe Gehirnprogramme), »Schule« der Lymphozyten, kapillarer Stoffaustausch;

Symptomatik:
Erkältungskrankheiten der Atemwege (Bronchitis, Pneumonie), Tuberkulose, Emphysem, Asthma bronchiale, periphere und zentrale Nervenausfälle (Sensorik und Motorik), Sprachstörungen, Lähmungen.

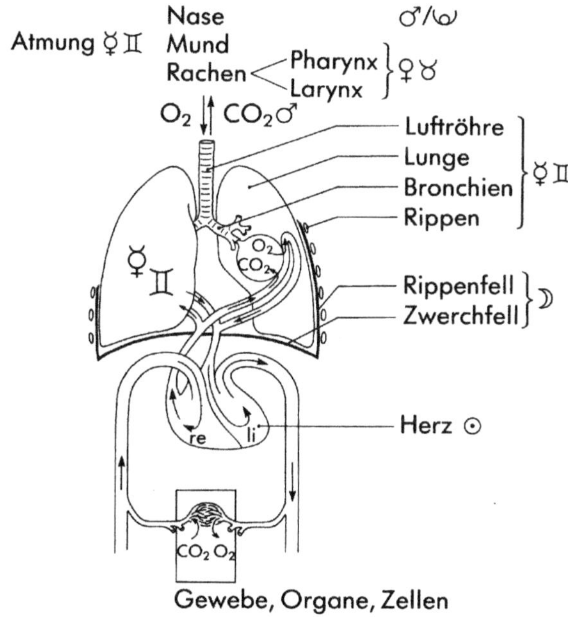

Abb. 2

Die Atmung (Abb. 2)
Durch die Muskelbewegungen des Zwerchfells und der Zwischenrippenmuskeln werden die beiden Lungenflügel rhythmisch (etwa 25 000 mal pro Tag) erweitert und wieder zusammengedrückt. Dabei gelangt jedesmal 0,5 Liter frische sauerstoffreiche Luft über die Verästelung der Bronchien bis in die Lungenbläschen, in denen der Sauerstoff gegen das im Blut ans Hämoglobin gebundene Kohlendioxyd (Säure, Mars) ausgetauscht wird, damit dieses dann abgeatmet werden kann. Dem entspricht, daß wir unsere Persönlichkeit (Mars) nach außen darstellen (abatmen). Die Bindungsfähigkeit des Hämoglobins hängt mit dem Eisenatom in seiner Mitte zusammen, wobei dieser Komplex auch die rote Farbe des Blutes bedingt (Mars). An den Grenzen der Lungenbläschen findet dieser Austausch statt. Hier liegt letztendlich die Grenzfläche zwischen innen und außen des Körpers. Die Größe dieser Gasaustauschfläche beträgt etwa 50-80 Quadratmeter. Das sauerstoffreiche Blut gelangt dann zur linken Herzkammer und von dort in den arteriellen Kreislauf. Das Blut ist in diesem Bereich hellrot (sauerstoffreich). Die Arterien verzweigen sich bis zu den Kapillaren der Gewebe. In ihnen findet dann die Abgabe des Sauerstoffs an die Zellen statt, damit diese über die Oxidation bestimmter Moleküle in ihrer Atmungskette Energie (ATP) gewinnen können. Hier begegnen wir wieder der Analogie zweier Ebenen. Der Lunge auf der Körperebene entspricht die Atmungskette auf der Zellebene. Das in der Zelle aus dem Citrat-Zyklus anfallende Kohlendioxyd wird ins Blut abgegeben. Mit dem Blut gelangt es über das venöse Gefäßsystem zur rechten Herzkammer und von dort in die Lunge.

Motorik (Abb. 3)
Die Motorik erlaubt dem Tier und dem Menschen einen hohen Grad an Ungebundenheit, macht ihn aber auf der anderen Seite abhängig von den ortsfesten Pflanzen, die alleine in der Lage sind, über die Photosynthese Kohlenwasserstoffverbindungen zu synthetisieren, also zum Beispiel Zucker in Form der Stärke und der für uns unverdaulichen Zellulose herzustellen, in die sie die Sonnenenergie eingefangen haben.

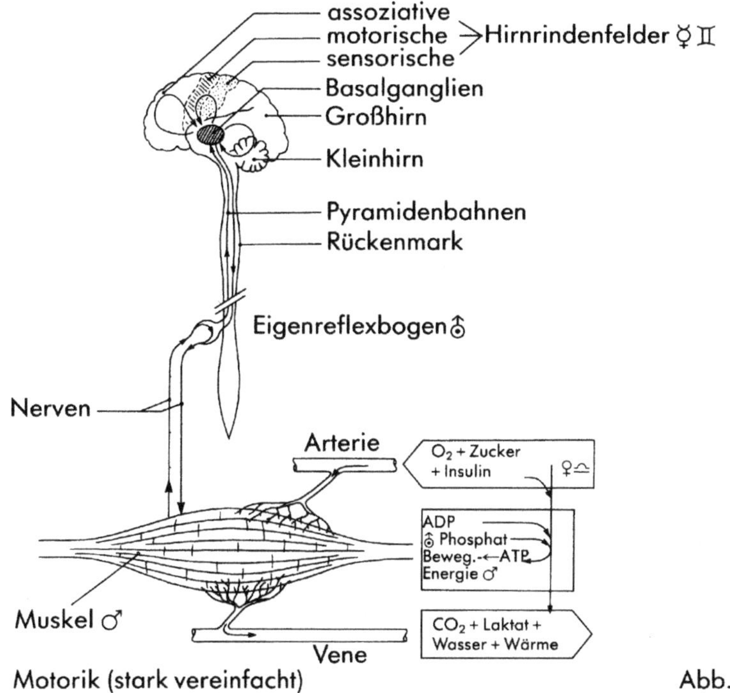

Motorik (stark vereinfacht) Abb. 3

Erst diese Energie läßt den Muskel Bewegungen ausführen. Es ist letztendlich die Sonne, die Lebendigkeit erzeugt. Von der Stoffwechselseite muß also dem Muskel energiereicher Stoff, im wesentlichen Zucker (Glukose), zugeführt werden, der aus dem Verdauungssystem über die Leber und das arterielle System zu dem Muskel gelangt. Aus ihm gewinnt die Muskelzelle die für die Bewegung notwendige Energie. Unter Verwendung von Sauerstoff entsteht dabei neben der Energie auch Kohlendioxyd und Wasser. Bei Hochleistungen reicht jedoch die Sauerstoffversorgung oft nicht aus, und die Energiegewinnung schlägt einen anderen Weg ein, wobei Milchsäure entsteht. Die von der Muskelzelle genutzte Energieform, das ATP (Adenosintriphosphat), entsteht unter Bindung eines Phosphates (Uranus) an ADP (Adenosindiphosphat). Es zeigt sich hierbei, daß die Freiheit, sich im Gegensatz zur Pflanze von Ort zu Ort bewegen zu können, das uranische Prinzip in sich trägt.

Was wäre aber die Bewegung ohne sinnvolle Steuerung? Sie ist das zweite wichtige Element der Motorik. Ihr Zentrum ist das Gehirn, das aufgrund eines Bewegungsmotivs (II. Quadrant) den Bewegungsablauf aus assoziativen Hirnrindenfeldern entwirft. Es unterzieht diese Entwürfe unter Koordination durch die Basalganglien der Korrektur durch das Kleinhirn, um die willkürliche Bewegung dann über die motorischen Nervenbahnen (Pyramidenbahnen) und das Rückenmark zu veranlassen und zu steuern. Diese Abfolge ist deshalb so komplex, weil immer viele Muskeln gleichzeitig zu steuern sind, dabei das Gleichgewicht zu halten ist und das Bewegungsziel nicht aus den Augen gelassen werden darf. Darüber hinaus wird der Bewegungsablauf über muskuläre Rückmeldungen kontrolliert. Tritt der Mensch, ohne es zu wollen, beispielsweise in einen Nagel, so wird dies als Schmerzinformation an das Gehirn gemeldet. Der Rückzug des Fußes käme aber bei einer derart komplexen Steuerung, wie sie oben dargestellt wurde, zu spät. Der Nagel hätte sich schon tief in das Fleisch gebohrt. Um hier besser reagieren zu können, bevor also der Nagel eingedrungen ist, verfügen wir über ein Reflexsystem auf der Ebene des Rückenmarks, das sehr viel schneller reagiert und blitzschnell (Uranus) die Zurücknahme des Fußes veranlaßt.

II. Quadrant (Emotionalität)

In diesem Quadranten entsteht die Motivation des Menschen, sich aus sich heraus zu bewegen (Emotionen von e-movere = heraus-schaffen) und schöpferisch zu handeln. Sein Handeln beginnt damit, daß er zunächst die ihm begegnende Situation wahrnimmt und sich von ihr emotional berühren läßt, wobei in ihm subjektive Gefühle der Lust oder Unlust aufsteigen, die zum Impuls der Reaktion, des Handelns werden. Ob Lust oder Unlust entsteht – das hängt stark mit den individuellen Erfahrungen zusammen, die er gesammelt hat, und dem Vertrauen in sich selbst, das er aufbauen konnte. Die begegnende Situation kann auch in ihm selbst stattfinden, kann eine Idee oder ein Wunsch sein, der aus dem Unbewußten aufsteigt, mit dem er sich im Moment identifiziert, den er spontan im Materiellen lebendig werden lassen und verwirklichen möchte. Es kommt daraufhin zum kreativen Ausdruck über die körperliche Gebärde und formgebende Bewegung (I. Quadrant), ob spielerisch, tänzerisch, sexuell oder in anderer Art. Der Schöpfer bedient sich der materiellen Gegebenheiten, die er in seiner Umwelt wahrnimmt, um sie für seine Schöpfung zu nutzen. Je differenzierter dabei seine Wahrnehmung ist, je kritischer er die Materie auf Eignung für sein Vorhaben analysiert, und je geschickter er daraufhin die Materie für sein Handeln nutzt, desto getreuer wird seine Schöpfung der ursprünglichen Idee gleichen, sie wird das Vertrauen in sich selbst weiter wachsen lassen.

Aus der Peripherie der Welt kommt die Idee (III. Quadrant) und wird zum zentralen Impuls (II. Quadrant), um als Verwirklichtes in die Welt zurückzukehren. So kann sich der Mensch als Mittelpunkt dieser Welt empfinden. So ist er unbewußt auch tatsächlich alleiniger Schöpfer dieser seiner ganzen Welt.

Es ist dies ein Akt des Hineinnehmens und Verarbeitens von Gefühlen und ihrer Umsetzung in Lebendigkeit. Und so nehmen die analogen Körperorgane die Nahrung auf, verarbeiten sie, damit sie als Energie zum Handeln und als Bausteine für den Körper wieder in die Körperperipherie transportiert werden können.

Krebs, Mond, Haus 4

Organ:
linke Körperseite, rechte Gehirnhälfte, Augen, Magen, Pylorus, alle Schleimhäute, Vagina, Eierstöcke, Gebärmutter, weibl. Brust, Rippenfell, Interkostalmuskeln, Brustbein, 5.–9. Rippe, Zwerchfell, Bauchfell, Lymphsystem, Parasympathikus (Nervus vagus), Magensaft (Pepsin für Eiweißspaltung, Schleim), Gewebeflüssigkeit, Muttermilch;

Funktion:
Aufbereitung der Nahrung, Steuerung der Verdauung, Eisprung, Menstruation, Steuerung der Gewebeflüssigkeit;

Schleimhäute ermöglichen den sanften Kontakt unterschiedlicher Strukturen (z. B. Rippenfell);

Symptomatik:
Schluckauf, Erbrechen, Sodbrennen (als Übersäuerung ist es Ausdruck des Ärgergefühls, Magensäure siehe Mars), Magenkrankheiten (vom empfindlichen Magen über Magenschleimhautentzündungen bis zum Magengeschwür), Rippenfell-/Bauchfellentzündungen, Gebärmuttererkrankungen, Ausfluß (Fluor), Regelstörungen, Ödeme.

Löwe, Sonne, Haus 5

Organ:
rechte Körperseite, Herz, Aorta, Wirbelsäule (speziell Brustwirbel 5.–9.);

Funktion:
Vitalität, Herzschlag (Rhythmus), Kreislauf, Blutdruck;

Symptomatik:
Herzerkrankungen (Rhythmusstörungen, Angina pectoris, Insuffizienz, Infarkt), Kreislauferkrankungen (Hyper-/Hypotonie), Aneurysma, Schwäche.

Jungfrau, Merkur, Haus 6

Organ:
Zwölffingerdarm, Bauchspeicheldrüse (Pankreas, exkretorischer Teil), Pankreassaft (Enzyme für Eiweiß-, Zucker-, Fettspaltung), Dünndarm (Jejunum und Ileum), Blinddarm, Dickdarm (Colon) außer Mastdarm, Darmflora (in Symbiose lebende Bakterien), kurze Rippen, Bauchfellmuskulatur, Wahrnehmungsorgane (Auge, Ohr);

Funktion:
Verdauung (Aufspaltung der Nahrung), Resorption der Spaltprodukte/des Wassers/der Elektrolyte, Transport des Chymus (Peristaltik), Adaption von Auge und Ohr.

Symptomatik:
Darmerkrankungen, Durchfall (Ruhr, Cholera, Typhus), Verstopfung, Morbus Crohn (Ileum), Darmverschluß, Colitis, Dysbiose, Blähungen, Malabsorption (Eisenresorption, Vitamin B 12), Anämie (siehe auch Mars), Darmparasiten, Blinddarmentzündung, Pankreatitis, Sehstörung (Flimmern), Hörstörung (Hörsturz);

Verdauung (Abb. 4 und 5)
Die Verdauung beginnt mit der Aufnahme der Nahrung durch den Mund und endet mit der Ausscheidung durch den Anus. Nahrung ist ein Reiz (analog zum Gefühl), mit dem sich das Verdauungssystem auseinandersetzen muß, wobei es in die Analyse des Reizes eintreten muß, um Brauchbares von Unbrauchbarem zu trennen. Dabei hat der Reiz sich im Mund unserer Persönlichkeit, den Zähnen, zu stellen (Mars). Gleichzeitig erfolgt die Bewertung durch Zunge (kurzfristig) und Mandeln (langfristig) auf Genießbarkeit. Die Speichelfermente beginnen schon im Mund mit der Aufspaltung der Kohlenhydrate in Einzelzucker, was den Genuß erhöht. Der Speichel, wir produzieren davon etwa 1,5 Liter pro Tag, läßt einen wunderbaren Brei entstehen. Dieser Vorgang wiederholt sich auf der Ebene des Magens, wo der Speisebrei wiederum mit unserer Persönlichkeit, der Salzsäure (Mars), konfrontiert wird. Gleichzeitig wird mit der Eiweißspaltung begonnen. Die Magenwand schützt sich dabei vor der eigenen Aggressivität durch eine dicke Schleimschicht. Können wir uns mit dem Reiz nicht identifizieren, so reizt er uns bis zum Erbrechen und wir trennen uns wieder von ihm, was manchmal eine Irritation in uns hinterläßt – wir sprechen von einem verdorbenen Magen. Sind wir aber einverstanden, so läßt der Pförtner den Brei passieren. Er gelangt in den Zwölffingerdarm, in dem der saure Brei mit Hilfe der Bauchspeicheldrüsenflüssigkeit neutralisiert wird. Diese Flüssigkeit enthält neben der dazu notwendigen Base weitere Enzyme für die Zucker- und Eiweißspaltung. Neu kommen hier die Enzyme für die Fettspaltung hinzu, und damit diese energiereichen Fette keine Probleme verursachen, werden sie ganz speziell ein weiteres Mal

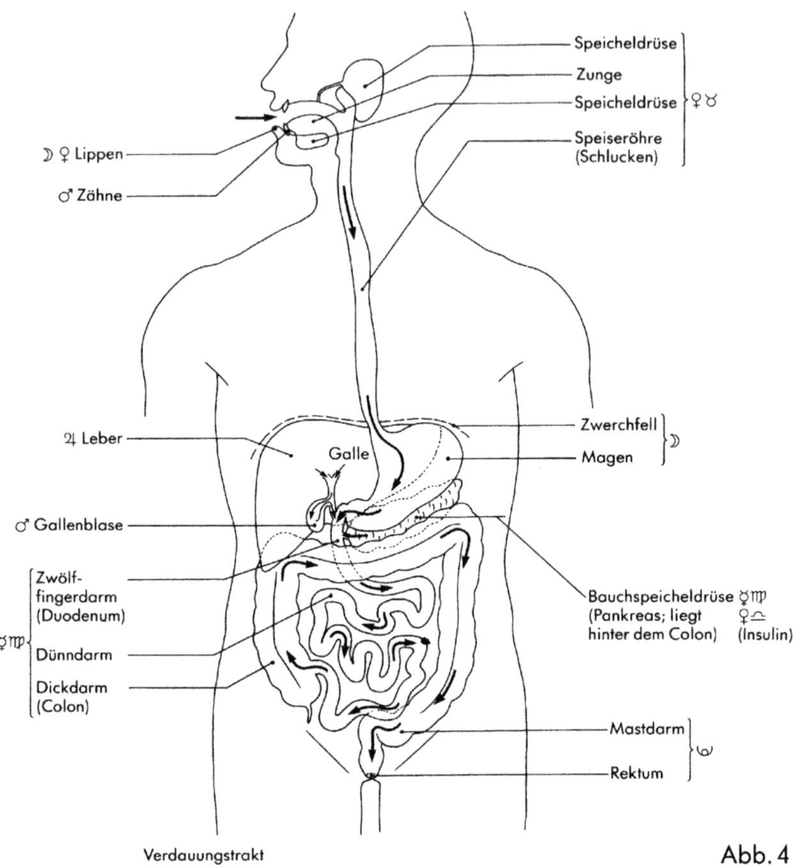

Verdauungstrakt

Abb. 4

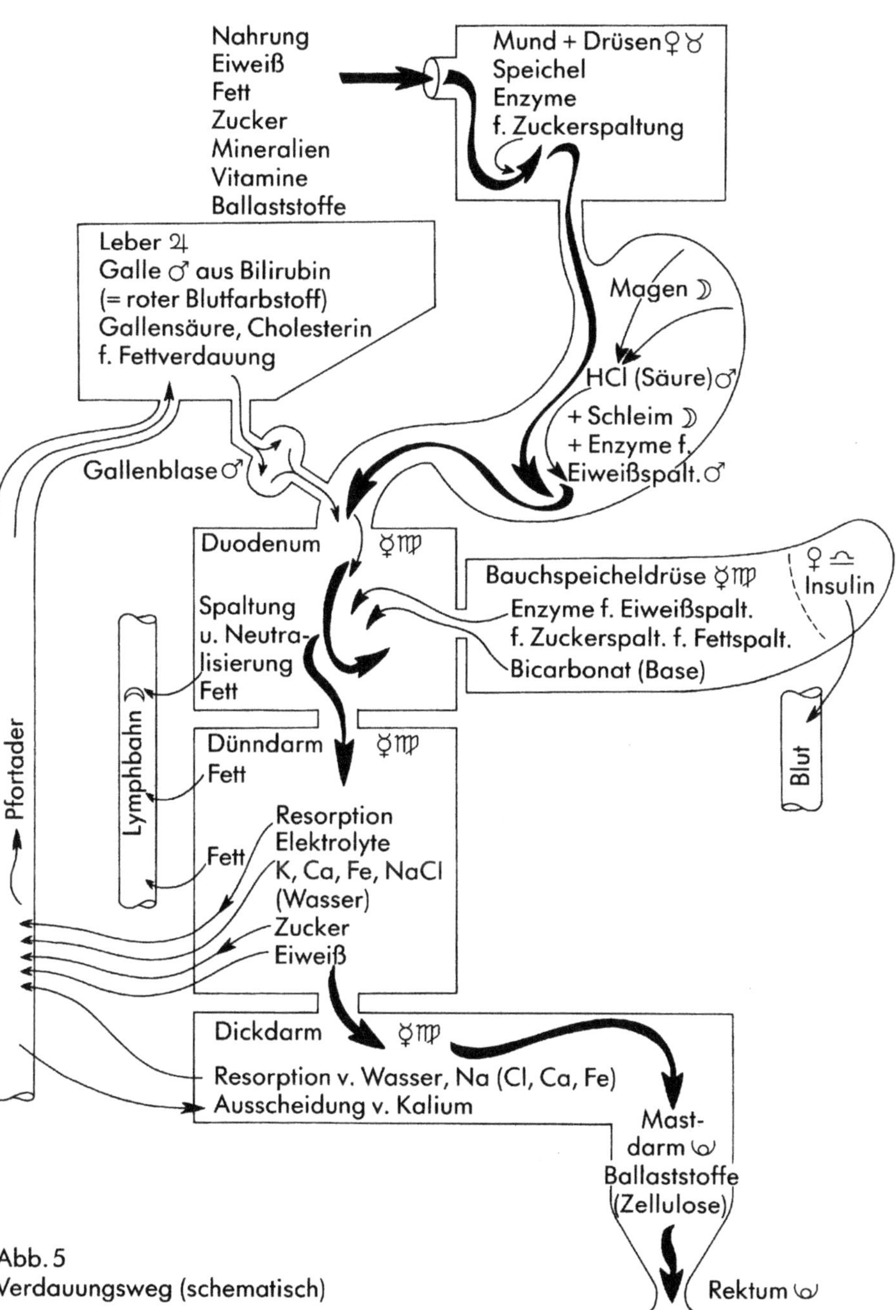

Abb. 5
Verdauungsweg (schematisch)

mit unserer Persönlichkeit, der Galle (Mars), konfrontiert, von der unsere Leber ca. 0,7 Liter pro Tag produziert. Mit Teilen der Galle verbinden sich nun die abgespaltenen Teile des Fettes, um von den Zellen der Darmwand aufgenommen und von dort in die Lymphbahnen und letztendlich in das venöse System transportiert zu werden. Offenbar bedarf es des Wissens (Leber/Jupiter) der Persönlichkeit (Galle/Mars), um die analysierten Reize (Merkur/Mond) zu integrieren. Der etwa 3 Meter lange Dünndarm muß die Nahrung zu Ende verdauen und die Spaltprodukte, das Wasser und die Elektrolyte resorbieren. Diese gelangen auf dem direkten Weg, über das Blut der Pfortader, zur Leber, die nicht nur die Aufgabe hat, Galle zu produzieren und Giftstoffe über diese auszuscheiden. Die Leber nimmt die zentrale Rolle im Stoffwechsel (Synthese, siehe Stoffwechsel des III. Quadranten) ein. Sie versteht mit den Einzelzuckern (entspricht Einzelgedanken) umzugehen und sie zu notwendigen Großmolekülen (entspricht Gedankengebäuden) zusammenzuführen. Der sich anschließende ca. 1,3 Meter lange Dickdarm, resorbiert den Rest an Elektrolyten und dickt den verbliebenen Darminhalt durch Entzug von Wasser weiter ein. Die in Symbiose mit uns lebenden Dickdarmbakterien leisten ihre Dienste beim weiteren Abbau von Zucker und Eiweißen über Gärungs- und Fäulnisprozesse. Sie lassen bei gestörtem Gleichgewicht, sowohl der Ernährung als auch der Verdauung, Gase entstehen. Die Gase ihrerseits sind Ausdruck gestörter Darmwirklichkeit – oder in Analogie Abbild einer zur eigenen inneren Wirklichkeit nicht geeigneten, äußeren Anpassung.

Über den Aufbewahrungsort des Endprodukts und über dessen Ausscheidung wacht Pluto. Dieses Endprodukt wird im Außen zu einem wichtigen Ausgangsprodukt für andere Lebewesen (Humus). Halten wir unsere Produkte (Gedankenbilder, Meinungen) für überwichtig, so werden wir sie nicht loslassen und an Verstopfung leiden, oder halten wir das Produzierte für völlig wertlos, dann neigen wir zum Durchfall.

Der Blutkreislauf (Abb. 6)

Der Kreislauf dient zum Abtransport und zur Verteilung der

energiereichen Stoffe (Glukose, Eiweiße) und Bausteine von der Leber, hin zu den Zellen und zur Versorgung mit Sauerstoff. Er dient zur Entsorgung von Kohlendioxyd und Abfallprodukten des Zellstoffwechsels, zur Verteilung von Hormonen zu ihren Zielorten, zur Wärmeabfuhr und Umverteilung der Wärme, und er wirkt mit bei der Aufrechterhaltung des Wasserhaushaltes im Gewebe und in den Zellen. Der Kreislauf erhält seinen Impuls und Rhythmus vom Herzen. Das Herz bestimmt damit die Lebendigkeit (Vitalität, II. Quadrant). Das durch den Magen-Darmtrakt Hereingenommene wird durch das Herz wieder zur Peripherie transportiert, um dort in lebendige Bewegung umgesetzt zu werden. Hierzu wird das Blutvolumen von ca. 5 Litern in 100 000 Schlägen à 0,07 Litern pro Tag umgepumpt, was einer Pumpleistung von ca. 7500 Litern pro Tag entspricht. Und dies Tag für Tag, Jahr für Jahr ohne jegliche Unterbrechung.

Von der linken Herzkammer wird das Blut in die Aorta gepumpt. Es verteilt sich über die Arterien zu den Einzelorganen, Muskeln und Geweben, die über ein fein verästeltes Kapillarnetz versorgt werden. Dieser arterielle Teil steht unter dem Druck, den die linke Herzkammer erzeugt. Es ist der Blutdruck, den der Arzt mißt und dessen beide Werte um so weiter auseinander liegen, je mehr die Gefäße ihre Elastizität verloren haben (Arteriosklerose), was stets mit einem Verlust an emotionaler Spannkraft, Kreativität und orgastischer Lebendigkeit, unter Hinwendung an fremdbestimmte Leistungsziele einhergeht.

Am stärksten durchblutet ist der Magen-Darm-Leber-Trakt (Pfortadersystem, ca. ¼ des Volumens). Durch die Niere und die Skelettmuskeln fließen jeweils ca. ⅕ des Volumens, durch das Gehirn ⅐. Der Rest verteilt sich auf die sonstigen Organe, die Haut und die Herzgefäße. Den höchsten Sauerstoffverbrauch von allen Organen hat jedoch das Gehirn (etwa 23 %). Der Hauptteil des Blutvolumens befindet sich im Niederdruckbereich, im venösen Teil des Blutkreislaufs. Hier sammelt sich das aus den Kapillaren der Gewebe kommende Blut und fließt in die rechte Herzkammer, von dort in die Lungenflügel (siehe Atmung), um von neuem in die linke Herzkam-

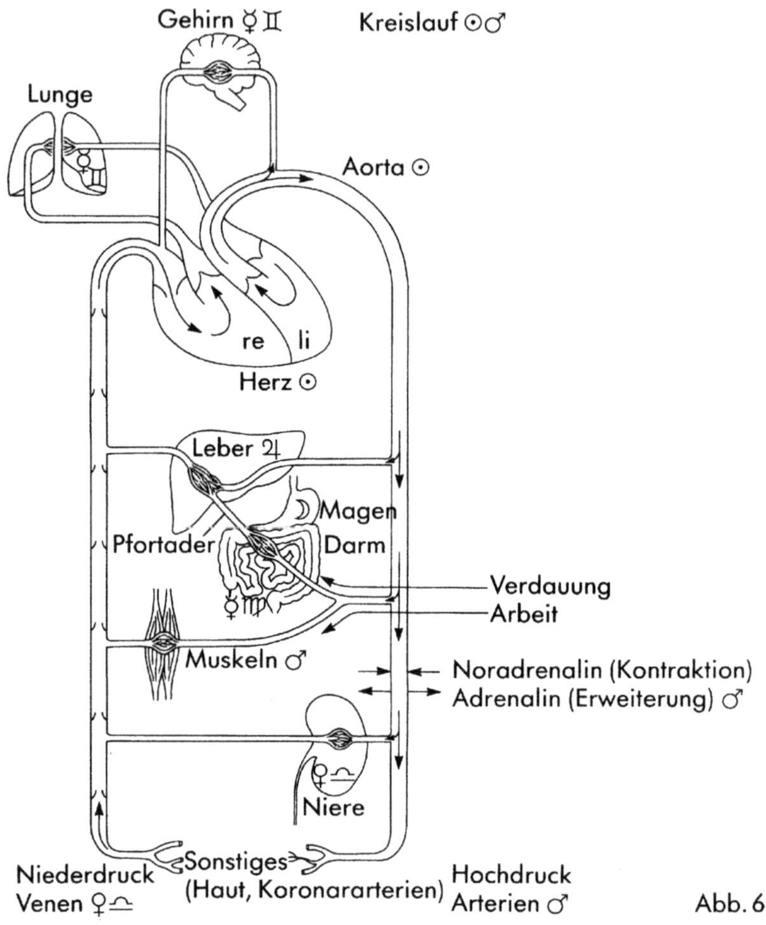

Abb. 6

mer zu gelangen. Die Existenz dieses großen Kreislaufs wurde erst im 17. Jahrhundert von W. Harvey wiederentdeckt.

Solange wir bereit sind, die in die Peripherie transportierte Energie im Sinne unserer Verwirklichung lebendig werden zu lassen, werden wir mit unserem Kreislauf keine Probleme haben. Angst in der Durchsetzung und im Handeln lassen den Druck absinken (Hypotonie) oder aber bei Projektion der gestauten Energie auf den Körper, ebenso wie bei Leistungsorientiertheit, ansteigen (Hypertonie). Nehmen wir uns am besten ein Beispiel an unserem Herzen. So, wie es aus vollem

Herzen ohne Unterbrechung schlägt, so sollten wir auch unsere Gefühle ausleben und das Leben als ewiges kindliches Spiel betrachten, denn nur so werden wir am Ende erwachsen und uns des Seins bewußt. Das Herz ist das Zentrum unseres Körpers, ist der König in uns, aber nur der Abbau der Fremdbestimmung über das Reich des Handelns und die damit einhergehende Zunahme an Selbständigkeit lassen es zum König werden.

III. Quadrant (Denken)

Im III. Quadranten entstehen die Ideen als geistige Assoziationen, die in uns auftauchen, wenn wir auf unsere »Außenwelt« treffen, wenn wir uns öffnen, uns von ihr berühren lassen und uns ihr hingeben. In der Begegnung aber nehmen wir dabei gar nicht die Personen um uns in ihrem objektiven Sein wahr oder das Buch, das wir gerade lesen, in seinem objektiven Inhalt.

Sondern wir werden durch sie an eigene geistige Inhalte erinnert, die uns oftmals bis zum Zeitpunkt der Begegnung noch unbewußt waren. Erst die ausgelöste Assoziation macht sie uns bewußt, und dies ist letztendlich der primäre Zweck jeder Begegnung, Partnerschaft oder Reise. Die Assoziationen verdichten sich zu einer subjektiven Vorstellung von dem Begegnenden.

Das Umgehen mit den Ideen und Vorstellungen, das wir gemeinhin Denken nennen, bekommt dann Klarheit und Schärfe, wenn sich unsere begrenzten Vorstellungen und Bilder zu einem umfassenden Weltbild zusammengefunden haben. Dann erst ist unser Denken von Verständnis und von einer daraus folgenden Toleranz getragen. Wissen bestimmt dann unser Handeln. Es ist ein Wissen, das die Bedeutung des Bewußtseins durchschaut und uns auf den Weg zur Bewußtwerdung führt (Re-ligio). Damit wird die mythologische Verheißung wahr, daß Saturn entthront und damit Uranus wieder Herr des Himmels (= Bewußtsein) werde. Um dorthin zu gelangen, bedarf der Mensch der Begegnung, sei es auf der Straße, sei es in der Partnerschaft oder auf Reisen, um die Welt und damit nichts anderes als seine geistige Welt kennenzulernen. Die Begegnung ergänzt ihn um das, was ihm von seiner geistigen Welt bis dahin unbekannt war, was im Schatten seines Bewußtseins, in seiner Unterwelt lag. So ist es die Sehnsucht nach Ergänzung und Ganzheit, der Eros, der uns in die Arme des oder der Geliebten treibt, um zu finden, was in uns selbst schon immer vorhanden war.

Das bedeutet den Tod unserer alten Bilder und geistigen Gebäude. In ihm liegt die Chance zur Wandlung, zur Bewußtwerdung.

In Analogie sorgen die körperlichen Organe für den Ausgleich zwischen Säure (ICH) und Base (DU), die Aufnahme und Bewertung (Geschmack, Geruch, Nase) des DU, die Entgiftung und Ausscheidung der nicht mehr benötigten Stoffe (Gedanken) und die Synthese komplexer Bausteine (Wissen). Darüber hinaus ermöglichen sie das Fortschreiten, den Fortschritt in dieser Welt.

Waage, Venus, Haus 7

Organ:
Niere, Harnleiter, Blase, Venen, Haut (als Kontaktorgan), Pankreas (inkretorischer Teil), Insulin, Glukagon;

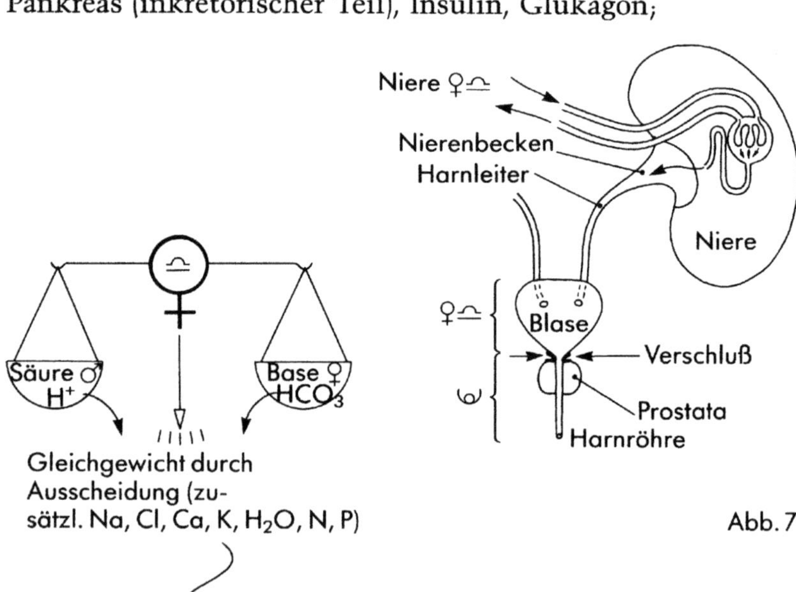

Abb. 7

Funktion:
Salz- und Wasserausscheidung, Säure-Base-Gleichgewicht, Konstanthaltung des Blutzuckerspiegels, Körperstellung (Balance, Lendenmuskulatur);

Symptomatik:
Nierenerkrankungen (Nierenbeckenentzündung, Steinbildung, Kolik), Venenerkrankungen (Thrombophlebitis), Hautkrankheiten (Akne, siehe auch Mars), venerische Krankheiten (Gonorrhoe, Ulcus molle, Syphilis), Diabetes mellitus.

Skorpion, Pluto, Haus 8

Organ:
Mastdarm, Anus (besonders das Verschlußsystem), Harnröhre (bes. das Verschlußsystem), Keimdrüsen (Eierstöcke, Hoden), Prostata, Genitalien (Bartholinische/ Cowpersche Drüse), Genitalmuskeln, Cremaster, Schambein, Damm, Nase, Nasennebenhöhlen, Gene;

Funktion:
Ausscheidung (Kot, Urin), Geschlechtsfunktion, Vererbung, Riechen;

Symptomatik:
Verkrampfung, Spasmen, Verstopfung, Hämorrhoiden, Verschlußkrankheiten (Darm, Leber), Einklemmungen (Bruchhernien), Umschlingungen (Nabelschnur), Keimdrüsenerkrankungen, Prostataleiden, Geschlechtskrankheiten, Nasenerkrankungen, Nasennebenhöhleninfekt, Autoaggressionskrankheiten (als Opferung), Erbschäden, Gendefekte, degenerative Prozesse;

Schütze, Jupiter, Haus 9

Organ:
Leber, Kreuz-/ Steißbein, Becken-/ Oberschenkelknochen, Hüft-/ Gesäß-/ Oberschenkelmuskulatur, Hüftgelenke, Lendenwirbel und Lendenmuskulatur, Cholesterin;

Funktion:
Verwertung resorbierter Stoffe, Synthesestoffwechsel, Fettstoffwechsel, Entgiftung, Fort-Schreiten, Wachstum;

Symptomatik:
Lebererkrankungen (Gelbsucht, Zirrhose), Hüftgelenkserkrankungen (Coxarthrose), Oberschenkelbrüche, Lumbalgie, Ischias, Wucherungen, Schwellungen, Gewichtszunahme;

Nieren und Blase (Abb. 7)
In den Nieren werden täglich etwa 180 Liter Blut filtriert, um Wasser, Salze und Endprodukte des Stoffwechsels (Harnstoff, Harnsäure) auszuscheiden. Von den 180 Litern werden 179 wieder resorbiert, so daß etwa 1 Liter Urin zur Harnblase fließt. Dort wird er gesammelt und in gewissen Abständen, unter dem Regiment des Pluto, endgültig ausgeschieden. Der Hauptbestandteil, das Wasser, drückt symbolisch aus, daß es bei dieser Ausscheidung um das Herausfließen der Gefühle in die äußere Welt, in die Begegnung hinein, geht. Dabei entscheidet unsere Vorstellung (Pluto), bei wem wir sie fließen lassen und bei wem nicht. Entsteht während der Begegnung ein Harndrang, dem aber nicht nachgegeben wird, so verweist das auf viel Gefühl, das aber aus bestimmten Vorstellungen (z. B. Moral) heraus zurückgehalten wird.

Damit die Begegnung zur echten Begegnung wird, in der beide ihre Persönlichkeit tatsächlich zeigen, aber auch gleichermaßen bereit sind, sich dem anderen zu öffnen, muß die Säure (Mars, Durchsetzung) und die Base (Venus, Hingabe) im Körper im Gleichgewicht sein. Dieses Säure-Base-Gleichgewicht aufrecht zu erhalten, ist neben der Ausscheidung Hauptaufgabe der Nieren.

Stoffwechsel
Essen und Trinken kann in Analogie zur Begegnung mit Personen und Büchern verstanden werden. Das im Außen Vorhandene bestimmt durch seinen Geschmack, Geruch und sein Arrangement, ob wir uns ihm öffnen, damit es zum emotionalen Reiz, also einem Reiz des Verdauungstraktes wird (II. Quadrant). Die Nahrung besteht, neben dem Wasser,

Mineralien und Spurenelementen, in der Hauptsache aus Stärke (Kohlenhydrat/Zucker), Eiweiß (Protein) und Fett (Triglyceriden). Zunächst liegen diese in Form miteinander verbundene, langkettige Moleküle aus Einzelzuckern (Glukose), Aminosäuren (Protein) und Fettsäuren vor. Die Molekülketten werden auf der Organebene (Verdauungstrakt) in Einzelmoleküle gespalten und auf der Zellebene verstoffwechselt. Dabei dienen die Aminosäuren wesentlich zum Muskelaufbau, die Fettsäuren der Anlage von Fettdepots, während die Glukose (= Einzelzucker) der zentrale Energieträger des menschlichen Stoffwechsels ist, der mit dem Blut (Blutzucker) zu allen Zellen transportiert wird. Glukose kann die Leber auch aus Nichtzuckern, z.B. aus Muskelprotein, herstellen. Die Glukose steht als Analogie zur einzelnen Idee (Waage-Venus), die ja Grundbaustein menschlichen Denkens ist. Die Fähigkeit, sich für eine Idee zu öffnen und sie zu sich hereinzulassen, wobei die Idee immer aus der Begegnung (Venus) des ICH mit dem DU, dem Außen stammt, spiegelt sich auf der Stoffwechselebene in der Fähigkeit der Zellen, die Glukose in sich aufzunehmen. Diese Fähigkeit der Zellen zur Zuckeraufnahme ist an die Ausschüttung von Insulin in das Blut aus der Bauchspeicheldrüse (inkretorischer Teil, Waage-Venus) gebunden. Viel Glukose im Blut regt die Insulinausschüttung an, so daß die Zellen Glukose aufnehmen, um aus ihr Energie für den Zell-Stoffwechsel und die Zellbewegung (Muskel) zu gewinnen. Das wiederum ist analog dazu, daß die Idee zur Handlungsmotivation (II. Quadrant) wird und zur Körperbewegung (I. Quadrant) führt. Die dem Zucker abgewonnene Energie stammt aus dem Lösen molekularer Bindungen (Pluto). Wird keine Glukose mehr zur Energiegewinnung benötigt, so ist hauptsächlich die Leber (Jupiter) in der Lage, die Einzelzucker miteinander zu verbinden (Pluto), sie als Glykogen zu speichern (Pluto) und bei Bedarf wieder zu lösen. Aus der Einzelidee wird dabei ein Ideenvorrat und ein miteinder verknüpftes Ideenbild (Pluto), wobei Jupiter fähig ist, differenziert und flexibel mit den Einzelideen umzugehen und ihre Verbindung zu Bildern (Pluto) zu leiten. Von Jupiter hängt es ab, ob die Bilder stimmig sind. Von seiner Fähigkeit hängt aber auch ihre Überwindung und Auflösung ab, wobei brauchbare Ideen wiederverwertet und unbrauchbare ausgeschieden (Pluto) werden. Unter anderem wird auch in der Fettzelle die nichtbenötigte Glukose zu Fett umgebaut, um ebenfalls als Energiespeicher (Pluto) zu dienen.

Fettleibigkeit ist Folge der Speicherung, wobei der Betroffene kein Verständnis (Jupiter) für die Wiederauflösung und Ausscheidung überholter Bilder und Ideologien besitzt.

Die Zuckerkrankheit ist eine der am weitesten in der Welt verbreiteten Stoffwechselerkrankungen. Bei ihr wird nicht genug Insulin von der Bauchspeicheldrüse gebildet, und so können die Zellen keinen Einzelzucker aufnehmen. Es kommt zum Stau von Blutzucker und der Ausscheidung über die Nieren (Zuckerharnruhr, süßer Urin). Die Krankheit ist ein Symbol für die Störung des ICHs, sich für den anderen zu öffnen und hingeben zu können, zu lieben. Dabei staut sich dic Liebesenergie im Körper.

IV. Quadrant (Bewußtsein)

Wie aus der Synthese zwischen Körper (I. Quadrant) und Seele (II. Quadrant) sich etwas ganz Neues ergibt, nämlich Geist (III. Quadrant), so entsteht aus der Verbindung zwischen Körper, Seele und Geist schließlich Bewußtsein. Im IV. Quadranten strukturiert sich unser Bewußtsein, das uns die Fähigkeit geben soll, im Sein bewußt zu sein. Zunächst ist dazu notwendig, daß jeder seine individuelle Struktur, Form und Ordnung, sein Gesetz kennenlernt, die sein Denken, Handeln und seine körperliche Existenz in der Materie bestimmen. Kennt er sie, so erwächst daraus die Verantwortung, sie auch lebendig werden zu lassen, sich also von der Maske der Durchschnittlichkeit (der Persona im Jungschen Sinn) zu trennen und sich zur Einmaligkeit und Andersartigkeit der eigenen Struktur zu bekennen. Dazu benötigt er die Unabhängigkeit von anderen Ordnungsvorstellungen und die Freiheit vom Gesetz der anderen. Diese wird er nur erringen, wenn er sich vom polaren Denken in richtig/falsch oder gut/böse löst, das ja nur dann notwendig ist, wenn er über sein daran orientiertes Handeln ehrende Anerkennung (= Ehrgeiz) erringen will. Er muß begreifen, daß die Ganzheit sich immer aus beiden Teilen bildet und daß für jeden »richtig« anders aussieht. Richtet er sich nach dem »Richtigen« der anderen, so verrät (verkauft) er seine Seele. Es kommt für ihn auf sein Richtiges an, also aufrichtig (aufrecht) seinem Selbst gegenüber zu leben. So kann er dann jenseits der Bewußtseinsgrenzen von Gut und Böse seine richtige Individualität (♅) verwirklichen, und es wird ihm dabei bewußt, daß die Trennung zwischen ICH und Außenwelt in der Wirklichkeit gar nicht existiert, sondern daß beide zusammen seine Ganzheit ausmachen und die Grenzen zwischen beiden nur aus Grenzen in seinem Bewußtsein bestehen. Dann sind er und die Welt eins geworden. Seine lebendige Individualität paßt sich nun nahtlos in den kosmischen Fluß ein, sie findet und verrichtet ihre Aufgabe im Sinn des Ganzen (♆).

Analog dazu verhelfen uns die zuzuordnenden körperlichen Strukturen zur aufrechten Haltung, zum wahrhaften Stand, aus dem heraus die gezielte Bewegung bis hin zum Sprung, zur Loslösung vom Irdischen, erst möglich wird, um dann doch wieder über die Füße die Verbindung mit der Erde aufzunehmen. Erst die Füße ermöglichen dem Homo erectus sapiens die differenzierte Anpassung an den Boden (an das Irdische) im Stehen, in der Bewegung und im Springen.

Steinbock, Saturn, Haus 10

Organ:
Knie, Gelenke allgemein (besonders aber die Kniegelenke), Wirbelsäule mit Rückenmuskulatur, Kniescheibe, Knochen allgemein, Sehnen und Bänder allgemein (besonders aber der Kniegelenke), Gleichgewichtsorgan, Haut, Haare, Milz, Nebenschilddrüse, Parathormon (Ca-Haushalt);

Funktion:
Stütz- und Bewegungsfunktion (u. a. aufrechter Gang), Blutbildung (Erythrozyten im Knochenmark), Gleichgewicht des Körpers, Abgrenzung, Erythrozytenabbau (Milz), Steuerung des Knochenauf- und abbaus;

Symptomatik:
Alterung, Verstopfung, Mangel, Steinbildung, Chronifizierung, Unterkühlung, Erkältung, Rheumatismus der Gelenke (Arthritis und Arthrose), Gicht, Versteifung der Gelenke (besonders des Kniegelenks), Sklerose, Sehnenentzündungen, Wirbelsäulenerkrankungen (Verkrümmungen, Bandscheibenvorfall, Morbus Bechterew), Verspannungen der Rückenmuskulatur, Knochenerkrankungen (Tbc, Osteoporose, Osteomyelitis), Knocheneiterungen im Bereich des Ohres, Gleichgewichtsstörungen, verhornende und trockene Hauterkrankungen (Ekzem, Verhornung, Warzen, Schuppenflechte).
Im Kniegelenk können sich Verdrängungen aus allen möglichen Anlagen somatisieren, da alle Anlagen, die im Horoskop mit Saturn (= Knie) Aspekte bilden, Gefahr laufen, verdrängt zu werden (siehe hierzu Georg Groddeck: Traumarbeit und Arbeit des organischen Symptoms, 1926).

Wassermann, Uranus, Haus 11

Organ:
Unterschenkel, Sprunggelenke, Schienbein, Wadenbein mit Knöchel, Wadenmuskulatur, Achillessehne, Unterarmmuskulatur (siehe auch Zwilling), Reflexbahnen des Rückenmarks, Schilddrüsenhormone;

Funktion:
Springen, Laufen (schnell), elektrische Impulserweiterung der Nerven*, Reflexe, Steuerung des vegetativen Nervensystems und endokrinen Systems (Schilddrüse, Keimdrüsen, siehe auch I. u. II. Quadrant);

Symptomatik:
plötzliche Unterbrechung/Störung der Kontinuität (Bruch), Streß, Erkrankung in Schüben, Kolik, Krampf (besonders der Wade), ZNS-Krampf (Epilepsie, Veitstanz), Umknicken im Knöchel, Unfall, Knochenbruch, Nervosität, Hypermotorik,

---

* Die Entdeckung der elektrischen Nervenleitung durch L. Galvani 1780 erfolgte im Umfeld der Uranusentdeckung 1781

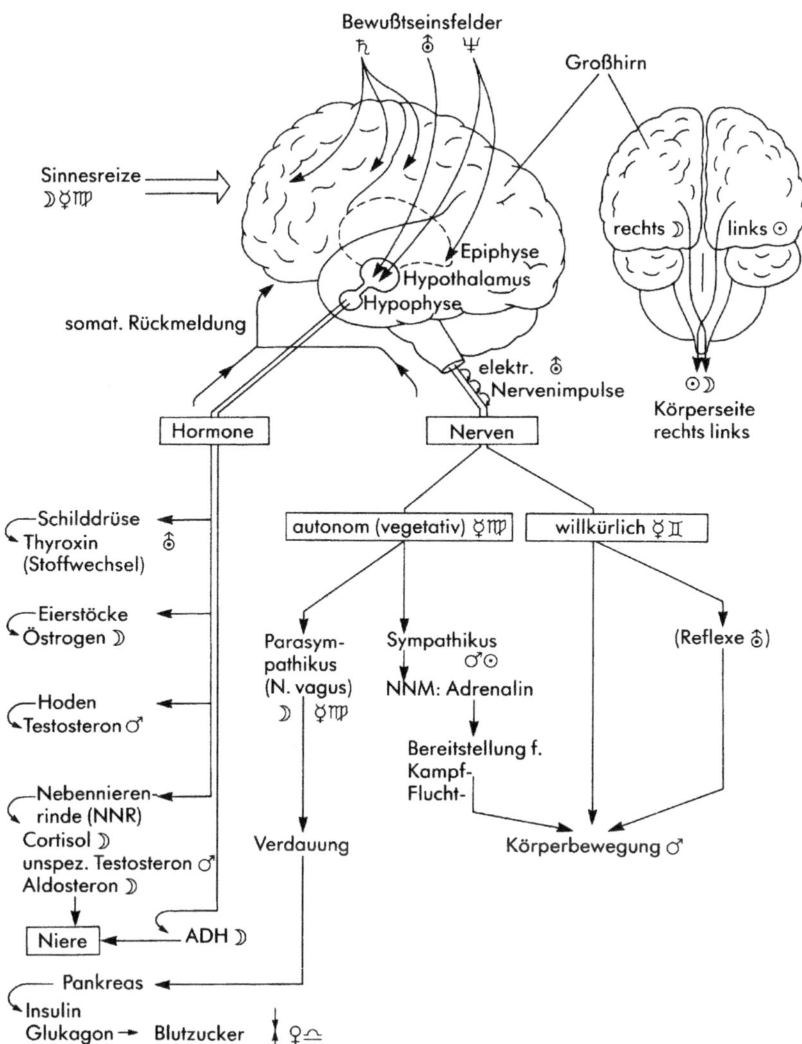

Abb. 8 Somatische Steuerung

Schüttellähmung (M. Parkinson), Neurasthenie, Venenleiden an den Unterschenkeln (offene Beine, Krampfadern), Hyperthyreose, Multiple Sklerose.

Fisch, Neptun, Haus 12

Organ:
Fuß, Fußknochen, Muskeln im Bereich des Fußes, Hypothalamus/Hypophyse, Zirbeldrüse, Aldosteron/ Cortisol/ Androgene/ Endorphine (NNR), Melatonin (Zirbeldrüse);

Funktion:
Anpassung des Körperstandes an die Bodenbeschaffenheit, Träumen (Anpassung des Bewußtseins an das Unbewußte), große Teile der innersekretorischen Wechselwirkungen (Endokrinum);

Symptomatik:
Schwäche, Überempfindlichkeit, Ersatz (Prothesen), Auflösung, Zerfall, Eiterung, Grenzenlosigkeit (Infiltration beim Krebstumor), Sepsis, Seuchen, schleichende Symptome, Vergiftung, Pilzerkrankungen, Sucht (Alkohol, Tabletten, Drogen, Arbeit), Fußerkrankungen (Platt-/Senk-/Spreizfuß, Hallux valgus, Fußschweiß);
NNR-Überfunktion: Salz-/ Wasserretention (aufgedunsenes Gewebe) und ersatzweise erhöhte Kaliumausscheidung (Aldosteron), Zuckerstoffwechsel (Cortisol) erhöht (Muskelabbau, Fettaufbau, hoher Insulinbedarf mit Diabetesneigung, verminderte Gewebsabwehr mit Herdbildung), Veränderung der sekundären Geschlechtsmerkmale zum Unspezifischen hin (unspezifische Androgene), Betäubung (Endorphine), NNR-Unterfunktion (M. Addison);
Zirbeldrüse: hormonale Hemmung der Geschlechtsdrüsen, Hemmung der Hautpigmentierung (Melatonin).

Somatische Steuerung (Abb. 8)
Unser Hauptorgan der somatischen Steuerung ist das Gehirn. Es sollen hier nur die Hauptwege, über die diese Steuerung läuft, besprochen werden. Grundsätzlich verfügt das Gehirn über zwei Signalelemente, sich dem Körper mitzuteilen: die

Nerven und die Hormone. Die Nerven steuern auf der einen Seite, dem Bewußtsein wenig zugänglich, autonom den vegetativen Teil des Körpers (Kreislaufsystem, Verdauungssystem, Körpertemperatur) und andererseits, dem Bewußtsein zugänglich und dem Willen unterworfen, die Körperbewegung. Da zu letzterem Wesentliches im Kapitel über die Motorik gesagt wurde, beschränken wir uns hier auf die beiden autonom (unbewußt) arbeitenden Systeme (Vegetativum, Hormone).

Das autonome, vegetative Nervensystem steuert die schnellen körperlichen Vorgänge und setzt sich aus zwei Gegenspielern zusammen, wobei je nachdem, ob es im Leben mehr um äußere Verrichtungen geht (z. B. Aktivität, Kampf, Flucht) – der Sympathikus oder – bei inneren Aktivitäten (z. B. der Verdauung) – der Parasympathikus (Nervus vagus) überwiegt. Dies erklärt, warum wir nach einem reichhaltigen Essen relativ träge im Außen sind und ein voller Bauch nicht gerne studiert, wir jedoch sexuell erhöht ansprechbar sind, da die Durchblutung der Geschlechtsorgane vom Parasympathikus gefördert wird. In die Abfolge des Sympathikus ist ein hormonproduzierendes Organ eingefügt, das Nebennierenmark (NNM), das sein Hormon (Adrenalin) in Situationen, in denen es um Durchsetzung und Kampf (Mars) geht, in kurzer Zeit mit dem Blut im ganzen Körper verteilt, so daß es zu einer generalisierten Körperreaktion kommt.

Die körperlichen Vorgänge, die kontinuierlich verlaufen (Keimdrüsentätigkeit in den Eierstöcken und Hoden mit Libidobeeinflussung, Stoffwechselgrundumsatz über die Schilddrüse und die Nebennierenrinde) und einer nur geringfügigen und langsamen Nachregelung bedürfen, werden vom endokrinen System (Hormonsystem) gesteuert. Beide, das Vegetativum und das Endokrinum, werden ihrerseits vom Hypothalamus gelenkt, wobei beim Endokrinum die Hypophyse zwischen Hypothalamus und Zielorgan geschaltet ist. Der Hypothalamus unterliegt seinerseits äußeren Sinnesreizen (Speisen, erotische Signale), die mit bewußten, noch nicht bewußten oder verdrängten (unbewußten) Bedürfnissen in Wechselwirkung treten, die aus dem Körper selbst, aber im wesentlichen auch aus geistigen und emotionalen Feldern stammen.

Konzeptionsphase

Ungünstige Prägungen in der Kindheit zeitigen nur solange negative Schicksalsereignisse, solange diese alten Programme nicht ins Bewußtsein gehoben werden und durch neue Konzepte ersetzt werden. Ferner muß in diesem Zusammenhang darauf hingewiesen werden, daß solche Prägungen oft nur unter dem Blickwinkel der Norm und des jeweiligen gesellschaftlichen Ideals als ungünstig erscheinen. So werden etwa alle Lebensformen, die nicht mit dem Ideal einer intakten Familie übereinstimmen, negativ bewertet. Waisenkinder, uneheliche Kinder, Scheidungskinder, Kinder, die in ein Heim oder Internat abgeschoben wurden, die bei einem Stiefvater oder bei einer Stiefmutter leben mußten, oder Kinder, die in einer Situation aufwuchsen, in der sich der Vater nicht um die Erziehung gekümmert hat, hätten danach keine rosige Zukunft – so als ob die sogenannten intakten Familien nur seelisch gesunde Menschen hervorgebracht hätten.

Wäre etwa so mancher Vater tatsächlich in die Erziehung miteinbezogen, bekäme das Kind zur mütterlichen Prägung zusätzlich die neurotischen Strukturen des Vaters zu spüren und könnte diese zusätzliche Belastung vielleicht nicht mehr verkraften. Oft ist auch das Leid ganz einfach nur von der Norm (haus)gemacht und hat mit der Wirklichkeit überhaupt nichts zu tun, wie dies im Falle der unehelichen Kinder geschieht.

Übrigens können gerade scheinbar harmonische Familienverhältnisse widriges Schicksal erzeugen, wenn etwa zugunsten einer Scheinharmonie im Elternhaus entscheidende Lebensprinzipien beim Kind verdrängt werden.

Auch wenn Eltern wirklich liebevoll mit dem Kind umzugehen verstehen, wächst dadurch lediglich die Wahrscheinlichkeit, daß es als Erwachsener glückliche Partnerschaften wird leben können – finanzieller oder beruflicher Erfolg hingegen ist damit noch nicht garantiert.

Und: »Positive« Prägungen fördern kaum Entwicklung – man übernimmt sie, ohne sich kritisch mit dem eigenen

Selbst und der Umwelt auseinanderzusetzen, sie entbinden häufig davon, nach dem Sinn des Lebens zu fragen und nach der eigenen Identität zu suchen. »Ungünstige« Prägungen bedeuten also nicht nur Unglück im herkömmlichen Sinn, sondern sind unter Umständen eine weit größere Herausforderung, sein Leben in die Hand zu nehmen, als es die »glückliche« Kindheit vermag. Dennoch ist es natürlich weitaus angenehmer – abgesehen vom Standpunkt der Entwicklung –, als Kind positiv geprägt worden zu sein, weil damit mehr Lebensqualität innerhalb der Kollektivneurose verbunden ist. Welche Inhalte die Prägungen auch immer in der Vergangenheit gehabt haben mögen, es besteht hier und heute die Möglichkeit, sich neu zu entscheiden.

Die Frage lautet: Will ich das alte Muster auf einem bestimmten Lebensgebiet beibehalten, weil es sich bewährt hat, oder will ich ein neues Konzept und neue Verhaltensmöglichkeiten entwickeln?

Es ist kaum vorstellbar, aber wahr:

Das, was man bisher war und was man bisher gelebt hat, war lediglich ein Absolvieren der Muster, die Eltern, Lehrer und Umwelt uns eingeprägt haben (Fremdbestimmung). Wir konnten damals als Kind nicht wählen, was wir haben wollten und was nicht. Wir konnten noch nicht sagen, was unserem wahren Wesen, unserer ersten Natur entspricht, sondern übernahmen die Muster der anderen oder reagierten darauf (Reaktionsmuster). Wir konnten nicht sagen:
Dieses Familienprogramm, diese Art des Sprechens und Verhandelns, diese politische Überzeugung, diese Weltanschauung oder dieses Freizeitprogramm mag ich nicht! Was hättet ihr denn außerdem noch anzubieten? Was sind die jeweiligen Vor- und Nachteile?

Wenn man heute neue Programme auf den verschiedenen Lebensgebieten konzipieren kann, besteht nicht nur die Chance, die bisherige Fremdbestimmung und das alte Reaktionsmuster abzuschütteln, sondern man hat *die grandiose Möglichkeit, endlich sein wirklich eigenes Selbst durch Aufbau von neuen Mustern und Vorstellungen zusammenzustel-*

len, die tatsächlich der eigenen primären Natur entsprechen. Es ist die schönste Aufgabe, die man sich denken kann: Man stellt sich sein eigenes Persönlichkeitssystem und das dazu synchron laufende Schicksal mosaiksteinartig selbst zusammen! Es ist das spannendste Abenteuer überhaupt: Man lernt Stück für Stück den Menschen kennen, der man immer war, aber der man nie sein durfte. Ein Fremder begegnet dir, und dennoch ist er dir so vertraut wie kein anderer Mensch auf dieser Welt. Es ist ein Déjà-vu-Erlebnis von besonderem Reiz, das unsere Seele trunken vor Freude und Gück macht. Es ist, als würden wir neu geboren werden – und unsere Seele ist von Hoffnung erfüllt, nicht von einer Hoffnung, die um des Hoffens willen gehegt wird, sondern einer berechtigten Hoffnung, die mit der Ahnung gepaart ist, wie schön das Leben zukünftig sein kann, wenn man konsequent sein Leben und sein Schicksal durch Aufbau von solchen neuen Programmen zu gestalten versteht.

Wie ist die Vorgehensweise in der Konzeptionsphase? Zunächst gilt es, sämtliche Informationen, Anregungen und Vorbilder mit der eigenen ersten Natur zu vergleichen. Was ist mit ihr vereinbar und was nicht? Hier heißt es, in sich hineinzuhorchen und unterscheiden zu lernen, was die Stimme unseres wahren Wesens und was die Stimme unserer zweiten Natur zu sagen haben. Die Stimme des Lebens in uns sagt uns, was wir wirklich brauchen und wollen, während die Stimme der zweiten Natur meist nur Wünsche nach Status und Prestige, nach Macht und Anerkennung äußert.

Durch den Vergleich mit der Stimme des Lebens in uns erkennen wir, was von den Informationen, Mustern und Ideen, die wir haben, wirklich unserer eigenen Identität entspricht. Bei diesem schwierigen Unterfangen hat sich als Orientierung immer wieder das eigene Horoskop bewährt. Das Horoskop zeigt anhand der Planetenkonstellationen auf, welche Prägungen wir erhalten und welche Reaktionsmuster wir ausgebildet haben, es zeigt aber auch, wie wir von Natur aus angelegt sind und wohin wir uns entwickeln können. Wenn wir dieselbe Planetenkonstellation in der erwachsenen Form deuten, haben wir eine »Paradiesstruktur«, die bei jedem Menschen anders aussieht, und – das ist das Schöne daran – die nicht erst »im Paradies« zum Tragen kommt, sondern zu der man sich jeden Tag ein bißchen mehr entwickeln kann.

Nachdem das eigene neurotische Streben und die Kollektivneurose in Frage gestellt wurden, erkennen unsere Kursteilnehmer bei der Deutung ihres Horoskops auf der erwachsenen Ebene sofort: Ja, das ist sonnenklar! Das ist mein wahres Wesen! Ja, das ist mein Weg und das ist mein Ziel!

Es gibt aber auch Menschen, die so »verliebt« in ihre eigenen Hemmungen, Blockaden, Ersatzgefühle und alten Verhaltensmuster sind, daß eine vehemente Abwehr besteht, einen Paradigmenwechsel im eigenen Persönlichkeitssystem zu vollziehen. Sie wollen sich nicht ändern, aber trotzdem ein besseres Schicksal haben. In diesen Fällen wird der Ruf laut: »Wenn ich solch neue Muster kreieren und einüben würde, würde ich mich selbst verleugnen. Das bin ich nicht und werde es nie sein! Das ist mir zu künstlich, zu aufgesetzt, zu wenig spontan.« Nun, wenn sie daran glauben wollen, daß ihre zweite Natur ihr wirkliches Wesen ist, können sie dies auch weiterhin tun, nur müssen sie dann auch bereit sein, das dazu passende Schicksal anzunehmen und zu ertragen.

Das Argument, man könne mit den neuen Lebenskonzepten nicht mehr spontan sein, ist Bestandteil dieser Abwehrhaltung. Es ist geradezu umgekehrt: Erst jetzt, wo man endlich erstmals in seinem Leben etwas *Eigenes* geschaffen hat, kann man tatsächlich spontan sein. *Die frühere vermeintliche Spontaneität war hingegen nur eine marionettenhafte Reaktion, die aus einer neurotischen Prägung aus der Vergangenheit resultierte.* Spontan dabei sind nur die Hemmung oder die Kompensation, spontan werden nur die alten gewohnten Programme von Norm und Ideal, von Aggression, Depression, Flucht, Sucht, Ohnmacht, Angst und Stolz ausgeführt. *Die Devise, ganz spontan im Hier und Jetzt zu sein, wird zur Farce, wenn man dabei spontan die Muster der Vergangenheit wiederholt.*

Wie geht man bei der Konzeption vor? Man überlegt sich, wie man in dieser oder jener Situation handeln oder sich verhalten möchte.

Hat man etwa die Vorstellung, man möchte seinem Chef souverän und redegewandt gegenübertreten, so wäre es tatsächlich aufgesetzt und unecht, wenn man sich bei der nächsten Gelegenheit so verhielte. Eine solche Vorstellung dient also lediglich als Zielbild, das man erreichen kann, wenn man den entsprechenden Weg dahin auch zurücklegt.

Hat der Betreffende etwa ein Nebeneinkommen erschlossen, seinen Eigenwert durch eine besondere Leistung gestärkt, sein Wortrepertoire durch Lesen von Büchern und durch Weiterbildungsveranstaltungen erweitert und seine sprachlichen Fähigkeiten über einen Rhetorikkurs verbessert, stellen sich Souveränität und Redegewandtheit fast zwangsläufig von selbst ein. Sie sind das Ergebnis seiner aktiven Bemühungen und nicht seines aufgesetzten Rollenverhaltens.

Es genügt also nicht zu fragen: »Wer könnte ich sein?« sondern: »Was muß ich tun, um so zu werden, wie ich sein könnte?« Solange jemand, auf welchem Lebensgebiet auch immer, keine eigene Vorstellung hat, wie er dort leben will, übernimmt er eine fremde Vorstellung, die er passiv erleidet. Wer seinem Unbewußten keine Vorstellung eingibt, läßt es im dunkeln tappen, gibt ihm nicht vor, wonach es suchen soll.

Kurzum, eine Vorstellung, die nicht klar formuliert ist, läßt sich weder vom Bewußtsein aus verwirklichen, noch kann das Unbewußte die zu dieser Verwirklichung notwendigen Situationen und Personen anziehen.

Insbesondere sollte jeder Kranke eine Vorstellung auf dem Lebensfeld entwickeln, das in der Außenwelt seinem erkrankten Organ oder Organsystem analog ist, und jeder astrologisch interessierte Mensch sollte auf dem Lebensgebiet, in dem der Pluto in seinem Horoskop Herrscher ist, und dort, wo er plaziert ist, eine Vorstellung kreieren, um aus der Erleidensform dieses Prinzips herauszutreten. Am meisten hat sich hierbei eine Methode bewährt, bei der der Betreffende nach einer Stoffsammlung einen Aufsatz über diese Themen schreibt.

Hier einige Beispiele für Aufsatzthemen:

Bei Erkrankungen des Widder-, Mars-, Haus-1-Prinzips, bei Pluto in Haus 1 oder Pluto als Herrscher von Haus 1:	– Wo muß ich Initiative ergreifen? – Wo heißt es, Pionierarbeit zu leisten? – Wie kann ich mein Triebleben besser befriedigen? – Welche Möglichkeiten habe ich, um a) Sport zu treiben? b) meine sportlichen Fähigkeiten zu verbessern?
Bei Erkrankungen des Stier-, Venus-, Haus-2-Prinzips, bei Pluto in Haus 2 oder Pluto als Herrscher von Haus 2:	– Wie kann ich lernen, mich besser abzugrenzen? – Wie kann ich mehr Eigenwert gewinnen? – Ist- und Sollzustand meiner Finanzsituation – Das vernetzte Finanzsystem dieser Erde – Wie kann ich mein Einkommen verbessern? – Wie kann ich meinen Lebensgenuß verstärken?
Bei Erkrankungen des Zwilling-, Merkur-, Haus-3-Prinzips, bei Pluto in Haus 3 oder Pluto als Herrscher von Haus 3:	– Wie könnte ich meine Aussprache verbessern? – Die Grundregeln einer guten Kommunikation – Die Gründung eines Gesprächskreises – Wie komme ich an realere Informationen heran?
Bei Erkrankungen des Krebs-, Mond-, Haus-4-Prinzips, bei Pluto in Haus 4 oder Pluto als Herrscher von Haus 4:	– Wie stelle ich mir mein Familienleben vor? – Mein wahres Wesen – Meine Anima in mir – Wie stelle ich mir meine wahre Wohnung vor?
Bei Erkrankungen des Löwe-, Sonne-, Haus-5-Prinzips, bei Pluto in Haus 5 oder Pluto als Herrscher von Haus 5:	– Die Grundbegriffe des Managements – Wie soll die Erziehung meines Kindes aussehen? – Meine Sexualität – Wie kann ich meine kreativen Fähigkeiten verbessern? – Wie kann ich meine Verwirklichungskraft erhöhen?

Bei Erkrankungen des Jungfrau-, Merkur-, Haus-6-Prinzips, bei Pluto in Haus 6 oder Pluto als Herrscher von Haus 6:

- Meine Vorstellung, wie ich meine Gefühle zum Ausdruck bringe
- Wie möchte ich arbeiten?
- Wie kann ich meine analytischen Fähigkeiten verbessern?
- Anpassung oder Nichtanpassung?

Bei Erkrankungen des Waage-, Venus-, Haus-7-Prinzips, bei Pluto in Haus 7 oder Pluto als Herrscher von Haus 7:

- Wie stelle ich mir meinen Partner vor?
- Was hat meinen eigenen Geschmack geprägt?
- Wie kann ich meine Begegnungsfähigkeit verbessern?
- Mein Konzept, um meinen seelisch-geistigen Inhalten Form zu verleihen

Bei Erkrankungen des Skorpion-, Pluto-, Haus-8-Prinzips, bei Pluto in Haus 8 oder Pluto als Herrscher von Haus 8:

- Wie stelle ich mir meine Beziehung zum Partner vor?
- Mein eigener Lebensweg
- Das Phänomen der Macht
- Wie kann ich mich geistig wandeln?

Bei Erkrankungen des Schütze-, Jupiter-, Haus-9-Prinzips, bei Pluto in Haus 9 oder Pluto als Herrscher von Haus 9:

- Meine Weltanschauung
- Wie kann ich mich weiterbilden?
- Wie kann ich meinen Sinn in der Welt entdecken?
- Toleranz kann nicht eingefordert werden, sondern muß erfolgen

Bei Erkrankungen des Steinbock-, Saturn-, Haus-10-Prinzips, bei Pluto in Haus 10 oder Pluto als Herrscher von Haus 10:

- Was kann ich tun, um meine Berufung wahrzunehmen?
- Meine Lebensziele
- Wie kann ich für mein Leben und für das Leben der Mitmenschen mehr Verantwortung übernehmen?

Bei Erkrankungen des Wassermann-, Uranus-, Haus-11-Prinzips, bei Pluto in Haus 11 oder Pluto als Herrscher von Haus 11:

- Wie kann ich mich befreien?
- Mein Plan zu Freiheit und Unabhängigkeit
- Wie ich mir meine optimale Freizeitgestaltung vorstelle
- Welche Rolle spielen Freunde in meinem Leben?

Bei Erkrankungen des Fische-, Neptun-, Haus-12-Prinzips, bei Pluto in Haus 12 oder Pluto als Herrscher von Haus 12:	– Sinn und Unsinn des Helfens – Wie ich mir die Transzendenz vorstelle – Welche Alternativen gibt es in meinem Leben? – Wie kann ich meine Phantasie anregen und weiterentwickeln?

Solche Aufsätze bringen mehr Ordnung ins eigene Leben, sie machen klar, was man eigentlich möchte. Außer verdrängtem Potential ist nichts ungünstiger für das Unbewußte und den von dort aus gesteuerten Somatisierungs- und Anziehungsmechanismus als Unklarheit und Schwebezustände.

Unser Persönlichkeitssystem braucht einen Weg. Ohne eine Vorstellung darüber kann weder bewußt noch unbewußt ein Ziel erreicht werden. Krankheit heißt, auf dem Weg zu diesem Ziel steckengeblieben zu sein.

Dir zugedacht . . . weil Du einmalig bist

Den Weg, den Du vor Dir hast, kennt keiner. Nie ist einer ihn so gegangen wie Du ihn gehen wirst. Es ist Dein Weg, unauswechselbar. Du kannst Dir Rat holen, aber entscheiden mußt Du.

Nimm Dich an. Sei Du die, die Du bist. Sei Du der, der Du bist. Erst dann fängst Du an zu werden, was Du sein möchtest.

Versteh Deine Schwächen, erst dann kannst Du mit ihnen arbeiten und sie zu Stärken verwandeln. Achte auf Deine Unsicherheiten, sie öffnen Dir Wege ins neue Land.

Glaub, daß Du einen Beitrag zu geben hast. Da wo Du bist, wirst Du als Du gebraucht.

Es entsteht ein Loch, wenn Du weg bist. Aber Du mußt es glauben und Dich auch so bewegen. Nur wenn Du Du bist, leistest Du einen wichtigen Beitrag.

Wenn Du Rollen spielst und tust, was alle tun, dann fehlt niemand, wenn Du weg bist, weil ein anderer die Rolle übernimmt.

Du bist mehr als Deine Rolle

Was Du erlebt hast, hat Dich geprägt und Dir Deine unauswechselbare Sicht gegeben. Deinen Beitrag zur Welt wird keiner leisten, weil niemand die Welt so sieht wie Du.

Niemand hat Deine Fingerabdrücke. Niemand hat Deine Stimme. Niemand ist wie Du. Niemand: WEIL DU EINMALIG BIST.

Einmalig ist auch Dein Wille. Du nimmst Dein Leben in die Hand und trägst Verantwortung.

Du meintest Dich zu kennen. Jetzt bricht etwas Neues in Dir auf. Dein Horizont wird weiter. Ahnungen suchen Dich heim. Du kannst Dich nicht mehr an der Person festhalten, die Du einmal warst.

Weil Du unterwegs bist, gehört auch Deine Veränderung zu Dir. Auch sie ist einmalig. Du bist auch, was Du wirst.

Wenn Du bei Dir bist, und Dich wohl fühlst, verträgst Du die Eigenart anderer, ihre so ganz eigene Sicht der Dinge. Dann hältst Du die Herausforderung aus.

Bleib bei Dir, bei Deiner Freiheit und Deinen Grenzen. Nimm Dich nicht von uns. Wir brauchen Dich, wie Du bist.

Du sei Du!!!

(Auszug aus einem Gedicht von Ulrich Schaffer)

Wie man Doktor der Innenwelt werden kann

Jeder Mensch trägt einen inneren Heiler oder Arzt in sich: Auf einer bestimmten Ebene wissen wir nämlich alle recht gut, was wir tun müssen, um Heilung zu erlangen, und wie wir dabei vorgehen müssen – auch wenn wir manchmal nicht willens sind, die entsprechende Botschaft zu vernehmen oder nach ihr zu handeln.

Der innere Heiler oder Arzt ist jener Teil unserer Persönlichkeit, der die Heilung tatsächlich vollbringt, der die Knochen zusammenwachsen läßt und unseren Kampf gegen Stressoren und äußere Eindringlinge koordiniert, jener Teil unserer Persönlichkeit, der das selbstzerstörerische Verhalten als solches erkennt und uns davor warnen kann. Der innere Ratgeber hat alle Weisheit und alles Wissen unseres Körpers und unserer Seele zusammengetragen, die sich unserem begrenzten Alltagsbewußtsein in der Regel entziehen.[9]

Wer Medizin oder Naturheilkunde studiert, versucht diesen inneren Heiler, der im Unbewußten wirkt, wieder ins Bewußtsein zu heben. Und wenn wir zu einem Arzt oder Heilpraktiker gehen, dann verkörpert dieser den Bewußtseinsstand unseres inneren Heilers. Er wird zur Projektionsfläche für unseren inneren Heiler.

Wichtig ist, daß der Arzt oder Heilpraktiker in der Außenwelt mit dem eigenen inneren Arzt oder Heiler zusammenarbeitet.

Es genügt nach dem psychoastrologischen Krankheits- und Gesundungsmodell nicht, einfach nur Tabletten und Tropfen zu konsumieren, sondern es gilt, selbst entscheidend zur eigenen Gesundung beizutragen. Dies geschieht nicht einfach dadurch – wie viele glauben –, daß man täglich mentalen Kontakt zu seinem inneren Arzt aufnimmt und ihm einfach vertraut, sondern es sind hierzu unbedingt auch »vertrauensbildende Maßnahmen« erforderlich. Wer über sein Leben nicht reflektiert und nichts tut, um ungünstige Bedingungen zu beseitigen, wird sicher auf Dauer »Kontaktschwierigkeiten« mit seinem inneren Heiler bekommen.

Deshalb ist es erforderlich, die Verantwortung für seine Krankheit und seine Gesundheit selbst zu übernehmen.

Im Grunde ist es sonnenklar: Man ist selbst verantwortlich für alle Faktoren und Mechanismen, die die Krankheit erzeugen, verstärken und aufrechterhalten, genauso wie für alle Maßnahmen und Wege, die zur Gesundung führen.

Eine solche Einstellung zu Krankheit und Gesundheit bedeutet aber auch, Abschied zu nehmen von der herkömmlichen Rolle als Patient. Die bisherige passive Erwartungshaltung gegenüber Arzt und therapeutischem Verfahren, die blinde Autoritäts- und Wissenschaftsgläubigkeit muß abgelöst werden durch ein mündiges Verhalten der eigenen Gesundheit gegenüber.

Was kann der einzelne tun? Er kann sich selbst ein persönliches *Gesundungsprogramm* aufstellen, das die Bemühungen seines Arztes unterstützt und darüber hinaus viele verbreitete, aber im Grunde völlig unnötige Leiden verhindern helfen kann.

Dieses Gesundungsprogramm erweitert die Perspektive, unter der Krankheit gewöhnlich betrachtet wird, beträchtlich. Krankheit wird demnach als ein Prozeß begriffen, der neben den physischen Merkmalen auch psychologische, interpersonale, soziale, geistige, ökologische und kosmische Aspekte aufweist. Wenn sein Arzt oder Heilpraktiker diese zusätzliche Dimensionen der Krankheit mangels Wissen, mangels Zeit oder mangels Courage nicht anspricht, muß der Betreffende selbst etwas unternehmen. Er wird sein eigener Doktor der Innenwelt. Der Doktor der Innenwelt ist Doktor der Seele, des Geistes und des Bewußtseins.

Jetzt kann all das, was im ersten Teil dieses Buches besprochen wurde, angewandt werden.

Doktor der Seele:
Nachdem er in der analytischen Phase eruiert hat, welche Prägungen und Reaktionsmuster entstanden sind sowie welche Ersatzgefühle als Energieräuber auftreten, steht jetzt die Frage im Vordergrund, welche Gefühle statt dessen gelebt werden können und welche Maßnahmen ergriffen werden

müssen, damit reale Gefühle überhaupt aufkeimen können. So entsteht etwa das Gefühl von Sicherheit nicht einfach von selbst, sondern muß erworben werden. Aufgrund der Planetenkonstellation im Horoskop und durch Horchen auf die innere Stimme wird dem Betreffenden bewußt, was ihm echte Sicherheit gewährt: Für den einen ist es das eigene Haus, für den anderen ist es in einer Institution eine verbeamtete Stelle, für die die Voraussetzungen geschaffen werden müssen, für den dritten ist es eine Fähigkeit, die erst mühselig erworben werden muß. Der Doktor der Seele geht strategisch vor. Er weiß, daß nur »echte« Gefühle eine Gesundung einleiten können: Gefühle der Vitalität und Kraft (Mars-Widder-Haus 1), der Sicherheit und des Genusses (Venus-Stier-Haus 2), der freien Beweglichkeit (Merkur-Zwilling-Haus 3), der Geborgenheit, der Heimat, der seelischen Wärme und Liebe (Mond-Krebs-Haus 4), der Sexualität und Souveränität (Sonne-Löwe-Haus 5), der Sauberkeit (Merkur-Jungfrau-Haus 6), der Schönheit und Ästhetik (Venus-Waage-Haus 7), der Macht über sich selbst, der Wollust (Pluto-Skorpion-Haus 8), der Sinnhaftigkeit und Toleranz (Jupiter-Schütze-Haus 9), von Recht und Verantwortung (Saturn-Steinbock-Haus 10), von Freundschaft, Freiheit und Unabhängigkeit (Uranus-Wassermann-Haus 11), der unbeschränkten Möglichkeiten (Neptun-Fisch-Haus 12).

Um solche Gefühle auslösen zu können, muß er oft bei ganz anderen Prinzipien ansetzen. Er geht »astrostrategisch« vor und schaut, welcher Planet welchen Einfluß ausübt. Hat jemand z. B. Mars als Herrscher von Haus 5 in Haus 11, dann kann der Betreffende nur zum Gefühl der Freiheit und Unabhängigkeit kommen, wenn er unternehmerische (Haus 5) Initiativen (Mars) durchführt. Der Doktor der Seele ist aber auch so verantwortungsbewußt, daß er, wenn er in der eigenen Psyche aufgrund von blinden Flecken nicht mehr weiter weiß, einen Psychotherapeuten, Psychoanalytiker oder psychologisch geschulten Astrologen aufsucht, um den roten Faden wieder zu finden.

Doktor des Geistes:
Nachdem er sich bei dem Kapitel: »Die Vernetzung der vier Quadranten« seiner Defizite und der dazu komplementär stehenden, falschen Glaubenshaltungen bewußt geworden ist und sich bei der Informationsphase einen Überblick verschafft hat, versucht er nun, neue geistige Strukturen und Denkhaltungen aufzubauen. Hier geht es darum, eine neue Einstellung und eine neue Weltanschauung zu entwickeln, die nicht mehr der Lebendigkeit der Anlagen und damit der Realität zuwiderlaufen.

Doktor des Bewußtseins:
Er übernimmt die Regierungsgeschäfte.

Als »Regierungschef« ist es wichtig zu wissen, was im eigenen psychischen Land vorgeht. Es heißt, Unzufriedenheit und Frustration von Persönlichkeitsanteilen aufzuspüren, um bereits im Vorfeld Rebellion und Aufstand verhindern zu können. Der Regierungschef muß entscheiden, welche Prioritäten gesetzt, welche Energieinvestitionen getätigt, wie die Kräfte eingeteilt werden, welcher Zeitplan verwirklicht wird, damit für jeden Planeten so viel Energie und Zeit zur Verfügung steht, daß keiner zu kurz kommt und darben muß.

Ferner muß der Regierungschef darauf dringen, Rückmeldung von den verschiedenen Ressortleitern (Planeten) zu erhalten, wie es z. B. im Venusland, im Gebiet des Merkur, im uranischen Bereich oder im Land des Pluto aussieht. Was wurde auf den einzelnen Lebensgebieten (Häusern) geleistet und erreicht, wie ist es um den Energiehaushalt und um die Frequenz der Planeten bestellt?

Der Regierungschef muß einen Überblick über Energiegewinne und -verluste bekommen, muß Bilanz ziehen, muß darauf achten, daß sein Land nicht in die roten Zahlen kommt. Er muß vernetzt denken können, weil er sonst die Auswirkungen seiner Gesetze, seiner Verordnungen und Maßnahmen in dem komplexen psychischen Land nicht erfassen kann.

Ein guter Regierungschef behält die Ruhe. Er gerät nicht in Panik, wenn ein Persönlichkeitsanteil bzw. Lebensgebiet erkrankt, Mißerfolg verzeichnet oder negatives Schicksal anzieht, sondern versucht, durch geschickte Strategien innerhalb des vernetzten Persönlichkeitssystems die Weichen derart zu stellen, daß die Frequenz des erkankten Persönlichkeitsanteils erhöht und damit ein Gesundungsprozeß eingeleitet wird. Die größte Trumpfkarte aber, die der Doktor des Bewußtseins in der Hand hat, ist der Bewußtseinswandel. Wenn er seine alten Maßstäbe, Normen und Ideale in Frage stellt und neue Gesetzinitiativen einbringt, erweitert er das Bewußtsein und befreit damit die Anlagen aus dem engen Kerker der bisherigen Norm. Es eröffnen sich plötzlich neue Chancen und Möglichkeiten, die man vorher, als man unter der Knute der alten Norm stand, nicht erkennen konnte.

Welche Heilungsmöglichkeiten stehen demnach dem Doktor der Innenwelt zur Verfügung?

a) Verschiebung der Energie
von der Somatisierung auf einen anderen Abwehr- und Anpassungmechanismus, z. B. Projektion der Energie auf den Partner oder symbolisches Ausagieren der Energie

b) Transformation und Kompensation
(die Anlage von der Hemmung in die Kompensation transformieren)

c) Transformation und Erwachsenwerden
(die Anlage wird von der Kompensation auf die Erwachsenenebene transformiert)

d) Auffüllen von Defiziten
mittels Ausbildung von Anlagen und Fähigkeiten

e) Schattenintegration
durch Ausbildung der Anlage in ihrer von Natur aus vorgesehenen Form

f) Astrostrategie
Durch strategische Interventionen entsprechend dem Horoskop ist es möglich, an einer ganz bestimmten Stelle im Persönlichkeitssystem anzusetzen, um Wirkungen auf einem anderen Lebensfeld hervorzurufen (siehe Herrschersystem als

Aufzeichnung des eigenen vernetzten Persönlichkeitssystems).

g) Bewußtseinserweiterung
durch Infragestellen der alten Normen und Ideale und Installieren eines Rechtssystems im Sinne des Lebens.

Dabei muß zwischen einer Heilung innerhalb der Neurose (Punkt a und b) und einer Heilung im Sinne eines Entwicklungsprozesses, also jenseits der Neurose (Punkt c bis g) unterschieden werden.

Innerhalb der Kollektivneurose wird es als Heilung bezeichnet, wenn die Energie aus der somatischen Ebene gehoben wird und die körperlichen Symptome verschwinden, auch wenn die Anlage nach wie vor auf derselben Bewußtseinsstufe und in einem unentwickelten Zustand bleibt.

Die Energie bleibt zwar verwunschen und unerlöst, tobt sich jedoch nicht mehr am eigenen Leib aus, sondern wird nach außen verlagert. Meist macht sie dann die Umwelt krank. Hingegen ist eine Heilung außerhalb der Kollektivneurose dadurch gekennzeichnet, daß entsprechende Entwicklungsprozesse absolviert werden, die den betreffenden Menschen mündiger und reifer werden lassen und ihm eine höhere Lebensqualität schenken.

Hege, Pflege und Aufbau von Energien

Jeder Planet in unserem Horoskop symbolisiert ein ganz bestimmtes Energie- und Anlagenpotential. Es ist sehr viel leichter, das eigene Schicksal mitzugestalten, wenn man die verschiedenen Energiearten und Energiezustände in seinem Persönlichkeitssystem kennengelernt hat.

Allein zu wissen, daß man ein Recht darauf hat, sich durchzusetzen, oder daß es so ein tolles Lebensprinzip gibt, wonach man sich abgrenzen und seine Zeit für sich in Anspruch nehmen darf (Stier), bewirkt oft schon Wunder.

Was ist bezüglich des eigenen Energiesystems zu beachten? Wie kann eine Energie bzw. ein Persönlichkeitsanteil gehegt, gepflegt und aufgebaut werden?

Hier eine kurze Zusammenfassung:

1. **Haushalten mit der Energie**
   Es gilt, mit seinen Kräften zu haushalten, sich nicht total zu verausgaben, die Energien nicht sinnlos zu vergeuden. Wer die Übersicht behält und die Kräfte einzuteilen versteht, wird immer weniger ausgepumpt und schneller das Ziel erreichen.

2. **Dosierung der Energie**
   Jede Anlage, jede Energie muß richtig *dosiert* werden und sinnvoll in den Gesamtzusammenhang eingefügt werden.

3. **Ausgleich der Energie**
   Krankheit bedeutet unter anderem, daß man ins Ungleichgewicht geraten ist. Man hat eine falsche *Gewichtung* der Anlagen und Energien im eigenen Persönlichkeitssystem vorgenommen. Man muß also die *Gewichte neu* im Persönlichkeitssystem verteilen, um wieder ins *Gleichgewicht* zu kommen.

   So kann z.B. jemand sein Schwergewicht bisher auf die Form gelegt haben, was auf Kosten des Inhaltes ging, oder es kann umgekehrt jemand dem Inhalt Priorität verliehen und dabei die Form vernachlässigt haben.

   Eine Ausgewogenheit kann innerhalb eines kosmischen Prinzips vorhanden sein, etwa wenn mehrere Fähigkeiten des Jungfrau-Prinzips, wie analytische Fähigkeiten, Selbstkritik, Zeigen der Gefühle und Sauberkeit ausgebildet wurden. Man kann aber auch einen Ausgleich herstellen, indem man einen Mangel auf einem bestimmten Gebiet durch eine Überkompensation auf einem anderen Lebenssektor egalisiert (neurotischer Ausgleich).

4. **Regulation und Korrektur der Energie**
   Wer Kapitän seines eigenen Lebensschiffes werden will, muß fähig sein, seine Energien zu regulieren, also den Energieeinsatz zu erhöhen oder zu reduzieren und gegebenenfalls eine Kurskorrektur vornehmen.

5. **Effizienz der Energie**
   Jede Energie, die eingesetzt wird, will auch eine Wirkung erzeugen, es soll dabei etwas herauskommen, es soll ein Ergebnis erzielt werden, etwas geerntet werden. Hierbei ist besonders ein richtiges Zeitmanagement vonnöten. Man gewinnt mehr Zeit und verzeichnet bessere Erfolge durch persönliche Arbeitstechniken und optimale Zeitplanung. Es gilt, die knappe Zeit und die begrenzte Energie möglichst wirkungsvoll für sich zu nutzen.

6. **Regeneration der Energie**
   Jede Energie braucht eine Erholungsphase, in der sie sich wieder regenerieren kann.

7. **Aufbau der Energie**
   Eine Anlage oder Energie kann aufgebaut und gestärkt werden:

a) durch den Einsatz der Energie

b) durch den Austausch der Energie
   Jeder Austausch lädt die Anlage auf, z. B. wird der körperliche Genuß des einen den Genuß des anderen verstärken und umgekehrt.

c) durch das Schaffen von Bezügen in der Außenwelt
   Indem der einzelne die entsprechende Form in der Außenwelt aufsucht oder schafft, kann sich die Energie entfalten.

Wie man Doktor der Rahmenbedingungen (Außenwelt) werden kann

Im Bereich der Psychologie, Astrologie und Esoterik wird vielfach die Außenwelt und ihr Einfluß auf unser Leben unterschätzt. Die äußeren Dinge gelten als weniger wichtig, und man spricht mit leichter Entwertungstendenz vom relativen Feld des Seins im Gegensatz zur inneren (ewigen) Wirklichkeit.

Tatsächlich ist es aber so, daß der einzelne ständig auch auf äußere Gegenstände, auf seinen Partner oder auf seine berufliche Situation reagiert. Da diese Reaktionen meist unbewußt erfolgen und die jeweiligen Energien oft an völlig anderen Stellen wieder zum Vorschein kommen, bleibt ihre Wirkung verborgen.

Deshalb ist es häufig sehr schwer, bei einem Klienten auf eine Veränderung seiner Rahmenbedingungen hinzuwirken, ohne auf vehementen Widerstand zu stoßen. Daß der Betreffende Widerstand leistet, wenn er innerlich zu einer Veränderung seines Umfeldes noch nicht bereit ist, ist klar, es erstaunt jedoch, wenn er trotz Erkenntnis und Bewußtwerdungsprozessen die alten Rahmenbedingungen beibehalten will und Vorschläge, die auf Veränderung zielen, als trivial, zu einfach oder oberflächlich bewertet. Lieber ist ihm, noch ein weiteres, möglichst komplexes, intellektuelles Erklärungsmodell für seine Krankheit oder sein Schicksal zu bekommen, als in der Außenwelt tätig werden zu müssen.

Diese Abwehrhaltung macht deutlich, wie groß die Angst vieler introvertierter Menschen vor Aktivitäten, Handlungen und Arbeiten »in der Welt« ist. Diese Angst resultiert häufig aus der frühen Kindheit, in der bestimmte Aktivitäten und Handlungen nicht erlaubt waren oder stets entwertet wurden.

Das hat zur Folge, daß sich diese Menschen mehr auf ihre Innenwelt konzentrieren und die Außenwelt darüber vernachlässigen. Dadurch können sich zwar die Fähigkeiten zur Wahrnehmung und Analyse der seelischen Welt sowie die intellektuellen und geistigen Fähigkeiten hervorragend entwickeln, doch Anlagen zur Bewältigung der Außenwelt wie Initiative, praktische und technische Fähigkeiten, Organisationstalent, Handlungs- und Managementfähigkeiten bleiben weitgehend auf der Strecke.

Ist es da verwunderlich, wenn fast alle Tätigkeiten in der Außenwelt Angst hervorrufen? Umgekehrt hat der extravertierte Mensch häufig davor Angst, seine Innenwelt zu erkunden, weil er ebenfalls die dazu erforderlichen Anlagen und Fähigkeiten nicht ausgebildet hat. Durch ständige Veränderungen in der Außenwelt kann er zudem innere Bewußtwerdungs- und Reifungsprozesse abwehren.

Man muß also bei der Einleitung eines Gesundungsprozesses zwischen introvertierten und extravertierten Personen unterscheiden. Der einzelne kann die Frage aufwerfen: Neige ich mehr dazu, immer weiter in der Innenwelt zu forschen, um ja nicht in der Außenwelt Veränderungen vornehmen, oder bin ich ständig draußen tätig, um nicht in die Innenwelt horchen zu müssen?

Für jeden Typus gelten andere Kriterien, um den Gesundungssprozeß voranzutreiben.

Grundsätzlich gilt der Satz: Alles zu analysieren, was man erlebt, und alles zu leben, was man analysiert hat. Deshalb ist es so wichtig, sowohl sein eigener Doktor der Innenwelt als auch sein eigener Doktor der Außenwelt zu werden. Inhalt und Form sind dann eins geworden!

Günstig für eine Gesundung bzw. für ein neues Gleichgewicht ist es, wenn aufgrund einer seelisch-geistigen Veränderung in der Innenwelt eine Veränderung in den Rahmenbedingungen vorgenommen wird – wenn etwa durch Auseinandersetzung mit dem eigenen Seelenleben die bisher verdrängten und unerlösten Anlagen und Fähigkeiten bewußt werden und nach Ausdruck verlangen. In solchen Fällen ist ein Wohnungs-, Partner- oder Berufswechsel nicht Ausdruck der seelischen Zerrissenheit und Heimatlosigkeit, sondern die Folge innerer Reifungsprozesse. Die äußeren Formen und Bedingungen entsprechen dann inneren Entwicklungsstufen. Insofern sind seelisch-geistige Entwicklungsprozesse weniger ablesbar an der Quantität oder dem finanziellen Wert der Dinge, sondern mehr an der Lebensqualität, die der einzelne daraus schöpft, mehr an dem Gefühl der Zufriedenheit und Stimmigkeit, das sich dann einstellt. Stufe um Stufe verbessert er sein Leben, indem er sich immer mehr seiner Identität innen und außen nähert. Die Außenwelt ist ein Abbildungssystem unserer inneren Wirklichkeit und gibt uns die Möglichkeit, uns unserer Innenwelt bewußt zu werden. Die Außenwelt mit ihren Symbolen, Personen und Ereignissen ist der große Bewußtmacher unseres Unbewußten. Die zwölf Häuser oder

Lebensfelder eines Horoskops zeigen demnach die in die Außenwelt projizierten zwölf Felder unseres psychischen Landes an.

Die zwölf Lebensfelder, stark vereinfacht dargestellt:

Haus 1: Triebleben
Körpererleben (z. B. beim Sport)

Haus 2: Genußleben
Besitzerleben

Haus 3: Kommunikatives Leben

Haus 4: Familienleben
Wohnerleben

Haus 5: schöpferisches Leben
Leben mit Kindern

Haus 6: Arbeitsleben (im Arbeiter- oder Angestelltenverhältnis)

Haus 7: personelles und materielles Umwelterleben

Haus 8: Leben in einer Beziehung

Haus 9: geistiges, religiöses und kulturelles Leben

Haus 10: Berufsleben (im Sinne von Erleben der eigenen Berufung)
Leben in der Öffentlichkeit

Haus 11: Freizeiterleben

Haus 12: Leben in der Subkultur
alternatives Leben

Die Lebensfelder sind diejenigen Bereiche, in denen das eigene Leben sich entfalten kann, in denen die eigenen Persönlichkeitsanteile ihre Lebendigkeit ausdrücken und sich verwirklichen können.

Da Krankheit meist nichts anderes ist als verinnerlichtes, nicht verarbeitetes, unverdautes Schicksal, und negatives Schicksal nichts anderes ist als nach außen projizierte (psychische) Krankheit, ist es am besten, wenn man solange in der Außenwelt Veränderungen vornimmt, bis alles, was außen erscheint, mit der eigenen Innenwelt stimmig ist, bis Gesundheit eintritt. Es geht also um eine Umkehrung der Situation. So wie vorher eine Krankheit sich entwickelte, weil zu viele Faktoren die eigene Natur belastet haben, so heißt es, solange etwas zu verändern, bis diesmal im positiven Sinne »das Maß voll ist«. Man entzieht der Krankheit systematisch den Nährboden, bis all die prädisponierenden, präzipitierenden und perpetuierenden Faktoren ausgeschaltet sind. In der Medizin klassifizieren wir nämlich krankheitserregende Faktoren nach diesen drei Typen.

Die *prädisponierenden* Faktoren machen für eine Krankheit empfänglich oder verringern die Widerstandskraft gegen sie; die *präzipitierenden* Faktoren sind die, welche die Krankheit zum Ausbruch bringen; die *perpetuierenden* Faktoren jene, die die Tendenz haben, die Krankheit bestehen zu lassen, ohne daß sie ausheilt. Der Doktor der Rahmenbedingungen wird sich also selbst verordnen, was er braucht. Er wird seine Energien so kanalisieren, daß er ein optimales Gleichgewicht in seinem Persönlichkeitssystem erreicht. Da kann z.B. auf seinem Rezeptblock stehen:
ein(e) heißblütige(r) Geliebte(r),
ein anderes Outfit,
eine andere Wohngegend,
Bau einer Sichtschutzmauer auf der Terrasse
ein eigenes Zimmer,
eine neue Inneneinrichtung,
Ausbau des Dachgeschosses,
neue Zimmerpflanzen,
der regelmäßige Besuch eines Fitneßcenters,
Eintritt in einen Sportverein,
tägliches Schwimmen,
qualitative Nahrung,
die Teilnahme an einem Gesprächskreis,
politisches Engagement in einer Partei,
soziale Tätigkeit in der Nachbarschaft,
Veränderung der Freizeitgestaltung,

Um es noch einmal zu betonen:
Es geht nicht darum, im Falle einer chronischen Erkrankung um jeden Preis Veränderungen im äußeren Bezugsrahmen vorzunehmen, allein in der Hoffnung, damit vielleicht die Symptome zum Verschwinden zu bringen, sondern es geht um die Trennung von alten Formen, die ungute Gefühle erzeugt haben, und um das Schaffen neuer äußerer Bezüge, für innere, gewachsene Anlagen. Es geht um die Stärkung von Persönlichkeitsanteilen durch dazu passende äußere Formen.

Übersicht über die wichtigsten Somatisierungstendenzen und Gesundungsmöglichkeiten

Somatisierungstendenzen bei	**Einleitung von Gesundungsprozessen durch**
– Defizit	– Auffüllen von Defiziten
– Wegfall einer Projektionsmöglichkeit (z. B. Partner)	– Schaffung von neuen Projektionsflächen (besser: eigenes Ausleben der Anlage)
– Wegfall einer Kompensationsmöglichkeit (z. B. im Beruf)	– Schaffen von neuen Kompensationsmöglichkeiten (oder noch besser: Transformation der Anlage in das Erwachsenenstadium)
– Reaktion auf minuspolige Gefühle (Ersatzgefühle, II. Quadrant)	– Entwicklung von realen Gefühlen
– Reaktion auf Vorstellungen und irreale Einstellungen (III. Quadrant) (z. B. negative Selbstsuggestion beim Hypochonder)	– Entwicklung von realistischen Vorstellungen und Denkhaltungen
– Reaktion auf Normen und Ideale (IV. Quadrant) – z. B. Selbstbestrafung	– Bewußtseinserweiterung Entwicklung eines ökologischen Bewußtseins
– Reaktion auf Mitmenschen, auf deren Gefühle, Geisteshaltungen, Normen, Formen und Projektionen	– Entwicklung eines realen Stierprinzips (Fähigkeit zur Abgrenzung)
– Reaktion auf eigene ungünstige Rahmenbedingungen	– Schaffen von neuen Rahmenbedingungen, die dem eigenen Persönlichkeitssystem entspre-

Somatisierungstendenzen bei	**Einleitung von Gesundungsprozessen durch**
	chen (Integration in das Gesetz von Inhalt und Form)
– Verdrängung einer Energie	– Schattenintegration
– Fehlende Form (Krankheit als Ersatzform für eine fehlende Form)	– Schaffen von äußeren Formen und Bezügen für die jeweilige innere Anlage
– mangelndem Energieeinsatz (Krankheit als Ersatz für den Einsatz einer Anlage)	– Ausbildung und Einsatz von Anlagen und Fähigkeiten
– Überbeanspruchung eines Prinzips (einseitige Belastung) Herausfallen aus dem Gleichgewicht	– richtige Dosierung der Energie Bewahrung des Gleichgewichts

Sinn und Zweck dieser Übersicht ist es, zu verdeutlichen, daß der einzelne sich unbewußt selbst krankgemacht hat und daß er sich – wenn er sich dafür verantwortlich zeigt – auch wieder selbst heilen kann. Wenn er sich als Opfer sieht und in dieser Rolle verharrt, so besteht dafür ein besonderer Grund: Er will den bisherigen (krankmachenden) Lebensstil beibehalten und wehrt sich vehement gegen die Bewußtmachung der krankmachenden Faktoren, deren er sich bedient hat, und gegen die Bewußtmachung von Möglichkeiten, die auf eine Wandlung der Persönlichkeit hinauslaufen.

Obige Übersicht sagt: Geh zu deinem Arzt oder Heilpraktiker und laß dich auf der körperlichen Ebene behandeln, aber nimm alles andere selbst in die Hand. Krankheit ist eine Frage der Energiekanalisierung und auf dieser Ebene kann der einzelne ohne Nebenwirkungen selbst »herumdoktern«.
Er merkt, daß er durch dieses neue Verständnis von Krankheit Gesundheit immer mehr aus eigener Kraft erreichen kann.

Verwirklichungsphase

Ich weiß, daß dieses Leben, das in Liebe zu reifen versäumte, nicht ganz verloren ist.
Ich weiß, daß die Blumen, die beim Morgengrauen welken, daß Bäche, die sich in der Wüste verirren, nicht ganz verloren sind.
Ich weiß, daß alles, was in diesem Leben zurückbleibt, weil es gehemmt ist, nicht ganz verloren ist.
Ich weiß, daß meine noch unerfüllten Träume, meine noch nicht gespielten Melodien noch in einer Deiner Lautensaiten schlummern und nicht ganz verloren sind.

Tagore

Gesundheit heißt Träume verwirklichen – Krankheit – ein in die Körperlichkeit gefallener Traum

Vergleicht man nächtliche Träume mit dem Krankheitsgeschehen, fällt auf, daß verblüffende Ähnlichkeiten bestehen.

1. Trugbilder und Symptombilder

Traum:
Triebregungen und Bedürfnisse finden im Traum eine Erfüllung in Form von Trugbildern.

Krankheit:
Triebregungen und Bedürfnisse finden in der Krankheit eine Erfüllung in Form von Symptombildern.

2. Zensur

Traum:
Über die Gestaltung des Traumes wacht eine Kontrollinstanz (♄) des Träumers, eine Zensur, die alle vom moralischen Wachbewußtsein mißbilligten Regungen und Wünsche in eine unkenntliche (symbolische) Form bringt. Nach Freud verfolgt die Tarnung und Verzerrung der Träume einen doppelten Zweck. Sie erlaubt nicht nur die harmlose Entladung unterdrückter Energien, sondern verschleiert auch die wahre Natur der unterdrückten Wünsche derart, daß der Träumer ungestört weiterschlafen kann.

Krankheit:
Dasselbe gilt für das Phänomen Krankheit, bei dem das Überich des Patienten eine Bewußtwerdung von unerlaubten Bedürfnissen und Wünschen oder wirklichen Gegebenheiten und Sachverhalten abwehrt. Statt dessen versucht diese Zensur das Problem symbolisch über den Leib auszudrücken, so daß der Betreffende aus seinem Lebenstraum nicht erwacht, sich also des abgewehrten Inhalts nicht bewußt werden muß.

3. Manifester und verborgener Inhalt

Traum:
Die meisten Träume bestehen aus einem *manifesten* und einem *verborgenen* Inhalt. Manifest ist alles, was der Träumer deutlich wahrnimmt und weitererzählen kann. Verborgen ist der tiefere, dahinter stehende Sinn.

Krankheit:
Auch die Krankheit hat einen manifesten und einen verborgenen Inhalt. Manifest ist das Krankheitsbild, die Symptome, die der Patient wahrnimmt und schildern kann. Verborgen sind Sinn und Zweck der Krankheit.

4. Autobiographische Situation

Traum:
In unseren Träumen wird die jeweilige Entwicklungsphase, in der wir uns befinden, deutlich. Das Horoskop zeigt nicht nur

auf, wie der einzelne entsprechend seiner psychischen Struktur träumt, sondern auch, welche Persönlichkeitsanteile entsprechend seines innerseelischen Rhythmus ins Bewußtsein treten wollen. Geht man noch einen Schritt weiter, kann beobachtet werden, daß der einzelne sogar transitspezifisch träumt.

Krankheit:
Es kommt nicht von ungefähr, wenn eine Krankheit gerade in einer bestimmten Phase unseres Lebens auftaucht. Auch hier kann über das Horoskop geklärt werden, welcher Persönlichkeitsanteil gerade zur Auslösung drängt und verwirklicht werden wollte, aber aufgrund von Abwehr oder Mangel an Verwirklichungskraft in die Körperlichkeit sinken, also somatisiert werden mußte.

5. Assoziationen

Traum:
Durch gefühlsmäßiges Nachdenken, Erinnern und Verknüpfen des manifesten Trauminhalts mit der derzeitigen Lebenssituation oder auch der Kindheit werden verborgene seelische Probleme offenbar.

Krankheit:
Durch Analyse, Erinnern und Verknüpfen des manifesten Krankheitsbildes mit der autobiographischen Situation oder auch der Kindheit kommen tiefliegende seelische Konflikte ans Tageslicht.

6. Wiederholungsträume

Traum:
Es gibt sogenannte Wiederholungsträume, die ein bestimmtes Thema immer wieder aufwerfen, weil eine Anlage nach wie vor nicht ausgebildet wurde.

Krankheit:
Die chronische Krankheit ist ein Wiederholungszwang auf der körperlichen Ebene. So wie mancher in bestimmten Lebenssituationen immer wieder emotional auf dieselbe Art und Weise

reagiert, so reagiert der körperliche Organismus immer wieder auf einen physischen oder psychischen Reiz mit demselben Krankheitsbild. Ein anderes Reaktionsmuster steht nicht zur Verfügung, weil die dazu notwendigen Anlagen und Fähigkeiten nicht erlernt wurden.

7. Dechiffrieren

Traum:
Letztlich kann nur der Träumer selbst mit seinem eigenen Verständnis für den privaten und intimen Bereich seiner Seele und für die derzeitige Lebenssituation seine Träume deuten. Auch wenn man zu erkennen glaubt, was der Traum über dessen Seele aussagt, darf dies der Traumdeuter nicht sofort äußern. Es wäre ein schwerwiegender Fehler, die Abwehr des Träumers sofort sprengen zu wollen und seine Vorstellungen zu stören. Hinzu kommt, daß die Symbole oft von Mensch zu Mensch und von Traum zu Traum unterschiedliche Bedeutung haben.

Krankheit:
Auch bei den Krankheitsbildern kann der Deutende nur Hilfestellung leisten, indem er Denkanstöße gibt und dazu animiert, Verbindungen herzustellen; letztendlich aber muß der Kranke selbst Sinn und Intention seiner Krankheit erkennen. Da die Bewußtwerdung des Problems durch den Abwehr- und Anpassungsmechanismus der Somatisierung abgewehrt wurde, wäre es ein grundlegender Fehler, den Kranken sofort mit der (vermuteten) Ursache seiner Erkrankung zu konfrontieren; denn
a) könnte es sich dabei um eine Projektion des Deutenden handeln, d. h. es könnten auch ganz andere Zusammenhänge bestehen und
b) der Kranke wird eine solche Bewußtmachung abwehren und die Interpretation selbst dann verwerfen, wenn sie zutreffend wäre – denn sein Unbewußtes hat ja gerade, weil die Bewußtwerdung des Problems, des Defizits oder der Realität so angstbesetzt ist, an ihrer Stelle den symbolischen Ausdruck über das Krankheitsbild gewählt.

8. Der königliche Weg

Traum:
Der Traum ist die via regia ins Unbewußte (Sigmund Freud).

Krankheit:
Das Krankheitsbild ist die via regia ins Unbewußte.

9. Funktionen des Traumes

a) *Spiegelfunktion:*
Träume sind Spiegel unserer Seele, Symbole sind Spiegel unserer Anlagen bzw. Persönlichkeitsanteile.

b) *kompensatorische Funktion:*
Das Traumgeschehen fungiert als Kompensation für das Tagesgeschehen. Die Seite des Bewußtseins (Tagseite) wird durch die Nachtseite, durch die Symbolsprache des Unbewußten ausgeglichen und so die Harmonie, die Ganzheit wieder hergestellt. Oft geschieht dies über Komplementärbilder.

c) *kathartische Funktion:*
Verdrängungen können insbesondere über Alpträume ausgeglichen werden. Dies geschieht meist in Form von Schattenfiguren, die die dunklen, unterdrückten Seiten der Persönlichkeit symbolisieren, die in jedem Menschen ständig nach Anerkennung und Ausdruck drängen. Alpträume sind in diesem Sinne nicht negativ zu interpretieren, sondern üben eine reinigende Wirkung auf unsere Seele aus.

d) *Signalfunktion:*
Im Talmud steht: Ein unverstandener Traum ist wie ein ungeöffneter Brief.

Die Botschaft des Traumes kann in ihrer Komplexität aber nur verstanden werden, wenn man über ein entsprechendes Symbolwissen verfügt. Ohne die Symbolik der Prinzipien von Widder bis Fische zu kennen, ist die Dechiffrierung von Träumen ein langwieriges und mühseliges Unterfangen, abgesehen davon, daß es schwierig ist, einzelne Traumsequenzen innerhalb des Gesamtgefüges der Persönlichkeit zu erkennen und ihnen den entsprechenden Stellenwert zuzuweisen.

Das Horoskop ermöglicht es uns, auf einen Blick das vernetzte System zu erkennen, in dem unsere Persönlichkeitsteile in Form unserer Anlagen ihren jeweiligen Ort und die ihnen eigene Qualität haben.

e) *Selbstheilungsprozeß:*
Über Träume können Schreckerlebnisse und Traumata der Vergangenheit verarbeitet werden.

f) *Erfüllung von Bedürfnissen und Wünschen:*
Werden in der Realität bestimmte Bedürfnisse nicht gestillt oder Wünsche nicht erfüllt, kann dies ersatzweise über das Traumerleben erfolgen (sogenannter Traumgewinn – siehe Punkt b – kompensatorische Funktion).

Funktionen der Krankheit

a) *Spiegelfunktion:*
Jede Krankheit spiegelt ein Defizit, einen Mangel an einer Fähigkeit sowie verdrängtes, unverwirklichtes Leben wider. Sie zeigt an einem Organ symbolisch auf, was fehlt oder was verdrängt ist.

Das erkrankte Organ ist also der Spiegel eines erkrankten kosmischen Prinzips, einer unverwirklichten Anlage, eines energetisch schwach aufgeladenen Persönlichkeitsanteils.

b) *kompensatorische Funktion:*
Das Krankheitsbild ist ein umgekehrtes, das heißt auf den Körper projiziertes Komplementärbild. Weil ein bewußtes Komplementärbild nicht entwickelt oder nicht verwirklicht werden konnte, wird vom Unbewußten ein Krankheitsbild geschaffen, das als »Ausgleich« für das bestehende Defizit dient. Jede Krankheit ist daher ein unbewußter Ausgleichsversuch bzw. ein Kompensationsprozeß, der die Ganzheit wieder herstellen will.

c) *kathartische Funktion:*
Die kathartische Funktion der Krankheit wird besonders evident bei kleinen Kindern, die eine Infektionskrankheit

durchgemacht haben. Nach der Phase der Morgenröte* scheint es oft, daß das Kind während der Erkrankung einen seelischen Reinigungsprozeß vollzogen hat. Es wirkt bewußter und gereifter.

d) *Signalfunktion*:
Eine unverstandene Krankheit ist wie ein ungeöffneter Brief. Auch die Symbolsprache der Krankheit kann nur dechiffriert werden, wenn das entsprechende Symbolwissen erworben wurde. Ohne Symbolwissen und analoges Denken kann man keine Antwort auf die Frage nach dem Warum und Wozu der Krankheit erhalten. In diesem Fall läßt sich daraus auch nichts lernen. Die Botschaft verliert ihren Sinn, und damit bestehen für den einzelnen keine Korrekturmöglichkeiten des Schicksals.

e) *Selbstheilungsprozeß*:
Jede Krankheit – so destruktiv sie in Einzelfällen auch sein mag – ist ein Selbstreparationsprozeß (siehe auch Punkt b).

f) *Erfüllung von Bedürfnissen und Wünschen:*
Werden in der Realität des Lebens dringende (reale oder neurotische) Bedürfnisse und Wünsche nicht gestillt, versucht das Unbewußte oft über eine Krankheitssymptomatik zum Ziel zu kommen. So kann etwa über die Krankheit das Machtbedürfnis eines Menschen befriedigt werden, wenn andere Familienmitglieder aus Rücksicht gegenüber dem Zustand des Kranken nicht mehr widersprechen und, um vermeintlich seine Gesundung zu forcieren, im Sinne des Kranken funktionieren (sogenannter Krankheitsgewinn).

Fazit: Krankheit ist ein in die Körperlichkeit gefallener Traum. Er symbolisiert all die unerfüllten Bedürfnisse, Begierden, Vorstellungen und Wünsche.

Anders ausgedrückt: Die nicht verwirklichten Komplementärbilder und Wünsche werden in ein körperliches Traumbild,

---

* vgl. vier Krankheitsphasen: Inkubation, Manifestation, Generalisation und Phase der Morgenröte in Hermann Meyer: »Der Tod ist kein Zufall« (Sphinx-Verlag)

in das Krankheitsbild verwandelt und harren in diesem verwunschenen Zustand auf Erlösung. Krankheit ist demnach ein kreativer Akt des Unbewußten, also eine Ersatzverwirklichung, weil die Verwirklichung der Anlage in der Realität des Lebens aus verschiedenen Gründen nicht möglich war. Insofern nützt es wenig, ausschließlich nur die jeweilige Symbolik zu entziffern, wenn die notwendigen Schritte, die aus der Zwangslage oder dem Konflikt herausführen würden, nicht gleichermaßen stattfinden. Ebenso wie man jahrelang Träume deuten und sich im günstigsten Falle dabei einiges Seelenmaterial bewußtzumachen vermag, kann man auch jahrelang sein Krankheitsbild deuten, ohne dadurch jemals eine Veränderung im Persönlichkeitssystem bzw. eine Verbesserung der Lebensqualität zu erreichen. So wie sich durch Deutung und »Bewußtmachung« die Träume nicht verändern lassen – sie drücken lediglich dieselbe Problematik in einer unterschiedlichen Symbolik aus – ist auch eine chronische Krankheit dadurch nicht auf Dauer zu überwinden. Erst wenn der Betreffende die Anlage ausgebildet hat, erreicht er eine neue Frequenz bzw. Symbolebene.

Wahre Bewußtmachung heißt also, nicht nur theoretisch um die Ursache zu wissen, sondern auch den nächsten Schritt zu vollziehen, nämlich das Bewußtgemachte zu verwirklichen.

Diese Verwirklichungskraft symbolisiert die Sonne in unserem Horoskop. So wie im Makrokosmos die Sonne alle Planeten bestrahlt, so werden auch im Mikrokosmos, beim Menschen, alle Anlagen erst durch die Sonne verwirklicht. Die Sonne ist der Held, der sie aus ihrem Dornröschenschlaf zum Leben erweckt.

In diesem Sinne kommt der Sonne die Bedeutung zu, etwas ans Licht zu bringen, das Dunkle, Verwunschene, Verzauberte, Kranke zu erlösen und sich daran zu erfreuen.

Eine solche Verwirklichung kann durch die Sonnenanlagen geschehen: durch Verselbständigung, durch das Schaffen von neuen Formen, durch Handeln, durch Kreativität, durch Gestalten, durch Organisation, durch Management, durch eine Unternehmung, durch die Gründung einer Firma oder eines

Vereins, durch das Schaffen von neuen Bezügen und Rahmenbedingungen oder durch das Aufziehen eines Projektes. Ohne Sonne keine Heilung! Wenn Krankheit nur etwas Unverwirklichtes darstellt, dann ist es höchste Zeit, ihr für den wertvollen Hinweis zu danken, zur Tat zu schreiten und die Verwirklichungskraft unserer Sonne strahlen zu lassen.

Was du sagst, verweht im Wind. Nur was du tust, schlägt Wurzeln.

Karl Heinrich Waggerl

Verwirklichen heißt Heilen

Es besteht ein großer Unterschied zwischen Selbsterkenntnis und Selbstverwirklichung. Während die Selbsterkenntnis sich primär darauf erstreckt, das verdrängte Potential bewußtzumachen und die eigenen Persönlichkeitsanteile und deren Vernetzungen kennenzulernen, bedeutet Selbstverwirklichung (Sonne), eine Anlage lebendig werden zu lassen, sie ans Licht (Sonne) zu bringen.

Wer eine Potenz oder Energie nicht ans Licht bringt, muß leiden. Leiden bedeutet, daß sich die Lebensenergie gegen die Person selbst wendet. Leben und Lust verkehrt sich in Leiden und Schmerz. Wenn also jemand von seinem Leiden spricht, ist dies daher gleichbedeutend damit, daß er seine Talente und Möglichkeiten nicht genügend entfalten, sie nicht zutage treten lassen und damit gleichsam nicht ans Licht bringen konnte. Im Gegensatz zur Verdrängungsseite, die den Nährboden für die verschiedensten Krankheiten und Leiden abgibt, hängt eine Gesundung also primär davon ab, ob es gelingt, die Anlage mehr und mehr auf die Sonnenseite des Lebens zu ziehen, auf die Verwirklichungsseite. Der Kranke muß sich also fragen: Für welches Bedürfnis, für welche Vorstellung, für welchen Wunsch, für welchen Traum, für welche Schöpfung (Kind, Bild, Buch, Musikstück etc.), für welches Geschäft, für welches Unternehmen oder für welches Projekt steht meine

Krankheit als Ersatz? So erkrankte Marga S. an einer Gebärmutterzyste, weil die Verwirklichung ihres Wunsches nach einem Kind aufgrund der angespannten Finanzlage der Familie blockiert war, hatte Hannes P. ständig Bakterien im Urin, weil seine Partnerin sich ihm sexuell verwehrte, litt Ulf K. an chronischer Prostatitis, weil sich sein Wunsch nach einer heißblütigen Ergänzungspartnerin nicht erfüllte, erkrankte Sophia L. an chronischer Bronchitis, weil sie seit ihrer Eheschließung vor drei Jahren ihren Ausgehdrang nicht mehr stillen konnte, zog Ottokar B. sich eine Myocarditis zu, weil er ein Projekt, das ihm schon lange vorschwebte, nicht verwirklichen konnte.

Es möchte also immer eine Anlage ans Licht, sie wird aber aufgrund von Moral und Konvention, von Normen und Idealen, aufgrund von Anlagen-Defiziten oder durch einen Mangel an Kraft und Durchsetzungsvermögen daran gehindert. Verwirklichung hingegen bedeutet, das Leben aus seinem verzauberten, verdrängten, kranken Zustand zu erlösen.

Verwirklichen (Sonne) heißt heilen! Verwirklichen heißt, der Anlage wieder den Odem des Lebens einzuhauchen, die Anlage mit der Wärme der Sonne bestrahlen zu lassen, sie wieder zu durchbluten und ihr Energie zuzuführen.

Die Verwirklichung der Anlagen geschieht durch Handeln, und Handeln erzeugt Formen. Nicht umsonst gehört das Löwe-Sonne-Haus-5-Prinzip dem formgebenden Quadranten an (causa formalis – formgebender Urgrund [Aristoteles]). In diesem Quadranten geht es unter anderem darum, die Ideen, Vorstellungen und Bilder des III. Quadranten zu konkretisieren, manifest werden zu lassen, was letztlich eben nur mit den Anlagen und Energien des Sonnenprinzips möglich ist.

Wichtig ist dabei, daß vorher noch eine analytische Phase (Merkur, Jungfrau, Haus-6-Prinzip) durchlaufen wird. Die Vorgehensweise im II. Quadranten: Zuerst Analyse der Umweltsituationen und der geistigen Muster, dann Handeln und Umsetzen der Erkenntnis, die aus der Analyse gezogen wurde. Erst wenn demnach gehandelt wird, kann eine Erkenntnis in die Empfindung (Mond, Krebs, Haus-4-Prinzip) übergehen.

Haus 6 → Haus 5 → Haus 4

Eine Erkenntnis oder eine Bewußtwerdung, die nur im Geist bleibt, zählt für die Seele (Mond) nicht. Die Seele glaubt nur das, was von der Sonne verwirklicht wurde. Ähnlich wie in der Traumdeutung bleiben viele Menschen in der analytischen Phase stecken und schaffen den Übergang zur Verwirklichungsphase nicht. Sie wollen das 5. Haus überspringen und vom 6. Haus sofort ins 4. Haus kommen.

Sie fühlen und fühlen und absolvieren z. B. oft monate- oder gar jahrelang Trauerarbeit, meist ohne nennenswerten Erfolg, das heißt ohne Verbesserung der eigenen Lebensqualität. Bei allem »Durcharbeiten« und »Wiedererleben« der psychischen Probleme und Konflikte wurde häufig das Handeln und Verwirklichen vergessen. Aus diesem Grunde bleibt man dann auch im alten Gefühlswust gefangen und empfindet sich nach wie vor als therapiebedürftig.

Die Sonne leben bedeutet eigenschöpferisch sein Schicksal zu gestalten und nicht einfach die vorgegebenen pauschalen Modelle und Konzepte zu exerzieren. Es gilt, eigene Lebensmodelle auf den verschiedensten Gebieten zu entwerfen und zu verwirklichen. Gestaltet jemand sein Leben nicht selbst, tut dies sein Unbewußtes.

Letzteres wird schöpferisch, indem es das verdrängte und nicht verwirklichte Material gestaltet bzw. es in Form von Symbolen am Leib und am Schicksal abbildet (= Krankheit und negatives Schicksal).

Wer eigene Modelle in eine Form bringt, die auf die Realität, die eigene Entwicklungsphase, die eigenen Bedürfnisse und die eigene Individualität zugeschnitten ist, betreibt daher aktive Schicksalsprophylaxe.

Solch neue Formen tun der Seele nicht mehr weh, Krankheit und Leid erübrigen sich. Es besteht für das Unbewußte keine Notwendigkeit mehr, den seelischen Schmerz symbolisch auf der körperlichen Ebene auszudrücken.

Die verschiedenen Arten von Karriere

Die patriarchale Kultur ist auf Erfolg fixiert. Erfolg zu haben gilt in unserer Gesellschaft als einer der höchsten Werte. Dazu gehört im allgemeinen viel Geld, ein schickes Auto, ein vornehmer Bungalow und vor allem Karriere.

Karriere zu machen in der derzeitigen Berufswelt bedeutet, einen Topposten innerhalb der hierarchischen Struktur der Gesellschaft zu bekleiden. Da diese Posten jedoch rar sind, bleibt vielen Menschen nichts anderes übrig, als anderweitig Karriere zu machen.

Es gibt fünf verschiedene Arten von Karriere:

neurotische Karriere
Säuferkarriere
Verbrecherkarriere
Krankenkarriere und
Karriere als Mensch

Neurotische Karriere: Wie oben angedeutet, geht es bei einer Karriere innerhalb der Kollektivneurose primär darum, in der Hierarchie aufzusteigen, Konkurrenten auszuschalten und Macht ausüben zu können. Bei der neurotischen Karriere ist der Erfolg genormt, d.h. es steht schon a priori fest, was herauskommen muß, was als erfolgreich gilt: Geld, Ruhm und Macht. Astrologisch gesehen geht es dabei nur um die neurotische Form von Haus 2 (Geldgier, Status und Prestige), Haus 8 (Macht) und Haus 10 (Ruhm und Anerkennung). Bei diesen genormten Formen von Karriere tut man nicht nur so, als ob es reale Auslebensformen von Haus 2 (echte Sicherheit), Haus 8 (eigener Weg) und Haus 10 (eigene Ziele) nicht gäbe, sondern auch so, als ob man mit allen anderen Lebensprinzipien gar nicht erfolgreich sein könnte. Beispielsweise zählt ein Erfolg mit dem Krebs-Mond-Haus-4-Prinzip, nach dem jemand durch seine Zärtlichkeit »erfolgreich« beim andern Gefühle der Liebe und des Glücks auslöst, kaum.

Säuferkarriere: Wer es nicht schafft, in der Kollektivneurose Karriere zu machen, muß seine Energien in andere Kanäle leiten. Die jeweilige Anlage will etwas bewirken, will eine Laufbahn beschreiten. Sind keine Entwicklungsphasen im konstruktiven Sinne zu verzeichnen, richtet sich die Energie gegen die eigene Person, wie es z. B. beim Alkoholismus der Fall ist. Einen Überblick gibt die Einteilung von Jellinek:

1. Voralkoholische Phase: Stadium des progredienten Erleichterungstrinkens, weithin sozial motiviert.

2. Prodromalphase: Stadium der Toleranzsteigerung: Räusche mit Erinnerungslücken, heimliches Trinken, dauerndes Denken an Alkohol, gieriges Trinken der ersten Gläser, Schuldgefühle, Vermeiden von Anspielungen auf Alkohol.

3. Kritische Phase: Stadium des Zwangtrinkens: Verlust der Kontrolle, Widerstand gegen Vorhaltungen, großspuriges, aggressives Benehmen, Zerknirschung, Wechsel von Perioden völliger Abstinenz mit ständigen Niederlagen, Freunde fallen lassen, Arbeitsplätze aufgeben, das Verhalten auf den Alkohol konzentrieren, Verlust an Interessen, Selbstmitleid, gedankliche oder tatsächliche Ortsflucht, ungünstige Änderungen im Familienleben, grundloser Unwille, Bestreben, seinen »Vorrat« zu sichern, Vernachlässigung angemessener Ernährung, erste Einweisung ins Krankenhaus wegen »körperlicher« alkoholischer Beschwerden (die aber vom Patienten anders gedeutet werden), Abnahme des sexuellen Triebes, alkoholische Eifersucht, regelmäßiges morgendliches Trinken.

4. Chronische Phase: Stadium der Sensibilisierung: verlängerte, tagelange Räusche, ethischer Abbau, Beeinträchtigung des Denkens, passagere, alkoholische Psychosen, Trinken mit Personen weit unter dem Niveau des Patienten, Zuflucht zu technischen Produkten (Haarwasser, Rheumamittel, Brennspiritus), Verlust der Alkoholtoleranz, Angstzustände, Zittern, psychomotorische Hemmung, Trinken vom Charakter der Besessenheit.

Diese vier Phasen sind die umgekehrte Form der vier konstruktiven Entwicklungsphasen, die eine Anlage zu durchlaufen hat: Bewußtwerdungsphase, Informationsphase, Konzeptionsphase und die Verwirklichungsphase.

Verbrecherkarriere: Wer es nicht schafft, in der hierarchischen Gesellschaftsstruktur nach oben zu kommen, maßstäblich und anerkannt zu werden, zu einer very important person zu avancieren, beschreitet oft den destruktiven Pol der Neurose. Er bricht das Gesetz und wird zum Verbrecher. Auf diese Art und Weise gelingt es ihm, Aufsehen zu erregen, wichtig zu werden, Ruhm zu erlangen. Dieser Negativruhm ist für viele noch eher zu ertragen, als ewig in der Bedeutungslosigkeit zu verharren. Besonders gefährdet sind hierbei Personen mit starken Planetenhäufungen im 10. Haus. Diese Anlagen haben, wenn sie neurotisch ausgelebt werden, ein starkes Mittelpunktstreben, man will partout im Blickpunkt der Öffentlichkeit stehen, selbst um den Preis, das restliche Leben im Gefängnis oder in einer psychiatrischen Anstalt verbringen zu müssen.

Krankenkarriere: Wenn das Unbewußte keine Möglichkeit sieht, weder eine neurotische Karriere noch eine Karriere als Mensch zu beschreiten – aufgrund eines starken Über-Ichs auch keine Verbrecherkarriere –, kanalisiert es die entsprechende Energie in eine Krankenkarriere, deren Phasen am Beispiel einer Tbc-Erkrankung dargestellt werden sollen.

Die Tuberkulose* ist eine chronische Infektionskrankheit mit außerordentlich kompliziertem und wechselvollem Verlauf. Sie kann in jedem Lebensalter, sehr verschieden schwer und in den verschiedensten Organen vorkommen. Schließlich ist bezeichnend, daß die Tuberkulose, jahrelang »stumm«, plötzlich wieder fortschreiten und »aktiv« werden kann. Schematisch lassen sich folgende Stadien des Krankheitsverlaufs abgrenzen:

1. Phase: Die tuberkulöse Erstinfektion ist in rund 90% der Fälle eine Lungeninfektion durch Einatmen von bakterienhaltigen Hustentröpfchen. Fünf bis sechs Wochen nach dem ersten Kontakt entsteht eine Überempfindlichkeit gegen die Bakteriengifte, die Tuberkulinprobe wird positiv. Außerdem kommt es in der erstinfizierten Lunge, bei zunächst noch

* Astrologisch gesehen ist die Tuberkulose der Konstellation Uranus–Saturn (in allen kritischen Aspekten) zuzuordnen.

geringer Gegenwehr, zu einer kleinen Einschmelzung oder tuberkulösen Verkäsung. Von dort gelangen die Tuberkelbakterien mit der Lungenlymphe in die Hiluslymphknoten an der Lungenpforte, die ebenfalls käsig zerfallen. Langsam entsteht so ein hantelförmiger Erstherd, den man tuberkulösen Primärkomplex nennt.

2. Phase: Das zweite Stadium der Lungentuberkulose wird im wesentlichen durch die Aussaat von Tuberkelbakterien geprägt. Die Bakterien gelangen bei Gewebseinschmelzungen je nach Gegenwehr in unterschiedlicher Menge direkt oder auf dem Umweg über die Lymphe in die Blutbahn. Sie können wieder in der Lunge abgesiedelt werden, mit dem Blut aber auch sonst in den Körper ausgeschwemmt werden. Dort entstehen durch die Gewebsreaktion hirsekorngroße Knötchen, die Tuberkel heißen. Die Erscheinungen dieser Miliar- oder Körnchentuberkulose, die unter Umständen auch noch längere Zeit nach der Erstherdtuberkulose vorkommt, sind hohes Fieber, Husten, Atemnot, Kopfschmerz, Erbrechen, Blausucht und Atembeschwerden.

3. Phase: Die beiden ersten Tuberkulosestadien rechnet man zur Frühtuberkulose. Das dritte Stadium ist das der Spättuberkulose. Dabei kommt es infolge verminderter Gegenwehr zum Wiederaufflammen alter, ruhender Tuberkuloseherde. Diese Reaktivierung der Tuberkulose geht in der Lunge meist von einem walnußgroßen, nach der frühen Aussaat zunächst stummen Herd unterhalb des Schlüsselbeines aus, den man Frühinfiltrat nennt. Die rechtzeitige Erkennung des Frühinfiltrats ist besonders wichtig, weil die Behandlungsaussichten in diesem »frühen Spätstadium« noch besonders gut sind. Schmilzt das Lungengewebe erst ein, und entsteht durch Entleerung eine Frühkaverne, so verläuft der Heilungsprozeß wesentlich langwieriger. Unter starkem Husten wird jetzt oft bröckeliger, manchmal auch blutiger Auswurf mit ansteckungsfähigen Erregern entleert (offene Tuberkulose).

4. Phase: In diesem Stadium kann es zu stärkeren Blutungen, zum sogenannten Blutsturz kommen. Bei geringer körperlicher Gegenwehr entsteht schließlich eine käsige Lungenentzündung, die mit hohem Fieber und schwerer Beeinträchtigung des Allgemeinzustandes einhergeht (galoppierende Schwindsucht).

Die vier Krankheitsphasen, die hier exemplarisch anhand einer Tbc-Erkrankung aufgezeigt wurden, sind ebenso, wie wir es bei der Säuferkarriere gesehen haben, Ersatz für die vier Entwicklungsphasen einer Anlage. Das Fortschreiten einer Krankheit ist ein Gleichnis für den Fortschritt, der mit einer Anlage erzielt werden sollte.

Bei der Krankenkarriere kommt also eine Energie in Form einer Krankheit und deren spezifischen Entwicklungsphasen zum Ausdruck, nämlich als unbewußte, pervertierte »Verwirklichung«. Besonders deutlich wird der Karrierecharakter einer Krankheit, wenn der Kranke sie als Instrument verwendet, um sich damit in den Mittelpunkt zu bewegen oder um mit seinem Leid Streicheleinheiten und Zuwendung oder gar Anerkennung zu erlangen. Das höchste Erfolgserlebnis »genießen« manche Patienten, die erreichen, daß ihr Fall in der medizinischen Fakultät der Universität den Studenten vorgestellt wird. Ihr Unbewußtes sagt dann: Endlich haben wir es geschafft! Wir gehören nicht mehr zur breiten Masse, sondern wir sind etwas Besonderes, Außergewöhnliches, Herausragendes. Psychoastrologisch gesehen hätte jedoch dieselbe Anlage, die hier in kranker Form für Aufsehen sorgte, auch in konstruktiver Art und Weise ausgelebt werden können. In diesem Fall hätte man allerdings aktive Schritte unternehmen müssen. Man hätte einen Erfolg verbucht, der Aufsehen erregt, wäre dafür ideell oder materiell belohnt worden und hätte damit sein Selbstvertrauen stärken können. So aber hatte man dieselbe Energie lediglich auf ein »Er-folgsorgan« gelenkt, nämlich auf ein Organ, wo die Krankheit tatsächlich erfolgt ist. Wenn jemand also mit einer Anlage keine Wirkung erzielt, keinen Erfolg hat, dann »er-folgt« eine Krankheit. Irgend etwas produziert man als lebendiger Organismus Mensch immer – und wenn es nur ein Krankheitssymptom ist.

Oder: Man hat immer einen Erfolg – es fragt sich nur welchen.

Karriere als Mensch: Jede Anlage in unserem Persönlichkeitssystem will Karriere machen, will eine erfolgreiche Laufbahn haben, will für sich Erfolgserlebnisse verbuchen können. Jede Anlage will aber auf ihre spezifische Art und Weise erfolgreich sein: Der Mars will sich erfolgreich durchsetzen und die Triebe entwickeln, die Stier-Venus fühlt sich erfolgreich, wenn sie sich abgesichert und Eigentum erworben hat, der Zwilling-Merkur ist zufrieden, wenn eine gute Kommunikation zustandekam, der Mond ist überglücklich, wenn er seine wahre Geborgenheit gefunden hat und seelische Wärme und Liebe empfindet, die Sonne strahlt, wenn wieder ein neues Projekt verwirklicht ist, der Jungfrau-Merkur ist zufrieden, wenn die eigenen Gefühle gezeigt werden können und alles klar, sauber und ordentlich ist, die Waage-Venus träumt von süßer Erotik und von einem Wohlleben, das sich in schöner Umgebung abspielt, Pluto ist befriedigt, wenn sich seine Vorstellung erfüllt, Jupiter hat das Gefühl, zu leben, wenn er einen Sinn sieht, Saturn gibt Ruhe, wenn die eigenen Rechte durchgesetzt und eigene Ziele erreicht wurden, Uranus ist gesättigt, wenn Freiheit und Unabhängigkeit gewährleistet sind, und Neptun hat ein Erfolgserlebnis, wenn er seine Phantasie effektvoll einsetzen kann und Alternativen entdeckt.

Diese Art von Erfolg unterscheidet sich also grundlegend von dem, was man herkömmlich unter Erfolg versteht.

Diese Karriere als Mensch ist nicht mehr verbunden mit Kampf und Intrigen, mit Ellenbogen zeigen und Unterdrükkung des Konkurrenten, nicht mehr mit Streß und zerfleischendem Ehrgeiz – was heißt, zu geizig zu sein, um auch anderen Menschen Ehre und Anerkennung zukommen zu lassen –, auch nicht mehr mit Magengeschwüren und Herzinfarkt, sondern ist gleichbedeutend mit einem konstruktiven Aufbau der eigenen Persönlichkeit. In diesem Sinne bedingt und erwirkt Erfolg Gesundheit, eine gewachsene, entwickelte, stabile und echte Gesundheit. Deshalb ist Erfolg mit Gesundheit gleichzusetzen. Erfolgreich sein heißt demnach aktive Krankheitsprophylaxe zu betreiben.

Krankheit, die passive Form eines aktiven Entwicklungsschrittes

Wie wir bei den verschiedenen Karrierearten gesehen haben, symbolisiert die chronische Krankheit nicht nur ein Steckenbleiben in der Ausbildung und im Wachstum (Fortschritt) einer Anlage, sondern zeigt auch durch den Krankheitsfortschritt gleichnishaft auf, was verwirklicht hätte werden müssen. Jede Planetenkonstellation stellt einen Lern- und Entwicklungsprozeß dar, der absolviert werden muß.

Jede Konstellation symbolisiert eine ganz bestimmte Aufgabe: Nehmen wir als Beispiel die Konstellation Mond – Pluto (alle Aspekte sowie Mond in Haus 8, Pluto in Haus 4, Pluto im Krebs, Mond im Skorpion):

- Transformationsprozeß (Pluto) der eigenen Identität (Mond) (die alte Identität muß sterben, damit eine neue auferstehen kann)
- einen Weg (Pluto) zur eigenen Identität (Mond) finden
- Gefühle (Mond) und Vorstellungen (Pluto) in Einklang bringen
- Wandlungsprozeß (Pluto) der eigenen Weiblichkeit (Mond)
- Wandlungsprozeß (Pluto) der Rolle als Frau (Mond)
- Identitätsfindung (Mond) über ein neues Programm (Pluto)
- ein Konzept (Pluto) für die Seele (Mond) finden

Wird diese Aufgabe nicht wahrgenommen, besteht – sofern die Anlage nicht kompensatorisch ausgelebt wird – die Gefahr der Somatisierung.

Folgender Fall soll dies verdeutlichen: *Kerstins Pluto steht in Haus 7 im Quadrat zu ihrem Mond in Haus 4.*

Sie erlebte diese Konstellation vorwiegend in der Hemmung, also als Fremdbestimung (Pluto) ihrer Seele (Mond), Unterdrückung (Pluto) ihrer eigenen Gefühle (Mond), zwangsneurotische Tendenzen (Mond-Pluto) und Übernahme der vorprogrammierten (Pluto)Rolle als Frau (Mond).

Im Alter von 41 Jahren erkrankte sie an einem Mammakarzinom (Brustkrebs). Da sie ihre alte Rolle als Frau (Mond) nicht abstreifen, also keinen Transformationsprozeß (Pluto) absolvieren konnte, vollzog sich ein Wandel (Pluto) in der Zellstruktur gerade an der Stelle ihres Körpers, die als Symbol für die Weiblichkeit (Mond) gilt. Das karzinomatöse Geschehen fungierte also als Ersatz für den Wandel ihrer Frauenrolle, und die Angst vor dem Tod, die mit jeder Krebserkrankung einhergeht, stand stellvertretend für ihre Angst vor dem Zurücklassen und Sterben ihrer alten Identität.

Bei der Konstellation Saturn – Neptun (alle Aspekte sowie Saturn in Haus 12, Neptun in Haus 10, Saturn in den Fischen, Neptun im Steinbock) sieht der notwendige Entwicklungsprozeß wieder anders aus:

- Infragestellung (Neptun) der alten Maßstäbe und Normen (Saturn)

- Auflösungsprozeß (Neptun) der alten Maßstäbe und Normen (Saturn)

- Bewußtwerdungsprozeß (Saturn) der Hintergründe (Neptun) und des Verdrängen (Neptun)

- Bewußtwerdungsprozeß (Saturn) von Alternativen (Neptun)

Hierzu zwei weitere Fälle:

Claudia, Hausfrau und Mutter, erkrankte an Osteomalazie (Knochen[♄]erweichung[♆]). Claudia war streng gläubig und vertrat eine sehr konservative Weltanschauung. Diese konservative Weltanschauung (♄ in Haus 9) mußte aufgrund der Opposition zu Neptun aufgelöst (♆) werden. Da dieser Entwicklungsschritt von ihr nicht aktiv vollzogen wurde, mußte sie die Auflösung am eigenen Leib erfahren.

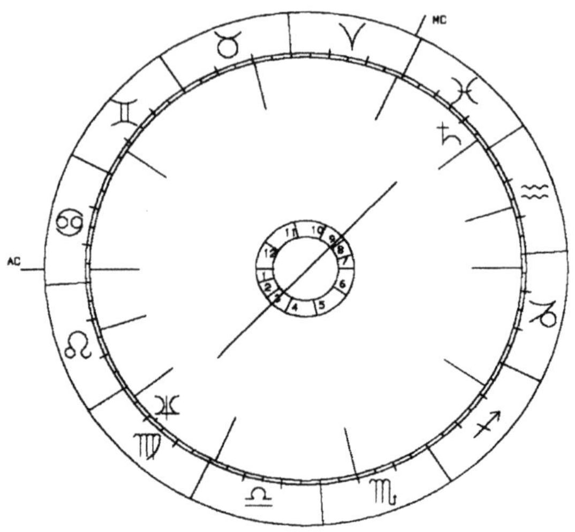

Hierfür mußte das Knochengerüst herhalten, das auf der körperlichen Ebene als Haltgeber fungiert und daher dem seelisch-geistigen Halt, nämlich den Normen und Gesetzen, entspricht. Ihre Erkrankung trieb sie auf eine lange Therapie-Odyssee. Als sämtliche konventionellen Behandlungsmethoden versagten, versuchte sie, mit unorthodoxen Richtungen wie Naturmedizin und Akupunktur zum Erfolg zu kommen. Doch nichts half. Im Gegenteil, die Krankheit schritt weiter fort. Schließlich flog sie, als sie bereits an den Rollstuhl gefesselt war, zu Geistheilern auf die Philippinen, denen es tatsächlich gelang, eine kurzzeitige Besserung hervorzurufen. Inzwischen war jedoch ihr Konservatismus so weit aufgeweicht, daß sie sich mehr und mehr mit alternativen (♆) Informationen (Haus 3), ja selbst mit atheistischer Literatur auseinandersetzte. Erst, als sie auf diese Art und Weise aktiv den Entwicklungsschritt der Infragestellung (♆) und der Auflösung der alten Normen und Gebote (♄) vollzog, konnte der auf der körperlichen Ebene fortlaufende Prozeß gestoppt werden.

Claudia wurde durch die Krankheit buchstäblich zu dieser aktiven Form der Bewältigung ihres Aspekts gezwungen. Einige Prozesse, die abgelaufen sind, sind irreversibel, aber

Claudia kann heute mit den Relikten ihrer Krankheit gut leben.

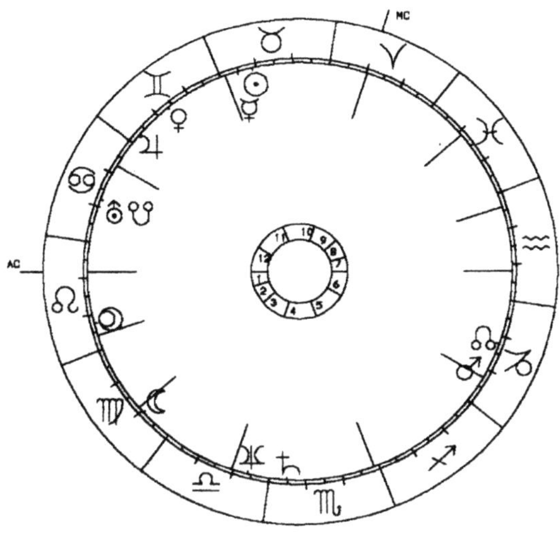

Edith, in leitender Position (☉ in Haus 10 im ♉) in einem Dienstleistungsunternehmen tätig, wohnte mit 36 Jahren immer noch im Elternhaus (♄♆ in Haus 4 = Hemmung (♄) in der Auflösung (♆) des Elternhauses). Da ihre Eltern ein Zweifamilienhaus gebaut hatten, konnte sie dort im 1. Stock unentgeltlich wohnen. Ein weiterer Vorteil war, daß sie, die ohnehin nicht gerne kochte, bei ihren Eltern die Mahlzeiten einnehmen konnte. Diese Bequemlichkeiten wurden jedoch damit bezahlt, daß sie ständig unter Kontrolle der Eltern (♄ in Haus 4) stand, und daß ihre potentiellen Partner zuerst die Hürde des Elternhauses nehmen mußten (♅ Herrscher von 7 in Haus 12 □ ♄ ♆ in Haus 4). Dieser Spannungszustand wurde schließlich dadurch verstärkt, daß Edith einen Vegetarier kennen und lieben lernte. Dieser Mann irritierte (♅) ihre traditionelle Kost (♅ □ ♄ in Haus 4 = Nahrung, Wohnung, Elternhaus) und sorgte innerhalb der Familie für Aufruhr (♅ in 12 □ ♄♆ in Haus 4). Außerdem kamen Aggressionen (♂ im ♑ in Haus 6, ♄ ist Herrscher von Haus 6 und hat ♂ als Inhalt) an die Oberfläche. Die Erhaltung (♄) der Schein(♆)harmonie (♎) in der Familie (Haus 4) war aufs äußerste gefährdet.

In dieser Zeit erkrankte Edith an Arthritis. Diese entzündliche Gelenkerkrankung machte sich bei ihr insbesondere an den Beinen bemerkbar, so daß sie vor Schmerzen kaum mehr gehen konnte. Trotz verschiedener therapeutischer Interventionen verschlechterte sich das Krankheitsbild zusehends. Am Fall von Edith wird das Phänomen, das immer wieder bei verschiedenen Erkrankungen zu beobachten ist, deutlich, nämlich daß Ursache und Wirkung gleich sind, bzw. daß die Wirkung die Ursache verstärkt. Da Edith von ihrem Elternhaus nicht freiwillig fortging (Ursache), wurde die konfliktreiche Situation auf die körperliche Ebene übertragen und in Form von Arthritis ausgetragen. Aufgrund dieser Erkrankung fühlte sie sich noch mehr an die Eltern gebunden, sie war nun sogar von deren Hilfe abhängig, so daß sie nunmehr erst recht nicht mehr von zu Hause weggehen konnte (Wirkung verstärkt die Ursache). Die Entzündung (♂) der Gelenke (♄) ist der körperliche symbolische Ausdruck der Aggression (♂) auf die Kontrolle (♄) und das Festhalten (♄) der Eltern, auf die alten (♄) Rituale (♋) und Programme (♋) des Wohnens und des Essens (Haus 4).

Die Saturn-Neptun-Konjunktion in Haus 4 bedeutet nämlich, als Lern- und Entwicklungsprozeß gedeutet: Auflösung (♆) des traditionellen Elternhauses (♄), Auflösung (♆) der Normen und Ideale (♄) der Familie (Haus 4), Auflösung (♆) der traditionellen (♄) Kost (Haus 4) zugunsten der Entwicklung einer seelischen Eigenart (Haus 4). Wenn die Hemmung (♄) in der Auflösung (♆) als Folgeerscheinung bei Mars die Frequenz »Aggression « erzeugt und diese Aggression (♂) die Gelenke entzünden (♂) läßt, dann erwirkt die Auflösung der Hemmung (der Norm, der Tradition) neue Energien, die für neue Ziele (♂ im ♑, ♂ Herrscher von Haus 10) im Berufsleben eingesetzt werden können. Außerdem zeigt bereits der Herrscher von Haus 4, die ♀, die nach Haus 11 ausgewandert ist, daß es für sie besser ist, unabhängig (Haus 11) zu wohnen (♀ Herrscher von Haus 4).

Nachdem Edith schließlich alles auf eine Karte setzte, den Umzug in ein eigenes Appartement organisierte und mit Hilfe einer Speditionsfirma umzog, waren ihre Beschwerden drei

Wochen später verschwunden. Es war, als ob sie aus einem bösen Alptraum erwacht wäre. Den Heilerfolg hatte sie sich jedoch redlich verdient, nachdem sie allen Unkenrufen zum Trotz und trotz großer Gehbeschwerden den Auszug aus dem Elternhaus durchgesetzt hatte. Die beiden Beispiele machen deutlich, daß der Entwicklungsprozeß, den es zu durchlaufen gilt, bei der Saturn-Neptun-Konstellation immer der gleiche ist, es ändert sich lediglich entsprechend der Häuserstellung die Bühne.

Bei den vorgestellten Konstellationen, bei Mond – Pluto und bei Saturn – Neptun, wird deutlich, daß es sich um angelegte Entwicklungsprozesse handelt – ähnlich wie in einem Kirschkern bereits die Phasen Keim, Verwurzelung, Verzweigung, Blüten- und Fruchtbildung, ja sogar Duftnote der Blüten und Fruchtsorte »einprogrammiert« sind.

Das Erstaunliche ist, daß immer dasselbe Ergebnis erzielt wird, von welcher Warte auch immer man den jeweiligen Entwicklungsprozeß betrachtet.

Von Pluto aus betrachtet, bedeutet der Entwicklungsprozeß bei jeder Mond-Pluto-Konstellation einen Transformationsprozeß der eigenen Identität. Von der Warte des Mondes aus gesehen, heißt er: Identitätsfindungsprozeß (Mond) über neue Muster und Programme (Pluto).

Und tatsächlich kann ein Transformationsprozeß der eigenen Identität nur durch einen Identitätsfindungsprozeß über neue Programme stattfinden und umgekehrt.

Ebenso bei Saturn – Neptun:
Der Entwicklungsprozeß von Neptun aus gesehen lautet:
Auflösungsprozeß (Neptun) der alten Maßstäbe und Normen (Saturn)

Von Saturn aus betrachtet:
Bewußtwerdungsprozeß (Saturn) von Alternativen (Neptun)

Während des Auflösungsprozesses der alten Maßstäbe und Normen werden Alternativen bewußt und umgekehrt.
Die jeweils andere Betrachtungsweise gibt also noch näheren Aufschluß über den zu absolvierenden Entwicklungsweg.

Welche Konstellation wir auch immer betrachten, immer zeigt sich dasselbe Bild:

Sonne – Pluto *mögliche Krankheitserscheinungen:* Herz- und Kreislaufbeschwerden	(alle Aspekte, sowie Sonne in Haus 8, Pluto in Haus 5, Sonne im Skorpion, Pluto im Löwen, Herrscher von 5 in Haus 8, Herrscher von 8 in Haus 5) Transformation des bisherigen Handelns Selbstverwirklichungsprozeß (Sonne) über eigene Programme (Pluto).
Saturn – Pluto: *mögliche Krankheitserscheinungen:* Knochen- und Gelenkprobleme, Kreuzschmerzen, Wirbelsäulenleiden	(alle Aspekte, sowie Saturn in Haus 8, Pluto in Haus 10, Saturn im Skorpion, Pluto im Steinbock, H. v. 8 in Haus 10, H. v. 10 in Haus 8) Transformationsprozeß (Pluto) der alten, pauschalen Maßstäbe und Normen (Saturn) Bewußtwerdungsprozeß (Saturn) der eigenen Programme (Pluto)
Jupiter – Pluto: *mögliche Krankheitserscheinungen:* Störungen des Fettstoffwechsels, Hüftleiden	(alle Aspekte, sowie Jupiter in Haus 8, Pluto in Haus 9, Jupiter im Skorpion, Pluto im Schützen, H. v. 9 in Haus 8, H. v. 8 in Haus 9) Transformationsprozeß (Pluto) der alten Weltanschauung und Religion (Jupiter) Erweiterungsprozeß (Jupiter) des geistigen Musters (Pluto)
Mond – Uranus: *mögliche Krankheitserscheinungen:* Amenorrhoe, Dysmenorrhoe, Schleimhautaffektionen, Brustbeschwerden, Magenleiden	(alle Aspekte, sowie Mond in Haus 11, Uranus in Haus 4, Mond im Wassermann, Uranus im Krebs, H. v. 4 in Haus 11, H. v. 11 in Haus 4) Befreiungsprozeß (Uranus) aus der alten Identität (Mond) oder Familie (Mond) Identitätsfindungsprozeß (Mond) über Freiheit, Unabhängigkeit und Emanzipation (Uranus)
Merkur (Jungfrau) – Neptun: *mögliche Krankheitserscheinungen:* Darmbeschwerden,	(alle Aspekte, sowie Neptun in Haus 6, Merkur (Jungfrau) in Haus 12, Neptun in der Jungfrau, Merkur(Jungfrau) in den Fischen, H. v. 6 in Haus 12, H. v. 12 in Haus 6)

Störungen der Wasserrückresorption

Auflösungsprozeß (Neptun) von Abhängigkeit, Anpassung und Unterordnung (Merkur)
Analyse (Merkur) der Hintergründe (Neptun) des patriarchalen Systems

Venus (Waage) – Saturn:
mögliche Krankheitserscheinungen:
Nieren- und Blasenbeschwerden, Nierensteine

(alle Aspekte, sowie Venus in Haus 10, Saturn in Haus 7, Venus im Steinbock, Saturn in der Waage, H. v. 7 in Haus 10, H. v. 10 in Haus 7)
Prozeß des Gleichgewichtfindens (Venus) der Rechte und der Verantwortung (Saturn), Bewußtwerdungsprozeß (Saturn) von wahrer Partnerschaft (Venus)

Venus (Waage) – Uranus:
mögliche Krankheitserscheinungen:
nervöses Blasenleiden, Nierenfunktionsstörungen, Gleichgewichtsstörungen zwischen Sympathikus und Vagus

(alle Aspekte, sowie Venus in Haus 11, Uranus in Haus 7, Venus im Wassermann, Uranus in der Waage, H. v. 11 in Haus 7, H. v. 7 in Haus 11) Prozeß des Gleichgewichtfindens (Venus) in bezug auf Freiheit und Unabhängigkeit (Uranus), Befreiung (Uranus) von der alten Form von Partnerschaft (Venus)

Mond – Saturn:
mögliche Krankheitserscheinungen:
Milchunverträglichkeit, Schleimhautaffektionen, Subacidität, Unterleibsleiden

(alle Aspekte, sowie Mond in Haus 10, Saturn in Haus 4, Mond im Steinbock, Saturn im Krebs, H. v. 4 in Haus 10, H. v. 10 in Haus 4)
Bewußtwerdungsprozeß (Saturn) der eigenen Identität (Mond)
Identitätsfindungsprozeß (Mond) über die Gesetze (Saturn) der Psyche und des Kosmos

Venus (Stier) – Neptun:
mögliche Krankheitserscheinungen:
Hals- und Rachenaffektionen, Schilddrüsenbeschwerden, Struma

(alle Aspekte, sowie Neptun in Haus 2, Venus in Haus 12, Neptun im Stier, Venus in den Fischen, H. v. 2 in Haus 12, H. v. 12 in Haus 2)
Auflösungsprozeß (Neptun) der herkömmlichen Form von Sicherheit (Venus)
Sicherheitsfindung und Abgrenzung (Venus) auf alternative Art (Neptun)

Es würde den Rahmen dieses Buches übersteigen, nunmehr auf jede Konstellation differenziert einzugehen. Damit der einzelne selbst schauen kann, welchen Entwicklungsprozeß er absolvieren müßte, um der Krankheit den Nährboden zu entziehen, seien hier die vier Entwicklungsstufen der kosmischen Prinzipien angeführt:

Die vier Entwicklungsstufen der kosmischen Prinzipien

♂	1. Stufe	Initiativlosigkeit, Durchsetzungsschwäche, ICH-Schwäche
	2. Stufe	Aggression, symbolisches ICH
	3. Stufe	Prozeß der ICH-Findung (Aufkeimen des wahren ICH)
	4. Stufe	Entwicklung von Initiative, Wagemut, sowie Pionierarbeit, konstruktiver Energieeinsatz
♀♉	1. Stufe	Schwacher Eigenwert, Armut, Askese
	2. Stufe	Eigenwert in der patriarchalen Gesellschaft, Luxus, Reichtum, Schlemmertum, etabliert in der Kollektivneurose
	3. Stufe	wahrer Etablierungsprozeß, Prozeß der Sicherheitsfindung
	4. Stufe	Entwicklung eines realen Wertbewußtseins und einer realen Absicherung (existentielles Haben)
☿♊	1. Stufe	Uninformiertheit, Darstellungsschwäche
	2. Stufe	Information innerhalb des patriarchalen Systems, überdimensionierte Selbstdarstellung
	3. Stufe	Lernprozeß, Prozeß der Informationsaufnahme und -abgabe
	4. Stufe	Weiterentwicklung der körperlichen und intellektuellen Fähigkeiten
☾	1. Stufe	Schwache seelische Eigenart, Ungeborgenheit, innere und äußere Heimatlosigkeit
	2. Stufe	Identität im Patriarchat (zweite Natur)

3. Stufe Prozeß der wahren Identitätsfindung
4. Stufe Entwicklung der eigenen Identität

☉ 1. Stufe Unselbständigkeit, mangelnde Selbstverwirklichung
2. Stufe Selbständigkeit und Selbstverwirklichung im Patriarchat
3. Stufe Prozeß der Festigung der Identität, Selbstverwirklichungsprozeß
4. Stufe Entwicklung von schöpferischen Fähigkeiten Handlungsfähigkeit, Selbständigkeit, fortschreitende Selbstrealisation

☿♍ 1. Stufe Abhängigkeit, Anpassung, Krankheit, Unterordnung, Arbeitnehmer
2. Stufe Analyse, Diagnose, Kritik innerhalb des Patriarchats
3. Stufe Reinigungsprozeß, analytischer Prozeß
4. Stufe Zeigen der eigenen Gefühle, Weiterentwicklung der eigenen Identität, Arbeit, die dem eigenen Wesen gemäß ist

♀♎ 1. Stufe Schwache Partnerfähigkeit, mangelnder eigener Geschmack, Disharmonie
2. Stufe Ehe, Mode, genormte Harmonie
3. Stufe Prozeß der DU-Findung, Partnerwahlprozeß, Prozeß der Geschmacksfindung, Prozeß des Gleichgewichtfindens
4. Stufe Entwicklung einer realen Partnerfähigkeit (erwachsene Ebene)

♇ 1. Stufe Ohnmacht, unter Erwartungsdruck stehen, manipuliert werden
2. Stufe Fixierung, Macht, Fremdbestimmer, Aufoktroyierer
3. Stufe Transformationsprozeß
4. Stufe Entwicklung einer eigenen Meinung, einer eigenen Vorstellung, eines eigenen Konzeptes, eines eigenen Programms.

♃	1. Stufe	Sinnlosigkeit, Glücklosigkeit, mangelnde Bildung
	2. Stufe	Institutionelle Religion, Mäzen, konventionell gebildet
	3. Stufe	Sinnfindungsprozeß, Erweiterungsprozeß
	4. Stufe	Weiterentwicklung der geistigen Anlagen
♄	1. Stufe	Hemmung, Schuldgefühle, Steckenbleiben, Rechtlosigkeit
	2. Stufe	Normverkörperer
	3. Stufe	Bewußtwerdungsprozeß (der Gesetze des Lebens)
	4. Stufe	Entwicklung der eigenen Verantwortung und Leben der eigenen Rechte
♅	1. Stufe	Unfreiheit
	2. Stufe	Symbolische Freiheit (z. B. Fliegen, Geschwindigkeitsrausch)
	3. Stufe	Befreiungsprozeß, Emanzipationsprozeß, Individuationsprozeß
	4. Stufe	Reale Freiheit und Unabhängigkeit
♆	1. Stufe	Schwäche, Hilflosigkeit, Angst
	2. Stufe	Schein, Lüge, Helfer
	3. Stufe	Auflösungsprozeß
	4. Stufe	Entwicklung von Alternativen

Erläuterung: Die 1. Stufe entspricht immer der Hemmung, die 2. Stufe dem kompensatorischen Ausleben eines Planeten, während die 3. Stufe den Entwicklungs- und Transformationsprozeß vom patriarchalen zum ökologischen Bewußtsein symbolisiert. Die 4. Stufe ist gleichbedeutend mit der erwachsenen Form einer Anlage, die immer weiter und weiter entwickelt und verbessert werden kann. Durch diese Aufstellung kann man über seine Planetenkonstellationen im Horoskop herausfinden, welche Entwicklungsprozesse im Leben notwendig sind, um Krankheit und schlechtes Karma zu vermeiden. Aufgrund der verschiedenen Konstellationen ist es möglich, mosaiksteinartig seine Aufgaben zusammenzustellen und dadurch seine wahre Berufung zu erkennen.

Ein Grundmuster hierfür gibt die Sonnenstellung und das Zeichen des Aszendenten ab: Ist jemand z. B. Zwilling und hat den Löwen am Aufgang, so besteht seine Aufgabe darin, sich mit den Mitteln der Sprache und der Schrift (oder der Technik) zu verwirklichen, Kommunikationsfähigkeit mit seinen Managementfähigkeiten (Organisationstalent) zu verbinden, und nach den eingeholten Informationen zu handeln. Oder die Sonne steht im Wassermann und der Aszendent befindet sich im Tierkreiszeichen Skorpion. Hier geht es darum, sich von alten Programmen und Beziehungsmustern, von Unterdrükkung und Machtstrukturen zu befreien. In der erlösten Form bedeutet dieselbe Konstellation: Neue (Wassermann) Programme (Skorpion) kreieren, Unabhängigkeit durch ein eigenes Konzept, durch die eigene Meinung und durch den eigenen Lebensweg erwerben.

Auf diese Art und Weise gelingt es allein vom Sonnen- und Aszendentenstand her, sehr schnell sowohl die Grundproblematik (die auch in einer Somatisierung liegen kann) als auch die Aufgabe des betreffenden Menschen zu ersehen.

Die zusätzlich im Horoskop aufgezeichneten Konstellationen und Entwicklungsprozesse variieren und differenzieren dieses Grundthema.

Gesundheitsauslöser

Wie ein Single, der eine unbewußte Bindungsangst hat, tausendmal ausgehen kann, ohne dabei einen passenden Partner kennenzulernen, so kann ein chronisch kranker Mensch, wenn er für seine Gesundung nicht bereit ist, tausend Therapieversuche unternehmen, ohne daß eine Besserung oder gar eine Heilung seines Leidens eintritt. Entscheidend ist also, daß sich der Kranke zuerst die Bereitschaft für seine Gesundung psychisch erarbeitet, damit er endlich eine Affinität mit Gesundheitsauslösern erlangt.

Das über Krankheitsauslöser Gesagte gilt umgekehrt auch für Gesundheitsauslöser. Therapien, Arzneimittel, Symbole,

Ereignisse oder bestimmte Rahmenbedingungen können nur dann eine Gesundung in Gang setzen, wenn die psychische Disposition hierfür vorhanden ist.

Ein Mensch kann seinen Schreibtisch noch so optimal im Raum plazieren, um damit nach der uralten chinesischen Design-Philosophie Feng-Shui[10] Macht und Einfluß zu gewinnen, wenn er nicht die Voraussetzungen für seinen Erfolg gelegt, also nicht die entsprechenden Anlagen und Fähigkeiten hierfür ausgebildet hat, wird er keinen Erfolg ernten. Ebenso verhält es sich mit der Gesundheit. Man kann noch so sehr auf seine Gesundheit achten, gesund essen und wohnen, Sport treiben und relaxen, es nützt nichts, wenn nach wie vor die psychischen Probleme nicht gelöst sind, und die pathogenen Reize weiter auf das Individuum einwirken. Es muß der Inhalt stimmen bzw. im Gleichgewicht sein, um eine Affinität mit der Form »Gesundheit« herzustellen. Gesundheit sollte nicht dem Zufall überlassen werden, sondern muß strategisch erarbeitet werden.

Wer Anlagen ausbildet und Umstrukturierungen im eigenen Leben vornimmt, kann damit rechnen, daß auf den verschiedensten Lebensgebieten alles besser und angenehmer wird. Glück und Erfolg werden plötzlich möglich, und quasi als Nebeneffekt stellt sich Gesundheit ein. Nach ökologischen Gesichtspunkten ist Erfolg gleichbedeutend mit Zufriedenheit, Glück und Gesundheit, während in der Kollektivneurose die Kriterien des Erfolges Umsatz, Bankkonto, Besitz, Macht, Ruhm und Ehre sind. In der Kollektivneurose ist es möglich, erfolgreich zu sein, dabei aber unglücklich, ungeliebt und krank. Wer selbst für sich und in sich die ökologische Kultur einführt, wird erfolgreich, beliebt und gesund. Er kann das Sprichwort: »Lieber reich und gesund als arm und krank« Realität werden lassen. Er wird zwar finanziell nicht ganz so reich werden wie ein Superkompensator in der patriarchalen Gesellschaft, aber er wird sich auf allen Lebensgebieten reicher fühlen, weil seine Anlagen mit mehr Inhalt gefüllt sind und sich damit mehr anfangen läßt. Das Leben wird dann tatsächlich erfüllender aufgrund von mit Inhalt gefüllten Formen. Jeder Mensch kann seine Gesundheit steigern, indem er alle kosmischen Prinzipien, also vom Mars-Widder-Haus-1-Prinzip bis zum Neptun-Fische-Haus-12-Prinzip, zu verbessern versucht. Man hat nichts vergeblich getan. Man kann nicht mehr sagen, es wäre alles für die Katz gewesen, sondern – selbst wenn sich keine gesundheitliche Besserung einstellen sollte, was unwahrscheinlich ist – es hat sich gelohnt, weil mehr Freude ins eigene Leben einzieht.

Es ist ein wunderbares Gefühl, Gesundheit primär aus eigener Kraft erreicht zu haben, nicht mehr ausgeliefert zu sein und auch bei zukünftigen Krankheiten zu wissen, was man dagegen tun kann, wie man strategisch vorgehen muß, um eine Umstimmung im Organismus zu erreichen.

Wer einmal erfolgreich in seiner Strategie war, hat das Vertrauen und die Zuversicht, daß er auch das nächste Mal nicht ohnmächtig dem Phänomen Krankheit gegenübersteht. Das Mysteriöse, Unergründliche und Unheimliche an einer Krankheit verschwindet; der Krankheit wird die Schärfe genommen – sie wird zu einem Freund, der unverblümt und ehrlich ist.

Der Partner als Gesundheitsauslöser

Alleinstehende bilden eine besonders gesundheitsgefährdete soziale Gruppe. Ihrem Leben fehlen die sozialen Bindungen, die eine wichtige Determinante menschlichen Wohlbefindens ausmachen. Je tragfähiger unsere Beziehungen zu den Mitmenschen sind, desto höher ist unsere Lebenserwartung, desto besser ist unser Gesundheitszustand, desto eher erholen wir uns von Krankheiten und Krisen und desto geringer ist die Wahrscheinlichkeit, psychosomatisch zu erkranken.

Umgekehrt können unbefriedigende Partnerbeziehungen oder Belastungen und Konflikte in der Partnerschaft auch als Krankheitsauslöser wirken. Zwar werden die meisten Schwierigkeiten in der Partnerschaft durch Trug- und Phantombilder selbst erzeugt, aber wenn der Partner bereitwillig mitspielt, ist er letztendlich – auch wenn ihm dies nicht bewußt ist – für die Krankheit des anderen mitverantwortlich.

Man kann also den Partner krank machen,

a) indem man die ergänzende Rolle passend zu seiner individuellen Neurose spielt;

b) durch Projektionen von unerlösten Anlagen;

c) durch Nichtreaktion – indem man z. B. sich dem Partner nicht widmet, zu wenig am Schicksal des anderen Anteil nimmt, in der Sexualität nicht zeigt, was guttut und was nicht;

d) durch falsche Reaktion – man reagiert etwa auf die Offenheit oder auf eine Angst des Partners ärgerlich, entwertend oder mit Schuldzuweisung;

e) durch mangelnde Ausgewogenheit zwischen Geben und Nehmen auf den verschiedensten Lebensgebieten;

f) indem man dem Partner das Stillen von Bedürfnissen verwehrt.

Wenn man weiß, was in einer Beziehung krank machen kann, ist es umgekehrt auch erforderlich, sich für die Gesundung des Partners mitverantwortlich zu zeigen. Es gilt, eine Strategie zur Gesundung des Partners zu entwerfen. Die entscheidende Frage lautet also: Was kann ich zur Heilung meines chronisch kranken Partners tun? Oder: Wie kann ich dazu beitragen, daß mein Partner anders reagiert als mit einer chronischen Erkrankung?

Ein Beitrag zur Heilung des Partners kann geleistet werden:

a) indem man auf das reagiert, worauf man bisher keinerlei Energie verwendet hat (z. B. durch Lob, Widmung, Interesse);

b) durch Rücknahme von Projektionen, weil man die eigenen Anlagen ausbildet und verwirklicht;

c) durch andere Reaktionen, als man sie bisher gezeigt hat. Dazu muß man allerdings die bisherige Reaktion reflektiert und neue Muster aufgebaut haben, sonst besteht keine freie Wahl;

d) durch Nichtreaktion – dadurch, daß man etwa auf Reizworte und alte Muster nicht mehr einsteigt. Man ignoriert in diesem Fall den Köder, der unbewußt ausgelegt wurde;

e) durch das Schaffen eines Gleichgewichts zwischen Geben und Nehmen;

f) indem man – ohne sich selbst dabei zu verleugnen – mithilft, die Wünsche, Sehnsüchte und Träume des Partners zu verwirklichen. Man versucht, im Rahmen der Möglichkeiten dessen (reale) Bedürfnisse zu stillen;

g) indem man das Gesunde und Natürliche in ihm bestätigt und verstärkt und Neurotisches abzuschwächen versucht.

Eine solche Vorgehensweise unterscheidet sich grundlegend von der weitverbreiteten Vorstellung, man müsse ganz einfach für den Partner beten, wenn er erkrankt ist, und ihm dadurch Hilfe und Kraft schenken. Ein Gebet mag vielleicht den Glauben eines Menschen an seine Gesundung stärken, aber es nützt dann wenig, wenn dabei die alten Reaktionen und Nichtreaktionen bzw. Unterlassungen beibehalten werden. In solchen Fällen ist auch das Gebet nur Symptombekämpfung. Ebenso verhält es sich bei den Personen, die aufgrund ihres Verhaltens und ihrer Projektionen zuerst die Krankheit des anderen unbewußt mit hervorrufen, um dann aber als Helfer in Erscheinung zu treten und den Erkrankten gesund zu pflegen. Wenn ich jedoch durch obengenannte taktische Schachzüge mithelfe, den Partner zu heilen, also ihn dabei unterstütze, daß er ins Gleichgewicht kommt, dann heile ich damit aufgrund der Vernetzung der psychischen Strukturen auch die Beziehung und mich selbst. Indem ich darüber nachdenke, inwieweit ich den Partner heilen kann, werden mir die eigene psychische Krankheit, die eigenen komplementär zum Partner stehenden pathologischen Strukturen und Verhaltensweisen bewußt. Indem ich dem anderen helfe, helfe ich damit auch mir selbst, heiler zu werden und mehr Lebensqualität zu erwirken. Folgende Fragen sind in diesem Zusammenhang zu stellen: Welcher Planet beeinflußt meinen Partner am stärksten?

Auf welches Lebensfeld wirkt er beim Partner ein?

Leide ich bei einer Erkrankung des Partners nur mit, oder versuche ich zu analysieren, inwieweit ich als Wecker einer Krankheitsdisposition oder als Verstärker der Krankheit fungiere? Welche Planeten habe ich auf meinen Partner projiziert, damit er diese stellvertretend für mich auslebt?

Welche Beobachtungen mache ich, wenn ich dort nicht mehr reagiere, wo ich ansonsten eingestiegen bin und Ungünstiges erwirkt habe, und dort erwachsen reagiere, wo ich vorher nicht reagiert habe?

Schritte zur Gesundheit

Anfangs haben wir gesehen, wie aufgrund einer Störung des ökologischen Gefüges Krankheit entstehen kann. Jetzt geht es darum, umgekehrt innerhalb des eigenen Persönlichkeitssystems strategisch so vorzugehen, daß damit Gesundheit ausgelöst wird. Die Frage, die hier relevant ist, lautet: Wo muß ich im eigenen Ökosystem ansetzen, damit ich meine eigene Natur dazu bringe, die Gesundung einzuleiten? Ferner: Wie und wann kann ich in meinem System diese Intervention vornehmen?

1. Schritt: Man zeichnet das eigene Persönlichkeitssystem mit seinen Bezugspunkten auf.

2. Schritt: Man überlegt sich, welche Punkte in diesem System einige Zeit vor oder zur Zeit des Krankheitsausbruches weggefallen sind, empfindlich gestört wurden oder als neue Bezugsgrößen dazukamen.

3. Schritt:

a) Aufdeckung der Somatisierung (unter Bezugnahme der Diagnose eines Arztes).
An welcher Krankheit leide ich?

b) Welches kosmische Prinzip drückt sich über die Krankheit aus? (Siehe Kapitel: »Der menschliche Körper und seine astrologische Zuordnung«)

c) Analyse der entsprechenden Planetenkonstellation im eigenen Horoskop. Warum bin ich krank?

Diese drei Punkte des 3. Schrittes können anhand der Planetenkonstellation von Hans A. ersehen werden:

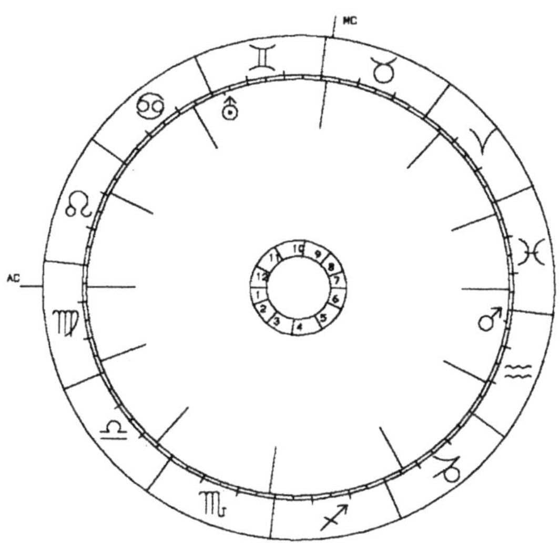

Hans A. leidet immer wieder an Durchfall, wenn er unter großer Nervenanspannung steht.

Punkt a) ist also klar. Die Diagnose lautet: chronisch rezidivierende Diarrhoe.

Punkt b): Unter Zuhilfenahme des Kapitels: »Der menschliche Körper und seine astrologische Zuordnung« wird ersichtlich, daß Darmerkrankungen dem Jungfrau-Merkur-Haus-6-Prinzip zugeordnet werden.

Bei Punkt c) wird erkannt, daß Mars in Haus 6 im Wassermann genau dieser Erkrankung entspricht:
schnelle (Mars) Darmreaktion (Haus 6) aufgrund von Streß (Wassermann) im Arbeitsbereich.

4. Schritt: Man zeichnet die jeweilige Krankheit mit ihrem Beziehungsgeflecht auf.

Bleiben wir auf der Ebene des Darmes und nehmen als Beispiel John, einen 46jährigen Buchhalter, der seit drei Jahren an einer chronischen Dünndarmentzündung leidet. Der Krankheitsausbruch koinzidierte mit dem Beginn einer außerehelichen Liebschaft seiner Ehefrau. Aufgrund dessen kam es zwischen den Eheleuten häufig zu Streit.

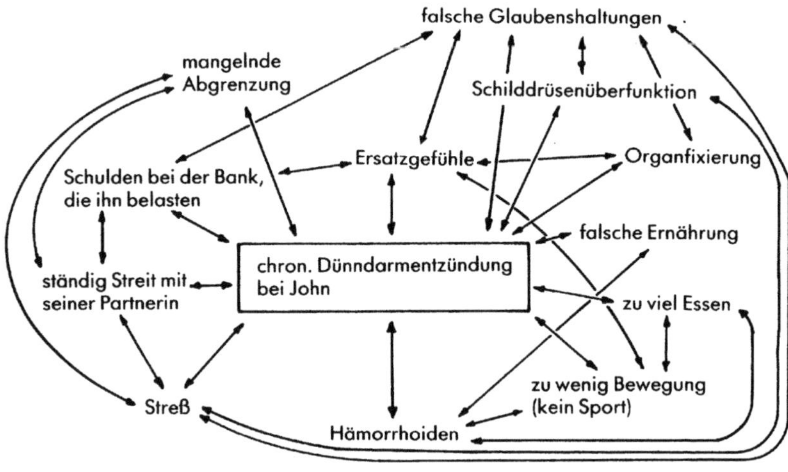

Johns Dünndarmentzündung ist also nicht nur ein abstraktes Symptom, das es einfach wegzutherapieren gilt, sondern ist die Spitze eines Eisberges. Darunter verbergen sich mannigfaltige Störungen, die – wenn nur eine ausschließlich medikamentöse Therapie vorgenommen wird – überhaupt nicht ins Bewußtsein treten. Obiges Beziehungsgeflecht dieser Erkrankung macht klar, welche Fülle von Ursachen, die sich noch dazu häufig gegenseitig verstärken, die Krankheit erzeugen oder aufrechterhalten.

Sowohl als prädisponierend als auch perpetuierend können bei John unter anderem seine falsche Ernährungsweise sowie sein Bewegungsmangel und seine Neigung, sich in Streßsituationen zu manövrieren, gelten. Präzipitierend hingegen war sicher das Ereignis, daß sich seine Ehefrau in einen anderen Mann verliebte. Johns Fall kann im Grunde auf alle chronischen Erkrankungen übertragen werden: Es gilt zunächst, die *synergistischen* Zusammenhänge innerhalb des komplexen Systems »Krankheit« zu erfassen, aufzuzeichnen und ins Bewußtsein zu führen. Dann gibt man jedem krankheitserzeugenden Faktor eine bestimmte Prozentzahl, inwieweit man glaubt, daß er an der Erkrankung (= 100%) beteiligt ist.

John im obigen Fall gab seiner mangelnden Bewegung 30, den Ehequerelen 40, sowie seinen Ernährungsfehlern, seinen Bankschulden und seinem Streß, dem er permanent im Betrieb ausgesetzt ist, je 10 Prozentpunkte. Es kann sein, daß Mitmenschen die prozentuale Verteilung der Krankheitsverursacher etwas anders sehen. Doch – wie auch immer die Prozente akzentuiert sein mögen – es ist wichtig, zunächst die eigene Einschätzung und nicht die der anderen als Grundlage für die therapeutischen Interventionen zu nehmen; denn die Gesundung erfolgt über die Gefühlswelt des Kranken und diese muß von der Richtigkeit der Maßnahmen überzeugt sein und einen Sinn darin sehen. Erst dann können Selbstheilungsmechanismen greifen.

5. Schritt: Man erkennt über das eigene Horoskop, insbesondere über das Herrschersystem, wie diese Mosaiksteine des Systems miteinander vernetzt sind und in Wechselwirkung stehen.

6. Schritt:

a) Wie lautet das Gesundheitsbild der Anlage?
Man stellt sich vor, wie diese Konstellation in der erlösten Form aussehen würde.
Im Falle von Hans A. wäre dies:
Durchsetzung (Mars) einer Befreiung (Wassermann) von Arbeit und Anpassung;

Durchsetzung (Mars) eines Freiraumes (Wassermann) im Arbeitsbereich (Haus 6);
Durchsetzung (Mars) einer Veränderung (Wassermann) auf dem Arbeitssektor (Haus 6);
direktes (Mars), freies (Wassermann) Zeigen der eigenen Gefühle (Haus 6).

b) Entwicklung einer Gesundungsstrategie eventuell zusammen mit Partner, Familie, Freunden und einem Arzt, zu dem man Vertrauen hat.

7. Schritt:
a) Man versucht, innerhalb des Systems Szenarien zu proben, indem man spezifische Veränderungen vornimmt, bestimmte Größen des Systems modifiziert, wegfallen läßt oder hinzunimmt (sogenannte Simulationsspiele).

b) Man versucht, etappenweise die erwachsene Form der Anlage zu realisieren.

Krankt z. B. eine Beziehung oder Ehe, so kann man vor dem geistigen Auge einblenden, wie die Situation als Paar sich konstellieren würde:

- bei Gütertrennung
- bei getrennten Bankkonten
- bei Einstellung einer Hausangestellten, Halbtagskraft oder Putzfrau
- bei getrennten Schlafzimmern
- bei getrennten Wohnungen (getrennt lebend)
- bei Kauf eines zusätzlichen Autos
- bei Hinzunahme eines Ergänzungspartners*
- bei Familienzuwachs
- bei einem privatrechtlichen Vertrag, bei dem z. B. die jeweiligen Rechte und Pflichten sowie die Kompetenzen des Partners aufgeführt sind
- bei Beendigung der Berufstätigkeit der Frau

---

* Hermann Meyer: »Die neue Sinnlichkeit«, München 1984

- bei Wiederaufnahme der Berufstätigkeit der Frau (Halbtags-, Teilzeit- oder Ganztagsbeschäftigung)
- bei Beginn eines Studiums, einer Ausbildung oder Weiterbildung

Solange die Rahmenbedingungen sich nicht ändern, laufen immer dieselben Reaktionen ab. Die beiden Partner finden keinen Ausweg. Meistens hoffen sie einfach nur, daß es in ihrer Beziehung irgendwie besser werden möge. Wenn es zu Streit kommt, dann versprechen sie sich nach der Versöhnung gegenseitig, sich zukünftig mehr zusammenzureißen. Kurze Zeit später jedoch ergibt sich dasselbe Dilemma wieder. Schließlich glaubt man, man würde nicht zusammenpassen und leitet die Scheidung ein.

In den meisten Fällen wäre es nicht so weit gekommen, wenn man rechtzeitig strategische Maßnahmen innerhalb der vernetzten Ökosysteme vorgenommen hätte. Oft hätte man nur zwei oder drei Anteile verändern oder nur ein paar neue Größen einführen müssen, um andere Reaktionen und eine andere Stimmungslage zu erzeugen, kurzum, es ergäbe sich ein völlig anderes Bild. Weist auch die neue Situation noch Mängel auf, heißt es, weiter an dem Bild zu feilen, indem man noch an dem einen oder anderen Punkt innerhalb des Paar-Ökosystems ansetzt, solange, bis es stimmig ist und beide Partner zufrieden sind.

Gesundheit – ein synergetischer Effekt

Was die Krankheit betrifft, müssen immer mehrere Faktoren zusammenwirken:

1. biologische bzw. körperliche Faktoren (z. B. eine ererbte Veranlagung oder ein Virus)

2. seelische Faktoren (z. B. Angst, Ohnmacht oder innerseelische Konflikte und Abwehrhaltungen)

3. geistige Faktoren (z. B. falsche Einstellung oder Glaubenshaltung, irreale Ideologie)

4. Umweltfaktoren (z. B. äußere Umstände, materielle Symbole, Umweltfaktoren wie Toxizität der Luft oder verseuchte Nahrungsmittel)

5. soziale Faktoren (z. B. Beziehung zum Partner, Kind, Arbeitskollegen oder Vorgesetzten)

6. Bewußtseinsfaktoren (z. B. ein zu strenges Überich, falsche Ideale)

»Ein System ist grundsätzlich etwas anderes als ein bloßes Nebeneinander unzusammenhängender Teile; denn jedes Glied eines Systems steht mit jedem anderen in Wechselwirkung.

Ohne diese Beziehung zu erkennen, wird man das System nicht verstehen, geschweige denn gestalten können.«

Diese Festellung des Biochemikers Frederik Vester läßt sich auf das Phänomen Krankheit übertragen. Denn auch die Krankheit ist ein System, dessen Beziehungsgeflecht aufgedeckt werden muß, um systematisch dagegen angehen bzw. um statt dessen das System »Gesundheit« installieren zu können.

Wenn Krankheit ein System darstellt und multikausal bedingt ist, so genügt es zu ihrer Überwindung sicher nicht, einfach nur positiv zu denken oder die Nahrung umzustellen.

Ein Faktor allein ist – um eine Gesundung in Gang zu setzen – meistens nicht ausreichend. Eine solche isolierte Maßnahme wäre dem vergleichbar, wenn jemand Vitamin E in hohen Dosen konsumiert, ohne die Wechselwirkungen mit anderen Vitaminen und mit den verschiedenen Mineralstoffen in Betracht zu ziehen und ohne zu beachten, daß dieses Vitamin nur fettlöslich und zu seiner Resorption Gallenfluß nötig ist.

Wie bei der Krankheit müssen also auch bei einem Gesundungsprozeß mehrere Faktoren gleichzeitig zusammenwirken. Ein Ofen erfüllt erst dann seinen Zweck, beginnt erst dann wohlige Wärme zu spenden, wenn zwei weitere Faktoren dazukommen: Holz und Feuer. Auch wenn zwei dieser drei Faktoren vorhanden sind, können sie noch nicht diesen Effekt erzielen. Weder Ofen und Feuer, noch Ofen und Holz, noch Holz und Feuer allein können dies bewirken. Hinzu kommen muß zwangsläufig der dritte Faktor, erst dieser fungiert als Zündfunke bzw. macht das System komplett. Nicht anders verhält es sich bei einem Gesundungsprozeß. Obwohl zwei oder drei richtige Maßnahmen oder Veränderungen durchgeführt worden sind, bleibt oft der Heilungsprozeß aus, weil noch ein entscheidender zusätzlicher Faktor fehlt, der die Gesundung erst möglich macht. Dieser Faktor kann – entsprechendes medizinisches und psychologisches Wissen vorausgesetzt – im Horoskop über das Herrschersystem und über das Aspektbild gefunden werden. Dabei ist zu beachten, daß das Zusammenwirken der Kräfte sich ja sowohl auf der Ebene des Körpers als auch jeweils auf der Ebene von Seele, Geist, Umwelt und Gesellschaft abspielen kann, und Körper-Seele-Geist-Umwelt-Gesellschaft und Bewußtsein wiederum synergetisch zusammenhängen.

Als Synergie wird das Zusammenwirken verschiedener Kräfte, Faktoren oder Organe zu einer Gesamtleistung bezeichnet. Synergie nennt man den dynamischen Prozeß, der in Gang kommt, wenn das Zusammenwirken zweier oder mehrerer Kräfte eine bessere oder größere Leistung zustandebringt, als sie durch die Summe der getrennt wirkenden Kräfte erzielt werden könnte. Es ist ein Prozeß, bei dem das Ganze einen größeren Wert hat als die Addition der Einzelteile, die dabei gleichzeitig ihre Individualität behalten. Man kann z. B. einen einzelnen Beinmuskel gesondert bewegen, wenn man jedoch alle Beinmuskel gleichzeitig bewegt, kann man gehen oder laufen.

Synergie ist laut den Anthropologen Nena und George O'Neill[11] die Nutzbarmachung des positiven , mehrenden Feedbacks als System für die Erzeugung weiteren Wachstums. Dieses System funktioniert in allen Bereichen: Liebe erzeugt mehr Liebe, Erfolg mehr Erfolg, Wachstum mehr Wachstum, Wissen mehr Wissen. Je mehr man weiß, desto mehr kann man dazulernen. Je mehr Informationen man hat, desto leichter kann man neue Informationen begreifen und verarbeiten. Ebenso erwirkt Gesundheit mehr Gesundheit. Sie beeinflußt günstig den Partner und Mitmenschen, was wiederum positiv zurückstrahlt, und ist von Nutzen für die Allgemeinheit. Wer die Gesundheit auch nur eines einzigen Wesens – und sei es die eigene – verbessern hilft, hat damit etwas für die Gesundung der Welt getan!

Anhang

Zuordnungen und Symbolerklärungen

		Tierkreis		Herrscher	Haus
21. 3. bis 20. 4.	♈	Widder	♂	Mars	1
21. 4. bis 20. 5.	♉	Stier	♀	Venus	2
21. 5. bis 21. 6.	♊	Zwillinge	☿	Merkur	3
22. 6. bis 22. 7.	♋	Krebs	☽	Mond	4
23. 7. bis 23. 8.	♌	Löwe	☉	Sonne	5
24. 8. bis 23. 9.	♍	Jungfrau	☿	Merkur	6
24. 9. bis 23. 10.	♎	Waage	♀	Venus	7
24. 10. bis 22. 11.	♏	Skorpion	♇	Pluto	8
23. 11. bis 21. 12.	♐	Schütze	♃	Jupiter	9
22. 12. bis 20. 1.	♑	Steinbock	♄	Saturn	10
21. 1. bis 19. 2.	♒	Wassermann	♅	Uranus	11
20. 2. bis 20. 3.	♓	Fische	♆	Neptun	12

Übersicht über die Bedeutung der kosmischen Prinzipien

Kosmisches Prinzip	Hemmung (Minuspol)	Kompensation (Pluspol)	erwachsen (real)	mögliche Somatisierungen
Widder – Haus 1 – Mars-Prinzip	Passivität, schwaches Ich, gehemmte Durchsetzung, mangelnde Initiative, Defizit an Wagemut und Eroberungsdrang, angegriffen werden, sich ärgern, Autoaggression, blockierte Triebe, unsportlich	Hyperaktivität, Egoismus, starker Held, Aggressionen ausagieren, schnell Auto- und Motorradfahren, angreifen, streiten, Krieg führen, überdimensionierte Triebentfaltung, fanatisch Sport treiben	Aktivität, konstruktiver Energieeinsatz, Ichstärke, starker Wille, Durchsetzungsfähigkeit, natürliche Männlichkeit, fähig zur Initiative, fähig, etwas zu wagen, Vitalität, Pioniergeist, Ausleben natürlicher körperlicher Triebe, sportliche Fähigkeiten	Fieber, Entzündungen, Schmerz, Allergie, Kopfschmerz, Migräne, Gallenbeschwerden

Kosmisches Prinzip	Hemmung (Minuspol)	Kompensation (Pluspol)	erwachsen (real)	mögliche Somatisierungen
Stier – Haus 2 – Venus-Prinzip	Armut, unwirtschaftlich, Besitzlosigkeit, schwache Vorrathaltung, mangelnde Genußfähigkeit, Askese, gehemmter Eigenwert, Hemmung, sich abzugrenzen und ein eigenes Revier zu schaffen, keinen Eigenraum zur Verfügung haben	Identifikation mit dem jeweiligen Wirtschafts- und Finanzsystem, Reichtum, Luxus, Besitz im Sinne von Haben, Schlemmertum, Gourmet, Eigenwert aufgrund einer Urkunde, eines Ideals oder der Verkörperung einer Norm, Streben nach Status und Prestige	Abgrenzungsfähigkeit, wirtschaftliche Fähigkeiten, Fähigkeit, sich abzusichern, Besitz im Sinne von Sein, Vorratshaltung, Genußfähigkeit, realer Eigenwert, Fähigkeit, sich einen Eigenraum zu verschaffen	Nackenverspannungen, Halsentzündungen, Mandelentzündungen, Kehlkopfentzündungen, Scharlach, Diphtherie, Speicheldrüsenschwellung (Mumps), Myxödem, Körpergewichtsprobleme

Zwilling – Haus 3 – Merkur-Prinzip	Defizit an rhetorischen Fähigkeiten, gehemmtes Sprechen, Analphabet, mangelnde technische und praktische Fähigkeiten, Defizit an Information, mathematisch unbegabt, mangelnde Lernfähigkeit, Mangel an Beweglichkeit, eingeschränkter Aktionsradius	dominantes Sprechen, Technokrat, Intellektueller, Information im Rahmen des gesellschaftlichen Systems (genormte Information), genormtes Wissen, Schulweisheit, Beweglichkeit mittels technischen Geräten (Auto, Motorrad etc.), Aktionsradius im Rahmen von Moral und Konvention	Kommunikationsfähigkeit, Diskussionsfähigkeit, Fähigkeit zur freien Rede, Fähigkeit, Informationen aufzunehmen und weiterzugeben, mathematische Fähigkeiten, handwerkliche Fähigkeiten, technische Fähigkeiten, Lernfähigkeit, Fähigkeit, sich einen eigenen Aktionsradius zu schaffen	Bronchitis, Emphysem, Asthma bronchiale, periphere und zentrale Nervenausfälle (Sensorik und Motorik), Sprachstörungen, Lungenleiden

Kosmisches Prinzip	Hemmung (Minuspol)	Kompensation (Pluspol)	erwachsen (real)	mögliche Somatisierungen
Krebs – Haus 4 – Mond-Prinzip	Gefühlsblockade, Depression, Zärtlichkeitsdefizit, Hingabestörung, Schwierigkeit, Heimat und Geborgenheit zu finden, ungeborgen, Schwierigkeit, die eigene Identität zu finden, dem Mutterideal kann nicht entsprochen werden, unerfülltes Familienideal	Fühlen nach Norm, normgemäße Begrüßungs- und Zärtlichkeitsrituale, gluckenhaftes Bemuttern, Identität innerhalb der Kollektivneurose, volkstümlich, heimatliche Sitten und Bräuche bewahrend, Mutter- und Familienideal können erfüllt werden	Fähigkeit, Zärtlichkeit und seelische Liebe zu schenken und zu empfangen, Fähigkeit, Geborgenheit zu schaffen und zu vermitteln, Fähigkeit, zu fühlen, Fähigkeit, sich in andere einzufühlen, Empfindungsfähigkeit, Fähigkeit, die Stimme des Lebens (der eigenen Natur) zu hören, Fähigkeit, seine eigene Identität zu entdecken, Fähigkeit, seelische Verwandtschaft zu erkennen und andere Menschen anzunehmen und zu akzeptieren, Fähigkeit, zu kochen	Magenkrankheiten (Gastritis, Ulcusleiden), Schleimhautaffektionen, Gebärmuttererkrankungen, Ausfluß (Fluor) Menstruationsstörungen (Amenorrhöe, Dysmenorrhöe), Erkrankungen der weiblichen Brust, Rippenfell-/Bauchfellentzündungen, Frigidität

Löwe – Haus 5 – Sonne-Prinzip	Bescheidenheit, schwacher Unternehmungsgeist, Defizit im Bezug auf Handlungsfähigkeit, Unselbständigkeit, mangelnde sexuelle Fähigkeiten, mangelnde Orgasmusfähigkeit, mangelnde Kreativität, mangelnde pädagogische Fähigkeiten, Emotionslosigkeit, schwaches Selbstbewußtsein	Prahlerei, überdimensionierter Unternehmungsdrang, Selbständigkeit im Rahmen der Normen, genormte Sexualität, Kreativität im Rahmen der Normen, Kindererziehung nach den Normen und Idealen, überdimensionierte Spontaneität und Sensitivität, überdimensioniertes Selbstbewußtsein	Managementfähigkeiten, Fähigkeit zum natürlichen Umgang mit der Sexualität, Orgasmusfähigkeit, pädagogische Fähigkeiten, schöpferische Fähigkeiten, Fähigkeit zu Spiel und Spaß, Fähigkeit, sich selbst zu verwirklichen, reales Selbstbewußtsein	Herzerkrankungen (Rhythmusstörungen, Angina pectoris Insuffizienz, Infarkt), Kreislauferkrankungen (Hypo-/Hypertonie), Vitalitätsverlust

Kosmisches Prinzip	Hemmung (Minuspol)	Kompensation (Pluspol)	erwachsen (real)	mögliche Somatisierungen
Jungfrau – Haus 6 – Merkur-Prinzip	unfähig, Gefühle zu zeigen, mangelnde Anpassungsfähigkeit, keine analytischen Fähigkeiten, mangelnde Wahrnehmungs- und Beobachtungsfähigkeit, Hemmung, etwas zu nutzen und zu verwerten, Faulheit, Abhängigkeit, Unterordnung, Gehorsam, subalterne Beschäftigung	Gefühle im Rahmen der Norm zeigen, Diagnosen im Rahmen der vorgegebenen Normen stellen, Analysierzwang, Kritiksucht, Tendenz zu überdimensionierter Sauberkeit und Hygiene, Workaholiker	Fähigkeit, Gefühle zu zeigen, Adaptionsfähigkeit, Wahrnehmungs- und Beobachtungsfähigkeit, Fähigkeit zu analysieren und sich seelisch zu reinigen, Kritikfähigkeit, diagnostische Fähigkeiten, Reinlichkeit, Fähigkeit, die eigene Natur zu hegen, Arbeit, die dem eigenen Wesen gemäß ist	Diarrhoe, Obstipation, Morbus crohn (Ileum), Darmverschluß, Colitis, Dysbiose, Blähungen, Malabsorption, Sehstörungen, Hörstörungen (Hörsturz etc.)

Waage – Haus 7 – Venus-Prinzip	Unausgeglichenheit, Schuldgefühle bei Freude und Wohlleben, mangelnde Begegnungs- und Partnerfähigkeit, Kontaktarmut, keine Wahlmöglichkeit, unmoralisch, Schwierigkeit, einen eigenen Geschmack zu entwickeln, erotische Hemmungen, unfähig, sich das Leben angenehm zu gestalten, unfähig, Freude zu schenken und zu empfangen	Ausgleich innerhalb der Norm, Playboy- und Playgirllife, Identifikation mit den Modeströmungen, normgemäße Kontakte, Partnerschaft entsprechend der Norm (Ehe), erotische Normen erfüllend, Harmonieideal, sich freuen, weil es die Norm verlangt	Kontaktfähigkeit, Begegnungsfähigkeit, Fähigkeit zu flirten, Fähigkeit zu verführen, erotische Fähigkeiten, Partnerfähigkeit, Kompromißfähigkeit, Entscheidungsfähigkeit, Selektionsfähigkeit, Fähigkeit zu Strategie und Taktik, Fähigkeit zu wählen, Friedensfähigkeit, Fähigkeit, einen eigenen Geschmack zu entwickeln, Fähigkeit, Inhalt und Form in Einklang zu bringen, künstlerische Fähigkeiten, Fähigkeit, das richtige Maß zu finden, Fähigkeit, Freude zu schenken und zu empfangen, Fähigkeit, sich das Leben angenehm zu gestalten	Nierenerkrankungen (Nierenbeckenentzündungen, Steinbildung, Kolik), Hautkrankheiten, Diabetes mellitus, Blasenerkrankungen

Kosmisches Prinzip	Hemmung (Minuspol)	Kompensation (Pluspol)	erwachsen (real)	mögliche Somatisierungen
Skorpion – Haus 8 – Pluto-Prinzip	ohnmächtig, machtlos, unterdrückt, Masochist, autoritätsgläubig, unter Erwartungsdruck stehen, manipuliert werden, ausgebeutet werden, Mangel an eigener Meinung, Mangel an Beziehungsfähigkeit, Bindungsschwäche, nicht wandlungsfähig	Dominanz, dogmatisch, autoritär, Machthaber, Unterdrücker, Manipulator, Hypnotiseur, Fanatismus, Fixierung, Prinzipienreiter, Eifersucht, Sadist, eigene Meinung im Rahmen von Norm und Ideal, erfüllt die Normen und Ideale von Beziehung, Erwartungshaltung an andere hegen	Fähigkeit, eigene Vorstellungen und Konzepte zu entwickeln, Fähigkeit, ein eigenes Lebensprogramm zu entwerfen und danach zu leben, Fähigkeit, den eigenen Weg zu gehen, Fähigkeit, sich zu binden, Beziehungsfähigkeit, Fähigkeit, sich seine eigene Meinung zu bilden, Fähigkeit, Macht über sich selbst zu gewinnen, Transformationsfähigkeit	Verkrampfung, Spasmen, Hämorrhoiden, Sexualleiden, Geschlechtskrankheiten, Erbschäden, Gendefekte, degenerative Prozesse

Schütze – Haus 9 – Jupiter-Prinzip	uneinsichtig, eingeschränkter Horizont, ungebildet, von einem Mäzen abhängig, gelobt werden, mangelnde Toleranz, keine eigene Weltanschauung, Philosophie oder Religion, Blockade, andere Länder zu bereisen	Opportunismus (Wandel je nach politischer Windrichtung), konventionelle Weltanschauung, Philosophie oder Religion, konventionelle Bildung, Mäzen, tolerant, weil die Norm es verlangt, andere loben, überdimensionierter Reisedrang	Einsichtsfähigkeit, Bildungsfähigkeit, Fähigkeit zu Toleranz, Fähigkeit, sich selbst zu fördern und zu beglücken, Fähigkeit, eine eigene Weltanschauung oder Lebensphilosophie zu entwickeln, Fähigkeit, seinen Sinn in der Welt zu finden, Fähigkeit, sich geistig auszudrücken, Fähigkeit, etwas zu verbessern und optimal zu gestalten, Fähigkeit, eine Partnerschaft aufzubauen und weiterzuentwikkeln, geistige Reisen	Lebererkrankungen (Gelbsucht, Zirrhose), Hüftgelenkerkrankungen, Ischias, Wucherungen, Tochtergeschwülste, Schwellungen, Gewichtszunahme

Kosmisches Prinzip	Hemmung (Minuspol)	Kompensation (Pluspol)	erwachsen (real)	mögliche Somatisierungen
Steinbock – Haus 10 – Saturn-Prinzip	Schuldgefühle, gehemmt im Lebensausdruck, unfähig, Verantwortung zu übernehmen, unkonzentriert, ohne Ehrgeiz, keine Karriere in Aussicht, Abwehr gegenüber dem Lebendigen, Keuschheit, Anstand, nicht anerkannt, gemaßregelt, bestraft, gehemmt werden, Selbstbestrafung, sich zu wenig wichtig nehmen (schwaches Mittelpunktstreben), patriarchales Bewußtsein (als Kindrollenspieler)	Verantwortung gegenüber Norm, Moral und Konvention, idealistisch, ehrgeiziges Streben nach Anerkennung, Karrieremanie, Ziele innerhalb der Kollektivneurose, belehrend, maßregelnd, strafend, richtend, konservativ, Idealisierung von Treue und Tradition, vergangenheitsbezogen, ernst, starkes Mittelpunktstreben, patriarchales Bewußtsein (als Elternrollenspieler)	Fähigkeit, die eigenen Rechte zu entdecken und durchzusetzen, Rechtsfähigkeit, Verantwortung dem Leben gegenüber, Fähigkeit, eigene Ziele zu entwickeln, Konzentrationsfähigkeit, Fähigkeit, seine Berufung wahrzunehmen, Fähigkeit, nach den Lebensgesetzen zu leben, Stabilität, Kontinuität, Ausdauer, ökologisches Bewußtsein	Unterkühlung, Erkältung, Arthritis, Rheumatismus der Gelenke (PCP), Gicht, Versteifung der Gelenke (besonders des Kniegelenkes), Arthrose, Sklerose, Wirbelsäulenerkrankungen, Bandscheibenerkrankungen, Knochenerkrankungen (Osteoporose, Osteomyelitis)

Wassermann – Haus 11 – Uranus-Prinzip	unfrei, eingeschränkte Freiheit, nicht emanzipiert, unmündig, nervös, nicht originell, ohne Intuition, Seitensprung erleiden, blockierter Individuationsprozeß	genormte Freiheit und Freizeit, Freiheit über Geschwindigkeitsrausch, symbolische Befreiung über Drachenfliegen und Flugreisen, fanatische Emanzipation, Demonstrant, Rebell, Revolutionär, Konventionen sprengen, Trotzhaltung, Widerstand, Neophilie, Extravaganz, genormte Originalität (z. B. Oldtimer fahren), Seitensprung begehen, Skandal auslösen	Fähigkeit zu Freiheit und Unabhängigkeit, Fähigkeit, sich zu befreien, Fähigkeit, sich zu emanzipieren, fähig, sich zu ändern, fähig zum Individuationsprozeß, Fähigkeit, seine Freizeit zu gestalten, Fähigkeit zur Mitbestimmung, Fähigkeit, Freundschaften zu pflegen, fähig zu gemeinsamen Unternehmungen, Fähigkeit, für Abwechslung zu sorgen, Fähigkeit, Chancen wahrzunehmen, Fähigkeit, Trends zu erkennen, originell, intuitiv	Bruch, Streß, ZNS-Krampf (Epilepsie, Veitstanz) Umknicken im Knöchel, Unfall, Nervosität, Hypermotorik, Parkinson, Neurasthenie, Venenleiden an den Unterschenkeln, Krampfadern, Hyperthyreose, Multiple Sklerose

Kosmisches Prinzip	Hemmung (Minuspol)	Kompensation (Pluspol)	erwachsen (real)	mögliche Somatisierungen
Fische – Haus 12 – Neptun-Prinzip	ängstlich, schwach, unsicher, hilflos, ausgestoßen, verachtet, rechtlos, einsam, traurig, weinerlich, phantasielos, ohne Alternativen, besitzlos, hoffnungslos, aussichtslos, arbeitslos, asozial	Heimlichkeit, Schwärmerei, Sucht, Flucht, Lüge, Schein, Mythos, Helfer, ausgeflippt, Alternativler, Anhänger einer Subkultur, andere verachten, ausstoßen, entwerten, Spion, Detektiv, irreale Hoffnungen hegend, fernsehen, Romane lesen, Filme konsumieren, Alternativen nur innerhalb des vorgegebenen Systems	Fähigkeit, Phantasie zu entwickeln und Träume zu verwirklichen, Fähigkeit, Überkommenes aufzulösen, Fähigkeit, Hintergründe aufzudecken und zu entlarven, Fähigkeit, Zweifel zu hegen, Fähigkeit, Alternativen zu entwickeln, Fähigkeit, die eigenen Rechte und die eigene Verantwortung auszudrücken, Ahnungsvermögen, Fähigkeit, nach den kosmischen Gesetzen zu leben	Auflösung, Zerfall, Eiterung, Vergiftung, Pilzerkrankungen, Süchte, Fußleiden, NNR-Überfunktion, NNR-Unterfunktion (M. Addison), Störungen der innersekretorischen Drüsen und der Hypophyse

Übersicht über die häufigsten Planetenkonstellationen bei den verschiedenen Erkrankungen

Jede Krankheit ist die Manifestation einer unbewußten Anlage. Das Geburtshoroskop zeigt die individuelle Anlagenstruktur sowohl als Ganzes als auch in ihrer zeitlichen Entfaltung (rhythmische Auslösung, Zyklen, Progression, Direktion, Transit). Wann eine, in ihrer grundlegenden Form beschreibbare, Anlage bewußt werden will, kann aus ihr abgeleitet werden. Dennoch kann kein Astrologe eine Krankheit in ihrer Symptomatik und in ihrem zeitlichen Auftreten vorhersagen. Dies liegt daran, daß sich jede Anlage auf verschiedenen Ebenen des Seins zeigen kann. Diese Ebenen werden davon bestimmt, wie bewußt sich das Individuum seiner Anlage ist, und diese Bewußtheit können wir aus dem Horoskop nicht erkennen. Deshalb muß an dieser Stelle mit Nachdruck darauf hingewiesen werden, daß eine bestimmte astrologische Konstellation sich in der Bevölkerung tausendfach wiederholt, aber nur in einigen Fällen als Krankheit erlebt wird.

Die nachfolgenden Planetenkonstellationen bei den verschiedenen Erkrankungen sind Erfahrungswerte aus der astrologischen Praxis. Aufgrund der mannigfaltigen individuellen Unterschiede ist es jedoch möglich, daß bei einer bestimmten Erkrankung auch eine andere Symbolik zum Tragen kommt. Insbesondere wird eine Planetenkonstellation sehr häufig im Horoskop ähnlich zum Ausdruck gebracht, etwa statt einer Sonne-Uranus-Verbindung als Sonne in Haus 11, als Sonne im Wassermann, als Uranus in Haus 5 oder als Uranus im Löwen.

Krankheiten:	**häufigste Konstellationen** (kritische Aspekte)
Abszeß	Mars-Neptun
AIDS	Mond-Neptun, Pluto-Mars
Allergie	Mars-Neptun, Venus(Waage)-Neptun
Asthma bronchiale	Merkur(Zwilling)-Saturn, Merkur(Zwilling)-Pluto
Bandscheibenvorfall	Uranus-Saturn, Pluto-Saturn
Bauchspeicheldrüsenerkrankung (Pankreatitis)	Merkur(Jungfrau)-Mars, Merkur(Jungfrau)-Saturn
Bechterew, Morbus	Mars-Saturn, Uranus-Saturn, Pluto-Saturn
Bettnässen (Enuresis)	Mars-Neptun, Mond-Neptun
Bindehautentzündung (Conjunctivitis)	Mars-Merkur(Jungfrau), Mond-Mars
Blähungen	Merkur(Jungfrau)-Neptun
Blasenentzündung (Zystitis)	Venus(Waage)-Saturn, Venus(Waage)-Pluto, Venus(Waage)-Mars, Venus(Waage)-Neptun, Venus(Waage)-Uranus
Blinddarmentzündung (Appendizitis)	Mond-Neptun
Blutarmut (Anämie)	Mars-Neptun
Bluthochdruck (Hypertonie)	Sonne-Mars, Sonne-Jupiter, Sonne-Saturn (Kompensation), Sonne-Pluto (Kompensation), Mars-Saturn, Mars-Pluto
Blutunterdruck (Hypotonie)	Sonne-Saturn (Hemmung), Sonne-Pluto (Hemmung), Sonne-Neptun, Mars-Neptun
Blutvergiftung (Sepsis)	Mars-Neptun
Blutzuckerkrankheit (Diabetes mellitus)	Venus(Waage)-Jupiter, Venus(Waage)-Saturn
Bronchitis	Merkur(Zwilling)-Mars, Merkur(Zwilling)-Pluto, Merkur(Zwilling)-Saturn, Merkur(Zwilling)-Uranus, Merkur(Zwilling)-Neptun
Cholera	Merkur(Jungfrau)-Neptun
Darmparasiten	Merkur(Jungfrau)-Neptun, Merkur(Jungfrau)-Pluto
Dickdarmentzündung (Colitis)	Merkur(Jungfrau)-Pluto
Dünndarmentzündung (Enteritis)	Merkur(Jungfrau)-Mars, Merkur(Jungfrau)-Pluto, Merkur(Jungfrau)-Saturn, Merkur(Jungfrau)-Uranus, Merkur(Jungfrau)-Neptun
Durchfall (Diarrhoe)	Mars-Merkur(Jungfrau), Mars-Neptun (bei Vagotonie)

Eierstockentzündung (Ovariitis)	Mond-Mars, Mond-Pluto, Mond-Saturn, Mond-Uranus, Mond-Neptun
Eierstockzyste	Mond-Pluto
Fallsucht (Epilepsie)	Uranus-Neptun, Uranus-Saturn
Fettsucht (Adipositas)	Jupiter-Mond, Mond-Saturn, Venus-Jupiter
Frigidität	Mond-Saturn
Fußpilz	Neptun-Merkur(Zwilling)
Gallenblasenentzündung (Cholezystitis)	Mars-Saturn
Gallenkolik	Mars-Pluto
Gallensteine (Cholelithiasis)	Mars-Saturn
Gebärmutterentzündung (Endometritis)	Mond-Mars, Mond-Pluto, Mond-Saturn, Mond-Uranus, Mond-Neptun
Gefäßverkalkung (Arteriosklerose)	Mars-Saturn
Gelbsucht (Ikterus, Hepatitis)	Mars-Jupiter
Gelenkentzündung (Arthritis/Arthrose)	Mars-Saturn, Saturn-Neptun
Gelenkrheumatismus (PCP)	Mars-Saturn, Saturn-Neptun
Gicht (Arthritis urica)	Saturn-Pluto, Saturn-Jupiter
Gürtelrose (Herpes zoster)	Uranus-Mars
Halsentzündung	Venus(Stier)-Mars, Venus(Stier)-Pluto, Venus(Stier)-Saturn, Venus(Stier)-Uranus, Venus(Stier)-Neptun, Mond-Neptun
Hämorrhoiden	Saturn-Pluto, Venus(Waage)-Neptun
Harninkontinenz	Venus(Waage)-Neptun
Hautausschlag (Exanthem)	Venus(Waage)-Saturn, Mars-Saturn
Hautentzündung, akut (Dermatitis)	Venus(Waage)-Saturn, Mars-Saturn
Hautentzündung, chron. (Ekzem)	Venus(Waage)-Saturn, Mars-Saturn
Heißhunger (Bulimie)	Jupiter-Mond, Neptun-Mond
Herzinfarkt	Sonne-Uranus, Sonne-Pluto, Sonne-Saturn
Herzentzündung (Myo-, Endokarditis)	Sonne-Mars, Sonne-Pluto, Sonne-Saturn, Sonne-Uranus, Sonne-Neptun
Herzschlag, unregelmäßig (Arrhythmie)	Sonne-Uranus

Herzschlag, vorzeitig (Extrasystolie)	Sonne-Uranus
Herzschmerzen (Angina pectoris)	Sonne-Saturn
Herzschwäche	Sonne-Neptun
Heuschnupfen (Rhinitis allergica)	Merkur(Zwilling)-Neptun, Mars-Neptun
Hexenschuß (Lumbago)	Saturn-Pluto, Jupiter-Mars
Hirnhautentzündung (Meningitis)	Mond-Mars
Hodenentzündung (Orchitis)	Pluto-Mars
Hörsturz	Merkur(Jungfrau)-Pluto, Merkur(Jungfrau)-Uranus, Merkur(Jungfrau)-Saturn
Hüftgelenkentzündung (Coxitis, Coxarthrose)	Jupiter-Mars, Jupiter-Pluto, Jupiter-Saturn, Jupiter-Uranus, Jupiter-Neptun
Husten	Merkur(Zwilling)-Mars
Impotenz	Mars-Neptun
Ischias	Jupiter-Mars, Jupiter-Uranus, Uranus-Saturn
Kehlkopfentzündung (Laryngitis)	Venus(Stier)-Mars, Venus(Stier)-Pluto, Venus(Stier)-Saturn, Venus(Stier)-Uranus, Venus(Stier)-Neptun
Kinderlähmung (Poliomyelitis)	Uranus-Saturn
Knochenbruch	Uranus-Saturn, Mars-Saturn, Pluto-Saturn
Knocheneiterung (Osteomyelitis)	Saturn-Neptun
Knochenerweichung (Osteomalazie)	Saturn-Neptun
Kopfschmerz	Mars-Saturn, Mars-Pluto
Krampfadern (Varisen)	Uranus-Saturn, Venus(Waage)-Uranus, Mars-Uranus
Krebs (Karzinom)	Mond-Saturn, Mond-Pluto
Kreislaufschwäche (Kollaps)	Sonne-Neptun
Kreuzschmerzen	Saturn-Pluto, Saturn-Uranus
Kropf (Struma)	Venus(Stier)-Jupiter, Venus(Stier)-Pluto, Merkur(Zwilling)-Saturn, Merkur(Zwilling)-Uranus
Kurzsichtigkeit (Myopie)	Merkur(Jungfrau)-Saturn, Merkur(Jungfrau)-Pluto

Lähmung	Mars-Neptun, Merkur(Zwilling)-Neptun, Uranus-Neptun
Leberschrumpfung (Zirrhose)	Jupiter-Neptun, Saturn-Neptun
Leistenbruch	Merkur(Jungfrau)-Pluto
Lungenentzündung (Pneumonie)	Merkur(Zwilling)-Mars, Merkur(Zwilling)-Pluto, Merkur(Zwilling)-Saturn, Merkur(Zwilling)-Uranus, Merkur(Zwilling)-Neptun
Lymphknotenschwellung (Lymphadenitis)	Mond-Mars
Magen, nervöser	Mond-Uranus
Magengeschwür (Ulcus ventriculi)	Mond-Pluto, Mond-Saturn, Mars-Neptun
Magenkrämpfe	Mond-Pluto
Magensäuremangel (Subacidität)	Mond-Saturn, Mars-Saturn
Magensäureüberschuß (Subazidität)	Mond-Jupiter, Mond-Saturn (Kompensation), Mars-Neptun
Magenschleimhautentzündung (Gastritis)	Mond-Mars, Mond-Pluto, Mond-Saturn, Mond-Uranus, Mond-Neptun
Magersucht (Anorexia nervosa)	Mond-Neptun
Mandelentzündung (Angina tonsillaris)	Mond-Neptun, Venus(Stier)-Mars
Milchschorf (Neurodermitis)	Mond-Mars, Venus(Waage)-Mars
Mittelohrentzündung (Otitis media)	Mars-Saturn, Merkur(Jungfrau)-Mars, Merkur(Jungfrau)-Pluto
Multiple Sklerose	Uranus-Saturn, Merkur(Zwilling)-Uranus, Uranus-Neptun
Muskelrheumatismus (Weichteilrheumatismus)	Mars-Saturn
Myome	Mond-Jupiter, Mond-Pluto
Nahrungsmittelvergiftung	Mond-Neptun
Nasennebenhöhlenentzündung (Sinusitis)	Pluto-Mars, Pluto-Saturn
Nervenentzündung (Neuritis)	Uranus-Mars
Nervenschmerzen (Neuralgie)	Uranus-Mars

Nervenschwäche (Neurasthenie)	Uranus-Neptun, Mars-Neptun, Sonne-Neptun, Merkur(Zwilling)-Neptun
Nierenbeckenentzündung (Pyelitis)	Venus(Waage)-Mars, Venus(Waage)-Pluto, Venus(Waage)-Saturn, Venus(Waage)-Uranus, Venus(Waage)-Neptun
Nierenentzündung (Nephritis)	Venus(Waage)-Mars, Venus(Waage)-Pluto, Venus(Waage)-Saturn, Venus(Waage)-Uranus, Venus(Waage)-Neptun
Nierenkolik	Venus(Waage)-Pluto, Venus(Waage)-Saturn
Nierensteine (Nephrolithiasis)	Venus(Waage)-Saturn
Ödeme	Mond-Pluto, Mond-Saturn, Neptun-Saturn
Osteoporose	Saturn-Neptun
Prostatitis	Mond-Pluto, Mond-Saturn, Mond-Neptun, Pluto-Mars
Pilzinfektion (Candida-Mykose)	Neptun-Aspekte (je nach Organbefall)
Querschnittslähmung	Uranus-Pluto, Merkur(Zwilling)-Pluto, Merkur(Zwilling)-Uranus, Merkur(Zwilling)-Neptun
Regelblutung, fehlend (Amenorrhoe)	Mond-Saturn, Mond-Neptun
Regelblutung, stark (Menorrhagie)	Mond-Mars
Regelblutung, schmerzhaft (Dysmenorrhoe)	Mond-Uranus, Mond-Mars
Rheumatismus	Mars-Saturn
Rippenfellentzündung (Pleuritis)	Mond-Mars, Mond-Pluto, Mond-Saturn, Mond-Uranus, Mond-Neptun
Samenerguß, vorzeitiger (Ejaculatio praecox)	Mars-Uranus, Mars-Neptun
Scheidenkrampf (Vaginismus)	Mond-Pluto
Schilddrüsenüberfunktion (Hyperthyreose)	Merkur(Zwilling)-Uranus
Schilddrüsenunterfunktion (Hypothyreose)	Merkur(Zwilling)-Saturn, Merkur(Zwilling)-Pluto, Venus(Stier)-Saturn
Schlafstörung	Mond-Uranus, Mond-Neptun
Schlaganfall (Apoplex)	Uranus-Saturn

Schuppenflechte (Psoriasis)	Venus(Waage)-Saturn
Schüttellähmung (Morbus Parkinson)	Mars-Uranus, Merkur(Zwilling)-Uranus
Sehnenscheidenentzündung (Tendovaginitis)	Mars-Saturn, Uranus-Saturn
Sehnenzerrung	Mars-Saturn, Uranus-Saturn
Sucht (Alkohol, Drogen)	Neptun-Saturn, Sonne-Neptun
Thrombose	Mars-Saturn
Tuberkulose	Uranus-Saturn, Merkur(Zwilling)-Uranus
Tumore, gutartige	Mond-Saturn, Mond-Jupiter, Mond-Pluto, Venus(Stier)-Jupiter
Unfruchtbarkeit	Mond-Saturn
Vagotonie	Mond-Saturn, Mond-Neptun
Venenentzündung (Phlebitis)	Mars-Neptun, Mars-Uranus, Venus(Waage)-Mars
Verdauungsstörung (Dyspepsie)	Merkur(Jungfrau)-Uranus, Merkur(Jungfrau)-Neptun
Verstopfung (Obstipation)	Merkur(Jungfrau)-Saturn, Pluto-Saturn
Warzen (Verrucae)	Venus(Waage)-Saturn
Weißfluß (Fluor albus)	Mond-Neptun
Weitsichtigkeit (Hyperopie)	Merkur(Jungfrau)-Jupiter, Merkur(Jungfrau)-Saturn
Wurmbefall	Merkur(Jungfrau)-Pluto
Zahnkaries	Mars-Neptun
Zwölffingerdarmgeschwür (Ulcus duodeni)	Merkur(Jungfrau)-Pluto

Anmerkungen

1 Schaefer, Gerhard: Twelve Principles of Life as a Basis of Ethics and Education. In: G. Schaefer/T. Younes (Eds.): New Challenges for Biological Education. Biology International, Special Issue II, p. 3–13, 1986
2 Adl-Amini, Bijan: Innere Harmonie, Reinbek bei Hamburg 1990, S. 50–53
3 Jaffe, Dennis T.: Kräfte der Selbstheilung, Stuttgart 1988, S. 142f.
4 Harrison, John: Liebe Deine Krankheit – sie hält Dich gesund, München 1988, S. 48
5 Mann, Rudolf: Das ganzheitliche Unternehmen, Bern 1990, S. 109f.
6 Endrös, Robert: Gesundes Bauen, gesundes Wohnen, AGBW, München 1974, S. 41
7 Flade, Antje: Wohnen, Bern 1987, S. 12
8 Winter, Josef A.: Überwindung von Krankheit und Angst, München 1989, S. 137
9 Olbricht, Ingrid: Alles psychisch?, München 1989, S. 237
10 Rossbach, Sarah: Wohnen ist Leben, München 1989, S. 223
11 O'Neill, Nena und George: Die offene Ehe, Reinbek bei Hamburg, 1975, S. 150

Bibliographie

Adl-Amini, Bijan: Innere Harmonie, Reinbek bei Hamburg 1990

Backster Cleve: Evidence of a Primary Perception in Plant Life in International Journal of Parapsychology, Bd. 10, Nr. 4, 1968, S. 329–348

Beer, Ulrich: Spinnenweib und Scherbenhaufen, München 1989

Csikszentmihalyi, Mihaly, Rochberg-Halton Eugene: Der Sinn der Dinge, München 1989

Ellis, Albert: Die rational-emotive Therapie, München 1977

Endrös, Robert: Gesundes Bauen, gesundes Wohnen, AGBW, München 1974

Engel, George L., Schmalz Arthur H. (1967): Psychoanalytic Theory of Somatic Disorder: Conversion, Specificity, and the Disease Onset Situation, in Jour. Amer. Psychoanalytic Assn. 18, 1967

Flade, Antje: Wohnen, Bern 1987

Ferrucci, Piero: Werde, was du bist, Reinbek bei Hamburg, 1986

Groddeck, Georg: Das Buch vom Es, Berlin 1988

Harrison, John: Liebe Deine Krankheit – sie hält Dich gesund, München 1988

Holmes, T. H., Rahe R. H.: Schedule of Recent Experience (SRE) Department of Psychiatry, University of Washington, School of Medicine, 1967

Ipsen, D.: Das Konstrukt Zufriedenheit, Soziale Welt 1978 Heft 1, 4453

Jaffe, Dennis T.: Kräfte der Selbstheilung, Stuttgart 1988

Jellinek, E. M.: The Disease of Alcoholism. New Haven: College and Univ. Press 1960

Mann, Rudolf: Das ganzheitliche Unternehmen, Bern 1990

Meyer, Hermann: Astrologie und Psychologie, München 1981

Partnerschaft, Gesundheit und Glück, München 1982

Die neue Sinnlichkeit, München 1984

Befreiung vom Schicksalszwang – Astropsychotherapie, Zürich 1986

Gesetze des Schicksals, Basel 1987

Der Tod ist kein Zufall, Basel 1989

Meyers Lexikon: Wie funktioniert das? Der Mensch und seine Krankheiten, Mannheim 1988

O'Neill, Nena und George: Die offene Ehe, Reinbek bei Hamburg, 1975

Olbricht, Ingrid: Alles psychisch?, München 1989

Rossbach, Sarah: Wohnen ist Leben, München 1989

Selye, Hans: Streß beherrscht unser Leben. Ders. (1974): Streß. Bewältigung und Lebensgewinn, München-Zürich: Piper

Silbernagl, Stefan, Despopoulos Agamemnon: Taschenbuch der Physiologie, Stuttgart 1979

Schaefer, Gerhard: Twelve Principles of Life as a Basis of Ethics and Education. In: G. Schaefer/T. Younes (Eds.): New Challenges for Biological Education. Biology International, Special Issue II, p. 3–13, 1986

Schwab, Günter: Der Tanz mit dem Teufel, Hameln, Hannover 1971

Vester, Frederic: Unsere Welt – ein vernetztes System, Stuttgart 1978

Winter, Josef A.: Überwindung von Krankheit und Angst, München 1989

Hermann Meyer, Astrologe, Psychologe und Schicksalsforscher, gilt als einer der profiliertesten Vertreter einer tiefenpsychologisch orientierten Astrologie. Er leitet das »Institut für psychologische Astrologie« in München und ist Ausbildungsleiter für psychologische Astrologen.

HOROSKOP DES AUTORS

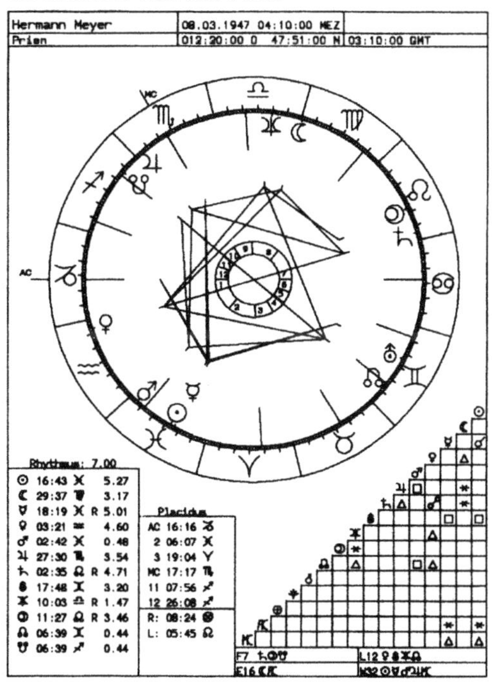

Das große Fachprogramm zum Thema Astrologie
– Arroyo, Green, Hamaker-Zondag, Marks u.v.a. –
finden Sie ausführlich im Internet unter www.neue-erde.de

Sie finden unsere Bücher in Ihrer Buchhandlung oder im Internet unter www.neue-erde.de

Im deutschen Buchhandel gibt es mancherorts Lieferschwierigkeiten bei den Büchern von NEUE ERDE. Dann wird Ihnen gesagt, dieses oder jenes Buch sei vergriffen. Oft ist das gar nicht der Fall, sondern in der Buchhandlung wird nur im Katalog des Großhändlers nachgeschaut. Der führt aber allenfalls 50% aller lieferbaren Bücher.

Deshalb: Lassen Sie immer im VLB (Verzeichnis lieferbarer Bücher) nachsehen, im Internet unter **www.buchhandel.de**

Alle lieferbaren Titel des Verlags sind für den Buchhandel verfügbar.

Bitte fordern Sie unser Gesamtverzeichnis an unter

NEUE ERDE GmbH
Cecilienstr. 29 · 66111 Saarbrücken
Fax: 0681 390 41 02 · info@neue-erde.de